汉语言文学原典精读系列

顾问 贾植芳 王运熙 章培恒 裘锡圭

主编 陈思和 汪涌豪

《普通语言学教程》精读

申小龙 / 著

复旦大学出版社

总　序

任何一门学科都有其必须研读的经典,作为该学科全部知识的精华,它凝聚着历代人不间断的持续思考和深入探索。这种思考和探索就其发端而言通常极为艰苦,就其最终的指向而言又经常是极其宏大的,所以能进入到人们的生活,对读过并喜爱它的人们构成一种宝贵的经验;进而它还进入到文化,成为传统的一部分。又由于它所讨论的问题大多关涉天道万物之根本,社会人生的原始,且所用以探讨的方法极富智慧和原创的意味,对人的物我认知与反思觉解有深刻的启示作用和范式意义,所以它又被称为"原典"或"元典"。原者,源也;元者,始也、端也,两者的意思自来相通,故古人以"元犹原也,其义以随天地终始也",又说"故元者为万物之本,而人之元在焉",正道出了经典之构成人全部成熟思考与心智营造的基始特性。

汉语言文学这门学科自然也有自己的经典或原典。由传统的文史之学、词章之学的讲求,到近代以来西学影响下较纯粹严整的学科意识的确立,它一直在权衡和汰洗诸家之说,在书与人与世的激荡互应中寻找自己的知识边界。从来就是这样,对有志于这门学科的研究者来说,这些经过时间筛汰的经典是构成其全部学问的根柢,所谓入门正,立意高,全基于对这种根柢的掌握。就攻读汉语言文学专业的学生而言,虽然没有这样严格的要求,更不宜过分强调以究明一字或穷尽一义为终身的志业,但比较系统地了解这些经典的基本内容,深入研读其中重要的部分,做到目诵意会,心口相应,从而初步掌握本专业的核心知识以为自己精神整合和基础教养的本原,应该说是当然和必需的事情。

再说,汉语言文学学科有其特殊性。它所具有的社会功能许多时候并不是用职业培养一句话就可以概尽的。对大多数从学者而言,它是一种根本性和基础性的人文精神的培养。它以润物无声的方式渗透到人的日常生活,并从人立身行事的根本处体现出自己的价值。受它的滋养,学生日后在各自的领域内各取所需,经营成家,并不一定以汉语言文学的某部分专门知识安身立命,因此,它尤注意远离一切实用主义和技术主义的诱引,并不放弃对知觉对象的本质体认和根源性究问。那么,从哪里可以得到这种本质上的体认,并养成根源性究问的习惯呢?精读原典,细心领会,就是一条切实可行的路径。

然而,受历史条件和社会需求变化的影响,还有陈旧的教学观念的束缚,长期以来,我们只注重史迹的复现、概念的宣教和理论的灌输,一个中文系学生(其他文科专业的学生大抵同此)应该具备怎样的知识结构和基本教养,并未被当作重要的问题认真讨论过。课程设置上因人而来的随意,课程分布上梯次递进的失序,使这一学科科学完整的知识体系和结构位序至今还不能说已经成形,更不要说其自在性和特殊性的缩聚与凸现了。也就是说,它的课程安排在一定程度上是随机的偶合的,因此既不尽合理,带连着学科品性也难称自觉与独立。在这样情况下,要学生由点及面,由浅入深,形成对汉语言文学相关知识的完整认识几无可能。即使有大体上的认知,也终因缺乏作品或文本的支撑而显得肤泛不切,不够深入。

正是鉴于这种情况,三年前,我们开始在中文系本科教学中实施精读经典作品的课程改革。调整和压缩一些传统课程的课时,保证充足的时间,让学生在大学的前两年集中精力攻读一二十种经典原著。具体做法是选择其中重要的有特色的篇目,逐字逐句地细读,并力求见迩知远,举一反三,然后在三四年级,再及相关领域的史的了解和理论的训练。有些比较抽象艰深的知识和课程被作为选修课,甚至放在研究生阶段让学生修习。我们希望由这种"回到读书"的提倡,养成学生基本的专业教养。有感于脱离作品的叙述一直占据讲坛,而事实是,历史线索的了解和抽象义理的铺排都需要有大量的作品阅读做支撑,没有丰富的阅读经验,很难展开深入有效的学习,学生普遍认同了这样的教改,读书的积极性得到了很大的调动,有的就此形成了明确的专业兴趣与方向。在此基础上,我们进而再引导他们"回到感性",在经典阅读中丰富对人类情感与生存智慧的体验与把握,最终"回到理性"、"回到审美",养成清明完密的思辨能力,以及关心人类精神出路和整体命运的宽广心胸,关注一己情趣陶冶和人格修炼的审美眼光,由此事业成功,人生幸福。我们认为这样的教育理念,庶几比较切近"通识教育"和"全人教育"的本义。

现在,我们把集本系老中青三代教师之力编成的原典精读教材,分三辑、每辑十种成系列推出,意在总结过往的教学实践,求得更大更切实的提高。教材围绕汉语言文学专业所涉及的"中国古代文学"、"中国现当代文学"、"文艺学"、"汉语言文字学"、"语言学理论"、"比较文学"和"古典文献学"等七大学科点,选择三十种最具代表性的经典作品做精读,其中既有中国古代重要的文史哲著作,这些著作不仅构成整个中国文学的言说背景,本身就极富文学性,同时也包括国外有关语言学和文学理论方面的经典著作。如此涵括古今,兼纳中外,大概可以使中文学科的专业知识有典范可呈现,有标准可考究。

在具体的体例方面,教材不设题解,以避免预设的前见有可能影响学生自主的理解;也不作注释,不专注于单个字词、典故或本事的说明,而将之留给学生课前的预习。即使必须解释,也注意力避"仅标来历,未识手笔"的贫薄与单窘,而着重隐在意义的发微与衍伸意义的发明。也就是说,但凡知人论世,不只是为了获得经典的原义,还力求与作者"结心"和"对话"。为使这种发微与发明确凿不误,既力避乾嘉学者所反对的"因后世之空言,而疑古人之实事","后人所知,乃反详于古人"的主观空疏,又不取寸步不遗不明分际的单向格义,相反,在从个别处入手的同时,还强调从汇通处识取,注意引入不同文化、不同知识体系的思想观念和解说方法,以求收多边互镜之效。即使像文本批评意义上的"细读"(close reading),也依所精读作品性质的不同而适当地吸取。尤其强调对经典作品当代意义与价值的抉发,从而最大程度地体现阐幽发微,上挂下连,古今贯通,中外兼顾的特色。相信有这种与以往的各类作品选相区隔的文本精读做基础,再进而系统学习文学史、语言学史以及文学、美学理论等课程,能使本专业的学生避免以往空洞浮泛的知识隔膜,从而对理论整合下的历史与实际历史之间的矛盾有一份自己的理解,进而对历史本身有一种"同情之了解",并从内心深处产生浓郁而持久的"温情与敬意"。

如前所说,原典精读教材的编写目的,是为了给汉语言文学专业的学生提供一个基础教养的范本,它们应该是这个专业的学生知识准入的基本条件和底线。但是"应该"与"能够"从来是一对矛盾。如何使教材更准确简切地传达出经典的大旨,如何在教学过程中让学生真正得体新生命,得入新世界,是我们大费踌躇的问题。好在文学的本质永远存在于文学作品的影响过程中,学术的精神也永远存在于学术著作的解读当中。既如此,那么从原典出发,逐一精读,既沉潜往复,复从容含玩,应该不失为一种合理可行的思路。

我们期待基于这种思路的努力能得到丰厚的报偿,也真诚地欢迎任何为完善这一思路提出的建议与批评。

目 录

导论   001

  一、索绪尔的生平   003
    （一）索绪尔的家族：从法国到日内瓦   003
    （二）索绪尔的青少年时代   005
    （三）德国留学的日子   009
    （四）巴黎十年   014
    （五）日内瓦的方言调查   016
    （六）三期普通语言学课程   019
    （七）索绪尔最后的日子   023
  二、索绪尔著作的整理   026
    （一）巴利和薛施霭的整理   026
    （二）索绪尔著作的考证   029
    （三）从索绪尔著作的考证看索绪尔思想的研究   038

第一讲   语言学史一瞥：逻辑语法时期和语文学时期   045

  一、逻辑语法时期   048
    （一）哲学视野中的语法   048
    （二）拉丁语规范下的语法   049
    （三）思辨语法   050
    （四）波尔·罗瓦雅尔学派   051

（五）索绪尔唯理语法批评的历史高度及其局限　　053
　二、语文学时期　　057
　　（一）文艺复兴与古典语文更新　　057
　　（二）从逻辑决定论到语法规定主义　　060
　　（三）理性规范主义的否定之否定　　062
　　（四）索绪尔的语文学批评辨正　　065

第二讲　语言学史一瞥：比较语法时期　　071

　一、比较语法的诞生　　073
　　（一）世界语言材料的搜集　　073
　　（二）索绪尔眼里梵语发现的意义　　074
　　（三）"比较语法"概念的提出：索绪尔的二重评价　　075
　　（四）索绪尔思想的先声：拉斯克的追求　　077
　二、比较语法的发展　　080
　　（一）比较语法的边缘范式　　080
　　（二）比较语法的主流范式：自然主义　　082
　三、比较语法的范式革命　　089
　　（一）务实的罗曼语和日耳曼语研究　　089
　　（二）新一代比较语法学家的出现　　091
　四、新语法学派批判　　095
　　（一）理论建树的科学主义　　096
　　（二）材料分析的细节主义　　104
　　（三）语言本体的个人心理主义　　107
　五、索绪尔对历史比较语言学的超越　　109
　　（一）索绪尔的新语法学派批判要义　　109
　　（二）索绪尔的划时代超越：结构主义　　111

第三讲　语言学的任务　　115

　一、语言学任务的是与非　　117

（一）语言学的任务不是什么　　　　　　　　　　　117
　　（二）语言学的任务是什么　　　　　　　　　　　　118
二、语言学任务的内与外　　　　　　　　　　　　　　　121
　　（一）语言学与其他学科的关系　　　　　　　　　　122
　　（二）语言内部要素和外部要素的关系　　　　　　　130
　　（三）人文弃置：索绪尔历史反思与学术重建意义的限度　　134

第四讲　语言和言语　　　　　　　　　　　　　　　　　137

一、语言研究的对象难以界定　　　　　　　　　　　　　139
　　（一）观察方法先在于研究对象　　　　　　　　　　139
　　（二）现象的层层二分　　　　　　　　　　　　　　140
二、索绪尔语言定义的三个关键词　　　　　　　　　　　141
　　（一）语言、言语和言语体系　　　　　　　　　　　141
　　（二）语言和言语、言语体系的关系　　　　　　　　147
三、语言的语言学和言语的语言学　　　　　　　　　　　164
　　（一）索绪尔的语言学分岔　　　　　　　　　　　　164
　　（二）索绪尔的"光荣的孤立"　　　　　　　　　　170
四、索绪尔的科学魅力与人文虚妄　　　　　　　　　　　173
　　（一）寻找人类有意识活动的无意识结构　　　　　　173
　　（二）对语言现象符号化整合的疑问　　　　　　　　177
　　（三）索绪尔还原和"索绪尔"反思　　　　　　　　206

第五讲　文字和语言的关系　　　　　　　　　　　　　209

一、文字定义的西方标准　　　　　　　　　　　　　　　211
　　（一）一脉相承的文字观：从亚里士多德到布龙菲尔德　　211
　　（二）雅柯布森：文字是有意义的自主的符号系统　　213
二、人类文字性质的二重区分　　　　　　　　　　　　　215
　　（一）索绪尔对人类文字性质的二重区分　　　　　　215
　　（二）文字属性分化中西语言学传统　　　　　　　　218

三、汉字的文化定义　　　　　　　　　　　　　　　　　　220
　　（一）汉字的意象本原　　　　　　　　　　　　　　　220
　　（二）汉字的语言功能　　　　　　　　　　　　　　　222

第六讲　语言符号的性质　　　　　　　　　　　　　　　227

一、语言符号的二元理论　　　　　　　　　　　　　　　229
　　（一）语言符号是一个双面心理实体　　　　　　　　　229
　　（二）语言符号是施指和受指的结合　　　　　　　　　233
　　（三）语言符号二元理论的抽象本质　　　　　　　　　237
二、关于符号施指和受指问题的讨论　　　　　　　　　　239
　　（一）施指的物质性问题　　　　　　　　　　　　　　239
　　（二）受指的物质性问题　　　　　　　　　　　　　　244

第七讲　语言符号的任意性问题　　　　　　　　　　　　253

一、符号施指和符号受指关系的任意性　　　　　　　　　255
　　（一）任意性原则释义　　　　　　　　　　　　　　　255
　　（二）任意性理论的历史论争　　　　　　　　　　　　265
　　（三）任意性原则的实证难题　　　　　　　　　　　　280
二、任意性的两个侧面：绝对不可论证性和相对不可论证性　　294
　　（一）语言符号的相对可论证性　　　　　　　　　　　294
　　（二）相对可论证性和任意性的关系　　　　　　　　　296
三、任意性的两个作用：不变性和可变性　　　　　　　　302
　　（一）任意性导致语言符号的不变性　　　　　　　　　302
　　（二）任意性导致语言符号的可变性　　　　　　　　　307
四、任意性理论的世纪之辩　　　　　　　　　　　　　　315
　　（一）任意性理论的深远影响　　　　　　　　　　　　315
　　（二）对任意性理论的否定　　　　　　　　　　　　　318
　　（三）对任意性理论的维护　　　　　　　　　　　　　326
　　（四）任意性与可论证性的并重　　　　　　　　　　　328

（五）对任意性理论的修正与阐释 329
（六）重建被索绪尔割舍的语言形式与内容的关系 335

参考文献 341
初版后记 347

导论

一、索绪尔的生平

费迪南·德·索绪尔(Ferdinand-Mongin de Sunssure, 1857—1913)是19世纪末、20世纪初西欧一位影响最大的语言学家,结构主义语言学的创始人,在世界语言学史上居有极其重要的地位。索绪尔的语言学思想标志着人类语言学史的一个伟大的转折,索绪尔本人也被称为现代语言学之父。

(一) 索绪尔的家族:从法国到日内瓦

索绪尔于1857年11月26日出生在瑞士日内瓦一个书香门第。他的出生,比著名社会学家涂尔干早一年,比著名心理学家弗洛伊德晚一年。他们三人在日后学术思想的成长中,与出生年份一样有着深刻的关联。索绪尔的家族是科学世家,近世日内瓦望族,与当时的植物学家康德尔家族,物理学家德·拉·利瓦家族等几个家族一起,一代一代传承了日内瓦有代表性的自然科学研究传统。然而索绪尔家族的祖籍在法国。

索绪尔家族的祖先可以上溯至15世纪的蒙江·休埃尔(Mongin-Schouel, 1469—1543)。他的居住地在现今法国洛列奴地方勃久县莫泽河支流沿岸一座小城,名叫索绪尔·休尔·莫兹洛(Saulxsure-Moselotte)。Saulxures,这个地名源于Salaura(盐水)。蒙江以地名索绪尔改姓,是在他被当时法国洛列奴大公卢内的宫廷封为出生地索绪尔的领主的时候。那时候宫廷授予他贵族的称号和徽章,索绪尔家族由此起源。

16世纪中叶,法国掀起了一场宗教改革运动。当时已经继承父亲蒙江官职和财产的蒙江的儿子安托瓦奴(Antoine de Saulxures, 1514—1569),在宗教改革运动的影响下,不仅自己成了与政府对立的新教教徒,而且拉年轻的洛列奴大公夏鲁各加入了新教。政府逮捕了安托瓦奴,并在1550年没收了他的全部财产。本来可以荣耀一时的法国贵族,此时成了阶下囚。几个月以后,安托瓦奴越狱逃脱,并带着全家远走他乡流亡避难,经辗转迁徙,最后定居于瑞士的洛桑诺。安托瓦奴励精图治,以出色的工作成绩重新赢得了当地市政府的器重,于1556年,获得了该市的市民权和领地。重新崛起的安托瓦奴,为纪念家族的新生,把自己的姓简化为de Saussure,由此完成了从16世纪法国新教徒流亡贵族到日内瓦贵族的转变。重新兴旺起来的索绪尔家族,后世分居在瑞士各地和美国。

索绪尔家族定居在瑞士日内瓦的一支是安托瓦奴的曾孙埃里·德·索绪尔(Elie de Saussure,1602—1662)。在日内瓦当局对新教亡命徒采取了宽大政策以后,埃里于1635年获得了日内瓦的市民权。索绪尔家族的这一支繁衍到18世纪,索绪尔祖父的祖父尼古拉(Nicolas,1709—1791)因发明葡萄栽培法而声誉鹊起。当时编写的法国《百科全书》中相关内容也是由他来撰写的。以尼古拉的农学研究为基础,索绪尔家族逐渐形成了家族的科学研究传统。

尼古拉的儿子奥拉斯·贝内迪克特·德·索绪尔(1740—1799)子承父业,是著名的博物学家,研究的兴趣从地质学、植物学到整个自然科学。他注重科学实验,实地考察的足迹遍及阿尔卑斯山地区,并在1786年第一个登上了号称欧洲最高峰的蒙布兰山顶。二十二岁那年,他就成为日内瓦大学前身研究院的哲学与自然科学教授,并在三十四岁时以显赫的学术成就荣膺校长职务。奥拉斯的肖像印在新版五十法郎纸币上,他的名字成了日内瓦大学旁边一条街的街名。在索绪尔家族中论学术影响可以和费尔迪南相媲美的,大概就是奥拉斯了。这是曾祖孙之间的荣耀。

奥拉斯的子女也非常优秀。长子尼古拉·泰奥多尔(Nicolas Théodore,1767—1845)是日内瓦大学研究化学、植物学、地质学和物理学的教授,以对植物的碳酸同化作用的分析闻名于世。他发现的一种矿石被命名为索绪尔石。泰奥多尔的姐姐阿尔贝提诺·阿得利恩诺喜爱文学,与德国、法国的作家、诗人交往密切,翻译过文学作品。她的丈夫是植物学教授。

泰奥多尔的弟弟叫阿尔冯斯,他是索绪尔的祖父。阿尔冯斯的儿子、索绪尔的父亲亨利(Henri,1829—1905)是著名的生物学家和地质学家。他在吉桑获得博士学位,又在日内瓦获得名誉博士学位,以昆虫研究而享有盛名。日内瓦生物学会为纪念他的科学成就,以他的名字命名学会的会刊为《索绪尔学刊》。日内瓦的自然博物馆至今收藏着他在墨西哥、安堤雷斯群岛和美国收集的大量昆虫和矿石标本。

索绪尔的母亲路易斯(Louise)是日内瓦亚历山大·约瑟夫·德·普鲁塔列斯伯爵的女儿,一位出色的音乐家。路易斯生育了四个儿子,索绪尔是家中的长子。他的弟弟奥拉斯(Horace, 1859—1926)是一位画家,弟弟奥波鲁德(Leopold, 1866—1925)是法国海军军官,还有一个弟弟路涅(Rene, 1868—1943)是一位数学家,研究自然语言和人工语言。

索绪尔自幼生活在一个科学研究气氛非常浓厚的家庭里。家学渊源,幼承庭训,父亲对他进行了严格的训练。索绪尔的老朋友达维德(J. E. David)(《洛桑诺报》编辑部主任)在悼念索绪尔的文章中这样描述幼年索绪尔的成长环境:一座朴素而优雅的别墅,一个古树参天的美丽庭院,附近清澈见底的湖水,远方连绵起伏的阿尔卑斯山峰,室内收藏有大量书籍和古玩、相册、版画的玻璃橱柜……成年后的索绪尔与夫人玛丽生了两个儿子。长子贾克(Jacques, 1892—1969)是个外交官,次子雷蒙(Raymond, 1894—1971)是日内瓦大学医学院教授,著名的精神科医生,创建了日内瓦科学史博物馆。索绪尔的手稿及大部分书信都是由他两个儿子向日内瓦州立公共大学图书馆捐赠的,后来由戈德尔(Robert Godel)教授整理发表。

(二) 索绪尔的青少年时代

索绪尔在少年时代就对语言产生了浓厚的兴趣,这和他的成长环境是分不开的。在他 1903 年撰写的《关于青年时代与读书的回忆》(发表于《索绪尔研究杂志》第 17 期)中,他提到两个人对他的影响。一个是他外公亚历山大·约瑟夫·普鲁塔列斯(Alexahdre Joseph de Pourtales)伯爵,另一个是文学家阿道夫·皮克戴特(Adolph Pictet, 1799—1875)。

索绪尔的外公给索绪尔留下深刻的印象。记忆中的外公喜欢制造快艇。有一次外公在雷曼湖上试航刚造好的精美的快艇,一下水就沉入了湖底。较之快艇,外公对民族学和语源学的爱好更让索绪尔着迷。谈起一个词的来源,外公往往兴致勃勃,滔滔不绝。那种挥洒自如的想象力,深深感动了索绪尔,激起他强烈的好奇心和探索欲望。

皮克戴特先生是索绪尔家庭在日内瓦郊区度假别墅的邻居。他是美学家和文学家,同时又是一位语文学家。在19世纪中叶,他是日内瓦文化界的泰斗。他曾经撰写《印度欧罗巴人的起源》一书,同时又创立了语言古生物学,撰有两卷集的《语言古生物学》。每年夏天,索绪尔家庭来郊区避暑,邻居皮克戴特先生就成了他家的常客。这是在日内瓦北郊约十公里的一个叫马拉尼的小村庄,索绪尔经常在外公的书房里听皮克戴特先生侃侃而谈。回忆他十二三岁的夏天在这里和皮克戴特一起度过的日子,索绪尔满怀敬意地说:

> 虽然我没有勇气向这位伟大的老人请教更多的东西,但是对他的著作,我像小孩子一样怀着赞赏的心情,而且认真地阅读过这些著作的许多章节。只是借助梵语的一音节或二音节的帮助,有种再次从墙缝中窥视已经灭亡的一些民族的生活的感觉。我此时虽然很朴实,但读书的热情很高,在回忆幼年时期读书情景的时候,感到只有这时才尝到了语言学的真正的喜悦。①

索绪尔的语言学兴趣启蒙于这样一位兼擅文学、美学和语文学的学者,以致后来他在给皮克戴特《印度欧罗巴人的起源》第二版(1878年)撰写的书评中说:"我认为语言学决不能离开对文学与美学的关心。"索绪尔就读的中学是皮克戴特的母校,皮克戴特的语言古生物学和词源学成了这位少年课外生活的导航。随着索绪尔的成长,皮克戴特也和他结成了忘年交,经常向这位年轻的朋友请教。

在皮克戴特的影响下,索绪尔学习了法语、德语、英语、拉丁语和希腊语。1870年,索绪尔以优秀的考试成绩准备进入高中,但由于年龄不够,在父母安排下,他进入以古典教育闻名的日内瓦技术学校学习和研究希腊语。

---

① 索绪尔《关于青年时代与读书的回忆》,《索绪尔研究杂志》第17期,转引自刘耀武《索绪尔研究二题》,《理论语言学与应用语言学论丛》第一辑。

在希腊语课上他发现了动词第三人称复数形式的不规则形式,发现在两个辅音之间的 n 可以和 a 交替出现,他将它归结为 n = a(兼有辅音与元音功能的鼻音)这样一个等式。但当时他并没有认真对待这个对他将来的学术人生有重大意义的推断。他不知道他发现的是三年后历史比较语言学的新语法学派代表人物布鲁格曼发表论文提出的引起轰动的"响鼻音"。

在对搜集到的大量欧洲语言词根进行分类以后,索绪尔发现了 n = a 的条件——n 在词中的位置。他逐渐形成了一个假说,即由于 n 在部分词语的特定位置上会以 a 的形式出现,因此在纷繁多样的欧洲语言词根形式的背后一定有某种统一的结构。于是他尝试利用自己掌握的语言知识,来确立欧洲语言构词的一般原理。两年多的思考使索绪尔对自己的假说渐渐坚定了起来。一股抑制不住的表达欲望,使他在 1872 年 8 月 17 日给皮克戴特写了一封信。他在信中惶恐而又执拗地说:

> 我只是一个学生,想把自己对一无所知事物的一点想法告诉先生,可能有些失礼。如果我不是把自己所确立的体系看作明显的真理的话,我就不会这样请求您了。我经常在考虑事物的细节之前有一种不可抗拒的追求体系的欲望。但是我必须告诉您事隔一年以后再次发现的事情,它使我的想法更加固定下来。正因为如此,我才决心征求您的意见。……可能我的想法有些离奇,如果稍微懂得一点梵语的话,我就会收回自己的想法,但是说老实话,我想我的想法是非常接近真理的。①

不久,索绪尔就把自己利用暑期写的第一篇论文《语言论》②寄给了皮克戴特。在论文中,索绪尔以丰富的词根材料为基础,提出一个大胆奇异的想法:假如 p = b = f = v, k = g = ch, t = d = th,那么所有的语言都源于一个普遍系统,这个系统由三个基础辅音构成,所有的词都起源于由这三个辅音构成的词根。这个不到十五岁的少年,初出茅庐就显示出对语言事实惊

---

① 转引自刘耀武《索绪尔研究二题》,《理论语言学与应用语言学论丛》第一辑。
② 《索绪尔研究集刊》1978 年第 32 期发表了经过整理的此文的手稿《试论希腊语、拉丁语和德语的词可归结为数量不多的词根》。

人的结构化抽象能力。这不能不归因于索绪尔家族在自然科学研究上深厚的传统和天赋。

然而,索绪尔毕竟太年轻了,在皮克戴特的眼里,他还是个孩子。他的剑走偏锋的假想,只能让这位老学者感到有趣。皮克戴特在给索绪尔的回信中,词意委婉地希望他不要轻易下论断,力戒偏激,同时热情地鼓励他说:"我的年轻朋友,我明白,你已经握住凶猛的牛的角。"索绪尔听出了老人的规劝之意,非常沮丧。此后的两年,他一直没有再去碰这个让他伤心的语言学难题。

1874 年,在皮克戴特引导下,索绪尔开始学习艰深的梵语。学习梵语的过程使他第一次接触到历史比较语言学者撰写的语法书。其中有葆朴(F. Bopp,1791—1867)的《梵语语法》,也有古尔提乌斯(G. Curtius)的《希腊语词源学基础》。在阅读过程中,以他特有的聪慧,他不仅敏锐地发现两位学者之间存在着分歧,而且不断思索着他的 n = a,即他在原始印欧语中发现的 a 能否解释为一个鼻音。他知道他的假设与葆朴的语法学说相冲突,而葆朴的语法研究对年轻的索绪尔来说具有绝对的权威性,这让他深感困惑。

1875 年,索绪尔进入日内瓦大学学习。父母希望他继承家族的自然科学研究传统,主修化学和物理学。然而索绪尔对这些课程兴味索然,他漫无目的地听了许多其他方面的课,如法律、神学、哲学、艺术、语言等,这些"莫名其妙"的课程让索绪尔大叹光阴虚度。此时,一门新课引起了索绪尔浓厚的兴趣,这就是毛雷尔讲师(L. Morel)开设的"印欧语言学导论"。毛雷尔刚从莱比锡大学学习回来,他在这门课上介绍了他在莱比锡大学听古尔提乌斯讲授的希腊语和拉丁语法的内容。这些内容深深吸引了索绪尔,也让他一再思考他的 n = a 的推断。索绪尔在他后来的回忆录中还记下了一次课后他与毛雷尔散步时的交谈。交谈中他提及自己关于 n = a 的假设,他问老师:"您听过古尔提乌斯的课,他是怎么论述这个问题的?"强烈的兴趣使索绪尔转而向父母要求大学期间去德国的莱比锡大学文学系留学,学习历史语言学,对这样一个印欧语研究的重镇,索绪尔心向往之。此时他高中时期研究小组的同学已有在那里学习神学和法律的,老乡在一起也便于相互照顾。看到索绪尔难以割舍他的语言研究情结,索绪尔父母对儿子的要求欣然允诺,这不仅因为在当时瑞士的上层社会,送子女去德国留学是一种风气,而且儿子对语言学的执着令他们感动。

(三) 德国留学的日子

1876年的德国莱比锡大学,正是新语法学派风云际会之地。雷斯琴(August Leskien,1840—1916)、布鲁格曼(K. Brugmann,1849—1919)、奥斯特霍夫(H. OsthOff,1847—1909)等新语法学派主将正在这里跟校内他们的老师古典语文学家古尔提乌斯、校外他们的前辈比较语法大家施莱歇尔(August Schleicher,1821—1868)的弟子施密特等激烈辩论。而他们与古尔提乌斯的矛盾正趋白热化——为他们未经老师许可擅自在老师主编的《希腊拉丁语法研究》上发表被老师认为"游谈无根"的论文。十八岁的索绪尔"一不小心"踏进了新语法学派的大本营,撞开了他一生的学术探险之门。

从1876年到1880年,除了其间于1878年转到柏林大学学习一年,索绪尔在莱比锡大学文学系度过了整整三年时间。他遇到的第一位好老师是讲授比较语法课程的古尔提乌斯。这是索绪尔听到的第一门印欧语言学课程。教授生动的语言和富有魅力的学术见解引起了索绪尔极大的兴趣。他热心参与古尔提乌斯课程的练习和发表研究成果的活动。他心中那个久存的 n = a 假说又重新被热情点燃。但索绪尔不敢直接向古尔提乌斯请教他的响鼻音假说,只是在语言学方面他越来越有兴趣,越来越用功了。索绪尔选修的其他课程还有雷斯琴的斯拉夫语和立陶宛语、胡布斯曼的古波斯语、温迪希的克尔特语、奥斯特霍夫的梵语导论等。有趣的是,索绪尔对布鲁格曼和奥斯特霍夫的课程,只是最初听了几次就不再去了,尽管他和这些当时最有创造精神的学者关系很好,经常在一起讨论问题。

还在来莱比锡大学学习之前,1876年春,索绪尔就把他的论文《论后缀-t-》寄交给巴黎语言学会,随即他被吸收为会员。第二年索绪尔又连续提交了他的论文《论含有-eo 的一些拉丁语动词》,《拉丁语从 tt 往 ss 的变化有 st 吗?》和《试论印欧语中各种 a 的区别》,并在学会的例会上宣读。《试论印欧语中各种 a 的区别》一文涉及当时比较语法学研究的热点,索绪尔清晰的归纳和富于创造性的见解令人折服。他的论文都编进了当年的《巴黎语言学会纪要》。

　　1877年,在古尔提乌斯的练习课上,索绪尔又一次提出了自己的响鼻音假设。他的原始印欧语与元音交替的新颖的想法引起了大家的注意。当时布鲁格曼不在场,但第二天,他在校园碰到索绪尔时,即向索绪尔了解他昨天提出的观点。显然,索绪尔的创见给他极大的启示。布鲁格曼很想知道这一假设的依据,他问索绪尔能否举出三个以上的这类元音交替的例证。这让索绪尔感到自己正在接近语言科学的尖端。然而不久,布鲁格曼率先发表了《论印度-日耳曼始源语中的响鼻音》。

　　索绪尔当时并不知道自己这个发现的重要意义,所以对布鲁格曼发表的文章未加注意。三年多以后,一位讲授波斯语课程的伊朗学者在闲谈中问索绪尔是否读过布鲁格曼的这篇文章。索绪尔说自己略知一二,觉得这篇文章没有什么令人惊讶的东西。然而这位教师却告诉他响鼻音的假设在印欧语比较语法研究中意义重大。这让索绪尔非常吃惊。他忙去买来刊登布鲁格曼论文的杂志,认真读了一遍,欣喜地发现自己多年前发现的规律在印欧语的研究上已经站在了前沿。这一发现对索绪尔是巨大的鼓舞,这不仅因为他一直觉得自己的发现与比较语法的大家观点冲突,不敢充分肯定,而且因为他刚来德国莱比锡大学的时候,作为一个来自法语环境的十几岁的学生,且缺乏丰富的印欧语知识,他非常不自信,甚至不愿参加当时热火朝天的德国青年学生研究小组。现在他知道他的想法一点不比别人差,就这样努力研究,他甚至可以做得比别人更好。索绪尔的欣喜盖过了他对自己的见解被别人先发表的沮丧。这件事给了索绪尔充分的学术自信,并使他面对青年语法学派的学术热潮,自一开始就保持了一份独立和冷静。

　　1878年12月,二十一岁的索绪尔完成了《论印欧语元音的原始系统》一文。这是他在莱比锡大学边学习边思考,对自己多年探索的一个总结。在论文中,索绪尔成功地构拟了一个在印欧语元音的原始系统中有重要作用的音,把原始印欧语的四个领音元音和整个元音系统都概括成了一个完整的架构,巧妙地解释了印欧系语言中 a:ē:ō 和 a:ā:ō 几组元音的交替,回答了印欧语元音交替的复杂关系这个比较语法学研究中最为艰难的一个问题,在"印欧系语言学最为荒芜的区域"筚路蓝缕,开出了一条新路。更难能可贵的是,这篇论文将历史比较语言学的方法论建立在一个高度概括的基础上,奠定了印欧语元音系统理论的崭新的基础。索绪尔在论文的序言中阐述了他的基本思想:

> 尽管事先我们确信,经验的缺乏会使我们多次迷失到错综复杂的荒芜之境,而我们之所以冒险涉入其中,那是因为:对任何从事这一类研究的人来说,向这样的问题冲击,并不像人们所说的那样,是轻率之举,而是必然的行为。要从头学起,因为这里所涉及的不是超验范围的思辨,而是对基本材料的研究。而没有这些基本材料,一切都漂浮不定,一切都是任意与不确定的。①

索绪尔这段话中的最后一句,几乎成了其身后一个世纪被引用最频繁的一句话。索绪尔从他的学术研究一开始就极端重视对"基本材料"的研究,这一明显带有自然科学特征、具有"几何学的简洁"的思维形式,无疑是承继了他的家族的科学传统。在这个意义上,索绪尔实际上是将他的家族的科学传统延续到人文科学的研究中。

《论印欧语元音的原始系统》被认为是索绪尔最令人瞩目的学术成就之一,是他一生的代表作,被称为历史比较语言学史上的金字塔。索绪尔的学生梅耶认为这篇论文在比较语法上的成就空前绝后,它足以使索绪尔成为独步一时的学术大师。尽管索绪尔的发现实际上比布鲁格曼要早四年,但由于没有正式发表,也就无法证明。他在论文中不但没有提及自己早先的发现,而且出于礼貌,不得不在论文中写下"谨对布鲁格曼和奥斯特霍夫的论著表示感谢,他们使我们了解了响音 n 和 r"。索绪尔没有想到这造成了一些人攻击他的口实。

莱比锡大学出版了这本书之后,索绪尔不安地等待着学界的评论。他在写给朋友的信中说:"我一个人呆在柏林的学生宿舍里,以一种不安的心情等待着自己的傲慢的尝试可能带来的后果。书出版以后已有两个月了,

---

① 转引自本维尼斯特《半个世纪以后的索绪尔》,本维尼斯特《普通语言学问题》,《语言学研究》2004 年第 3 期。

而我心里明白,如果出现对此评论的书评,第一篇就可能使我建立起来的一切完全垮台,预想着最坏的事态,因此,在书评出来之前,心情十分紧张。"①然而,索绪尔等来的却是德国语言学界的极大的中伤与压力。他的成果被认为是抄袭了布鲁格曼的理论。而布鲁格曼对索绪尔的书只发表了一篇礼节性的短小评论。奥斯特霍夫则完全否定索绪尔的探索。次年德国出版的几本比较语法的概论性的书吸收了《论印欧语元音的原始系统》一书中的观点,"阴用其言",却闭口不提索绪尔的名字。在当时的这种不明真相的群起攻击下,索绪尔气愤之余心灰意冷。他不作任何辩解,打算中断比较语法的研究,转向日耳曼叙事诗的研究。在给巴黎朋友的信中他说:"我对比较语法说了'再见'。"许多年后,1903年,索绪尔在回忆录中提及这段历史,称当时不分青红皂白对他的攻击是"德国人愚昧的集体盲从"。这种盲从,可以说古今中外概莫能外。

索绪尔对比较语法的"再见"具有很强的象征意义。他的论文在理论方法上划出了历史比较语言学的一个新时代;他在比较语法的研究中逐渐成熟的追究语言基本形式的方法最终使他与新语法学派分道扬镳,走上普通语言学的道路;他在德国的压力和孤独使他对整个印欧比较语言学萌生去意。由于索绪尔在德国是一个求学的外乡人——一个操法语的瑞士人,他始终进入不了主流学术圈,未能真正融入新语法学派的氛围中。而这样的边缘地位反倒使索绪尔对历史比较语言学的新潮流有一份在当时形势下难得的反思和批判态度。

索绪尔的学生梅耶在1903年出版的著名的《印欧语系比较研究导论》的扉页上,写下"献给敬爱的老师,纪念他的《论印欧语元音的原始系统》出版25周年",充分肯定了《论印欧语元音的原始系统》的学术价值。《论印欧语元音的原始系统》一书在当时也得到了学术界一些有识之士的充分肯定。波兰学者克鲁舍夫斯基(M. Kruszewski,1851—1887)1880年发表书评,高度地赞扬索绪尔的研究开辟了印欧语语音研究的新道路。但索绪尔的论文却因此被德国学术杂志拒之门外。巴黎语言学会副会长,巴黎高等研究院印欧语言文献学教授阿·伯尔盖纳(A. Bergaine)在读了索绪尔的书后,发表

---

① 转引自刘耀武《索绪尔研究二题》,《理论语言学与应用语言学论丛》第一辑。

热情洋溢的长篇书评(刊登在1879年2月25日《日内瓦新闻》上),指出索绪尔在这篇论文中阐述的精深的思想即使是比较语法的专家也不容易真正理解。索绪尔还是一个学生就有了如此惊人的成就,不仅在现在的语言学界占有重要的位置,而且今后的成就不可限量。索绪尔看了深深感动,伯尔盖纳对他的思想的理解和支持对他太重要了!他给伯尔盖纳写了感谢的信,伯尔盖纳迅即给他回信,说:"亲爱的老师!我之所以这样称呼您,是因为我所知道的语音学知识的一半,是多亏您的著作。……再过几年以后,当您成为欧洲三位或四位大学者之一的时候,我是您的最初的信徒,想到这一点,我尤为高兴。"①伯尔盖纳是发现索绪尔的天才,向学术界介绍索绪尔研究价值的第一人。三十年后(1908年)索绪尔在给伯尔盖纳的信中说:"您给我留下了永不消失的感动。这是可以用手摸到的确证,凡是创造万物的人都希望有的一种确信,确信自己创造的东西并非无益。"②

索绪尔的父亲从伯尔盖纳的书评中深切了解了儿子的创造性的探索,为儿子"正在以几何学的简洁进行着语言研究"而深感欣慰。为了孩子的前途,他请求伯尔盖纳在索绪尔大学毕业后接收他到法国巴黎继续进行研究。伯尔盖纳欣然向索绪尔发出了邀请,说服他来巴黎学习和任教。

1880年2月,索绪尔在莱比锡大学完成了自己的博士学位论文《论梵语中绝对属格的用法》。这是一篇技术性很强的论文,索绪尔在语言分析中显示了他对梵语和印欧系其他语言的令人信服的丰富的知识,探讨了当时的语言学研究普遍忽视的句法问题,着眼语法格之间的关系来限定属格的价值。索绪尔的德国老师们对这位天才的学生都有深刻的印象。在论文答辩会上,全体答辩委员给予索绪尔的论文"已达到值得称赞的最高点的优秀论文"的评价。意大利语言学家莫罗评论索绪尔这篇论文"提出了新的观点,语言单位的价值是相关又相对的"③。一位教师(法布尔,L. Favre)在后来悼念索绪尔的文章中说:如果不是索绪尔很谦虚的话,"可能出现一个年轻的考生把答辩委员会委员这些学者推上被质问席"的情况。那一年毕业前夕,

---

① 转引自刘耀武《索绪尔研究二题》,《理论语言学与应用语言学论丛》第一辑。
② 同上。
③ Tullio de Mauro, dition Critique, 1972, p.331.转引自裴文《普通语言学教程中译本序》,索绪尔《普通语言学教程》,江苏教育出版社,2002年,第4页。

索绪尔遇到一件趣事:莱比锡大学的一位教授见到他时问他:"你是那位伟大的瑞士语言学家费迪南·德·索绪尔的亲属吗?"

索绪尔获得博士学位的这一年,他才二十二岁。当年10月,他应邀来到伯尔盖纳任职的巴黎高等研究院继续他的学业。

四年的德国留学,索绪尔风华正茂,事业蒸蒸日上。他在语言学研究道路上真正成长起来,并奠定了他一生成就的基础。尽管在成长中有着风风雨雨和学术界深重复杂的阴影,但这一切都最终历练他成为继往开来的时代先驱。

(四)巴黎十年

从二十三岁到三十四岁,索绪尔是在巴黎度过的。这是他学术活动的鼎盛时期,同时也是他对法国语言学发展做出重要贡献的时期。

1881年,初来乍到,索绪尔在巴黎高等研究院选修了米歇尔·布雷阿尔(Michel Bréal, 1832—1915)、伯尔盖纳等教授讲授的拉丁语文献学、梵语、伊朗语等课程。教师们都觉得这位学生足以担纲授课的工作。有一次伯尔盖纳上课,讲的是索绪尔研究过的元音问题,伯尔盖纳干脆让索绪尔上讲台讲解。没几天,全体教师会议一致通过,任命索绪尔担任哥特语和古高地德语课程的讲师。11月5日,索绪尔正式开始讲授"日耳曼语比较语法"课。这门课本来是著名学者布雷阿尔讲授的。布雷阿尔非常器重这位来自日内瓦的天才青年,他的主动让贤,为索绪尔开通了在法国的教学与科研之路。

索绪尔的讲课深受学生的欢迎。他是一位充满魅力的教师,不仅知识渊博,逻辑缜密,思辨深刻,而且语言洗练,风格清新。他的学生梅耶曾这样回忆老师上课的情形:

> 他常常进行诗人一般的思考,而且论述富有形象性,听一次,则永生难忘。在他讲解的资料的背后潜藏着深刻的原理。有时,正在讲解中,他会突然中断自己思想的构架,使听者感到有一种正在形成的思想出现在自己眼前,于是和老师一起停下来,其结果,他用一种最严密,最能令人满足的方法来形成更加精密的思想和理论结构。由于他人品

好,我们喜欢他的学问,每当看到他那充满神秘的蓝眼珠,看到他那样严密和准确地观察现实,我们实在钦佩。听到他那迅速而柔和的声音,连干燥无味的语法讲解也变成了有趣的东西。只要看他那年轻贵族的优雅的神态,就不会有任何人抱怨语言学会是没有生命力的学问。①

索绪尔在九年的巴黎教学生涯中,先后讲授了哥特语和古高地德语、希腊语和拉丁语比较语法、立陶宛语、梵语等课程。索绪尔在教学上总是不遗余力,兢兢业业。他编写的教材不仅材料丰富,而且反复修改。他为学生编写语法练习,总是亲自誊抄后发给大家。他的课听课人数在高等研究院的所有课程中是最多的。1889年索绪尔正式讲授印欧比较语言学,这在巴黎的大学还是第一次。他的辛勤教学,为法国语言学和文献学培养了一批生力军。后来的语音学家波尔·帕西(Paul Paasy)、毛利斯·格拉蒙(Maurice Grammont,1866—1946),比较语言学家安杜恩·梅耶(Antoine Meillet,1866—1936),文献学家费迪南·洛特(Ferdinand Lot)都出自他的门下。

教学之余,索绪尔在巴黎的学术活动十分频繁。他积极投身巴黎语言学会的工作,并在1882年继路易·伯尔盖纳之后,被选为学会副会长,主持日常事务,并主编《巴黎语言学会纪要》。索绪尔在学会工作期间做的一件有意义的事是向西欧语言学介绍了东欧语言学的重要研究成果,引荐了两位重要的东欧语言学家:波兰喀山大学的教授博杜恩·德·库尔德内(Jan Baudouin de Courtenay,1845—1929)和他的学生、喀山大学教授克鲁舍夫斯基(1851—1887)。他们是喀山学派的代表人物,在对普通语言学和印欧语言学的共同探索上与索绪尔建立了深厚的友谊。索绪尔邀请他们出席巴黎语言学会的例会,发表学术演讲,巴黎语言学会也吸收他们入会。

相对于德国,法国的语言学研究不在欧洲的中心位置,但法国语言学有一种宽松自由的氛围。索绪尔来这里后很快发现法国的语言学者有一种不愿在德国后面亦步亦趋,崇尚独立创造的品质。他们走自己的路,在学术上开辟自己的疆域,建立自己的权威。这给索绪尔很深的触动,也是他开始独立探索共时语言符号系统的精神动力。在巴黎高等研究院期间,索绪尔已

---

① 转引自刘耀武《索绪尔研究二题》,《理论语言学与应用语言学论丛》第一辑。文字上略有修改。

经开始思考建立新的语言理论框架。我们从这里也看到了"边缘化"对于学术发展和新生的意义。

1889年,索绪尔因病回瑞士日内瓦休养了一年。1891年,在他回到巴黎的时候,一直非常器重他的老师布留阿尔再一次让贤——准备把他在法国最高学府法国研究院的正教授职位让给他。这是法国科学界的最高荣誉和待遇,也是法国学术界对索绪尔在印欧比较语言学上的崇高地位的充分肯定。然而按法国的法律,要担任这个职位,索绪尔必须首先取得法国国籍。对瑞士祖国的强烈的热爱和眷恋,和对巴黎这个西欧学术中心的深深的向往,使索绪尔陷入了极大的矛盾。此时父亲对索绪尔的选择起了很大的作用。父亲为索绪尔争取到家乡日内瓦大学的印欧比较语言学非专任教授席位,一贯重视传统的整个索绪尔家族也都希望他回国任教。索绪尔不再犹豫,决心回国。从一个术业无专攻的青年离开家乡,到获得欧洲最高的学术声誉后返乡,索绪尔在国外度过了十五个春秋。回国那年,他三十三岁。

巴黎的同事们对索绪尔的离去依依不舍。在布留阿尔、帕里斯等著名学士院学者的建议下,法国政府同意学士院授予索绪尔一枚里昂·德奴尔勋章,以表彰他在巴黎的业绩。索绪尔从巴黎带回了同事们极大的尊敬和深厚情谊。

(五)日内瓦的方言调查

1891年索绪尔回到日内瓦。他在日内瓦大学开设了以希腊语、拉丁语为中心的比较语言学课程和日耳曼语言的历史语法与文献课程。其中有"印欧语言比较"、"梵语"、"希腊语与拉丁语语音学"、"希腊语与拉丁语语源学研究"、"印欧语言的动词"、"希腊语动词"、"希腊语的名词性、数、格变化研究"、"英语与德语的历史语法"、"现代法语音系"、"日耳曼历史语言学"、"古英语"、"古高地德语"等。这些课程中最后一门"古高地德语"是在1906年开设的。我们从这些课程可以看出,历史比较语言学一直是索绪尔教学与研究的一个重点。日内瓦大学的语言学学生比巴黎少,水平也不如巴黎的学生。1896年索绪尔晋升专任教授。

回到日内瓦次年索绪尔在家乡成婚。他的婚姻是依父母之命,妻子玛丽·菲修(Marie Faesch)出身日内瓦市名门望族,喜欢上流社会的社交生活,与索绪尔的内敛和深思相映成趣。他们共同生育了两个儿子。

索绪尔在回到日内瓦大学后即开始了学术上的转型,这一转型从索绪尔在日内瓦大学文学和社会科学系作的教授就职演说可以看出来。他在演说中首次提出语言学是一门纯粹的科学,语言学的研究对象是作为社会秩序的语言现象,语言学研究要关注语言的普遍原则,探索整体研究的方法。但这一转型工作异常艰巨,索绪尔陷入了长期的苦苦思索之中。他既不写语言学论文,也避开任何语言学会议,甚至与原来的同事们不再通信往来,自称得了"书信恐惧症"。人们把索绪尔在1894年组织东方学者代表大会,并在会议上发表"在波罗的研究历史上非常重要的学术论文",视为索绪尔最后一次公开的学术活动。

1894年1月4日索绪尔写给梅耶的一封信是当时仅存的几份索绪尔信件之一,索绪尔在信中真实表露了他在苦苦追求中的困境:

> 对所有这一切我都心生厌恶,而难以提笔写上十行关于语言事实方面的一般常识,这也令我十分扫兴。由于在相当长一段时间里我主要关注着这些事实的逻辑分类以及研究这些事实的视角的分类,我越来越发现,要向语言学家揭示出他做的是什么(ce qu'il fait),这是一件十分艰巨的工作,而将每一项活动都归入到其预期范畴的时候,对于在语言学中最终所能做到的一切,我又心生莫大的虚荣。
>
> 总之,只有语言生动的那一方面,使它有别于所有其他语言并属于某一民族、拥有某些源泉的那一面,也就是近乎民族学的那一面,才使我保持着一种兴趣。而问题是,我不再有兴致义无反顾地投入到这一研究之中,并以属于特殊环境的特殊事实为乐趣。
>
> 通行的[语言学]术语的绝对荒谬,对它们进行改造并为揭示出一般情况下语言是何种研究对象的必要性,不断地来破坏我在历史方面的兴趣,尽管我的最大愿望不是去研究一般意义上的语言。
>
> 这会使我并非由衷地去写出一本书,在书中,我将并非热情洋溢地

去解释为什么在语言学中所使用的概念没有一个在我看来具有什么意义。只有在这之后,我承认,自己才能从遗弃之处重拾自己的研究工作。

这就是我所处的也许很愚蠢的一个状态,它可以用来向迪沃(Durau)解释为什么发表一篇文章我拖了一年多,而实际上从写作到发表本来一点儿困难都没有——而其中也没能避免那些逻辑上站不住脚的表达方法:非得进行一次彻头彻尾的革新不可。①

探索的艰巨和苦闷使索绪尔一度对普通语言学产生了逃避的念头。少年时代在皮克戴特影响下对民族语言学热情此时油然上升。他开始考证对瑞士西部历史有重要意义的中世纪初叶布鲁贡族地名,研究日耳曼神话尼伯龙根的叙事诗的语言,分析在拉丁诗人的作品中隐藏的专有名词的字谜。为了研究日内瓦的地名,他不仅梳理古罗马时代的文献资料,构拟古地名的形式,而且沿着古代罗马人走过的山路步行调查,向当地村民了解方言读音,寻找构拟的依据。他在瑞士和法国的交界地区法国一侧调查时,曾被村民们当作越境的瑞士间谍,索绪尔记录下了当时有趣的情景:

1901年11月20日,在塞尼调查方言时,被当地修路工人告发,怀疑我进行间谍活动。不久传遍整个旅馆,给我提供方言情况的修路工人反复地说:"开始谈起话来,我不知不觉地出卖了祖国"。他们质问我:"你有许可证吗?""你以为农民什么也不懂吗?""如果这里有农村监督员呢?""拿出身份证看看!"等。②

索绪尔在方言和地名研究中显示了卓越的方法,被当时的方言学界视为楷模。他在学校同时开设了方言学和地理语言学课程,他的讲课也开始

---

① 索绪尔此信见《索绪尔研究集刊》1964年第21辑。转引自本维尼斯特《半个世纪以后的索绪尔》,《语言学研究》2004年第3期。原注:"这段文字引自戈德尔《原稿资料》,31页。但该份手稿损坏,有几处需要修正。此处根据原稿引用了这段文字。现在可以参考埃·本维尼斯特《索绪尔致梅耶书信》,载《索绪尔手册》,第21期(1964年),92—135页。"
② 转引自刘耀武《索绪尔研究二题》,《理论语言学与应用语言学论丛》第一辑。

谈论各种社会历史因素对民族语言和方言的影响。他搜集了大量珍贵的方言材料,雅柯布森甚至称这些材料是"第二次索绪尔革命"。在研究的同时,索绪尔也开设了一系列相关的课程,如"希腊语与拉丁语语源学研究"、"古希腊碑文选读"、"希腊方言与古希腊碑文"、"波斯诸王碑文"、"荷马史诗的语源与语法研究"、"希腊文学作品的方言"、"欧洲地理语言学(古代与近代)"、"法语诗律"、"德国神话"等。

(六) 三期普通语言学课程

日耳曼神话和日内瓦方言的研究,并没有让索绪尔停止对普通语言学的思索。建立一般意义的语言学已经是索绪尔语言研究道路上的一道坎。这道坎让他寝食难安,严重干扰了他的一切研究兴趣。不管探索的工作如何艰巨乏味,不管索绪尔从事这 研究如何"并非由衷"、"并非热情洋溢"和并非"最大愿望",不管索绪尔更感兴趣的是对"特殊环境"和"特殊事实"以及"历史事实"进行研究,这项研究的"彻头彻尾的革新"的巨大意义和"莫大的虚荣"仍使索绪尔义无反顾,矢志不渝。从后来发表的他在1891年至1894年期间所写的手稿来看,他当时已经在思索一系列语言理论新范畴,例如"实质(substance)"、"同一性(identité)"、"惯例(convention)"、"静态和动态(status/motus)",并认定语言学是一门独立的科学。索绪尔指出:

> 五十年来,在德国诞生和发展,并为许许多多语言学家推崇的语言科学,一次也未试图上升到抽象的程度;而抽象工作之所以必要,一是为了弄明白我们在研究什么,二是为了弄明白如何论证我们的研究工作是合理的,在诸多科学中有存在的权利的。
> 直到今天语言学的特点仍然是完全没有基本原则。[1]

1906年,日内瓦大学文学和社会科学系讲授普通语言学课程的约瑟夫·魏尔特海默教授退休,这成了索绪尔形成其系统的普通语言学理论的

---

[1] 索绪尔《普通语言学札记》(俄文本),第87、158页。转引自信德麟《索绪尔〈普通语言学札记〉(俄文本)评介》,《国外语言学》1993年第4期。

一个重要契机——学校于 12 月 8 日任命五十岁的索绪尔为主任教授,接替这位退休者,于 1907 年 1 月 16 日开始讲授普通语言学课程,每周二学时。此时,在欧洲学术界,"普通语言学"尚是一个颇受非议的概念。人们谈到普通语言学,想到的是 17 世纪唯理普遍语法的逻辑中心主义,但索绪尔要赋予"普通语言学"全新的定义。索绪尔的学生、当时已经是索绪尔的同事的巴利和薛施霭说:"我们时常听到费迪南·德·索绪尔抱怨,在他的成长时期,语言学所特有的原理和方法匮乏。他一生坚持不懈地探求能够引导自己思想穿越这片混沌的指导法则。直到 1906 年,在日内瓦大学接替约瑟夫·魏尔特海默(Joseph Wertheimer),他才得以表述酝酿多年的个人见解。"[①]

由于思考的艰苦和对自己严格的学术苛求,索绪尔不知道该如何将自己极其抽象且尚未真正成形的普通语言学理论讲给那些并不研究语言学的学生。他甚至打算辞去这一教职。现在想来,如果不是学校的这一"强制性"的开课要求,以索绪尔对自己学术上近乎完美的追求和他饱受疾病折磨的躯体,他的普通语言学思想可能永远尘封在他脑子中。他的学生里德林热(Albert Riedlinger)曾在 1909 年和索绪尔有过一次关于静态语言学的谈话,此时索绪尔已经开始第二次教授普通语言学课程,但我们从里德林热的谈话记录中,还可以看到这样的话:

> 索绪尔先生从事这门学问的思考已经十五年,他至少还需要两三个月的时间,在假期中潜心思考,然后才能开出相应的课程。
>
> 困难之点在于,可以从几个不同的角度讨论这个课题,正像几何学里某些定理可以从不同角度去讨论一样。在静态语言学里,每一项定理都是互相联系着的:不管你说的是"统一"或是"区别",或是"对立",最后都得回到同一个论点。语言是一个封闭系统,因此语言理论也必须是一个同样封闭的系统。只是一个论断和观点接着又一个论断和观点来讨论语言,那是无济于事的;主要之点在于把它们在一个系统里互相连系起来。
>
> 索绪尔先生明显地对承担这一任务(写出静态语言学专著)表示疑

[①] 沙·巴利、阿·薛施霭《第一版序》,索绪尔《普通语言学教程》,江苏教育出版社,2001 年,第 3 页。

虑。他微露笑容,接着说,"我没有给自己规定要写出静态语言学。"我当即表示对这一回答难以接受,但是他只是反复重申这一工作的困难。①

从1907年直至1912年初夏因病中断课程,索绪尔一共讲了三次课程。

第一次课程是在1907年1月16日至7月3日约半年的时间,听课学生有六人。索绪尔讲授了语言和言语的定义、语言的演变、语音学、构词法、语言史和语言学史,深刻反思了以往的语言学研究。阿·薛施霭(Albert Sechehaye)惊叹索绪尔对语言理论的创造性突破,他描述自己当时的感觉是"第一次发现新的地平线和未知的真理","已经站在科学的牢固的地盘上"②。

第二次课程是从1908年11月初到1909年6月24日近八个月时间,听课学生有十一人。这一次课程讲得较为系统,索绪尔阐述了语言和语言学的二重性、语言符号的任意性、语言单位的同一性以及语言符号的价值系统、共时语言学和历时语言学、聚合关系和组合关系等,还讲授了印欧语言学概论。索绪尔告诉学生们,这些一般语言理论问题尤其是共时语言学的问题,他在19世纪90年代就开始研究了。当时听课的一个学生阿·里德林热回忆索绪尔曾对他谈到语言学研究的艰难,索绪尔说:"语言是一种严密的体系,语言学理论也必须是像语言一样严密的。困难也就在这里。"③里德林热留下了索绪尔两次授课的笔记,为后人对索绪尔著作的整理留下了珍贵的材料。

第三次课程是从1910年开始讲授的。这次课程更为全面,索绪尔一开讲就把教学内容分成三个部分。第一部分索绪尔阐述了语言研究内部与外部的关系,包括具体语言和抽象语言的关系,社会语言和个别语言的关系,语言和文字的关系,语言地理学方法等。第二部分索绪尔阐述了语言研究内部的关系,包括语言符号学的性质,施指和受指的关系,不变性与可变性

---

① 引自戈德尔《索绪尔〈普通语言学教程〉稿本溯源》,第29、30页。转引自许国璋《关于索绪尔的两本书》,《国外语言学》1983年第1期。
② 转引自刘耀武《索绪尔研究二题》,《理论语言学与应用语言学论丛》第一辑。
③ 同上。

的关系等。索绪尔最后一讲是在1911年7月14日。要讲第三个部分即言语的语言学时,学期结束了。原打算在下一个学期续讲,然而一直受病痛折磨的索绪尔因病情严重而未能重返讲台。

三次讲课的过程也是索绪尔梳理自己十多年思考的过程。梳理的本身就很艰难,更不要说面对的是并不十分专业的学生们。为了让学生听懂自己的理论,索绪尔使出了浑身解数,不仅以极大的耐心讲课,而且布置作业,认真批改,对学生严格要求,一丝不苟。然而课程内容的艰深,还是吓退了不少学生,以至选修者寥寥。整个授课过程索绪尔都在两端徘徊:应该重研究问题,追求深刻性呢,还是应该重教学效果,追求通俗性呢?索绪尔对他当时听课的一个学生哥蒂耶说:

> 我一直对普通语言学这门课程感到伤心……我现在已经陷入进退两难的境地。难道我应该以复杂的形式提出主题,说出我所有的疑问吗?但如果这样做,那么作为试验对象的大学课程就会产生困难。难道我必须以使非语言学家的学生也能明白的形式,和使用简单的话语吗?每前进一步,我都要受到良心的责备。为了彻底解决问题,这件事就得思考几个月。①

事实上,索绪尔的普通语言学课程是在痛苦中中止的,包括研究本身的痛苦、研究和教学矛盾的痛苦、病痛折磨的痛苦。索绪尔当时曾经说,关于一般语言理论,虽然"写过几本笔记,但放在哪儿不清楚,恐怕再也找不到了"。而且,他讲的这些内容"都未发表,为了出版,还得进行长时间的研究,简直不可想象"②。由于深感力不从心,索绪尔实际上已无法完成十五年前他准备写一本普通语言学的书的理想。

然而索绪尔的思想毕竟由他的学生继承了下来,其中一些学生后来成为优秀的语言学家。例如——

---

① 见戈德尔《索绪尔〈普通语言学教程〉稿本溯源》,转引自刘耀武《索绪尔研究二题》,《理论语言学与应用语言学论丛》第一辑。
② 同上。

索绪尔在日内瓦大学的学生、编写《普通语言学教程》的沙·巴利（Charles Bally，1865—1894）与阿·薛施霭（Albert Sechehaye，1870—1946），创立了旨在研究和传播索绪尔语言理论的日内瓦学派，并在1940年成立日内瓦学会，次年开始出版学术刊物《索绪尔研究集刊》。

索绪尔在法国巴黎高等研究院培养的学生安杜恩·梅耶（Antoine Meillet，1866—1936）是社会学语言学派的主要代表人物之一。他在印欧系语言的历史比较方面有卓越的建树，而他批评新语法学派的一句名言就是传承于老师的思想："我们必须提防不要把语言的要素看作孤立的单位。语言系统是一个总体，其中一切都是相互联系着的"，尽管他认为老师"太强调语言的系统方面以致忘却了语言中有人的存在"[①]。

索绪尔在巴黎高等研究院培养的另一名学生莫里斯·格拉蒙（Maurice Grammont），是研究语音现象功能的先驱，20世纪语音学大师，他系统地解释了语音的历时性演变，以《印欧系语言和罗曼族语言中的辅音异化》闻名于世。

还有谢尔盖·卡尔柴夫斯基（Sergej Karcevkij，1884—1955），他第一个把索绪尔的语言理论运用在斯拉夫语研究中，先后在莫斯科（1915年）、布拉格（1917年）传播索绪尔的普通语言学思想，特鲁别茨科依、雅柯布森都深受其影响。他参与共同起草了《布拉格语言学会论纲》。

在这些优秀的学生身上，人们看到了索绪尔学术生命的延续，认为它是索绪尔"一种教导学生从事研究的深刻责任感所结出的丰硕果实，一种通过学生使研究工作连续不断的意志以及利用这种方法来战胜自己的孤独感的标志"[②]。

（七）索绪尔最后的日子

1908年7月14日，日内瓦大学为索绪尔举行五十寿辰庆祝会。这是他后半生最愉快的一天。他在日内瓦的同事和学生以及亲属济济一堂，远在

[①] 转引自岑麒祥《瑞士著名语言学家索绪尔和他的名著〈普通语言学教程〉》，《国外语言学》，1980年第1期。
[②] 莫罗《索绪尔〈普通语言学教程〉评注本序言》，《国外语言学》，1983年第4期。

法国的学生们也来参加老师的盛会。索绪尔胸前挂上了巴黎授予的红色的里昂·德奴尔勋章。日内瓦大学向他赠送为庆祝他五十寿辰而编辑的《德·索绪尔先生纪念论文集》。索绪尔在1909年被选为丹麦科学院会员,在1910年被授予法国学士院通讯院士的光荣称号。

晚年的索绪尔在孤独的学术求索中越来越沉默寡言。他深陷在对较语言符号本身更重要的符号间差异的沉思中,这一颠覆性的语言学革命使他与他的时代——热火朝天的历史比较语言学——渐行渐远。正如本维尼斯特所言:"没有比这样的逻辑思虑更能远离他那个时代的了。当时的语言学家全身心地投入到历史调查之中,进行材料比较,编制词源目录。这些宏大工程,尽管非常有用,却没有为理论思考留出立锥之地。索绪尔独自面对着所思考的问题。要完成的任务的艰巨性,必要改革的极端性,使他犹豫不决,有时灰心丧气。但他没有放弃。"①本维尼斯特把索绪尔的沉默比作一出充满痛苦的戏剧,随着一年一年痛苦的加重,索绪尔看不到出路。

在思想史上,创造者,尤其是新的科学范式的创造者,总是孤独前行的。而索绪尔的孤独,不仅由于他理论上的特立独行,更在于他对理论的尽善尽美的追求。他的学生梅耶在谈到索绪尔晚年的沉默态度时说:"……在那以后的索绪尔,因为对任何有关语言理论都未考虑成熟,认为还未达到出版的水平。……认为必须使著作臻于绝对完善这种极端考虑,于是顽固地保持沉默,除简短的研究笔记外,其他出版一概拒绝……"②索绪尔的学生巴利要将索绪尔在1897年日内瓦大学举办的暑期讲座上的报告《音节理论》的记录整理出版,被索绪尔以"细节不完全"的理由拒绝。梅耶力劝索绪尔把誊抄清楚的方言研究讲稿交付出版,也未获应允。这种近乎苛刻的态度使得索绪尔的理想目标对于他几近"不可能的任务"。这就使他的心理罩上了层层的阴影。本维尼斯特这样形容晚年孤独的思想者索绪尔:

> 他晚年的风貌,保持着威严和些许的疲倦,令人感到有种上了年纪的贵人的风格。在他那像做梦一样不安的目光中有着疑问的神情,他

---

① 本维尼斯特《半个世纪以后的索绪尔》,《语言学研究》,2004年第3期。
② 转引自刘耀武《索绪尔研究二题》,《理论语言学与应用语言学论丛》第一辑。

的一生,在这以后把自己放在这个疑问上面了。①

1912年夏,索绪尔在病痛压迫下离开教学讲台,回乡养病,住在洛桑诺附近一座被中世纪庄园的葡萄园围着的寓所内。妻子玛丽陪伴着他。他在病床上的唯一乐趣是学习中文,这种古老的东方语言一定给索绪尔许多新的理论启迪。第二年开春,索绪尔病情恶化,于2月22日与世长辞。那是一个周末的傍晚,索绪尔英年早逝,才五十五岁。当地报纸刊登了讣告和国内外学者的悼念文章。26日举行了隆重的追悼会,给人们印象最深的是会上宣读的最后一份唁电,那是一直支持他、与他亦师亦友的路易·伯尔盖纳代表法国高等研究院发来的。伯尔盖纳最早在给二十一岁的索绪尔写的书评中称索绪尔为"天才的语言学家"。28日,索绪尔的学生齐聚在索绪尔上课的教室里,悼念他们的老师。为索绪尔代课的弟子薛施霭发表了悼念索绪尔的演讲。另一位弟子巴利继任索绪尔任普通语言学教授后,在10月23日也发表了《索绪尔与普通语言学的现状》的纪念演讲。三年后,这两位弟子代老师出版了《普通语言学教程》,索绪尔的思想由此成为20世纪世界语言学的共同财富,这在真正意义上实现了索绪尔的夙愿。

1915年3月,玛丽·德·索绪尔夫人编的《费迪南·德·索绪尔》一书出版。书中收录了各国学者写的十一篇悼词。夫人以此纪念她卓越不凡的丈夫。1963年,在纪念索绪尔逝世五十周年之际,法国著名语言学家埃米尔·本维尼斯特发表纪念演讲,他说:

> 思想的命运是一种多么奇特的命运,有时看上去它有着自身的生命轨迹,揭示着或否定着或重塑着其创造者的形象。索绪尔有限的生命历程与其丰富的思想财富的比照,令人无限遐想。一个人,在几乎整个的生命旅程中,独自持守着他的思想,无法同意教授他认为属于错谬或者虚幻不实的东西,感觉到应该进行一番彻底的改造,却越来越减少了去改造的愿望,最终在多式多样的排遣也无法让他从个人真理的动荡中自拔的时候,便向寥寥的几个听众传授了他的思想,关于语言本质

---

① 转引自刘耀武《索绪尔研究二题》,《理论语言学与应用语言学论丛》第一辑。

的思想,他认为还没有成熟到可以发表的思想。他死于1913年,除了他的学生及几位朋友这个有限的圈子,不为人知,已经几乎被同代人忘却了。梅耶在其后对索绪尔生平所做的精彩概述中,为事业未竟的这一生命的陨落而痛惜:"三十多年以后,索绪尔在其初期作品中所表达出的丰富思想宝藏依旧没有穷尽。可他的弟子们所感受的是,索绪尔在他那个时代的语言学中没有、远没有占据与他的天才贡献相符的地位。"最后,他表达了令人心碎的惋惜之情:"他写出了从未有过的最美的比较语法著作,他播种了思想,奠定了坚实的理论,影响了许多学生,可是却没有完成全部使命。"[①]

二、索绪尔著作的整理

(一) 巴利和薛施霭的整理

索绪尔逝世以后,首先整理出版他的普通语言学讲稿的是他的两位学生沙·巴利和阿·薛施霭。巴利在1895—1905年听过索绪尔的课程,薛施霭在1891—1893年听过索绪尔的课程,但在索绪尔1907年开始讲授普通语言学课程的时候,他们已经是索绪尔的同事,教学任务缠身,无法听课了。这让他们非常遗憾。他们又从索绪尔夫人那里得到了索绪尔的部分手稿,但在手稿中没有发现索绪尔讲课的内容,原来由于课程是在索绪尔不断思考不断变化中进行的,并没有一个稳定的框架,索绪尔每次讲课的提纲都是课前赶写,课后就随手扔了。巴利和薛施霭只得从听过三期课程的学生那里借听课的笔记。然而怎样出版这些笔记,又让他们颇费斟酌。

首先,这些不同期的笔记由于随堂记录,其内容充满了"重复"、"交迭""多变的表达方式"甚至"杂乱无章"。

其次,只出版某一期课程的笔记,这样虽然有条理一些,但其内容又不

---

① 本维尼斯特《半个世纪以后的索绪尔》,《语言学研究》2004年第3期。

足以包括索绪尔三次课程讲授的全部理论。

显然,他们别无选择:索绪尔学生的笔记必须经过整理,而整理必须在某一期课程的完整的框架内。他们最终以第三期课程的笔记为基础,综合他们手头的所有材料,尤其是"最热衷于追随先生思想的学生之一"的阿·里德林热(A. Riedlinger)提供的第一、二期课程笔记(薛施霭曾让当时听第一、二期课程的里德林热把听课笔记借给他抄下来),用三年时间重写了《普通语言学教程》。从语言学体系来看,这本书整理的结果似乎名实不符——它并没有涉及语言学的所有重要科目。但索绪尔的普通语言学研究特色,是探讨语言学的科学基础。索绪尔关注的是一些基本原则,因为没有这些原则,任何研究都游谈无根、缺乏依据。巴利和薛施霭认为:在这一点上,索绪尔有着完全不同的理念。"一些基本的、独特的原则在他的著作中随处可见,它们构成了这一牢固而又丰富的组织的基质,他以这些原则为指导,进行深入研究,只有当这些原则有着极为明显的应用价值时,抑或只有当它们与某一有可能累及它们的理论发生冲突时,他才在表面上长篇大论。"[①]因此一些科目(如语义学)的缺失并不妨碍整体结构。

巴利、薛施霭整理的《普通语言学教程》于 1916 年在法国巴黎出版。这本书真正拉开了现代语言学的新时代,也真正使索绪尔的语言理论走向世界,赢得了世纪声誉。所以它被称为语言学的"哥白尼革命"是毫不为过的。但在当时,这本书并没有多少反响。书出版后的三年中,应者寥寥,只有以索绪尔的学生梅耶领衔的法兰西学派等写过一些文章。且在这为数不多的十几篇文章中,多为批评指责之作。

《普通语言学教程》初版于第一次世界大战(1914—1918)期间,这使得美洲大陆的学者未能及时看到此书。当时美国语言学家布龙菲尔德曾经写信给一位人类学家朋友,说:"你手头上有索绪尔的《普通语言学教程》吗?我还没见到过这本书,不过 Wackernagel 教授在一封信中提到过该书。我已经订购了一本,现在正急于得到它。"[②]1922 年此书再版,布龙菲尔德得到了

---

① 沙·巴利、阿·薛施霭《第一版序》,索绪尔《普通语言学教程》,江苏教育出版社,2001 年,第 6 页。
② R. A. Hall, 1987, *Leonard Bloomfield: Essays on His Life and Work.* Amsterdanm/Philadelphia: John Benjamins Publishing Company. 转引自熊兵《美国结构主义语言学再认识》,《外语教学与研究》2005 年第 1 期。

此书,并深受其启发。他在当年给萨丕尔的《语言论》写的书评中说:"索绪尔那本书为语言学研究的新方向奠定了理论基础。"①1924 年,布龙菲尔德在《现代语言杂志》发表《论索绪尔》一文,认为《普通语言学教程》"这部著作广受赞誉,它不仅显示了人们对语言的兴趣,而且还表明了学界人士对从事语言学理论研究的愿望,而这种理论的每一次进步,都会改变我们对人文研究所抱有的某些先入之见。"布龙菲尔德认为《普通语言学教程》的主要价值在于"对一些基本原则明晰而严谨的阐述上。作者所论及的大多数问题由来已久,在不同的场合也零零碎碎地为人们所谈到,但对这些问题的系统化则要归功于索绪尔本人。"②布龙菲尔德 1933 年将他 1914 年撰写的大学教材《语言研究导论》增幅改编为《语言论》,他在 1945 年给 J. Cowan 教授的一封信中甚至说:"其实《语言论》的几乎每一页都反映了《普通语言学教程》的思想。"③到 1949 年,《普通语言学教程》已经出版了第五版。

1945 年,法国人类学家列维·斯特劳斯受《普通语言学教程》的启发,把索绪尔的语言符号学思想系统地运用于社会学和人类学研究,尤其是对未开化的族群的亲属关系和信仰的研究。他在 Word 杂志第一卷第二号发表《在语言学中和人类学中进行结构主义分析》一文,以"结构主义"的称号将《普通语言学教程》理论贯穿下的社会学、人类学等诸多人文学科统为一体。

1964 年,法国文艺学家罗兰·巴特(Rolan Barthes)把索绪尔的语言符号理论系统地运用于消费文化领域,出版了《符号学要略》一书,对包括食品、时装、玩具、摄影等日常消费文化进行了符号学的解说。这一研究开风气之先。例如一瓶法国夏奈尔 5 号香水和一幅法国著名女影星凯塞琳·德纳芙的肖像,它们的关系是任意性的,但当广告将它们放在一起时,德纳芙的文化象征涵义——优雅和美丽——就转变为香水的自然属性,索绪尔称之为"暗含"(connotation)的符号意义"自然化"为符号的"明示"

---

① L. Bloomfield, 1922, Review of Sapir. The Clasical Week 15:142—143. 转引自熊兵《美国结构主义语言学再认识》,《外语教学与研究》2005 年第 1 期。
② L. Bloomfield, 1924, Review of Saussure. Modern Language Journal 8:317—319. 转引自熊兵《美国结构主义语言学再认识》,《外语教学与研究》2005 年第 1 期。
③ R. A. Hall, 1990. *A Life for Language: A Biographical Memoir of Leonard Bloomfield*. Amsterdanm/Philadelphia: John Benjamins Publishing Company. 转引自熊兵《美国结构主义语言学再认识》,《外语教学与研究》2005 年第 1 期。

(denotation)意义(即在符号系统中的价值),罗兰·巴特认为所谓的大众文化就是利用符号的任意性将暗示意义植入明示意义,制造消费"神话"。

《普通语言学教程》出版后,世界各国陆续用本国文字翻译出版这本书。例如20年代的日译本,30年代的德译本、俄译本,40年代的西班牙译本,50年代的英译本,60年代的波兰译本、意大利译本、匈牙利译本、塞尔维亚-克罗地亚译本,70年代的瑞典译本、葡萄牙译本、越南译本、朝鲜译本、阿尔巴尼亚译本、土耳其译本,80年代的中译本。

最早研究索绪尔普通语言学思想的是索绪尔的学生们,他们形成了日内瓦学派,撰写了一系列论文。例如巴利的《语言和言语》(1926)、《共时和历时》(1937)、薛施霭的《在一种新的理论启示下的语言问题》(1917)、《三种索绪尔语言学》(1940)。这个学派的第一代成员是巴利、薛施霭、卡舍夫斯基(S. Karcevskij)等,第二代成员是费雷(H. Frei)、戈德尔(R. Godel)、布热尔(A. Burger)等。

随着研究的深入,对索绪尔观点的不同意见也开始出现。1939年,法国著名语言学家本维尼斯特(E. Benveniste)在《语言学学刊》第一期发表《语言符号的性质》,指出语言符号施指和受指的关系是必然的而非任意的,且任意性观点与索绪尔其他观点相矛盾。一场争论由此展开。《语言学学刊》陆续发表了比松(Ě. Pichon)的《关于语言符号——对本维尼斯特论文的补充》(1940—1941),布伊森(E. Buyssens)的《语言符号的性质》(1941),以及薛施霭、巴利、费雷在日内瓦语言学会委员会1941年6月7日通过决议后撰写的代表学会观点的《支持符号任意性》(1941)。后者认为,反对索绪尔的任意性理论"其目的是与索绪尔的思想背道而驰和动摇其体系的一个重要支点"[1]。这是在索绪尔身后首次使索绪尔语言理论研究带上了非学术的宗派意识。"背道而驰"、"动摇"云云,都是"捍卫者"的判断而非学术的判断。

(二) 索绪尔著作的考证

巴利和薛施霭整理的《普通语言学教程》出版不久,对它的忠实性即它

---

[1] A. Sechehaye, Ch. Bally, H. Frei, Pour l'arbitraire du sigue, Acta Linguistica. Vol. 2, 1940—1941. 转引自徐志民《索绪尔研究的新阶段》,《语文现代化》1983年第2期。

对索绪尔思想是否完整理解,就有怀疑和批评。例如,索绪尔的思想在三期课程中是不断发展的,他的一些基本的观点在不同期的课程中有不同的表述,整理者是以哪一个为准的?又如索绪尔的一些观点讲得非常简略,整理者在重写的时候必然加入了自己的理解,这些理解是索绪尔的原意吗?堪称索绪尔最优秀的学生的梅耶在1916年发表书评认为,"老师没有写也决不会写"这样一本书。它只是"一种瞬间的口头讲授的改编"。书中一些有争议的细节,人们无法判断"究竟是属于作者还是导源于两位编辑者"①。听过索绪尔普通语言学课程的学生勒嘉尔(P. Regard)1919年也指出,这本书中看不出老师课堂讲授时那种出色而优雅的魅力,还不如发表学生听课的原始笔记②。

1949年,一些研究者发现《普通语言学教程》中一些让人费解的矛盾论述,提出应该对原始资料加以核实。比利时语言学家布依森在其《音位学的几个基本概念的订正》中提出"索绪尔反对索绪尔"这一论断,指出索绪尔在书中既认为语言里只有区别,又认为语言系统是建立在同一与区别的基础上的,两相矛盾。他断言这本索绪尔的著作是编写者强加给索绪尔的。

由《普通语言学教程》文字内容引起的怀疑和争议,使得这本书在50年代受到欧美尤其是美国的部分研究者很大的排斥,人们甚至不愿意再引用它。于是,索绪尔著作的考证被提到议事日程上来。此时,作为索绪尔语言理论传人的日内瓦学派老一代成员已经不在,新一代成员对《普通语言学教程》有了较为客观的态度。1952年,由费雷领衔,开始了对这本书的考证工作。

对索绪尔著作的争论很大程度上是对编写者所依据的材料的质疑。但面对种种质疑,巴利和薛施蔼始终不公布他们掌握的索绪尔的手稿和学生的笔记。为此,考证工作的第一步是全面搜集索绪尔文献资料。自50年代起,日内瓦语言学会将陆陆续续搜集到的文献刊布在《索绪尔研究集刊》上。

---

① A. Meillet, Compte rendu du Cours linguistique general de F. de Saussure, Bulletin de la Société linguistique, 20:64, 1916, pp.32-36. 转引自徐志民《索绪尔研究的新阶段》,《语文现代化》1983年第2期。

② 参见 De Mauro, dition critique de Cours de linguistique general de F. de Saussure, 1972, Paris. p.406。

这引起人们极大的研究兴趣。随着索绪尔各种手稿、信件和学生笔记的不断发掘,五六十年代出现了三种基于新材料的研究成果。它们是瑞士戈德尔的《索绪尔〈普通语言学教程〉稿本溯源》、德国恩格勒的《索绪尔〈普通语言学教程〉评注本》、意大利莫罗的《索绪尔〈普通语言学教程〉评注本》。

1. 戈德尔的考证工作

日内瓦大学教授戈德尔的《索绪尔〈普通语言学教程〉稿本溯源》出版于索绪尔诞辰一百周年即1957年,这是作者在费雷指导下撰写的博士论文。戈德尔是巴利的学生,在巴利之后主持日内瓦学派的工作,编过《日内瓦语言学派论文汇编》(1969)。他1947年起就在《索绪尔研究集刊》上发表文章,1954年在《索绪尔研究集刊》第12期上发表了他编辑的《索绪尔的未刊笔记》,1957年在《索绪尔研究集刊》第15期上根据听课学生的笔记整理、发表了索绪尔第二期课程的绪论部分,1959年的《索绪尔研究集刊》第16期上发表了巴利和薛施霭未曾见到的由学生孔斯唐丹(E. Constantin)记录的索绪尔第三期课程最详尽的听课笔记,1960年在《索绪尔研究集刊》第17期上发表了索绪尔撰写的回忆录《关于青少年时期和求学年代的回忆》。

戈德尔的博士论文共分四个部分:

1) 普通语言学在索绪尔生活史中的地位;

2) 资料来源的分析和对《普通语言学教程》的注解;

3)《普通语言学教程》编者所做的工作;

4) 对索绪尔手稿中某些理论问题的解释(含语言系统内各单位的同一性问题、语言与言语问题、语言学各部门关系问题等)。

此外,书中附有索绪尔语言学术语的索引,为每个术语标明索绪尔《普通语言学教程》和手稿的原文。

戈德尔的考证工作着眼于《普通语言学教程》和它所依据的原始材料的对勘,以求证两者的一致性。他的立论建立在丰富的材料基础上,这些材料包括:

1) 索绪尔本人有关普通语言学的十九种一百三十页札记;

2) 三期课程的七个学生的二十八本计一千八百页听课笔记,和听索绪尔其他十四门课程的六名学生的五十本笔记；

3）索绪尔给梅耶的七封信；

4）里德林热记录的1909年1月19日一次静态语言学课上索绪尔的讲话；

5）戈蒂埃(L. Gauthier)1910—1911年对索绪尔的四次访谈记录。

戈德尔的书融版本考证与评析为一体，打破了《普通语言学教程》的神秘性，揭示出其严密组织下的零散的材料渊源，一方面使维护和信仰它的人们不再视之为神圣不可侵犯，且否定了巴利和薛施霭整理的《普通语言学教程》的"教义"的地位，使这本书走下神坛，回到其本来面目，成为各种对索绪尔学说整理之作中的一种；另一方面也使当时欧美对索绪尔知之甚少的学术界重新认识索绪尔普通语言学理论的价值。这本书出版的次年，美国的学术杂志 Word 就发表书评，称索绪尔的思想"是今天特别活跃的一种思潮的起点"。他们注意到《普通语言学教程》的编写使索绪尔的杰作"得以充分焕发出它的光辉，并使它传诸后世"，而戈德尔的书"则使它显出它的广度"①。由于戈德尔考证的翔实和深入，他的书创立了索绪尔版本学即原稿的研究，为索绪尔思想的研究开启了一个新阶段。

2. 恩格勒的考证工作

瑞士伯尔尼大学教授恩格勒(R. Engler, 1930—　)的《索绪尔〈普通语言学教程〉评注本》初版于1967年，共两卷四个分册，于1974年出齐。恩格勒是戈德尔的学生。戈德尔在《索绪尔〈普通语言学教程〉稿本溯源》一书中曾认为，阅读《普通语言学教程》的最大困惑，在于读者分不清其中哪些是索绪尔的原话，哪些是编写者的话；在原话中哪些是索绪尔的手稿，哪些是学生的笔记。为此，他曾试着在书中把《普通语言学教程》第一部分第一章中的"符号的任意性"和"施指的线条特征"两小节做了上述的区分。恩格勒在老师的"解惑"的示范和建议下，决定为索绪尔研究的需要编写一套详尽的资料对勘性质的参考书。前三个分册，他在戈德尔搜集的材料的基础上，将

---

① Word 杂志1958年第14卷，第2—3期，第384页。转引自许国璋《关于索绪尔的两本书》，《国外语言学》1983年第1期。

巴利和薛施霭整理的《普通语言学教程》的相应段落、一至三期课程学生笔记中的相应词句、孔斯唐丹的听课笔记中的相应词句、索绪尔本人手稿中的相应词句,分成六栏,一一对照排列,便于读者比较。在对照中,凡是《普通语言学教程》中有而其他材料中没有的句子,恩格勒就用括号括起来,表明这是巴利和薛施霭的理解。凡是在三期课程的学生笔记中被编进《普通语言学教程》的词句,都用黑体字排印,以求醒目。显然,这样精心梳理索绪尔研究资料,完全是为专门的研究服务的。恩格勒对勘的材料一共有 3 281 条。第四个分册汇编索绪尔的全部手稿。其中有索绪尔 1891 年在日内瓦大学三次演讲的讲稿,索绪尔 1894 年 11 月应美国语言学会邀请撰写的纪念惠特尼(W. D. Whitney)的论文,以及其他手稿。

恩格勒的考证工作,实质是一种校勘工作。他的校勘给人最深的印象,是一些一向被视为索绪尔的名言的词句,都被考证为非索绪尔之说。例如《普通语言学教程》最后一句话"语言学唯一、真正的对象是语言,是从语言本身也是为语言本身来考虑的语言",这句话不是索绪尔说的,而是整理者说的。另一句名言"语言是形式而不是实质",也是如此。而《普通语言学教程》中的附录的整个第二章"语链中的音位",索绪尔从来没有讲过。(根据岑麒祥的说明,整个附录《音位学原理》是从编者 1897 年所作的《音节理论》的演讲中节录的[①]。)此外,索绪尔一些重要的讲述,未被《普通语言学教程》的编者吸纳。例如关于符号学和价值的理论、大量印欧系语言的例证。恩格勒的考证还显示出《普通语言学教程》对索绪尔讲稿的改动。有标题的改动,例如第一部分的标题原稿是"语言是符号系统",编者改为"一般原理";第二部分第四章第二节的标题原稿是"语项的价值和词的意思",编者改为"从概念方面考虑语言的价值";第四部分的标题原稿是"语言的地理差异",编者改为"地理语言学",等等。还有编排次序的改动,以及内容观点上的增强与减弱。恩格勒的校勘原则是"述而不作"。在细致地示现《普通语言学教程》与索绪尔讲稿的不同的同时,恩格勒并不去重写这本书。也许是在整理勘审资料的过程中深深体会到理解和恢复索绪尔原意这一工作的复杂性

[①] 索绪尔《普通语言学教程》岑麒祥前言,商务印书馆,1980 年,第 9 页。

和艰巨性,他宣布"现在已无法恢复索绪尔的真正思想"[①]。这使学术界强烈意识到索绪尔的"普通语言学"思想的研究基础,势必大大超越旧的巴利和薛施霭的编写,走向新的更为广阔的天地。

1990年,俄国语言学家斯留萨列娃以恩格勒的评注本为底本,详加注释,出版俄文版索绪尔《普通语言学札记》。其目的是在恩格勒校勘的基础上,汇总全部已发现的索绪尔研究资料。这本书的第一部分囊括索绪尔所有现存的讲稿、文稿、书稿和笔记。第二部分收入索绪尔1903年写的回忆录。第三部分是索绪尔1889年写的三封有关立陶宛语研究的信。

3. 莫罗的考证工作

意大利语言学家莫罗(T. de. Mauro)的《索绪尔〈普通语言学教程〉评注本》出版于1967年,1972年出版了法译本。莫罗是意大利巴勒莫大学的普通语言学教授,兼罗马大学的哲学教授,撰写过《语义学引论》。在三种索绪尔著作考证工作中,莫罗的材料是最丰富的,见解也是最深刻的。他依据的有关索绪尔思想材料的论著有四百多种。全书分五个部分:序言、《普通语言学教程》全文、索绪尔评传、注释和文献目录。

序言部分介绍了索绪尔的家庭背景、求学经历、教学与科研工作、学术影响,重点论述了索绪尔语言理论一系列重要问题的内在逻辑和演绎过程。

评传部分详细介绍了索绪尔的家世、早期的学术探索、莱比锡大学读书时期的研究、巴黎高等研究院时期的研究和工作、日内瓦大学时期的教学与研究、普通语言学课程的讲授、《普通语言学教程》的理论建构、《普通语言学教程》在各国和各种语言学潮流中的遭遇和巨大影响、索绪尔学术思想的地位和索绪尔被重新发现的意义、索绪尔思想的来源。评传中首次发表了索绪尔一些未曾面世的资料,这些资料补充、修正或更好地说明了关于索绪尔的已知的事实。例如关于索绪尔与波兰语言学家博杜恩·德·库尔德内、克鲁舍夫斯基这两位学术知己的关系。莫罗说:"我希望这样做能使像克鲁舍夫斯基……这样一些与索绪尔真正志同道合而在语言学家的记忆中做出

---

① 恩格勒《索绪尔〈普通语言学教程〉评注本》第7页,转引自戚雨村《索绪尔研究的新发现》,《外国语》1995年第6期。

过许多牺牲的学者重新受到注意。"同时莫罗"尽力把关于索绪尔日常生活、私生活、研究和交往方面已知的事实(这些材料往往是分散的,不易获得)搜集起来并加以整理"。

评注的部分共有三百零五条,引用了丰富的资料以资比较,包括索绪尔的手稿和半个多世纪来对索绪尔著作的各种评注,可谓集大成之作。莫罗说:"比较往往一方面和巴利及薛施霭完成的编写工作的分析联系在一起,另一方面又跟对许多注释和理论中伤脑筋的问题进行分析有关。其他注释说明了索绪尔著作的历史意义,试图指出在以前的文化中,或在他的各种思考和出版物中跟他的经历有关的一些事情,同时也努力指出一九一六年至今各种观点的变化和发展。"①莫罗注意把索绪尔的思想放在当时和现今语言学理论和哲学理论发展过程中加以探究,注意梳理《普通语言学教程》出版后一些重要概念的理解和论争,以浓厚的研究意识评注是本书的重要特色。

莫罗的评注不乏精彩之搜罗,例如第六十八条列举对索绪尔的 langue,parole 和 langage 三个术语的翻译,莫罗搜罗的译名涉及阿拉伯语、埃及语、希腊语、拉丁语、德语、英语、西班牙语、荷兰语、匈牙利语、意大利语、波兰语、俄语、瑞典语等,并做了比较。他认为英语的 language 不等于法语的 langage,而等于法语的 langue。恰当的英语译名应该是用英语的 language 翻译 langue,用英语的 speech 翻译 langage,用英语的 speaking 翻译 parole。

莫罗的评注不乏精彩之见。例如他指出《普通语言学教程》强调任意性和价值的关系的前提是价值的相对性,即"事实上这些价值仍然完全是相对而言的,这就是为什么观念和声音的联系根本就是任意的。"②而在恩格勒的《索绪尔〈普通语言学教程〉评注本》第1841条中学生的笔记与此相反,索绪尔强调"价值完全是相对的,因为(施指和受指的)联系完全是任意的"③。又如莫罗在第二十六条关于历史比较语言学家葆朴的注释,莫罗列举葆朴之前18世纪下半叶和19世纪初的法、英、德一些学者的相关论述,指出在葆朴

---

① 莫罗《普通语言学教程》评注本序言,《国外语言学》1983年第4期。
② 索绪尔《普通语言学教程》,江苏教育出版社,2001年,第125—126页。
③ 转引自徐志民《索绪尔研究的新阶段》,《语文现代化》1983年第2期。

之前印欧系语言的比较研究已经出现，葆朴的贡献在于发现"可以从一种语言来解释另一种语言，这是前人没有讲过的"[①]。

莫罗的评注也不乏精彩之归纳，如第三十八条莫罗将索绪尔所用过的关于语言和语言研究方法的比喻搜集在一起，并作了分类，例如第一类收有七条关于语言的比喻，索绪尔分别把语言比作一个交响乐章、一盘棋、一套电报字母、一项契约、一种代数学、一条长河、一件袍子。

本书的文献目录含约四百五十种参考书目。

本书的附录和补编部分论述了索绪尔的普通语言学和其他语言学派的关系，包括索绪尔语言学思想与生成语言学的比较。

在谈到为什么要编这样一个评注本时，莫罗认为《普通语言学教程》只是忠实地再现了索绪尔语言学理论的某些组成部分，而索绪尔语言理论的整体框架却未能忠实显现，这主要表现在编排的次序上。编次是理论的逻辑内涵和逻辑力量的体现，索绪尔认为它对于语言学比其他科学可能更重要。在对索绪尔资料的考证工作中，莫罗是最重视在深入理解索绪尔思想的基础上对索绪尔理论的整体框架进行重组，以恢复其"最真实的形式"的。莫罗也承认这一重新阐释"返本还真"的工作，只有在前人做了大量局部阐述的基础上才能进行，才能重现索绪尔完整的、独创性的、复杂的思想面貌。

那么什么样的编排次序才能科学地展开索绪尔的语言理论呢？莫罗为我们梳理了这样一个思想脉络——

首先，索绪尔思想的出发点是他尖锐地意识到每一个表达行为都具有个性，他把这种行为称之为"言语"。而为变化多端的言语表现提供稳定的支撑点即视为同一性的标准的是"语言"。这样一来，语言就具有了抽象的本质。

其次，语言的抽象本质使得符号施指和受指的构成不取决于任何声音实体或心理实体的特点，它们具有任意性。这种任意性出自人脑对自己经验中的数据自由区分的能力。

其三，符号既然是两个任意构成的抽象类别的结合，它在根本上就是任意性质的。

[①] 转引自许国璋《关于索绪尔的两本书》，《国外语言学》1983年第1期。

其四,任意性是全部语言现实的基本原则,同时任意性使得语言符号能够将认知中复杂的情景在口语上单一地呈现出来,使语言具有了线性原则。语言的组成首先来自这两个原则的交错。

其五,语言的抽象使语言获得了系统性。语言的系统性使得语言分析具有系统学的特点:任何一个单位的确定都是它的关系价值的确定。

其六,来自抽象性的语言的系统性决定了语言分析的共时性。正是由于对意义和所指、发音和能指做了抽象性的区别,索绪尔才建立了一种系统的概念和共时性的概念。

其七,语言的共时性研究优先于历时性研究。亲属语言中具有共时性均衡的不同的声音和不同的意义,在语言的每一种共时状态下它们都是同一个所指和同一个能指的变体,因此只有确定了共时系统才能在不同系统的语言单位之间进行比较,才能在均衡的基础上将历时性的极端(如拉丁语和法语)或比较系列的极端(如拉丁语和古印度语)联系在一起。历史比较语言学的成就建立在共时均衡的基础上。共时性研究以最严格的方式证实了历时性研究。

其八,语言的任意性决定了语言的不变性和可变性。任意性是语言系统变化和稳定的条件和系数。

其九,语言的任意性决定了语言彻底的社会性。社会性是稳定的因素也是变化的因素。

其十,语言的任意性决定了各种语言能指和所指的偶然性,即支持这种语言状态的动机在时间上、社会背景上的偶然性。任何语言特定的共时系统都只适合特定的时间和社会背景,具有偶然性。索绪尔肯定了语言彻底的任意性和社会性,也就肯定了一切语言彻底的历史性。

从莫罗对索绪尔语言理论的阐释可以看出,莫罗对索绪尔的思想脉络有自己独到的见解。他认为索绪尔的整个理论体系建立在语言的抽象本质的基础上,而任意性又是这一抽象本质的集中体现,并贯穿于整个理论系统的所有范畴。莫罗的论述给人印象最深的是他认为索绪尔的思想以其极端的深刻性将人类精神世界对立的两端——理性主义-历史主义、几何精神-精细精神——联系在一起。当人们从不同的理论立场接受或批评索绪尔的观点的时候,他们没有想到他们都在索绪尔的如来佛巨掌之中,即"索绪尔的思想形式本身就潜在地包含着它在半个世纪中引起的反响"①。

(三) 从索绪尔著作的考证看索绪尔思想的研究

1. 《普通语言学教程》的编写意义

索绪尔思想的研究,在索绪尔著作的考证工作开展之前,一直是以《普通语言学教程》为依据的。然而经过大量索绪尔手稿和学生笔记的发掘,经过新的资料与《普通语言学教程》的细致的对勘,人们对《普通语言学教程》在索绪尔思想研究中的地位产生了怀疑,就此提出的质疑大致如下。

1) 由于在不断地思考中,观念还不成熟,索绪尔编写的讲稿非常少,每每在课前草拟一个提纲,课后就扔了。这表明索绪尔并不认为他的讲课能够公开发表了。他本人也不会同意发表他认为还不成熟的观点。而在索绪尔逝世后,《普通语言学教程》成了表述索绪尔思想的《圣经》,它所建立的索绪尔的理论体系,完全是编写者制造出来的。

2) 《普通语言学教程》多处误解索绪尔的原意,仅据莫罗的考证,严重歪曲的地方就有二十多处。编写者或将不同来源的资料杂糅,使得前后矛盾;或以自己的理解组织讲义,将自己的观点强加在索绪尔身上。这使得这本代表索绪尔思想的书显得极不可靠,几乎每一页都给人错觉。因此要真正了解索绪尔的思想,只有抛开这本书,到后来不断发现的索绪尔资料中去探究。

然而,认真从事索绪尔著作考证工作的学者,对《普通语言学教程》还是持肯定的态度。他们认为:

1) 《普通语言学教程》的编写,需要对学生的笔记等资料进行剪裁,但编写者对索绪尔思想的理解基本是正确的,对索绪尔授课内容的转述,基本是可以信赖的。莫罗指出,在巴利和薛施霭编写的《普通语言学教程》中,"索绪尔的思想片断(很少的几处误解除外),一般说都得到了很好的理解和忠实的传达,因此这本《教程》是索绪尔理论最完整的总汇,今后很可能还会流

---

① 莫罗《索绪尔〈普通语言学教程〉评注本序言》,《国外语言学》1983 年第 4 期。

传下去。所以,我们对巴利和薛施霭怀有特别的感激之情,是很诚恳、很明显的"①。

2)《普通语言学教程》为索绪尔思想研究的发展提供了一个坚实的基础,是 20 世纪文化最重要的书籍之一,但如果不指出《普通语言学教程》中的编写疏误,"我们对巴利和薛施霭为传播语言学大师的理论所做的工作就不够负责"。"今天要真正继承巴利和薛施霭的事业,只能对于了解,并使别人也了解以下这一点有所作为才行,即不管是否自觉,20 世纪语言学的很大一部分所为之奋斗的,是希望《教程》的编辑能够重新找出索绪尔教导的最真实的形式,从而看到展现在眼前的新的前景。"而要做到这一点,就要在文献和评论方面对这本书"做出一种卓有成效的解释"。这对于语言学和其他人文科学来说都是一项重要的任务②。

3)《普通语言学教程》的价值和意义在长时期的"局部阐述"即大量细致的考证工作中会不断显现出来。莫罗认为,在经过了一代代学者的详细考证之后,"索绪尔的思想直到今天才得以真实地留给我们,这可能不仅是由于语文学上的原因。大概需要经过局部阐述而引出的许多经验才能使索绪尔的思想有可能以完整的、独创的复杂面貌出现。这是一种返本还真,使其实现并不是一件轻而易举的事情。也正是由于这一点,《教程》才值得人们为了它而重温克罗奇在讨论黑格尔的《百科全书》时写下的话:"不言而喻,这书不是一本容易读懂的书,书的本身和我的介绍都不好懂。但我相信对喜欢思索的人来说,困难正是能吸引他们的原因,而不会使他们感到厌恶。"③

由此看来,尽管存在着考证和研究专家们的诸多质疑,但《普通语言学教程》的编写在索绪尔思想研究中的地位、特别是现代语言学理论建构中的地位,还是不容置疑的。它事实上已经成为现代语言学在理论上的"深层结构"和通用语言。但止步于这本书又是万万不行的,正如撰著《索绪尔:支持与反对》的卡韦(L.-J. Cavet)所说:"《教程》中存在的问题告诉我们:今天若

---

① 莫罗《索绪尔〈普通语言学教程〉评注本序言》,《国外语言学》1983 年第 4 期。
② 同上。
③ 同上。

是不阅读恩格勒的评注本、莫罗的评论文章,不了解戈德尔的著作的启示,要想认真地研究索绪尔,简直是不可能的。"①事实上,问题不仅仅是《普通语言学教程》是否完整、准确地体现了索绪尔的思想,更是如何把握这本对现代语言学具有《圣经》意义的书所阐述的思想。索绪尔的再发现,其意义正在于对现代语言学理论尤其是结构主义理论发展的反思。

《普通语言学教程》中的思想,我国在 20 世纪三四十年代就有陈望道、方光焘等学者的研究和介绍。1963 年高名凯将《普通语言学教程》法文第三版翻译了出来,后经岑麒祥等学者的校订和补充,于 1980 年出版。这一版本首次提供了索绪尔一系列术语的较为成熟的汉语译名,并且为索绪尔的观点作了二百条注解,或作难点的疏通,或作不同观点的比较,形成译本的一个特色。2001 年裴文将《普通语言学教程》法文第五版翻译出版。这个版本参考了此前的《普通语言学教程》中文翻译和研究的成果,意义的理解更为晓畅。

2.《索绪尔第三期普通语言学教程》的出版意义

1993 年,英国出版了索绪尔第三期课程的听课学生埃米尔·孔斯唐丹(Emile Constantin)的听课笔记《索绪尔第三期普通语言学教程》。这本书由 Eisuke Komatsu(小松·英辅)和 Roy Harris 编辑和翻译,是一个法英对照本。这为我们在《普通语言学教程》的基础上更完整、准确地理解索绪尔的思想提供了珍贵的参考材料。如果说《普通语言学教程》是索绪尔现代语言学思想的一本教科书,那么《索绪尔第三期普通语言学教程》是深入理解索绪尔理论的必备的参考书。2001 年湖南教育出版社以《索绪尔第三度普通语言学教程》为名出版此书中文版,2002 年上海人民出版社以《索绪尔第三次普通语言学教程》为名出版此书中文版。前者的译者是从事语言学研究的,后者的译者是从事哲学研究的,专业背景的不同会在译文上反映出来,因此两个译本具有"互文性"。

孔斯唐丹的笔记是索绪尔最后一期课程的最完整的笔记。孔斯唐丹任

---

① L.-J. Cavet, Pour ou contre Saussure, 1975, Paris, p. 31. 转引自徐志民《索绪尔研究的新阶段》,《语文现代化》1983 年第 2 期。

教于日内瓦大学,1958年他把他的笔记赠给大学图书馆,这才使这份珍贵的文献公之于世。当时戈德尔如获至宝,立刻在《索绪尔研究集刊》(1958—1959年第16期)上发表《索绪尔的新文献:孔斯唐丹的听课笔记》。与《普通语言学教程》按照索绪尔讲课的内容分类编排不同,《索绪尔第三期普通语言学教程》顺索绪尔讲课的时间次序编排,显现了清晰的索绪尔思想脉络。《普通语言学教程》编写者没有见过这一重要的笔记。1968年恩格勒在《索绪尔〈普通语言学教程〉评注本》中把孔斯唐丹的笔记插编到与《普通语言学教程》的相关段落的对照中,这样做的立意是对勘,但却打乱了笔记原有的授课顺序即索绪尔授课的思想脉络。为此,完整地出版孔斯唐丹的笔记就成为研究索绪尔思想的需要。

我们对比两本书,可以发现《索绪尔第三期普通语言学教程》不像《普通语言学教程》那样繁杂,索绪尔通过第一部分语言的地理差异由浅入深地从具体的语言形态即外部语言学进入第二部分抽象的语言即内部语言学,然后集中讲述作为共时符号系统的语言的性质。语言和地理的关系,《普通语言学教程》放在第四部分,显得无关宏旨,而在《索绪尔第三期普通语言学教程》中放在第一部分,是建立语言的符号学理论的第一步。因此在《索绪尔第三期普通语言学教程》中我们看到了索绪尔思想的大格局。

对比两本书,我们又会发现在《普通语言学教程》中"导论"的后面直接是"音位学原理"。这完全不是索绪尔的原意。《索绪尔第三期普通语言学教程》的编者之一小松·英辅认为,《普通语言学教程》的编排顺序之所以违逆索绪尔的本意,是因为两位编写者受德国哲学家胡塞尔(Husserl)哲学思想的影响。一方面,胡塞尔的思想与索绪尔确实有相似之处,"胡塞尔坚持认为经验不能简约为物质材料之和。从视觉的认知过程来看,作为物质材料的对象出现在视网膜内,但这本身不反映它的意义,我们通过意识的判断行为来解释材料"。另一方面,胡塞尔认为言语行为遵循由先验的自我所表征的三位一体的模式:物质材料—意识行为—意识对象,"'语言对象'只有通过三者统合才能被认识"。于是论述物质材料的"音位学原理"前置就成了题中应有之义。随后,"把这些物质的言语事实放在能指和所指提供的语境之中加以考察,从而获得胡塞尔意义上的先验价值的认识。声音的听觉方面现在从有意识地产生意义的主体的观点给予了解释。这一进程清楚地体现在,在先验自我意识的引导下,从物质的始点出发最终到差别对立的概念"①。

从两本书的对比可以看出,索绪尔第三期教程的出版,对正确理解索绪尔的思想提供了一个不可多得的"原型"。在这本书的两位编辑者的序言中,他们将《索绪尔第三期普通语言学教程》对于《普通语言学教程》的意义,作了一个形象的比喻:

> 即使在翻译的某一间段阅读《教程》,也难免会注意到它的构成给人某些不自然和异质之感。这种印象缘出何处?它来自于全书不是剪裁于同一块布料。文体学中,文本经常被比作织物,表面上编织的图案从远处看好像完全是一种颜色,但近处观察却显现出不同颜色的织线,《教程》就是这样一种织物。出版此书的主要目的,正是为了解开织线,考察索绪尔的编辑者们1916年编辑的文本中所包含的内容。②

索绪尔第三期教程的英译者罗伊·哈里斯也认为,"孔斯唐丹凌乱的听课笔记中的索绪尔,是某些方面比巴利和薛施霭组织有序的文本中的索绪尔更加令人感兴趣的一个人物。我们窥见到一位理论家,他在完全有意识地进行着实验,使某些概念的区分达到了可行性的极限,并且有时超过了限度"③。可见由于孔斯唐丹笔记的真实性和完整性,它成为《普通语言学教程》可资比勘的重要文献。小松·英辅认为,这一笔记"给我们提供了最清晰的蓝本,展示出索绪尔的语言教学已日臻成熟。这些笔记值得独立地加以研究,即使它们所提供的材料某种程度上可能消除那本确立索绪尔逝世后声誉的颇具影响力的著作的魅力"④。

---

① 小松·英辅《序言》,索绪尔《第三度普通语言学教程》,湖南教育出版社,2001年,Ⅵ。
② 索绪尔《第三度普通语言学教程》,湖南教育出版社,2001年,Ⅰ。
③ 罗伊·哈里斯《英译者前言》,索绪尔《第三度普通语言学教程》,湖南教育出版社,2001年,XV。
④ 小松·英辅《序言》,索绪尔《第三度普通语言学教程》,湖南教育出版社,2001年,Ⅶ。

3. 索绪尔精读的意义

索绪尔著作的整理和考证,是一种类似"训诂学"的工作,它的基本精神是阐释,而不是"回到真正的索绪尔"。即它的意义不在于"确诂",因为"诗无达诂"。无论是《普通语言学教程》,还是后来的一系列考证之作,甚至是作为"原型"的《索绪尔第三期普通语言学教程》笔记,说到底,都是理解和阐释的成果。因此,我们不能把索绪尔思想的研究仅仅置于考据校勘之中,我们需要以索绪尔著作的领悟为利器,锐意开新,去勇敢面对汉语的语言事实,勇敢面对多样化的人类语言事实。

索绪尔的学生梅耶在他的《历史语言学和普通语言学》中指出:"每个世纪都有它的哲学的语法。中世纪曾试图在逻辑的基础上建立语法,直到十八世纪,普通语法只是逻辑的延长。十九世纪把自文艺复兴以来在物理科学和自然科学里所用的观察事实的方法扩展到心理事实和社会事实,以致把每种语言的语法表现为事实的总和。可是直到现在,这些事实差不多还没有整理。索绪尔的《普通语言学教程》的笔记曾向我们指出了怎样去着手整理。但是要用语言本身的观点去整理语言事实还剩下一个很大的工程。"[①]这深刻表明,在普通语言学的道路上,人类还任重而道远。索绪尔的普通语言学理论为我们提供了一条通向语言事实的可能的途径,而理论相对于研究对象的真实性不在于理论的完满和绝对,而在于理论的缺陷和多元性即通向语言事实的多种可能性。

复旦大学的老校长、著名语言学家陈望道是我国最早吸收索绪尔语言理论进行汉语研究的学者之一。他对索绪尔语言理论的借鉴是将它与中国语文传统融通,提出了著名的功能学说。陈望道认为:"一般语言学的理论到目前为止还没有能或者说很少能充分地、正确地概括世界上使用人口最多、历史极其悠久、既丰富又发达的汉语事实和规律。"[②]联想到索绪尔在他生命的最后阶段,在与病魔顽强斗争中,开始学习汉语;联想到索绪尔在《普

---

① 梅耶《历史语言学和普通语言学》第一册绪言,巴黎,1948年版,Ⅷ页。转引自岑麒祥《瑞士著名语言学家索绪尔和他的名著〈普通语言学教程〉》,《国外语言学》1980年第1期。
② 陈望道《文法简论》,上海教育出版社,1979年,第114页。

通语言学教程》中认为"对中国人来说,表意的文字和口说的词语同样都是概念的符号;在他看来,文字是第二语言",因此"我们的研究仅限于表音体系,尤其是今天仍在使用的且是以希腊字母为原始型的体系"[1],我们中国的语言学者,更应该立足于汉语、汉字的文化特征,提出新的普通语言学理论来,极大地丰富人类对语言的认识。这就是精读索绪尔的意义。

---

[1] 索绪尔《普通语言学教程》,江苏教育出版社,2002年,第29页。

第一讲 语言学史一瞥：逻辑语法时期和语文学时期

在结构主义语言学创始人费尔迪南·德·索绪尔之前,语言学研究已经走过了漫长的历史。在这漫长的历史中,语言研究者对语言现象使用过不同的观察坐标。每一次坐标的改变,都为语言学史打开了新的篇章,而新的坐标同时也消解了以往坐标的科学意义。索绪尔在他的《普通语言学教程》中,开宗明义就竖立起一个新坐标——"以语言整体的普遍法则为中心"。在这个坐标之下,索绪尔毫不犹豫地将漫长的语言学史"格式化",声称"以语言事实为中心而建立起来的科学在连续经历了三个时期之后才认识到什么是真正的、惟一的研究对象"[①]。索绪尔认为这样一种状况同语言学在人类生活中的作用是极不相称的:

> 语言学问题让所有要使用文献的人,诸如历史学家、语史学家感兴趣。更为明显的是它对一般修养的重要性:在个人生活和社会生活中,言语体系是最为重要的一个因素。如果语言研究仍然只是几位专家的业务,那就是令人难以接受的。其实,所有的人多多少少都在关注语言研究,可是伴随着兴趣而来的却是反常的结果——没有任何一个领域会产生这么多荒唐的思想、偏见、空想和虚构。从心理学的观点来看,这些错误不容忽视。那么,语言学家的首要任务就是揭示这些错误,并尽可能彻底地予以清除。[②]

我们可以说,索绪尔的语言观是建立在对古典语言研究和历史比较语言学的深刻反思的基础上的。因此我们对索绪尔语言理论的理解,必须从他的历史反思开始。所谓"产生这么多荒唐的思想、偏见、空想和虚构"的语言学史,索绪尔将它划分为三个"不完善的"阶段,"或称历史上相继出现的

---

① 索绪尔《普通语言学教程》,江苏教育出版社,2002年,第1页。
② 同上书,第8页。

视某一语言为研究对象的三种方法"①。即逻辑语法阶段、语文学阶段和历史比较语言学阶段。它们之所以不完善,首先是因为它们都只研究个别语言(langue)和言语行为(parole),而非语言系统。然而这三种语言研究方法,并没有因索绪尔的批判而销声匿迹,相反,它们在今天的语言学研究中不但仍然富有生命力,而且在人类文化研究的历史反思中,正在获得新的现代意义。这就使我们有必要站在当代学术的历史高度重新认识人类语言研究的传统,深刻认识和重新阐释传统研究方法中的消极因素和积极因素,构建21世纪语言学的新的理论范型。

一、逻辑语法时期

(一) 哲学视野中的语法

人类语言研究的"逻辑语法时期",始于公元前3世纪。希腊人在哲学、特别是在逻辑学的基础上展开了语法研究。其研究的重点是词的变化、词的结构模式以及根据逻辑学的原理作词类的区分。在希腊人的学术坐标上,语言学问题是哲学的组成部分。语言学研究也由哲学家来承担。语言科学是整个哲学体系中独特而又相关的一部分。哲学家关注的是语法结构背后的哲学原理。

尽管如此,在希腊人无所不包的哲学范围内,语言学显示了相当独立的地位。首先是柏拉图在他的著名的对话中探讨了语法的潜在的可能性,其后亚里士多德奠定了希腊语语法理论的基础。而斯多葛学派的研究真正使语言研究在广泛的 philosophia(哲学)领域内凸显其独立的位置。R. H. 罗宾斯指出,在斯多葛学派的影响下,"语言学问题在研究语言各个方面的著作中专门作了探讨,而且颇有条理"。在斯多葛学派的学术体系中,"语言的地位可以用三句话来概括"。

---

① 索绪尔《第三度普通语言学教程》,湖南教育出版社,2001年,第1页。

一是"首先产生的是印象,然后是思想,它利用言语,以词来表达由印象所产生的经验";

二是"一切事物都是通过辩证的研究来辨别的";

三是"大多数人同意,辩证法的研究应该从与言语有关的部分开始"①。

显然,对语言在人类思维和观念中的独一无二的作用,希腊学者已经有了相当清醒的认识。索绪尔认为,这一时期的研究"建立在逻辑之上,对语言本身缺乏科学、公正的观点"②。然而他可能没有意识到,斯多葛学派在当时就提出了"形式和意义之间的二分法","在语言中区分'施指'和'受指'"。罗宾斯指出,"施指"和"受指"这两个术语"很容易使人们联想到索绪尔的'施指'(signifiant)和'受指'(signifie)。与此有关的文本很难解释,但是'受指'看来不仅仅是头脑中的印象,而是说话者和听话者头脑中所产生的与言语中话语相应的某种东西,这同索绪尔提出的由于语言运行所形成声音和思想的结合相类似"③。

(二) 拉丁语规范下的语法

由语言在人类思维和观念中的独一无二的作用,和语言与人类思维本质的联系出发,欧洲中世纪的语言研究很自然地将目标定于思维的理解上。中世纪的学术语言,据统治地位的是拉丁语。在中世纪的欧洲文化界,拉丁语堪称"国际语言"。它是欧洲的教堂和受过教育的人所使用的共同语。基督教早期的教会文献语言、罗马天主教的教会仪式和行政工作语言,都是拉丁语。在当时,人们只有掌握了拉丁语,才能接受宗教和世俗的教育。于是,拉丁语语法理所当然地成为语言教学的规定工具和语言描写(例如对古英语和古爱尔兰语的描写)的既定原理。中世纪的教育,以"三才"即语法、逻辑和修辞为基础,正是因为它们是"小学之津梁",为正确阅读和写作拉丁语所必需。因此,中世纪的语法学,作为对拉丁语规则的注解,成为了中世纪学术的基础。

---

① R. H. 罗宾斯《语言学简史》,安徽教育出版社,1987年,第18页。
② 索绪尔《普通语言学教程》,江苏教育出版社,2002年,第1页。
③ R. H. 罗宾斯《语言学简史》,安徽教育出版社,1987年,第19页。

拉丁语实际上是已经死去的语言,它只存在于书面语言中。当拉丁语据有语言研究的主导位置时,一方面它遮蔽了活语言的特点,所有欧洲其他语言都只能按照拉丁语的规则来解释,拉丁语的语法规则如金科玉律,被赋予普遍的效力。另一方面它遮蔽了不同民族语言思维的特点,它被视为人类社会合乎逻辑的标准语言形式,体现了人类的普遍逻辑规则,毋庸置疑地成为研究人类思维逻辑的唯一媒介。经院语法的这一理念受到了后世语言研究的尖锐的质疑:

为什么研究一种语言只能通过另一种语言(即拉丁语)的模型来进行?

为什么研究一种语言只能通过一般哲学的思考来进行?

在人们进行这种反思的时候,一种新的研究理念渐渐成熟起来,即如果说有一种普遍语法的话,那么它的"模型"既不是拉丁语,也不是德语或法语,而是所有这些语言惯例之下的根基——逻辑。这种逻辑表现为一系列的规则,规则的运用和推演可以解释一切语言惯例。于是,当人们反思将拉丁语的研究等同于思维逻辑研究之后,用超越所有语言的逻辑范畴来规范语法规则,以这种逻辑依据来判定语法正误,就成为一种时代风尚。这就为语言研究逐渐展开了一个新的历史平台——逻辑-普世语法。新的历史平台标志着拉丁语法统治地位的终结。它的研究方法的主要特征是理性主义和普遍主义,即认为人类各民族的语言是和一个最高范畴紧密联系在一起的,这个范畴就是人类最高的哲学系统中的逻辑系统。

(三) 思辨语法

逻辑-普世语法源起于中世纪经院哲学家对语法学家工作的干预。经院哲学以论证基督教的教条为己任,主张理性服从于信仰,因而他们关注的是人类所有学科共同的起因基础。12世纪的一些经院哲学家力图将亚里士多德哲学和天主教神学相结合,然而他们是从拉丁译文来理解和探讨亚里士多德哲学的,因此他们对语法学家单纯描写拉丁语结构的做法感到极大的不满足。他们认为语法学对拉丁文不能仅仅说"是什么",更要说"为什么",因为"为什么"管着"是什么"。要探讨各种语法范畴和成分的理据及相互之间的因果联系,要"思辨",而"思辨"的依据就是哲学,即对拉丁语的语法系统作哲学的解释和评论①。一些哲学家甚至认为,"发现语法的并不是语法学家,而是对事物特有性质进行周密思考的哲学家";"不懂逻辑的语法学家跟精通逻辑的语法学家相比,有如傻瓜与聪明人相比"②。

这种"思辨语法",由于其将思维逻辑先置于语言形式,它的研究必然与面对古典拉丁语文献的"材料语法"不同。"材料语法"的例句可以说信而有征,"思辨语法"的例句则往往人为雕琢,用我们说汉语的人的话来说就是"洋腔洋调"。例如"思辨语法"曾造出这样的句子:

Socrates albus currit bene. ③
(白发的苏格拉底善跑。)

这样的句子几乎没有任何真实的语境,没有任何语用的基础。用"思辨"的原则来改造语言,这种本末倒置的研究使得"思辨语法"必然得出"所有语言的语法在本质上都是一致的,各种语言之间的表面差异纯属偶性的变异"④的结论。这就为以研究"共相"为己任的普遍语法敞开了大门。

(四)波尔·罗瓦雅尔学派

如果说中世纪哲学家的语法分析以"思辨"为标志,是普遍语法的古典形式的话,那么普遍语法的近代形式就是17世纪以法国波尔·罗瓦雅尔女修道院的名字命名的研究范型了。它的标志是"唯理"。波尔·罗瓦雅尔女修道院建立于13世纪初(1204年),在法国的 Seine et Oise 省的施佛勒斯(Chevreuse)附近。这个女修道院自1598年由巴黎大学著名神学家和哲学家安托万·阿尔诺(Antoine Arnauld,1612—1694)的家族佐理之后,引进了一些过半修道生活的学者,迁走了一些女修道士,使修道院成了一所研究

---

① R. H. 罗宾斯在《语言学简史》中认为中世纪经院哲学家的观点与后世生成语法学家观点的"相似得颇为有趣"。后者"针对受布龙菲尔德和本世纪上半叶后期语言学主流影响因而更侧重纯描写的语法学前辈,批评了他们单纯偏重记录语言材料时观察上的充分性,而忽视了理论上解释的充分性"(R. H. 罗宾斯《语言学简史》,安徽教育出版社,1987年,第92页)。
② 转引自 R. H. 罗宾斯《语言学简史》,安徽教育出版社,1987年,第93页。
③ 同上书,第109页。
④ 同上书,第93页。

院。这些学者以研究逻辑学为其重要特色,间或还到附近的学校讲论辩学。而附近乡村也有一些志同道合的研究者,他们往往自称"乡村波尔·罗瓦雅尔先生",或在他们的著作题名前加上"波尔·罗瓦雅尔"的名号。这样就逐渐形成一个综合宗教(新教让森派)、教育和学术的流派——"波尔·罗瓦雅尔学派"[1]。

1662年,这里出版了阿尔诺和法国著名学者比埃尔·尼戈尔(Pierre Nicole, 1625—1695)编写的《思维术》(Art de penser, 1662),又名《波尔·罗瓦雅尔逻辑》(Logique de Port-Royal)。与此同时,1660年,出版了阿尔诺和朗斯洛(Claude Lancelot, 1615—1695)编写的《普遍唯理语法》(Grammaire générale et raisonnée),又称《波尔·罗瓦雅尔语法》(The Port-Royal Grammar)。在这个书名中,"普遍"两个字,表明了它对中世纪经院语法的承续;而"唯理"两个字,则表明了它与中世纪经院语法不同的哲学基础。

普遍唯理语法不再以亚里士多德哲学为其理论和教学的基础,而是改宗法国理性主义哲学家笛卡尔的人类理智高于一切的思想。笛卡尔认为,人类是由于理智才和动物区别开来的,而理智在每一个人身上都是完备的。正因为理性是普遍的,所以世界上所有地方的人都受理性的控制。唯理语法则认为,言语的物质性对于人类和其他动物来说是共同的,而言语还有精神的一面。正是言语的精神性使人类超越了动物,占有了相对于动物的极大的优势。言语的精神性是人类理智的充分表现,因为:

> 我们使用言语来表达思想,我们用25个或30个音组成数量无限的词,这种神妙的词虽然与在我们思维中所发生的过程没有丝毫相似之处,却能够使他人揭示其中的秘密,并使他人理解不能进入的思想,理解我们的所思所想和我们的各种心灵活动。[2]

---

[1] 参见胡明扬主编《西方语言学名著选读》,中国人民大学出版社,1988年,第21—22页。姚小平《〈普遍唯理语法〉校后》,索绪尔《第三度普通语言学教程》,湖南教育出版社,2001年,第1页。
[2] 安托尼·阿尔诺、克洛德·朗斯洛《普遍唯理语法》,湖南教育出版社,2001年,第23页。

在唯理语法看来,词的创造是为了表达思想,或者说帮助别人理解我们的思想。但唯理语法并不由此作听话人的逻辑引申,即从分析词的结构进入对说话人思想的理解,而是由此作说话人的逻辑引申,即既然"创造词的目的是为了使别人了解我们的思想",那么"只有首先了解我们的思想过程,才能明确地了解词里面蕴藏着的各种意义"①。也就是说,语言建构的根本原因是理性,精神第一,理智第一,主观第一,唯理语法的思维方式散发着理智高于一切的浓烈的时代气息。

(五)索绪尔唯理语法批评的历史高度及其局限

索绪尔对语言学史上的唯理语法的评价具有二重性。

1. 语言学史的否定之否定——索绪尔肯定唯理语法的共时性

首先,索绪尔从对19世纪历史比较语言学的历史主义和原子主义的反思中认识到,"那些在语言研究建立之前就研究语言的人,也就是受传统方法启发的'语法学家们'……在我们所研究的问题上,他们的观点是无懈可击的"②。为什么这样说呢?索绪尔认为唯理语法的研究成果清楚地表明他们的研究目的是描写语言的共时状态,"比方,波尔·罗瓦雅尔的语法试图描写路易十四时代的法语的状态"。这种研究在方法论上完全是共时性的,因为其语法描写"并不会因此而需要中世纪的语言:它忠实地遵循水平轴线,从来就没有背离过"。这里说的"水平轴线",就是索绪尔认为任何科学都应该标明研究对象所处的两条轴线之一的"同时轴线",这条轴线关注同时存在的事物之间的关系,排除一切时间因素的介入。它是纯粹从价值本身来研究的,而索绪尔认为唯理语法对路易十四时代法语的研究,正是要在描写的基础上"确定它的价值"③,所以这种方法是正确的,尽管在运用上并非无懈可击。这一发现,甚至让索绪尔感到"奇怪"。显然,索绪尔对唯理语法的这种认识是在他亲身经历了历史比较语言学的洗礼后才深刻认识到

---

① 安托尼·阿尔诺、克洛德·朗斯洛《普遍唯理语法》,湖南教育出版社,2001年,第24页。
② 索绪尔《普通语言学教程》,江苏教育出版社,2002年,第91页。
③ 同上。

的,共时性并非唯理语法自觉的理论追求。索绪尔的观点反映了欧洲思想史上对语言的认识的螺旋型上升。

换一个角度,我们也可以说,索绪尔提出的作为现代语言学基本原理的共时语言学思想,在 17 世纪的欧洲唯理语法中已经初露端倪,这一点得到了索绪尔的慧眼识珠。但另一点索绪尔没有提到,即在唯理语法中,作为现代语言学理论基础的符号学思想,也首次明确提了出来。阿尔诺和朗斯洛认为,一方面,"人们用音作为表达思想的符号",另一方面,"实际上意义是用音来表示的"[①]。他们给词下的定义就是"词是不同的、清晰的声音,人类用这些声音构成符号,以便表达思想。"[②]说话的本质是用符号来表达思想,而符号又具有声音和意义两个方面,这显然是索绪尔语言符号理论的先声。尽管在索绪尔那里,符号已被改造为一种由系统中的差别和对立决定的单位。

2. 思维逻辑本位 vs. 语言系统本位——索绪尔否定唯理语法的规范性

索绪尔认为唯理语法对语言状态的描写是不充分的。这种不充分表现在以下四个方面。

1) 唯理语法对语言的了解不够全面,例如不能正确认识词语的构成;

2) 唯理语法以逻辑为准则,热衷于制定规则而不去确认事实,因而描写不足而规范有余;

3) 唯理语法缺乏对语言作为一个自足系统的整体,其要素间相互联系、相互制约的观点;

4) 唯理语法常常不能区分书写的词语和口说的词语,自乱系统。

显而易见的是,从说话的本质是用符号表达思想出发,索绪尔和唯理语法作了完全不同的引申。

唯理语法的逻辑是既然使用符号是为了使人们了解我们的思想,那么只有了解了思想的过程,才能了解符号的意义。人类运用语言的目的是思

---

① 安托尼·阿尔诺、克洛德·朗斯洛《普遍唯理语法》前言,湖南教育出版社,2001年,第14页。
② 同上书,第23—24页。

想的表达和交流,于是语言很自然地成为思想的模拟的图像。这种"图像"就像一面镜子,同它所反映的思想具有内在的相似性。这种相似性最完整地体现在句子组织和逻辑命题的统一性,即主词只有和一个谓词相关时才是一个主词,反之亦然。于是"分析思想的艺术是说话艺术的基础,或者换句话说,完善的逻辑是语法艺术的基础"①。

索绪尔的逻辑则是将系统性注入符号,即符号依靠相互依存而在区别中表达意义,思想的内容和形式都与符号在系统中的"价值"无关。基于此,索绪尔在他的"第一期普通语言学教程"授课中将传统的语法学和语言学区别开来,指出:"语法看来是与语言学关系最为密切的逻辑科学。语言学中的语法成见其实是无用的;语法不可能替代语言学。"而真正的语法学,在索绪尔看来,应该研究"整体语言诸状态包含人们称作或应称作语法的一切东西;语法其实意味着一种同时存在的各个单位的系统"。它是"静态语言学"的主体,"但此刻我不可能在这学期的末尾(7—8课!)论及静态语言学;之后,它将成为全部课程的对象"②。"每种结构、每种系统都意味着彼此同时的要素,这就是语法。"③

索绪尔不无轻蔑地在他的《普通语言学教程》中对语言学史上的"逻辑语法时期"作了这样一个总结:

> 人们最初研究的是所谓的"语法",这一研究由希腊人创立,之后主要由法国人继承。它建立在逻辑之上,对语言本身缺乏科学、公正的观点。它唯一的目的是提供规则以区别正确的形式和错误的形式。这是一门规范性的学科,远非纯粹的观察,它的观点难免狭隘。④

说它"狭隘",是因为它把思辨先置于经验,如索绪尔的学生、丹麦语言

---

① Oswald Ducrot, Tzvetan Todorov (1972), *Encyclopedic Dictionary of the Sciences of Language*, Translated by Catherine Porter (1979), The Johns Hopkins University Press, Baltimore and London, p. 4.
② 《索绪尔第一次普通语言学教程》,日本学习院大学版,1993年,转引自屠友祥《索绪尔第三次普通语言学教程》中译本绪言,上海人民出版社,2002年,第7—8页。
③ 同上书,第8页。
④ 索绪尔《普通语言学教程》,江苏教育出版社,2002年,第1页。

学家威廉·汤姆逊所言:

> 它以哲学为转移,这种依赖性在相当长的时间之内使得思辨方面压倒经验方面,然而正是后者才是认识语言构造一般原则的基础。①

说它不科学,是由于它偏重于逻辑和规范,注重区分什么是正确的用法,什么是不正确的用法,"从开始就排除了从整体上看待语言现象的较为优越的观点"②。而在索绪尔看来,语言研究的最重要的原则就是"以语言整体的普遍法则为中心"。然而问题是,我们能够把"以语言整体的普遍法则为中心"作为判断一切语言学研究范式的唯一的价值标准么?

从否定之否定的意义上说,索绪尔对唯理语法的批评是站在新的历史高度对传统的新的审视,这种审视无疑是必要的,然而它也是苛刻的。因为以《普遍唯理语法》为代表的唯理语法著作,把语言的本质看作人类相对于其他一切动物的精神性优势,把语言视为人类理智最明显的一种表现,这无疑是人类对语言的最早的、较为成熟的理性审视。这也是《普遍唯理语法》作为欧洲第一部语法理论著作,在17世纪下半叶到19世纪初一直占据语言研究经典位置的一个原因。正如许国璋所言:

> 从语法学的角度看,唯理语法的贡献在于:它不像实证语法那样把语法事实加以分类但止于分类,而是在已有的分类的基础上逐类说明它在人对客观世界的感知(perception)中所起的作用,或者说它是如何帮助人更好地认知世界的。其次,实证语法叙述具体的语法事实,因语言不同而不同;唯理语法明语法的理,同一解释可以适用于不同的语言。例如,用实质与附质的概念区分名词与形容词,用表达的有效性说明冠词的作用,用表达的经济性说明代名词的作用,用思维的方法说明连词的作用等,说不同的语言的人可以了解也可以找到例证。这就使

---

① 威廉·汤姆逊《十九世纪末以前的语言学史》,科学出版社,1960年,第23—24页。
② 索绪尔《第三度普通语言学教程》,湖南教育出版社,2001年,第1页。

唯理语法具有普遍的意义。①

普遍唯理语法的理想并不是完全虚妄的,相反,先行者思索的是一个充满魅力的课题:"既然言语是人类拥有的巨大优势之一,那么,尽我人类之所能,至善至美地去发挥这一优势,显然是一件不应小视的事情。也就是说,不但要利用这一优势,而且要深刻地认识其背后的原因,并用科学的方法进行分析。"②这里说的"优势"就是语言的"精神性",即人类理智。这种诉诸理性的语言研究,对于后世的语言学产生了深远的影响。

二、语文学时期

人类语言研究史上的语文学时期,曾被索绪尔称为"产生这么多荒唐的思想、偏见、空想和虚构"的语言学史发展阶段。这个观念,对结构主义以后的语言学影响深远。我国的现代语言学研究,也义无反顾地将中国古代的语言学研究视为"语文学",并称之为"前语言学"即语言科学产生之前的语言研究。它的一切,从范畴到方法,都和所谓的现代语言学格格不入。然而,传统语文学的研究并没有因其"非科学"而退出历时舞台,相反,在当代语言学研究中,它的工作魅力越来越受到人们的重视。人们发现,要走出现代语言学的科学主义和形式主义的怪圈,语文学研究是一个重要的参照机制和反思机制。那么,如何站在今天的思想高度来认识历史上的语文学研究,这是一个值得关注的课题。

(一) 文艺复兴与古典语文更新

1. 文艺复兴呼唤新语言形态

在欧洲大陆,语文学(德语 Philologie,法语 *philologie*)指的是与文学作

---

① 许国璋《论语法》,《外语教学与研究》1986 年第 1 期。
② 安托尼·阿尔诺、克洛德·朗斯洛《普遍唯理语法》前言,湖南教育出版社,2001 年,第 1 页。

品尤其是古希腊-罗马时代的文学作品有关的学术研究,也包括以文学文献为基础的文化研究①。从历史上看,"语文学时期"是一个生机勃勃的历史时期②。

首先,欧洲文艺复兴推动了欧洲古代学术和古典文学遗产研究的复兴。随着封建教会文化的崩溃,以古希腊罗马文化为依据的世俗文化登上了历史舞台。摆脱了中世纪的政治枷锁和思想枷锁,人们在古典文化中找回了禁锢已久的人性,并力图将古典文化加以世俗的改造和重建,从希腊、罗马的古典学术重新起步,清除神学的阴影。当时,一方面古典文学作品的学习成为文科教育的基础;另一方面文学家们从古典作品中汲取营养、旁征博引;而语法学家们则激烈地抨击"思辨语法"在哲学上的空洞和夸饰,在教育上的不实用,呼吁建立完全以文学为基础的语法。俄国语言学家拉·绍尔评价古典语文学的复兴时指出,"文艺复兴时期的思想家试图用古代世界的全人类文化来打倒封建中世纪的宗教文化和骑士文化"。他们深入研究古代世界的语言,这就为古典语文学的兴盛提供了良好的基础③。

也正是在这个时候,人们忽然发现古典文化的改造和重建面临古典语文的严重束缚。作为古典学术的"标准语言",中世纪拉丁语已经完全不适合表达现代人的思维和感情。那么,如何建立现代新语言形态?

2. 古典语文更新的三条途径

建立现代新的语言形态,当时展开的途径有三。

(1) 改造和重建拉丁语

---

① 这一点与英语不同。英语中的语文学(philology)一词指的是 comparative philology,含义接近历史比较语言学。
② 索绪尔提出"早在亚历山大里亚学派中,就曾有过'语文学'流派"。亚历山大里亚是古埃及的一个城市。在"希腊化"时代(前 334—331 年,即希腊东方时代),这里的图书馆收藏了希腊文学和科学著作的大部分和东方文学著作的翻译本,计七十多万卷手稿。当时学术研究着重于对古典作品的注解和阐释,因此许多语文学者在亚历山大里亚图书馆工作过。他们在学术上形成一些共同的见解,例如人们对同一性、规律性的追求即类比决定了语言体系性,强调语法形式的类推作用,划分语法范畴,承认语言的共同规范等。他们在形态学的分析上取得很大成就,被称为亚历山大里亚语法学派。
③ 拉·绍尔《从文艺复兴时期到 19 世纪末的语言学说史概览》,威廉·汤姆逊《十九世纪末以前的语言学史·附录》,科学出版社,1960 年,第 115 页。

文艺复兴时期的学者们纷纷加入到改造拉丁语文学传统的行列中来。《论拉丁语基础》(1540)、《拉丁语宝库》(1531)、《拉丁语词源辞典》(1635)等一系列著作应运而生。显然,古典语文学的兴盛,其重要原因正是时代抛弃了对古典语言的纯粹规范性的观念,人性的解放冲破了经院哲学及其僵化的古语言桎梏。当时甚至出版了《中世纪拉丁语和下层拉丁语创造者用词汇》(1678)对这种被称为"厨房"拉丁语的下层语言的关注,正反映了人们寻找新语文以建立现代意识的努力。

(2) 引入世俗语言

世俗语言和宫廷语言、宗教拉丁语的对立自古而然。早在中世纪时代,意大利著名诗人但丁(1265—1321)痛感后者的僵硬、浮华和"阳春白雪",崇尚前者的清新自然。他主张公众语言的吐故纳新,即抛弃旧语言的僵死成分,吸纳新鲜生动的方言土语,使新的语言形态真正成为"一个有生命的社会的财产"①。他以自己的深思熟虑和调查考证,撰写了《论意大利的语言》一文,后更名为《俗语论》。但丁本人则身体力行,用他的家乡方言写下《神曲》等作品。他用自己的新语文实践向世人证明:俗语写诗同样韵律生动,其艺术表现力丝毫不亚于希腊语和拉丁语。而且由于没有刻意的、人为的语法安排,"天然去雕饰",俗语作品更加自然感人。但丁的理论和实践受到后世作家如薄伽丘的仿效,并在文艺复兴时期发扬光大。由于后继者众多,但丁的家乡方言竟成为奠定意大利民族语言的基础方言之一。

在法国,1549 年也发表了《保卫和发扬法兰西语》一文。作者贝雷(Joachin du Belly)热情鼓吹法兰西民族语言的统一,成为法国近代文学的奠基人之一。

在德国,哲学家莱布尼兹(1646—1716)还明确提出辞典的编撰须以民间土语和行业术语作为选词的广泛基础。

(3) 确立欧洲各国民族语言的地位

在宗教改革运动摧毁了教皇政权后,欧洲国家的民族势力日渐发展壮大。在文艺复兴运动中日益增长的欧洲各族人民的民族自觉,在语言意识上得到充分的表现。15 世纪中叶开始了意大利语的语法词汇研究;15 世纪

---

① 布克哈特《意大利文艺复兴时期的文化》,商务印书馆,1981 年,第 374 页。

末开始了西班牙语、荷兰语的语法词汇研究;16 世纪开始了法语、英语、波兰语、捷克语、匈牙利语的语法词汇研究;17 世纪开始了德语、丹麦语、俄语、乌克兰语、葡萄牙语的语法词汇研究。欧洲各国先后出版了各民族语言的经验主义(而非唯理论)语法。例如法国哲学家皮尔·德·来·拉米伊(Pierre de la Ramee)否认人类理性具有不容置疑的真理性,也不承认基于理性之上的知识的必然性。因此他在 1562 年编撰的《语法》一书对法语的语音形式和屈折形态作了细致入微的观察。在经验主义语法学家看来,一切语法知识都始于这种观察及随后的归纳。

此外,欧洲许多小语种也在人们对活的民间语言的兴趣中受到关注。如 16 世纪开始对巴斯克语的研究,17 世纪开始对阿尔巴尼亚语、立陶宛语、拉脱维亚语、爱沙尼亚语的研究。一些欧洲以外的民族语言,如美洲语、汉语、日语、波斯语的研究也相继展开。

(二) 从逻辑决定论到语法规定主义

1. 思维本体论 vs. 语言本体论

罗宾斯在他的《语言学简史》一书中这样描述这个"语文学时期"的人文主义活力:

> 拉丁语不再作为学术界和官方的国际语言,欧洲各国本族语得到充分的承认,以及欧洲以外的语言研究取得了新的发现,这一切使人们产生这样一种感觉:人们有力量来改进甚至创造语言以适应时代的需要。[①]

罗宾斯还把这一个时期同"逻辑语法时期"的区别归结为一个思想和语言的关系问题。他指出:

> 有人提出,人类,或者至少说全体文明人类所具有的普遍思想结

---

① R. H. 罗宾斯《语言学简史》,安徽教育出版社,1987 年,第 136 页。

构,基本上不受任何具体语言的影响,所以可以用一种普遍语言来表达,这种观点对唯理论者来说是很自然的。对实际语言中的语法所采取的相似态度,表现在波尔·罗瓦雅尔唯理主义语法学家的著作里,并用不同的形式重复了经院式思辨语法学家的更古老的普遍主义。思想与语言的相互依赖关系,以及不但是文化上而且是语言上的相对性,在后来的浪漫主义时期的气氛中更易于为人们所了解。[①]

显然,对语言和思维关系的不同理解,即:是泛逻辑主义,还是语言本体论,其实质是科学主义和人文主义之争。文艺复兴时期的"语文复兴",显然是语言人文主义精神的一次高扬。

2. 颐指气使的语法学嘴脸

然而"语文学时期"虽然对旧的"逻辑语法"而言是一次脱胎换骨,但它的变革在后人看来并不彻底。

尽管经验主义语法拉开了同唯理语法的距离,但它们并未彻底地"分道扬镳"。各种经验主义语法的蓝本依然是拉丁语法。事实上,"大致应当说,欧洲的语法体系直到 19 世纪,都是奠基于希腊人的语言学说及其在罗马国土的变体之上的。这方面的证据之一就是语法术语,其中大多数术语都与古时相同。即使后世新兴的术语,例如丹麦语的、德语的(和俄语的)术语,大都不过有旧名称的新译,有的译得比较成功,有的则译得欠妥,而很少是以语言范畴更新的、更恰当的理解为基础构成的"[②]。

这一点很可以理解,诚如美国语言学家 W. P. 莱曼所说,"等到人们渐渐看出了语言的复杂性的时候,人们觉得把各种语言都当作一种选定语言的变体来描写,显然是有好处的,因为当时像语音成分与句法成分之间或句法成分与语义成分之间的关系这类问题,还不需要讨论。当时这些关系在各种语言里都被看成是一样的。"然而,这样做的弊病也是明显的。莱曼打了一个比方:"这也好像把各种运动都当作一种运动,比如是足球的变体来看

---

① R. H. 罗宾斯《语言学简史》,安徽教育出版社,1987 年,第 140 页。
② 威廉·汤姆逊《十九世纪末以前的语言学史》,科学出版社,1960 年,第 23 页。

待一样。把垒球、网球以及英国足球统统看成足球的另一种形式,结果对这些运动全都得不到一点真正的理解。"① 当然,我们只要想一下,在 19 世纪末叶《马氏文通》模仿拉丁语法建立了第一个汉语语法体系,此后一个世纪的汉语语法研究基本上没有离开过这样一个蓝本,我们也就可以理解,"以语言范畴更新的、更恰当的理解为基础构成的"民族语言语法的新范畴,这不是一两代人能够完成的。

拉丁语的蓝本,对于 20 世纪的汉语语法学可能还只是一个难以摆脱的"先入为主"的习惯问题,它影响人们对汉语语法文化特征本质的认识;而对于 14—17 世纪的欧洲语法研究,它还意味着一种语言规范和学术话语霸权。从本质上说,"语文学时期"的语法不是描写的,而是规定的。这种规范性从"grammatikós(语法)"一词在希腊语中的本义——"读和写的技艺"也可以看出来。它要告诉人们正确的读写规则,而非客观地描写语言或在理论上阐述语言。"他们总是把语言想象成为顺从那些在自己的语法著作中给语言强加以规律的学者们的意志的一种外部机构。"②

事实上,中世纪以来欧洲人是习惯于把人文科学归结为言辞科学的。当时人们用三种"自由艺术"来整合人文科学。其一是作为写作艺术的语法学,其二是作为论辩艺术的辩证法,其三是作为说话艺术的修辞学。

我们今天可能难以想象,当时的语法学在整个人文科学中占据一种"颐指气使"的位置。当时欧洲人这样描述语法学的嘴脸:它右手高举一把刀,剪除一切错误用法;左手挥舞一杆树枝,抽打一切在语法上粗心大意的人。

(三)理性规范主义的否定之否定

1. 规范性语法研究批判

(1) 语言典范假设批判

规范性的语法研究,究其实质,是假定了一种语言或语言变体具有与生俱来的优越于其他语言的价值。例如拉丁语和希腊语,依托其灿烂的古典

---

① W. P. 莱曼《描写语言学引论》,上海外语教育出版社,1985 年,第 39 页。
② 拉·绍尔《从文艺复兴时期到 19 世纪末的语言学史概览》,威廉·汤姆逊《十九世纪末以前的语言学史·附录》,科学出版社,1960 年,第 118 页。

文学和语文教育中的专属的威望,被假定为欧洲各民族语言的完美典范,于是拉丁语中动词 be 的后面跟主格的形式就排斥了其他语言跟宾格的形式(例如只能说 It is I,不能说 It is me,尽管后者很常见);再如书面语言,依托其作为文学作品的载体所获得的细致和隽永,被假定为说话的典范(例如只能说 Whom did you speak to? 不能说 Who you speak to? 尽管后者很常见);又如逻辑,依托其作为思维的形式,被假定为语言最理想的表达形式(例如只能说 I haven't done anything,不能说 I haven't done nothing,后者是双重否定,按逻辑只能为肯定,尽管后者经常用来表达对否定的强调)。被推崇的语言或语言变体就是这样以民族语言的"标准"面目出现,完全遮蔽了语言表达的丰富性。

正如法国语言学家约瑟夫·房德里耶斯(Joseph Vendryres)就法语语法所言:"我们的语法是在 17 世纪和 18 世纪按古希腊语和拉丁语语法的模式建立起来的;那一直是假造的。我们还依靠着它的专门术语;这套术语是不符合事实的,并且对我们语言的语法结构提供不确切的观念。假如我们所依据的原则不是由亚里士多德的门徒们建立起来的,那么我们法语的语法肯定会是另外一个样子。"[1]

(2) 理性至上假设批判

规范性的语法研究,究其实质,还假定了语法学家理性推演的至高无上的地位,回到了普遍唯理语法的立场。布龙菲尔德指出:"普遍语法的观点不幸产生了这样一种信念,以为语法学家或词典编者有了推理的能力,就能确定语言的逻辑基础,规定人们应当如何说话。在十八世纪,教育的普及使得许多讲方言的人学习上层阶级的言语形式。这就给了那些自命为权威的人一个好机会:他们编写规范语法,在书里往往为了某些臆想出来的概念,而置实际语言的用法于不顾。"[2]

2. 从"理想-理性"的规范主义到"记录-描写"的民粹主义

传统语文学认定在社会用语的纷繁杂沓之下,在各种关于语言用法的

---

[1] 房德里耶斯《语言》,商务印书馆,1992 年,第 100 页。
[2] 布龙菲尔德《语言论》,商务印书馆,1980 年,第 6 页。

争论之下,甚至在各种语言中语法的表达理性上存在系统性的缺陷之下,一定有一个完美的深层体系,必须用这个严整的体系判断各种社会语言的正误,评判各种语言用法争论的是非,改进各种语言的语法缺陷。在这样一种"理想-理性"的规范之下,欧洲语文学以"优越的保守主义"的优雅和固执,在发展人类语言形式中理性内涵的同时,也遮蔽甚至窒息了人类语言形式与社会语境意义的积极的互动。这种窒息随着人类社会文化的丰富和发展,越来越显出其僵滞和陈旧,终于在20世纪的语言研究中被一种极端性的主张所替代,即"语法学家的任务在于描述而非规定——应去记录纷繁复杂的语言事实,而非不自量力地去评估语言变体的优劣或是对语言变化横加阻挠"[1]。

但随着记录描写主义者"激进的自由主义"的放任和日益草根化,语言研究的"民粹主义"态度使得语言分析越来越繁复以致让人不知所措。人们在充分获得语言事实的"实况"以纠正种种人为的教条和偏见的同时,发现任何社会集团和个人对自己使用的语言或语言变体都有自然形成的理性标准意识,它是一个社会集团或个人的社会文化观念和属性的重要特征。

3. 传统语文学的理性规定主义再认识

由此看来,现代语言学对传统语文学的规定主义的反拨,因其极端性而伤害了人类语言发展的丰富性和规定性的统一。此时,传统语文学的理性规定主义又在新的历史条件下呈现其合理性的一面。

一方面,传统语文学的规定主义是在一个语言变化剧烈的时代"匡谬正俗"的必然要求。许国璋指出,"当规定主义盛行的时候,例如在十八世纪的英国,它有它的时代意义。十七世纪时,文艺极盛,语言恣肆而少法度,诸如代名词的第二人称,形容词的最高级,某些动词的过去式和过去分词,许多形容词与副词,都还没有统一形式,这时很需要有一点规定。据美国S. A. 列纳德于1929年统计,十八世纪出版的语法书100多种,共提出应予纠正的英语语病20大类,50小类,可见当时的规定主义风气。……历史上的规定

---

[1] 戴维·克里斯特尔《剑桥语言百科全书》,中国社会科学出版社,1995年,第3页。

主义,无不出于匡谬正俗的动机,只是少数语法家规定太死,为后人所诟病"①。

另一方面,传统语文学的规定主义在"匡谬正俗"中体现了语言在文化自我更新的新系统中所承担的文化"定点"的重要作用。新的文化在其积淀和传承的过程中,语言的"定格"具有强大的功能。这也就是为什么学习一种语言的人总是希望语法的规定越具体越详尽越好。这种愿望与现代语言学的描写主义精神迥异。事实上这种文化传承的力量是描写主义无法回避的。例如1961年美国的《韦氏三版新国际词典》以描写主义为原则,它对ain't这个颇有争议的动词形式不认定其"俚俗",而以描写主义的态度注为"有文化的人在口语中常用",这实质上还是"规定"了ain't在书面语中不常用②。

在新的历史条件下,传统语文学的理性规定主义正被现代语言学的诸多流派如社会语言学、文化语言学所关注和探讨。

(四) 索绪尔的语文学批评辩正

1. 索绪尔对"语文学时期"的批评

索绪尔对"语文学时期"并不给予历史主义的评价。他对这个时期的语言人文主义精神无动于衷。对于他的理论坐标而言,语言学史上的任何观点都是平面的,它们都要接受"以语言整体的普遍法则为中心"的严格检验。索绪尔对语文学的批评集中在四个方面。

(1) 语文学研究对象的纯粹性

语言研究对象的纯粹性在历史比较语言学肇始之时就是一种比较自觉的追求。历史比较语言学家雅各布·格里木(Jacob Grimm)就曾指出:"古典语文学对于言语习惯、诗歌艺术和作品内容的范围之外还有哪些因素这一点,是漠不关心的。而在所有比较细致和周密的观察中,几乎只有那些以某种方式有助于建立比较坚实的鉴定文章之规则的观察,古典语文学才认

---

① 许国璋《论语法》,《外语教学与研究》1986年第1期。
② 参见许国璋《论语法》,《外语教学与研究》1986年第1期。

为是珍贵的。语言的内部构造本身很少受到注意。……在基础形态学方面取得的成果极其微小。"①葆朴在他的《比较语法》一书中也说:"在这本书里所谈论的那些语言是为了它们自己即作为一种对象来论述的,而不是作为一种认识手段来论述的。"②这里暗含了对语文学的批评。

索绪尔认为语文学的研究对象不够纯粹。为了"确定、解释、评论诸多文献",语文学必须"同时关注文学、风俗、习惯等等方面的历史"③。这让人想起丹麦语言学家裴特生(Holger Pedersoen)的比喻:语文学就像古代神话传说中的门神,它两面都长着眼睛,同时注视着不同的领域:一面是语言,一面是历史④。然而,纯粹的或者说科学的语言研究,本身就和"文学、风俗、习惯"等人文研究存在内在联系。因为"构成语言学研究对象的现象是社会上人与人之间交际行为的一部分"。"语言的本质,语言的极大多数用途,都关系到社会交际中的两个或更多的人。"⑤说到底,语言学是一门人文、社会科学。因此,"语文学"的定位,很准确也很便利地反映了语言和文化现象的内在统一性。正如罗宾斯所说:

> 从语言学是一门科学这一论断,会得出一个推断,而这个推断又是应当立即加以否定的。这个推断就是:语言学既然是一门科学,它自然不可能是一门人文科学或一门高雅的学科;因此,语言学排斥对文学的研究,而对语言作语言学的研究限制对语言作文学上的欣赏,限制由文学鉴赏带来的享受。……这里需要指出,语言科学中没有任何跟阅读或写作中文学价值的分析和欣赏相抵触的东西。事实恰恰相反,一个语言学家如果对诗的音乐美、讲演的感染力以及故事叙述的流畅性表现出麻木不仁,那么应该责备的是他自己,而不是他的语言学。⑥

---

① 雅各布·格里木《论语言的起源》,《语言学译丛》1960 年第 2 期。
② 葆朴《梵语、禅德语、阿尔明尼亚语、希腊语、拉丁语、立陶宛语、古斯拉夫语、峨特语和德语的比较语法》,《语言学译丛》1960 年第 2 期。
③ 索绪尔《普通语言学教程》,江苏教育出版社,2002 年,第 1 页。
④ 参见裴特生《十九世纪欧洲语言学史》,科学出版社,1958 年,第 79 页。
⑤ L. H. 罗宾斯《普通语言学概论》,上海译文出版社,1986 年,第 18 页。
⑥ L. H. 罗宾斯《普通语言学概论》,上海译文出版社,1986 年,第 21 页。

其实,索绪尔在给他的语言研究的启蒙老师、哲学家和语言古生物学家皮克特(Adolf Pictet,1799—1875)的《印欧语的起源》第二版(1878)写的书评中也承认:"我认为语言决不能脱离开对文学和美学的关心。"[①]当然,这种关心并不是唯一的目的,并不能代替对语言结构本身的研究。

(2) 语文学研究方法的科学性

索绪尔认为语文学的方法也不科学。它的主要方法是考证,解读古代的语言,这和历史语言学有关,却不是共时意义上的结构分析。其实,就科学的意义上说,语言学本身就是一门实证科学。语言学在历史文化研究中的巨大威望,正来自它对语言材料包括书面文字的分析和条理。直到今天,历史研究仍然十分依赖语言学家对古籍、铭文、手稿的考证。考证的方法可以有科学上的高下,考证本身却正是语文学方法一个不可替代的长处。

(3) 语文学研究对象的书面性

语文学考证方法本身就决定了语文学的研究对象是书面语言,索绪尔认为这是它的一个"不足之处",因为它"忽略了活的语言"。重视活的口语是应该的,但要求语文学研究活的口语是缺乏历史主义观点的。传统语文学家认为,书面语较之口语具有更强的文学性,而文学语言显然比口语更优雅,也更"正确"。而语文学家的任务就是要维护文学语言,不使它"败坏"。现代语言学批评了这种语言"正确性"和"纯粹性"的标准,认为每一种语言变体都有自己的"正确性""纯粹性"标准,每一种语言变体都因自己独特的社会表达功能而充满活力。语言学家的任务不是"维护",而是"描写"。而在口语和书面语之间,"我们可以毫不犹豫地做出这样的结论:除了正常言语之外,其他一切自主地传达观念的方式,总是从口到耳的典型语言符号的直接或间接的转移,或至少也要用真正的语言符号做媒介。这是非常重要的事。听觉印象和与之相关的引起发音的运动印象,是一切言语和一切思想的历史渊源,不管追溯它的过程是怎样的曲折"[②]。这种"语音中心主义",近年来已经受到了人文科学研究普遍的质疑。

其实,直到今天,许多口口声声以有声语言为正宗的学者,他们的研究

[①] 转引自刘耀武《索绪尔研究二题》,《理论语言学与应用语言学论丛》第一辑。
[②] 萨丕尔《语言论》,商务印书馆,1964年,第13页。

还是通过书面语言进行的。为什么会这样呢？按照法国哲学家雅克·德里达的说法，书面语言比口语更具有本原性，因为它们更能反映语言的差别性。在口语的交际中，存在着环境、表情、语气、动作等大量非语言信息，在语境的依托下，口语往往"人详我略"，有大量的简省，语言本身的信息是不充分的，语言的差别性很大程度上是依赖语境表现出来的。而书面语的信息几乎全靠语言本身表达，它充分依赖的不是语境，而是书写形式的差别性。所以德里达说："符号的音响形象是瞬息即逝的，而书写的文字作为符号施指是看得见的，是更值得探索的。"[①]

(4) 语文学研究范围的古典性

索绪尔认为更重要的是，语文学"几乎完全致力于希腊和拉丁的古代文化研究"[②]。而这，正是文艺复兴时代人文科学的一个历史使命。没有这一步，语言研究的视野中甚至没有任何世俗语言的影子，更遑论其"非逻辑的"结构！

2. 心平气和看语文学和语言学

今天，我们可以心平气和地来看待语文学和语言学的联系与区别：语言学最为抽象的核心地带是对语言形式的分析和描写，这里所谓的"核心"只是就技术层面而言，决不代表语言的本质。在语言形式研究的抽象过程中，被舍弃的往往是语言的本质性的东西，例如意义，例如功能，例如音韵。如果我们跨出"核心"地带，关注语言的内容和意义，我们就走向了语文学的广阔世界。从语言作为人的认知符号的根本意义上说，语言学本质上是一门人文科学。甚至专注于语言的纯粹抽象关系的丹麦语言学家叶尔姆斯列夫也认为："语言学理论由于自身的需要，不仅要认识语言系统……还要通过语言认识语言背后的人和人类社会，以及全部人类知识领域。语言学在这一点上已经达到了它预定的目标：既具人文性又具普遍性。"[③]作为人文科学

[①] 许国璋《许国璋论语言》，外语教学与研究出版社，1991年，第134页。
[②] 索绪尔《普通语言学教程》，江苏教育出版社，2001年，第1—2页。
[③] L. Hjelmslev, *Prolegomena to a theory of language*, translated by F. J. Whitfield, Baltimore, 1953(originally published in Danish, 1943). 转引自L. H. 罗宾斯《普通语言学概论》，上海译文出版社，1986年，第20页。

的语言学,"语文学"是其题中应有之义。只有被"科学"异化的语言学,才自觉地拉开与语文学的距离,并且盛气凌人。

当然,把语言从其社会、人文内涵和历史背景剥离开来,将它彻底地客体化,对于超越经过文艺复兴之后几个世纪浪漫主义思潮浸润的欧洲语言研究,具有积极的意义。新的探索平台,为人类对语言结构认识的飞跃,提供了新的发展契机。米歇尔·福柯(Michel Foucault)指出:"从19世纪,语言自身开始重叠,以取得它自己特有的密度,以展示自己的历史性、客观性和规律性。语言与生物、财富、价值、事件和人类历史一样,成为认识的对象之一。认识语言不再意味着离知识本身越来越近。认识语言只不过是把普通的认识方法应用于一个客观存在的领域。"[①]摆脱以往对语言的历史连续性的空泛的认识,摆脱与语词形影不离的哲学词源解释,语言研究将作为研究对象的语言彻底地客体化后,迅速跨开了探索语言形式规律的阔大步伐。

---

① 米歇尔·福柯《事物的秩序》,转引自 J. 卡勒《索绪尔》,中国社会科学出版社,1989 年,第81 页。

第二讲

语言学史一瞥：比较语法时期

索绪尔划分的语言学史上"产生这么多荒唐的思想、偏见、空想和虚构"的第三个时期,是"比较语法"时期。我们知道,语言比较的前提是语言学视野的扩大和各语种材料的增多,而这些正是文艺复兴孕育的语言人文主义思潮的一个历史必然趋势。

一、比较语法的诞生

(一) 世界语言材料的搜集

16、17、18世纪是语言学史上"积累语言材料"的时代。一方面,世界贸易的发展和长途旅行使欧洲人在扩大地理视野的同时扩大了语言的视野。另一方面,基督教的传播使各种语言信息汇聚增加。

有意识的语言材料搜集,始于17世纪后期德国哲学家莱布尼兹为了通过比较追溯语言源头而搜集世界语言标本的提议。这一提议使得当时还是公主、后来成为俄国女皇的叶卡捷琳娜二世(1762—1796)深感兴趣。她指令所有俄国驻外大使为她搜集材料。她还亲自拟定一份词汇目录,向国内外广泛散发,以期译成尽可能多的语言。她对俄国版图内各种语言也有兴趣,在17世纪末18世纪初就延请学者旅行去西伯利亚和高加索,作语言调查和记录。1787至1789年俄国出版了由旅行家和自然科学家帕拉斯(P. S. Pallas 1741—1811)整理、编写的钦定词典《全球语言和方言比较词汇》。书中将俄语词汇翻译成一百四十九种亚洲语言和方言,五十一种欧洲语言和方言。1791年再版时又扩大到非洲和美洲语言,语种多达二百七十二种。此后出版的还有西班牙教士罗林佐·赫尔伐斯·怀·盘杜罗(L. Hervás y Panduro, 1735—1809)汇集三百零七种语言的语法和词汇材料的《已知各民族语言目录及其编号和各种语言和方言的分类》(1800—1804)。赫尔伐斯在美洲传教的时候,曾编写过四十多种美洲语言的语法,因此在他的这本《语言目录》中提供了关于美洲语言的大量新鲜资料。

德国人阿德隆(Johann Christoph Adelung,1732—1806)和法特(Johann Severin Vater,1771—1826)汇集对五百种语言的评论和书籍目录,撰成《语言大全或普通语言学》(1806—1817)。这本集大成之作使"世界语言标本搜集"走到了历史尽头。因为它在越来越丰富的同时,由于未能以指导性的理论对材料作清晰的梳理,暴露出语言理论和方法的粗糙和肤浅。例如一些印欧系语言明显存在着亲属关系,这本书却依据地理分布把它们与非亲缘的语言连系为一体。而此时,新世纪的历史语言学帷幕已经开启。

(二)索绪尔眼里梵语发现的意义

在语言的比较和分类中,梵语的发现有重要而深远的意义。欧洲人第一次得到梵语的信息是在16世纪80年代。当时意大利商人菲利波·萨塞蒂(Filippo Sassetti)从印度发回的信中,用赞赏的笔调提到他所接触的梵语。18世纪的欧洲传教士对梵语已经有相当的了解。法国神父格尔杜(Père Coeurdoux)1767年在一封信中列举了梵语和拉丁语相似的词和词法。例如:

	神	死	产生	膝	给予	礼物	寡妇
梵语	deva	mrityu	ganitam	g nu	dattam	d nam	vidhav
拉丁语	dues	mors	genitum	genu	datum	donum	vidua

他分析梵语"寡妇"的词法结构中 vi 是没有的意思,dhava 是男人的意思[①]。这些对拉丁语词和词法的生动启示引起了人们浓厚的学习兴趣。18世纪的欧洲人渐渐了解印度这个东方文明古国的宗教与文学。传教士们出于宗教的利益,积极学习梵语,努力通晓印度哲学与神学,以期挑战东方宗教。1790年,一名德国传教士在罗马出版了《梵语语法》。

在印度成为英国的殖民地后,英国人据有了大量有关梵语和印度文化

---

① 参见岑麒祥《语言学史概要》,北京大学出版社,1988年,第118页。

的文献。为了对这些文献作深入的研究,曾在印度公司任职,历任印度加尔各答高等法院和孟加拉高等法院法官的英国人威廉·琼斯(William Jones,1746—1794)于1784年建立了皇家亚洲学会。作为一名法官,琼斯的工作需要将印度的法律文件翻译成英文,以求熟悉印度的法律,便于用印度法律来执法。为此,琼斯精研梵语,还翻译过梵语的诗剧。在学习和翻译过程中,琼斯对梵语与欧洲语言的相似惊讶不已。1786年,他在亚洲学会宣读了一份著名的报告《三周年演说》,首次提出梵语和欧洲古代语言希腊语、拉丁语和日耳曼语言在历史上有亲缘关系,具有同一来源的假设。由于琼斯的发现处于一个对印度和东方文化的探求兴趣方兴未艾的时代,因此产生了深远的影响。琼斯的发现被一些现代学者评价为现代语言学发展中几个重大突破中的第一个,因为它开启了一个历史语言学的新时代。

索绪尔充分肯定梵语的发现对印欧语比较语法的重要意义。他认为,作为希腊语和拉丁语之外的第三种证据,梵语"提供了一个更为广阔同时也更为牢固的研究基础。"由于"拉丁语和希腊语只有在它们的原型中才有梵语所代表的形态",而梵语保留了原有成分即原型的特征,所以梵语"往往对研究工作极有帮助——它偏巧在多数情况下特别适合用来阐明其他语言"[①]。

我们可以说,梵语的发现为语言比较划出了一个新时代。在梵语发现之前,人们的语言知识主要是按地理区域散布的点,在点与点之间,虽然也显示出某些相同特征,但这些点相隔遥远,人们难以想象它们之间的联系。"要把这些浮游着的原素熔合成为一个固定的结晶体,还需要一把很强烈的火力,而这把火力就是把梵语材料运用到语言的比较中去。"[②]因为梵语与欧洲语言的相似性为语言比较提供的不再是单个的词语,而是整个精细的形式系统。

(三)"比较语法"概念的提出:索绪尔的二重评价

如果说19世纪以前对语言历史的研究尚为"零珠散玉",难以串联,难有

[①] 索绪尔《普通语言学教程》,江苏教育出版社,2002年,第2—3页。
[②] 岑麒祥《语言学史概要》,北京大学出版社,1988年,第116页。

承续,那么19世纪开始以梵语的发现为契机,一代又一代学者聚焦于印欧语的历史比较,拉开了一个世纪的"历史比较语言学"大幕。

第一次使用"比较语法"这个词的,是德国浪漫派诗人弗利德里希·施莱格尔(Friedrich von Schlegel,1772—1829)写于1808年的著名的《论印度人的语言智慧》一书。在这本书中他把比较各种语言的"内部结构"即形态看作建立语言亲属关系的关键。他用一个比喻指出比较语法的重要意义:"比较语法将给我们关于语言谱系的崭新知识,正如比较解剖学曾给自然历史的光明一样。"①他还指出了语音对应对于比较语法的重要性。德国语言学家马克思·缪勒(Friedrich Max Müller)在他的《语言科学讲话》一书中形容施莱格尔的观点好像魔术师的手杖,指出了一个可以开出矿物的地方,不多久就有一些当时最优秀的学者开辟矿道,掘出了矿苗②。

第一个以语言亲属关系为依据提出建立"比较语法学"这一学科的,是德国语言学家弗朗兹·葆朴(Franz Bopp,1791—1867)。他在1816年发表《论梵语的动词变位系统》③,对几种亲属语言的动词变位作了系统的比较研究。这一研究在葆朴看来不是平面、静态的比较,而是循演化的脉络作纵向、动态的比较,也就是说,"比较"是一个指向历时发展深度的方法,因而,在其运用中也需循着历史的方向有序地进行。"首先需要了解古印度语的动词变位系统,然后将它与希腊语、拉丁语、日耳曼语和波斯语的动词变位系统加以比较研究,找出它们的同一性,并且认清单一的语言机体逐渐的阶梯式破坏过程以及以机械的联结代替单一的语言机体的趋向,因而给人造成一种印象,似乎这是一种新的机体,其实这里却是有旧的但已不易认出的因素。"④葆朴这种以比较溯源的方法为"印欧语系"理论的建立奠定了基础。

1833至1852年,葆朴撰写了第一部系统的印欧语比较语法书,名为《梵语、禅德语、阿尔明尼亚语、希腊语、拉丁语、立陶宛语、古斯拉夫语、峨特语

---

① Friedrich von Schlegel, über die Sprache und die Weisheit der Indier, 1808.
② 参见岑麒祥《语言学史概要》,北京大学出版社,1988年,第121页。
③ 全名"论梵语与希腊语、拉丁语、波斯语和日耳曼语动词变位体系的对比"。
④ 葆朴《与希腊语、拉丁语、波斯语和日耳曼语的动词变位比较中研究梵语动词变位系统》(绪言)(1816年),《语言学译丛》1960年第2期。

和德语的比较语法》。

索绪尔认为,在葆朴之前,人们并没有以"一般的方式"来理解梵语和欧、亚某些语言存在亲属关系这一真理的意义和重要性。而葆朴"意识到亲属语言之间的关系可以成为一门独立学科的内容。用一种语言来阐明另一种语言,以一种语言的形式来解释另一种语言的形式,这可是前人没有做到的"①。善于在同源语言词法形态的基础上建立普遍的理论,这是葆朴的过人之处。

但当索绪尔将古典语法和葆朴开创的历史比较语言学作比较时,他又站在语言共时性的立场,认为古典语法的研究对象比葆朴的语言学更明确,因而也更科学。因为"自葆朴起开始发达起来的语言学只反映语言的一种历史观点,一种混杂而模糊不定的视点"。"比较语法只属历史语言学,因为它除了从比较关系中提取某种既往的语言类型的假设之外,别无作为。比较语法研究变化之物,直回溯至可理解的最始形态。"②比较语法以语言的历史演化为研究对象,不能区分语言发展的共时断面和历时延续,这使索绪尔明确认为"葆朴开创的语言学没有限定的范围,没有明确的发展目标。它跨着两个领域,因为它不能够清楚地划分状态与连续性之间的关系"③。

(四) 索绪尔思想的先声:拉斯克的追求

印欧语系的历史比较研究,严格地说,是从丹麦语言学家拉斯克(Rasmus Christian Rask,1787—1832)和德国语言学家格里木(J. Grimm,1785—1863)开始的。拉斯克从一开始就与18世纪的逻辑主义划清界限。他在他的第一本著作《冰岛语入门》中宣言:"语法的任务不是指明应该怎样去构成词,而是描述词是怎样构成的,怎样变化的。"④在此基础上,他赋予语言比较以巨大的历史价值。他说:"历史和我们告别了。为了知道一些民族

---

① 索绪尔《普通语言学教程》,江苏教育出版社,2002年,第2页。
② 《索绪尔第三次普通语言学教程》,日本学习院大学版,第321页。转引自屠友祥《索绪尔第三次普通语言学教程中译本绪言》,上海人民出版社,2002年,第11页。
③ 索绪尔《普通语言学教程》,江苏教育出版社,2002年,第91—92页。
④ 转引自 H. A. 康德拉绍夫《语言学说史》,武汉大学出版社,1985年,第47页。

的起源,以及它们在远古时代的亲缘关系,没有任何一种工具比语言更重要。"①

拉斯克的《古代北欧语或冰岛语起源的研究》(写于1814年,出版于1818年)是第一部印欧语言比较研究的著作。拉斯克为比较语法奠定了基本工作原则,即在两种语言的基本词汇中找到语音对应规律。这本书是一部应征之作。当时(1811)丹麦科学院出的论文竞选题是"用历史的批判方法,用确切的例证,探讨并说明怎样才能最有把握地推求古斯堪的那维亚语的起源,并从古代起,通过中古,(说明)它跟斯堪的那维亚语和日耳曼语诸方言的关系;正规地规定一些基本原则,而这些语言里的派生和比较应该建立在这些原则上面"②。这个"课题指南"体现了语言学在19世纪初开始形成的历史比较的学术规范。拉斯克的论文获得了科学院的奖励。科学院向他提供了一笔经费,要求他在欧洲各地和印度作语言调查,进一步探寻冰岛语的语源。然而此时拉斯克的研究兴趣已从语言的谱系转向语言的结构系统,从语言谱系比较的类型学转向语言结构比较的类型学,以期建立更一般的"普通比较语法"。作为第一步,他在1816—1823年间的这次语言调查旅行中于瑞典、俄国、波斯、印度等地,搜集、描写了多种语言的资料。考察结束后他没有如丹麦科学院所要求的那样发表关于冰岛语语源的文章,而是出版了一系列考证细密、拥有第一手资料(而非一般研究者使用的文献资料)的描写语法。例如盎格鲁·撒克逊语语法、弗里希安语语法、拉普兰语语法等。他的努力由于不符合当时的历史比较的学术规范,始终没有得到人们的理解。

拉斯克由"历史比较语法"向"普通比较语法"的转向,是索绪尔相关思想的先声,而且早于索绪尔一个世纪就进行了认真的探索和实践。只可惜当时正值历史比较语言学的成长期,历史比较语言学尚未成熟,其矛盾尚未充分展开,因而拉斯克的转向只能被那一时代学术的威权和"时尚"视为异数。一个世纪后,索绪尔在《普通语言学教程》中阐发了"普通比较语法"的思想。他说:

---

① 转引自 H. A. 康德拉绍夫《语言学说史》,武汉大学出版社,1985年,第48页。
② 裴特生《十九世纪欧洲语言学史》,商务印书馆,1958年,第244页。

比方,在古代法语的共时研究中,语言学家所利用的事实和原则与他从 13 世纪至 20 世纪法语的历史中所发现的毫无共同之处;相反,这些事实和原则与当前的一种班图语言的描写以及公元前 400 年的阿提喀的希腊语,乃至今日法语等的描写有诸多相似之处。因为这些不同的陈述都是基于类似关系之上的;假如每一种民族语都形成一个封闭的系统,那么,所有的民族语都必须以一些恒定的原则为基础,这是我们从任何一种民族语中都能发现的,因为我们处于相同的范畴之中。历史的研究也没有什么不同;我们来看一看法语的某一确定时期(比如,从 13 世纪到 20 世纪),或者爪哇语的某一确定时期,或者无论哪一种语言的某一确定时期,无处不在利用类似事实,只要对它们进行对照就足以建立历史范畴的一般真理。①

索绪尔认为,在任何共时或历时的语言现象中都隐藏着深刻的一致性,语言学研究应该将语言事实确定在这种普遍共性的范畴之中,而这,正是一个世纪前拉斯克的追求。

雅各布·格里木(Jacob Grimm, 1785—1863)是德国语言学家,也是德国童话作家。索绪尔称他是"日耳曼语研究的创始人"②。与拉斯克一样,格里木也是 19 世纪初自觉与 18 世纪的逻辑主义划清界限的学者之一。他在他的被誉为日耳曼语言学基石的《德语语法》一书中就拒绝使用普遍逻辑的概念。他说:"在语法中我们没有普遍逻辑概念。这些逻辑概念似乎把精确性和明晰性夹带到定义之中,但它们妨碍观察,而我认为观察是语言研究的灵魂。"③

格里木受拉斯克语音分析的启发,在《德语语法》④(1819)中系统论证了日耳曼语和其他印欧语言之间的辅音的对应关系,并将这种对应解释为语音转换,揭示了语音演变的规律性现象。格里木最早提出了语音变化规律——"格里木定律"。这一定律被罗宾斯称为"建立印欧语系和其他语系

---

① 索绪尔《普通语言学教程》,江苏教育出版社,2002 年,第 110 页。
② 同上书,第 3 页。
③ 转引自 H. A. 康德拉绍夫《语言学说史》,武汉大学出版社,1985 年,第 54 页。
④ 这里的德语是就最广泛的含义而言,实际上就是指日耳曼语。

的框架和支柱",直到今天"仍然是印欧语系内部最著名的一套语音对应"[①]。

二、比较语法的发展

19世纪中期的历史比较语言学在发展中呈现出范式的多元化。在多元的学术范式中,自然主义学派是其主流范式,词源学、语言古生物学和古典语文学是其边缘范式。前者提出并实践了历史比较法的主要原理,后者扩展了历史比较语言学的研究领域。

(一) 比较语法的边缘范式

1. 波特与库恩

19世纪初为语言的历史比较打下基础的学者的一个共同特点,是用大量丰富的语言材料一扫弥漫于18世纪的理论空谈,并且将当时科学发展中先进的历史和比较的方法运用于语言研究,而他们的研究成果又都自觉地与印欧语的谱系关系这一时代理念相联系。他们在"印欧语"这块新开辟的沃土上开荒播种,收获了累累硕果。在他们的影响下,19世纪第二个三分之一年代,德国及欧洲各国涌动起对各种语言作历史比较研究的热潮。索绪尔在他的《普通语言学教程》中提到的波特和库恩,就是两位杰出的代表。他们都令人瞩目地扩展了历史比较语言学的领域。

奥古斯特·弗里德里希·波特(August Friedrich Pott,1802—1887)是德国哲学博士,曾师从葆朴。他的《印度-日耳曼语系领域内的近代词源学研究》(第一版两卷1833—1836,第二版六卷1859—1876)对印欧系语言从整体上作语音比较研究,尤其描述了梵语、希腊语、拉丁语、立陶宛语和哥特语的历史音变,并将语音和词义结合起来,探求印欧系语言的词源。他的研究令人信服地表明,词源研究如果没有亲属语言之间严格的语音对应关系,就

[①] R. H. 罗宾斯《语言学简史》,安徽教育出版社,1987年,第211页。

没有可靠的基础;语音定律的历史性是开启词源线索的科学的钥匙。波特创立了以印欧语有关词语语音对应为基础的近代词源学,同时也深化了印欧语的比较语音学。

由于波特搜集了极其丰富的词源对比资料,并且在这些资料的基础上系统地揭示出各种语言中的语音转换,索绪尔认为他的研究"使语言学家获得了大量的材料"①,后来以语音研究见长的青年语法学派也把波特视为他们的学术先驱之一。

阿达尔拜特·库恩(Adalbert Kuhn, 1812—1881)从"古生物学"的角度扩展了历史比较语言学。他的工作是利用文献语言材料来探索古代民族的历史和文化,包括民族的起源、民族的生活、民族之间的历史交往和语言借用、民族的地理分布等。在他的探索中,词义成为重要的民族生态环境线索。如果印欧语文献语言中有或没有表示古代生态现象的某种词汇,就据此认定当时有或没有此种现象或对此种现象的认识。由此他建立了作为历史比较语言学的分支的语言古生物学。

2. 古尔提乌斯的古典语文学

索绪尔在《普通语言学教程》的"语言学史一瞥"中曾提到的乔治·古尔提乌斯(Georges Curtius, 1820—1885)也是德国语言学家。他曾经创办和主编《莱比锡古典语文学研究》杂志。在当时,古典语文学阵营对以梵语为重点的比较语言学一直是"疑惑地注视着",不予承认。这一方面是因为古典语文学本身已经是一门成熟的科学。它有自己的经过长期发展形成的研究语言的方法和理论,这些方法和理论也曾结出了累累硕果;一方面也因为比较语言学自身存在的以下两个问题。

一是过度的"技术化"。它的比较往往仅仅出于比较的目的而忽视语言事实,并由此得出许多关于古典语言形式尤其是古典语文学熟悉的希腊语和拉丁语的大胆而不切实际的假说,令古典语文学家瞠目结舌。比较的方法成了一种纯粹技巧的游戏和炫耀,古典语文学家从中读出了"肤浅"二字。

二是过度的"梵语化"。比较语言学过于夸大了梵语的意义。他们或者

---

① 索绪尔《普通语言学教程》,江苏教育出版社,2002年,第3页。

认为梵语的形式比一切语言形式都更丰富更古老,或者认为梵语是一切亲缘语言的母语。这种对梵语中发现的语言现象的过度执迷和崇信,使他们看不清真实存在的语言历史和事实。事实上,梵语在结构上的"古老"程度,一点不比其他语言例如希腊语强。对于那些一开始来势汹汹,且煞有介事的梵语本位主义,古典语文学家惊吓之余,从中读出了"虚妄"二字。

索绪尔认为古典语文学这种疑惑正是由于比较语言学的致命缺陷,即"这个阶段缺少一种语言观,或至少没有一种正确的、可接受的和合乎情理的语言学观点,它的研究方法纯粹是比较的"。因而"人们不能完全责备语文学传统对待比较语言学家所采取的几乎敌意的态度,因为后者所遵循的原则本身实际上未带来什么革新,也未使人们从扩展现实的视野中看到什么好处"①。

然而古尔提乌斯这位古典语文学阵营中的学者,却不囿于语文学的成见,一直坚持用历史比较法研究希腊语,写出了索绪尔称之"名闻遐迩"的《希腊语词源学原理》。他所编《希腊语语法读本》也是一本希腊语的典范读本,其中详细地向古典语文学家介绍了近代语言学的成就。由于他对许多问题的解释仍然使用古典语文学的方法,索绪尔认为"他是最先致力于调和比较语法与古典语文学的人之一"②。

(二) 比较语法的主流范式:自然主义

索绪尔在《普通语言学教程》中特别提请读者注意三位以各自不同方式对比较科学做出贡献的学者。他们是后来被称作自然主义学派的缪勒和施莱歇尔,以及古尔提乌斯。

1. 缪勒和施莱歇尔

缪勒(Friedrich Max Müller, 1823—1900)是英国语言学家,翻译过多种梵语和东方古典文献。缪勒认为语言是一种自然现象,它会自然生长,不以人的意志为转移。他说:"我们必须考虑到语言虽不断起变化,但不是任

---

① 索绪尔《第三度普通语言学教程》,湖南教育出版社,2001年,第3页。
② 索绪尔《普通语言学教程》,江苏教育出版社,2002年,第3页。

何人所能产生和阻止的。要改变语言的规则。或随意创造新的词语,将好像变更血液循环的规律,或使我们的体长增长一分一寸一样的困难。"[1]语言的词汇是自然选择的结果,同义词之间就存在着"生存竞争"。因而语言学是一种自然科学,只不过在自然科学中它是与人类历史关系最密切的。为此缪勒还把语言学和语文学严格区分开来,认为语文学通过研究语言去探索人类社会的道德、智慧、宗教和文学,属于历史科学,与作为自然科学的语言学完全对立。

施莱歇尔(August Schleicher,1821—1868)是德国语言学家,著有系统整理前期历史比较语言学成果、"引起语言学一系列变革"[2]的《印度日耳曼系语言比较语法纲要》等著作。他用19世纪下半叶流行的达尔文的进化论看待语言的组织,认为语言是有机体,作为一种自然的创造,语言的有机组织是人的意识或意志无法改变的。研究"语言生命"的语言学要采用研究自然生命的自然科学同样的方法。

施莱歇尔是最早提出语言发展规律的学者,但他把语音变化视为自然规律,甚至进一步认为,语言的成长只在史前期,一进入有史期,语言就开始解体,走向衰老和死亡。这一思想显然来自对语言认识的"生物学框架"。语言的发展、社会的进步,只能使语言解体、退化和死亡,社会文化的历史和语言的历史成反比例增长,也就是说人类文明的发展和语言自然机体的发展是格格不入的,这是自然主义语言观运用于人类历史的逻辑结果。它从根本上背离了人类语言的社会本质。

施莱歇尔从生物学中引进一个研究植物构造和形态的术语——形态学,认为语言学应该研究语言的形态类型,即着眼于表示意义的词根和表示语法关系的词缀的结合方式。根据不同的方式,人类语言可以分为以词根表意为主的孤立语、以词根和词缀结合表意的黏着语、以词的内部屈折和外部屈折表意的屈折语。这就是语言的形态学分类。

施莱歇尔又把这种形态学的横向分类视为语言发展由低到高的纵向序

---

[1] 缪勒《语言科学讲话》,伦敦,1899年,卷上,第39—40页。转引自岑麒祥《语言学史概要》,北京大学出版社,1988年,第257页。
[2] 威廉·汤姆逊《十九世纪末以前的语言学史》,科学出版社,1960年,第85页。

列。它们分别代表了语言发展的三个阶段,即"古老"阶段、"过渡"阶段和"最高发展"阶段。

在施莱歇尔的语言发展三阶段中,屈折语或者说印欧语处在发展的最高阶段。这是一个典型的欧洲文化的偏见。一方面施莱歇尔认为语言由幼稚进入成熟,成熟期的语言富于形态变化,其最高峰就是原始印欧语。此时的它既未受到损伤,也未受到销蚀。进入有史期后语言开始退化,由此他自然推论形态变化丰富的印欧语是最高级的。另一方面施莱歇尔把达尔文的动、植物生存竞争的学说移植到语言上来,认为世界上的语言也在生存和发展中相互竞争,最终是印欧语取得了胜利。这两方面的立论都是毫无根据的。其实,施莱歇尔的进化类型学延续了欧洲学者中普遍的"形态学自恋",即对语言的屈折形态赞赏有加,认为元音交替是表达语法的最"纯正"的手段。从这种价值判断出发,施莱歇尔甚至认为形态趋于简化的英语在迅速地衰败。

施莱歇尔又认为语言的起源和发展的模式就像生物学上的种属概念那样,语言学的"属",就是"语系";语言学的"属"中不同的"种",就是一个语系中的各种语言。语言学的"种"中的"亚种",就是一个语言中的方言,而各种次方言就是语言学中的"变种"了。印欧语言相互之间的关系就是这种生物学模式历史发展的结果,由此施莱歇尔为印欧语的起源和演变勾勒了一个树形的谱系图。它的主干是原始印欧语,支干是一组有亲缘关系的语言的源头——基础语(如拉丁语),树枝是这一组亲缘语言(如罗曼诸语言),树枝上的叉枝是各亲缘语言的方言;由此形象地展示了一个语族中各个成员的分化和相互关系,同时也显示了印欧系语言的发生学分类即谱系分类。这个谱系模式成了代表历史比较语言学成就的一个重要标志。

语言发展的三阶段论和印欧语言的谱系图,使得原始母语作为一切演化之根在理论上重要起来。虽然要复原原始母语是不现实的,但在理论上勾画其形式体系以确定其演变轨迹不但是必要的,而且是可能的。为此,施莱歇尔为比较语言学提出了一项新的任务:构拟印欧语原始母语。

印欧系语言的谱系树、语言的形态学分类、印欧系原始母语形式体系的构拟,这些比较语言学的重要的理论建树都是和施莱歇尔的名字联系在一起的。施莱歇尔十分注重语音发展的规律性,在这一点上他可以说是通过词法形态发现印欧语亲缘关系的葆朴的天才继承人。他把葆朴建立的比较语言学一般理论系统化了。因此他的成就被视为历史比较语言学成年阶段的历史最高点,"19世纪中叶语言学界最有影响和最富有历史意义的人物"①,"确定了紧接19世纪中叶之后这一时期印欧语言学的发展方向"②。

2. 索绪尔对施莱歇尔的质疑

索绪尔十分看重施莱歇尔《印度日耳曼系语言比较语法纲要》的"集大成"的巨大作用,认为"它比其他任何著作都更能让人想起构成印欧语言学最初阶段的比较语言学流派的面貌"③。但索绪尔对这个历史阶段尤其是施莱歇尔的理论方法提出了很大的质疑。

(1) 语言的本质:"自然"的还是"社会"的?

索绪尔认为:"尽管(历史比较语言学)这个学派在开辟卓有成效的新领域方面功不可没,但它却没有能够建立一门真正的语言科学。它从未探索过研究对象的本质。"持自然主义语言观的人自然有他们对语言本质的看法,但索绪尔所说的语言的"本质"显然不是施莱歇尔认定的"自然机体",因为在他看来,"比较语言学家越是像博物馆学家考虑两种植物的生长那样去考虑两种语言的发展,就越是得不出结论"。索绪尔认为,像缪勒等人那样"把语言看作是一个特别的领域,是自然的第四王国"纯属大谬不然。自然主义的语言观"产生的推理方法在其他任何一门科学中都会令人感到震惊的。这一时期的著作,人们今天只要读上十行、八行,就会对那怪异的思想以及用以论证那些思想的术语感到无比惊诧"④。在索绪尔看来,语言不是一个自我演化的有机体,而是和使用语言的社会集团密切联系的。

(2) 比较的本质:"技术"的还是"历史"的?

索绪尔认为,在他以前的历史比较语言学"完全是比较的,而不是历史的"。它"从不追问它所作的比较意味着什么,它所发现的关系具有什么意

---

① R. H. 罗宾斯《语言学简史》,安徽教育出版社,1987年,第219页。
② 威廉·汤姆逊《十九世纪末以前的语言学史》,科学出版社,1960年,第92页。
③ 索绪尔《普通语言学教程》,江苏教育出版社,2002年,第3—4页。
④ 同上书,第4页。

义"。根据《索绪尔第三度讲授普通语言学教程》的笔记,在索绪尔看来,这种"比较"的技术化不过是一种"游戏"。他说:

> 令人惊讶的是,继葆朴的发现(1816)后30年时间里,再没有比人们对语言是什么的看法更有瑕疵、更荒诞的了。事实上,从那时起,学者们尝试一种逐一比较不同的印欧语言的游戏,到头来他们又不能不提出疑问,到底这些联系说明了什么,应如何给以具体的解释。差不多到1870年,他们还沉迷于这种游戏而没有关注影响语言生命的条件。①

当然,"仅仅作比较是不会有任何结果的"。因为它"既与现实不符,又与整个言语体系的真实环境毫不相干"。语言的历史比较不能仅仅作抽象的推演,而应该和丰富的历史文献结合起来。用"绝对比较的方法"结果只会"引发了一系列错误的观念"②。美国语言学家布龙菲尔德在谈到语言演化的谱系树模式时就曾一针见血地指出:"印欧语的早期学者们没有体会到谱系图表只是表明他们所采用的方法;他们却认为内部统一的母语和母语明晰干脆的突然分裂是历史上的事实。然而根据实际的观察,没有一个言语社团曾经是完全统一的。""比较法是我们重构史前语言的唯一方法,只对内部绝对一致的言语社团和明确的突然分裂才能加以准确的运用。由于这些设想的前提永远不会充分实现,所以也不能要求比较法能够逼真地描画历史过程。"③

(3) 语言演化:"谱系树"还是"波浪圈"?

索绪尔对施莱歇尔的语言谱系演化思想作了严格的限制。他认为,"语言的扩展和内聚要归功于交际"④。交际有两种方式:

一种是消极的,即当一个语言变异在一个地方出现时,交际就加以遏制,防止扩散。这种现象只发生在语言变异的原生地。也只有在原生地的这种交际方式中,语言在地理上的多样性才可能在时间的轴线上进行归结。

---

① 索绪尔《第三度普通语言学教程》,湖南教育出版社,2001年,第2页。
② 索绪尔《普通语言学教程》,江苏教育出版社,2002年,第4页。
③ 布龙菲尔德《语言论》,商务印书馆,1980年,第391、400—401页。
④ 索绪尔《普通语言学教程》,江苏教育出版社,2002年,第236页。

此时,语言的谱系树演化是可能的。

另一种是积极的,即当一个语言变异在一个地方出现时,交际欣然接受它并加以推广,以整合促进语言的统一。在这种交际方式中,所有的语言变异"始于一地而向四面八方伸展","通过接触扩散而普及"①。此时,语言在地理上的多样性只有在施密特的语言波浪圈演化理论中才能解释。

为了区分这两种演化模式,索绪尔认为应该把分隔的语言区域和连续的语言区域严格区别开来。在分隔的区域,"两种民族语由于共同的过去而保存一定数量可以证明它们亲属关系的特性,但是,由于各自独立发展,一方出现的新的特征不可能同样存在于另一方"②。而在连续的区域,各语言之间具有的共同的特征更可能是语言变异普及覆盖整个地区的结果,而非它们之间"共同的过去"。这些区域的语言演化就"应该用波(onde)这个词语来表示方言事实的地理界限"③。

"波"的演化模式使欧洲语言呈现出新的格局。索绪尔指出:"斯拉夫语的特征,一面呈现出与伊朗语的某种一致性,一面又呈现出与日耳曼语的某种一致性,与其地理位置相顺应。可将日耳曼语看作斯拉夫语和克尔特语之间的环节;它又与意大利语紧密相扣。克尔特语居于日耳曼语和意大利语之间的地带。意大利语处于克尔特语向希腊语的过渡地段。"④

3. 施莱歇尔思想孕育的"索绪尔原型"

毫无疑问,施莱歇尔的自然主义语言观遮蔽了语言的社会本质。他"把达尔文所建立的关于动植物物体的规律至少大体上应用于语言的机构"⑤,这使他对语言的认识严重偏离了语言体系的人文属性和语言变化的心理因素。然而,也正因为如此,施莱歇尔的思想中孕育着一些后来索绪尔提出的结构主义原则的原型。

---

① 索绪尔《普通语言学教程》,江苏教育出版社,2002年,第237页。
② 同上书,第242页。
③ 同上书,第237页。
④ 《索绪尔第三次普通语言学教程》,日本学习院版,第227页。转引自屠友祥《索绪尔第三次普通语言学教程》中文版序言,上海人民出版社,2002年,第17页。
⑤ 转引自岑麒祥《语言学史概要》,北京大学出版社,1988年,第256页。

例如,施莱歇尔和缪勒一样,主张把语言学和语文学严格区别开来。语言学只研究纯粹的语言"有机体",只研究与民族历史无关、作为人类自然史的一部分的语言;语文学则关注语言的功能及其与民族社会历史的联系,关注与民族文化一体、作为人类各民族精神表现形式的语言。前者是语言学的内部研究,后者是语言学的外部研究。这里已经有了索绪尔提出的"内部语言学"和"外部语言学"的理论雏形。

又如,施莱歇尔认为:"一项系统的研究,其含义就在于它只包括那些并列的东西,只描写同时并存的东西,而不描述先后相续的东西。这正是系统与历史的区别之所在:历史以先后相续的东西为对象,仿佛展示出对象的纵截面,系统则只排列出同时并存的东西,像似展现出对象的横截面。"[①]这里又显示出索绪尔区分语言学的"共时"研究和"历时"研究的思想来源。

我们在这里找到了语言自然主义观点和语言结构主义观点的深层默契。另外,语言生物主义在20世纪对语言作为人的物种特征的考察中也在回望施莱歇尔。然而,无论如何,正是社会和人的思想和交际活动,才赋予语言以真实的生命。正如19世纪乌克兰和俄罗斯语言学家波铁布尼亚所说:"机体是独立存在的,而词语只能存在于人的口中。"[②]

索绪尔在尖锐地批评19世纪前期和中期的比较语言学之后,曾划出一条作为分水岭的重要的时间线——1870年。他认为,到1870年前后,比较方法的局限——它不过是一种工具,一种还原事实的方法;语言之间对应的局限——它不过是语言现象的一个局部,才被人们真正认识到。人们开始思考语言生存的真实的条件。这种思考,是从罗曼语学家和日耳曼语学家那里就已经开始的。

[①] 施莱歇尔《欧洲语言系统概观》,转引自姚小平《施莱歇尔语言理论重评》,《现代外语》1994年第1期。
[②] 转引自康德拉绍夫《语言学说史》,武汉大学出版社,1985年,第70页。

三、比较语法的范式革命

(一) 务实的罗曼语和日耳曼语研究

1. 罗曼语和日耳曼语研究的实证性

索绪尔在他的《普通语言学教程》中指出,严格意义上的语言学,始于罗曼语族语言和日耳曼语族语言的研究。开创罗曼语族语言研究的是狄兹(Friedrich Diez)。这位德国语言学家于1836、1838、1844年分三次在波恩出版了三卷本的《罗曼语族诸语言的语法》,1857年又出版了《罗曼语族词源词典》,大大充实了前一本著作涉及的内容。一大批罗曼语学者在狄兹周围聚集起来,并且影响越来越大。索绪尔认为罗曼语言的研究与印欧语言的研究很大的不同是它的实证性。

首先,"在罗曼语言的领域,人们很快会感到其他条件的存在,首先发现每一形式的原型的实际存在",因为"多亏我们了解拉丁语,罗曼学者从开始就接触到这种原型,而对于印欧语言的研究,我们不得不假设重构每一形式的原型"。

其次,"对于罗曼语言,完全可能,至少在一定时期完全可能,通过各种文献逐世纪地探究所研究的语言,密切考察所发生的一切"①。

2. 罗曼语和日耳曼语研究的历史观

罗曼语学者不仅熟悉罗曼语族语言的原始型——拉丁语,而且掌握了丰富的文献资料来探讨民族语言发展的具体细节。他们的这两方面的优势"限定了推测的范围,使整个研究显得尤为务实"②。

---

① 索绪尔《第三度普通语言学教程》,湖南教育出版社,2001年,第3页。
② 索绪尔《普通语言学教程》,江苏教育出版社,2002年,第5页。

显然,把语言的发展和语言存在的真实条件即可以考证的历史背景紧密结合起来,使狄兹奠定基础的罗曼语族语言研究"对语言学接近它真正的对象做出了卓越的贡献"①。恩格斯在批评杜林"从来没有听说过近60年来这样有力地和这样成功地发展起来的全部历史语言学"时,把狄兹和葆朴、格里木一起作为杰出的代表,认为杜林"他不是到博普、格林和狄茨那里,而是到已故的海泽和贝克尔那里去寻求语言教育的'卓越的现代教育因素'"②。丹麦语言学家威廉·汤姆逊的评价有助于我们进一步理解索绪尔对罗曼语族语言研究的激赏,他说:

> 罗曼语文学对于普通语言学也有很大的影响,普通语言学也对罗曼语文学感到特别的兴趣。只有在这些语言中,我们才能看到那种可以上溯两千年、但是几经短暂中断的语言发展,那种在当时总还具有世界意义的、并且只要具有普通语言学修养的人就比较容易掌握的形式中渡过的发展。也只有在这里,我们才能看到那些促进语言发展和变化的一切力量是何等多样,因此懂得罗曼语言史对于每个语言学家都是非常重要的,它特别有助于消除关于一般语言发展的一切先入之见和先验的结论。③

索绪尔对日耳曼语族语言研究的评价也是肯定它的务实和不玩单纯的比较"游戏"。他指出在日耳曼语言中虽然没有像拉丁语这样的原型,但日耳曼语言有相当长的可以追溯的历史。"我们不可能获得原始日耳曼语的第一手资料,但是,借助跨越若干世纪的大量文献,由它派生出来的诸多语言的历史是可以继续加以探索的。况且,日耳曼语言学家已经获得了与早期印欧语语言学家不同的观念。"④这个观念,就是历史观。这正是印欧语言学家缺乏的,因为他们"在同一个平面看待一切",而"历史观反映出事实的

---

① 索绪尔《普通语言学教程》,江苏教育出版社,2002年,第5页。
② 恩格斯《反杜林论》,《马克思恩格斯全集》第20卷,人民出版社,1960年,第346页。
③ 威廉·汤姆逊《十九世纪末以前的语言学史》,科学出版社,1960年,第80—81页。
④ 索绪尔《普通语言学教程》,江苏教育出版社,2002年,第5页。

魅力"①。

(二) 新一代比较语法学家的出现

当对比较语言学的自然主义语言观和梵语化、技术化理念开始反思的时候,一个新的学派开始出现了,它就是新语法学派,当时称为"青年语法学派",这是老一代比较语法学家对新潮年轻人的戏谑,含有"初出茅庐"和"乳臭未干"的嘲讽之义。

新语法学派,或曰青年语法学派,其名称都在显示他们与老一代学术传统的不同。这种不同是以1878年一本刊物的创刊为标志的,它就是《形态学研究》。编这本刊物的布鲁格曼(Karl. Brugmann,1849—1919)和奥斯脱霍夫(Hermann. Osthoff,1847—1909)在《形态学研究》的序言中阐述了他们与老一辈比较学者的深刻分歧。

1. 语言学科的人文属性

首先,他们认为老一辈学者只关心作为"自然肌体"的语言,而不关心使用这种语言的人。布鲁格曼和奥斯脱霍夫指出,"语言不是游离于人们之外,凌驾于人们之上,为自身而存在的现象。语言实际上只存在于个人之中,因而语言生命中的一切变化,只能来源于说这种语言的人"②。老一辈比较语言学者把语言从它赖以生存的人和社会中剥离出来,视为生物体,因此他们无法解释语言存在和发展的现实状况,无法揭示影响语言活动的重要因素。而人的问题实际上是一个社会的问题,因为"只有社会能创造文化,只有社会才能使人成为历史范畴的人类"③。"……语言不是个有机体,而是在结合成一个民族的人们无数次活动基础上产生的社会规约。"④因而语言科学不能从自然科学的角度加以认定,而应从社会、人文科学的角度加以认定。

---

① 索绪尔《第三度普通语言学教程》,湖南教育出版社,2001年,第3—4页。
② 转引自康德拉绍夫《语言学说史》,武汉大学出版社,1985年,第90页。
③ 保罗《语言史原理》,转引自柯杜霍夫《普通语言学》,外语教学与研究出版社,1987年,第66页。
④ 德尔布吕克《研究印欧语言的序言》,转引自柯杜霍夫《普通语言学》,外语教学与研究出版社,1987年,第67页。

2. 语言学科的心理属性

新语法学派认为老一辈学者沉迷于语言的物理性质而忽视了语言的心理属性。在新语法学派看来,语言的发展变化中,物理和心理两种力量在同时起作用,而心理的作用是更值得重视的。一种新的语言形式的传播,具有它本身的"机械式"(mechanisch)即物理的力量;而一种新的语言形式的形成,很大程度上要依靠形式联想即心理类推的作用。语言形式不是一个个孤立存在于说话人的头脑中的,而是互相联系着、有条理地显示出来的。这种条理的依类展开即类推是由于说话人的心理联想。

无论是在语言的习得还是在语言的使用中,类推的作用是怎么强调也不为过的。类推是语言形式创新的重要的推动力。无数的语音变化都是心理类推的结果。对于类推的作用的理论洞察正是从新语法学派开始的。

语言中词形变化的系列对应形式,在新语法学家之前也在比较语法中发现和运用,但如此强调言语活动中说话人的主观能动性,突出类推的作用,揭示它的心理内涵,把它作为对语音演变规律性认识的重要补充,即一些所谓的不规律现象的出现,是基于人的心理联想和形式类推,这是新语法学家的重要贡献。在他们的强烈主张的影响下,各种反对和怀疑意见像落潮一样渐渐退去,依据类推原则所作的词的构形链假说像雨后春笋般出现。

索绪尔对新语法学派的类推原则的解释力十分称赞,认为尽管所谓类推往往可能是错误的类比,但它的确在时时阻断着语音演变的路径,催生着新的形式。例如拉丁语中的早期形式 honos("荣幸")和 honosem("荣幸"的宾格形式),由于语音演变使两个元音之间的 s 变成了 r,结果宾格形式成了 honorem。人们由 honorem 联想到 oratorem("演说家"的宾格形式),而与后者配合的是 orator("演说家"),于是,按 orator/oratorem 的相关形式,人们将 honos 类比为 honor,即 honor/honorem,拉丁语的 honor("荣幸")就这样不顾规律而依人的心理联想诞生了。

语音演变的规律性似乎是不以人的意志为转移的,它与基于人的心理联想的语音形式类推相矛盾。新语法学家将前者尊为主流,而将后者视为无力应对主流时不得已选择的支流。他们形象地说:"……我们按照最好愿望严格遵守的准则是,只有当语音规则强迫我们时,才应用类推法。对于我们来讲,形式联想永远是一种'最后的避难所'。"①于是,人们看到了这样一幅语音发展的力量交互图:一方面是语音的演变在不断地解构语言已有的形式整齐的构造,另一方面,因语音演变而产生的新形式在人的心理联想和类推的作用下又协调一致起来,统一成为新的形式系统。

显然,新语法学家是把语言的类推原则作为历时原则来看待的。在这一点上,索绪尔与新语法学派的观点完全不同。索绪尔认为类推是一种共时现象,honor 产生后,它在开始时可以和 honos 并存,相互可以替换。后来类推形式 honor 完全取代 honos,只是一种功能替换,它不是重要的形式变化,因为它没有影响语言的共时关系体系。共时关系体系对于语言来说是本质的,新语法学家只有一个历时坐标,那是远远不够的。

在这里,索绪尔认为应该严格区分"整体语言演化现象"和"个体语言现象"。他指出:"整体语言演化现象的原因存在于个体语言现象里。在诸多要予以区分的领域里,可以发现存在着彼此对应的现象。但不必为此而搞混了诸领域本身。然而同时也会看到,在个体语言现象处,尝试某种革新总是具有个体性。为什么德语里人们最终是说 ich war-wir waren,而不是说 ich was-wir waren(〈一如〉英语中的 I was:we are)呢?因为有些个体〈经由类比〉开始说 ich war 了。只要仅有一些个体这样做,它就只是一种个体语言现象,而非整体语言事实。"②

3. 现代活语言的价值

新语法学派要清晰地显示语音对应和形式类比对应,要研究语言使用中的心理因素,就必然主张从生气勃勃地"活"在现代生活中的语言入手。而此时,在他们眼里,老一辈的研究范式令年轻一代学者感到枯燥和窒息。他们认为,原始印欧语的形式仅仅是一种公式而非真实的词或语素的形式。从语言的社会属性来说,活的语言比死的语言、口语比书面语言更有研究价

---

① 奥斯脱霍夫、布鲁格曼《形态学研究》序言,转引自赵世开主编《国外语言学概述》,北京语言学院出版社,1990 年,第 24 页。
② 《索绪尔第三次普通语言学教程》,日本学习院版,第 341 页。转引自屠友祥《索绪尔第三次普通语言学教程》中文版序言,上海人民出版社,2002 年,第 20—21 页。

值。一方面,方言的语言形式比书面语言全面得多。"在所有活的民间土语中,方言的语音形式是通过全部语言材料表现出来的,并且始终一贯地保存在这个语言集团成员的言语中。它比古老的、只有通过文字的中介才能为人理解的语言中所能见到的要彻底得多;这种彻底性甚至常常反映到极其细微的语音的差别上。"① 另一方面,方言中保留了未被文字记录下来的古代语言形式。为此,布鲁格曼和奥斯脱霍夫以研究现代活语言为旗帜,彻底划清与老一辈学究的界限。

从某种意义上说,新语法学家对现代活语言的重视是承续了浪漫主义传统。对口头语言和方言俗语的重视早在文艺复兴之后民族语言意识的觉醒和对逻辑语法的批判中就已经萌芽。在浪漫主义者看来,一切与民众有关的东西都是神圣的,口头语言、方言俗语自然是最草根性的民生载体。然而,真正发现了口语方言的重要作用——清晰显示语音变化,使口语和方言成为科学研究重要对象的,是新语法学家。

4. 语音规律的严密性

新语法学派认为老一辈学者不尊重语音规律的严密性。老一辈比较语言学家在论述语音演变规律时,对无法解释的例外情况或归结为不可知的原因,或认可规律的局限性。而新语法学派的一个信念是"语音规律无例外"。1876 年雷斯琴在他的一篇研究名词属格的论文中首次明确提出他的工作原则:"我在自己的研究中是从这样一个原则出发的:保存到我们今天的格的形式决不会是以正在正常地起着作用的语音规律的某个例外为基础的。……哪儿要是出现了这样或那样的紊乱,哪儿就一定存在着尚未揭露的别的规律。"雷斯琴批评当时"没有一个规律没有例外"的观点,针锋相对地指出:"如果我们承认那些随意的、偶然的不相联系的变化,那么我们基本上等于在说,作为我们研究对象的语言是不能供科学认识之用的。"②

语音规律无例外,是新语法学派在理论上的一个重要建树。正是这一

---

① 转引自柯杜霍夫《普通语言学》,外语教育与研究出版社,1987 年,第 68 页。译文参照康德拉绍夫《语言学说史》(武汉大学出版社,1985 年,第 87 页),有改动。
② 雷斯琴《斯拉夫-立陶宛语和日耳曼语的名词属格》,转引自 R. H. 罗宾斯《语言学简史》,安徽教育出版社,1987 年,第 226 页。

建树,使得历史比较语言学的研究进入了现代形态。20世纪欧洲语言学家曾举行1876—1878年期间几篇具有重要历史意义的论文发表一百周年的纪念活动。我们可以说,19世纪逐渐发展、至新语法学派确定的语音变化规律性思想,使历史比较语言学作为一门科学真正建立起来。

四、新语法学派批判

19世纪下半叶,正当历史比较语言学以自然主义和进化论为旗帜,如日中天之时,以德国莱比锡大学一些青年语言学者为代表的新语法学派向学术主流提出了尖锐的挑战。他们认为——

历史语言学不能满足于仅仅描述语言的变化,而应该进一步解释语言的变化,这种解释不是哲学的演绎,而必须是言语行为的实证。因为推动语言变化的不是语言的"自然主义"的"进化",而是使用语言的行为。

对语言变化的解释,不必去比较原始的语言状态,只需研究语言从一种状态到另一种状态的过渡即可。

语言的变化首先起因于语音的变化,语音规律就是对变化的解释。这种规律是盲目发生的,没有例外的。

语言变化又起因于基于联想的心理类推。

对语言的变化只有历史的演化途径才有解释的价值[①]。

新语法学派由此进行了一场学术范式的深刻革命,这个学派也因此成为"语言学家的第一个现代学派"[②]。

然而,新的范式自身又蕴含着新的问题,新语法学派自身理论方法的一些漏洞,几乎从新语法学家宣言自己的纲领之时,就受到来自更新思潮(而

[①] 参见 Oswald Ducrot, Tzvetan Todorov (1972), Encyclopedic Dictionary of the Sciences of Language, Translated by Catherine Porter (1979), The Johns Hopkins University Press, Baltimore and London, pp. 13-14.

[②] D. 鲍林格《语言学各主要流派简述》,《语言学译丛》第一辑,中国社会科学出版社,1979年,第214页。

非旧营垒)的批判。站在今天的历史高度,我们对新语法学派的理论方法有了更多的反思和探究。

(一) 理论建树的科学主义

1. 语音规律的绝对性质疑

新语法学家,尤其是奥斯脱霍夫和布鲁格曼,受诸如维尔纳定律等研究和新语法学家自己对印欧语语音研究的鼓舞,加上类推原则的支撑,他们坚定不移地主张语音规律的严密性、绝对性,认定语音规律"机械地"按自然的需要,"盲目的需要"运行,认定"同一音素在同一位置、同一时间和同一地点永远提供同一个结果"①,这实际上又回到了施莱歇尔的语言自然主义。因为他们同样认为语言演化的动力纯粹来自语言内部,与使用语言的外部环境即社会和人无关。这让人想起语言自然主义津津乐道的语言的生物学意义上的成长史。

语音规律真的具有绝对性和普遍性吗?布鲁格曼非常自信地说:"没有解释的例外一年一年地减少,对不规则的现象所创立的近乎真实的解释越来越多,这一事实本身就可证明语音发展是彻底的这一原理。"②然而随着研究的深入,人们发现,所谓的"规律性"实质仅仅是一种粗线条的假设,它是技术,而非本质。只要真正深入活语言的细节,就会发现无论在时间上还是在空间上,语言现象都是非常复杂,绝非几条"规律"所能制约的。

有趣的是,当时方言学在新语法学派研究"活的方言"、"天然民间土语"而非"人为的书面语言"的主张推动下方兴未艾,这个领域正充满了学术刺激。新语法学家期待在清晰的方音轨迹中证明语音规律的普遍性。然而,事与愿违,正是新语法学派极力推崇的对方言俗语的研究,显露出他们语音规律绝对性主张的概括过度。

从地域方言的空间变化来看,在新语法学家提出语音规律无例外后,立刻就有学者满腔热情地进行方言调查以期为这一理论提供有力的证据。如

---

① 转引自威廉·汤姆逊《十九世纪末以前的语言学史》,科学出版社,1960年,第112页。
② 转引自徐志民《欧美语言学简史》,学林出版社,1990年,第120页。

德国人温克(Georg Wenker)设计了一份调查表,写有约三百个词构成的四十个短句。他把调查表寄给莱茵河地区的所有小学教师,请他们用自己的方音来记录这些句子。调查的范围后来又扩大到全国。然而根据反馈的44 251份材料,几乎没有任何现象显示出一种语音变化会以同一方式影响与之相关的所有的词,相反,每一个词都有自己独立的语音变化历史,有自己独有的发展线路。

温克之后,瑞士人日叶龙(J. Gillieron)在埃德蒙(E. Edmont)协助下,用自己直接记音的方法,于1879—1901年在法国六百三十九个方言点进行方言语音和词汇的调查,绘制了一千九百二十张地图,列举了一百万词(次),结果发现所谓的语音规律是虚构的,只有摆脱这种虚构才能认识活语言中语音变化的真实情况。日叶龙后来与人合写了《语音幻想》一书,抛弃语音规律,代之以外部条件的影响,用来解释语音变化。而一种外部条件影响的语言单位,往往只是一个词。这样一来,原先由整齐划一的语音规律"圈定"的方言和土语,被一个一个词的不同演变轨迹给"打散"了。日叶龙认定他们的调查与客观事实吻合,足以摧毁"土语"这个不真实的语言单位。

语音规律的普遍性被方言调查所绘制的语言地图击碎,这是以日叶龙为代表的语言地理学首次直观而系统地展示语言分布状态后的结果。过去拟想中的纯一的方言区域在人们眼前消失了,人们看到的只是同言线所代表的方言各种形式特征的无序扩散。这种"无序性"被语言地理学家充分强调并绝对化,又反过来用同言线遮蔽了语言和方言在地域和结构上的相对统一性。

从地域方言的时间变化来看,语音规律绝对性主张把语音演变视为一种所有相关词汇的同步发生现象。但如此整齐划一的步调只是研究者的一种理想。音变在不同的词语中具有不同的历史深度。新语法学家平面化地看待音变不同的时间深度,抹杀了音变时间上的无序性,造成语音规律绝对性和普遍性的假象。

甚至从最单纯的个人方言来看,语音按规律变化与否仍然会受到各种社会因素的干扰。这些因素包括不同社会阶级出于社会身份原因对语言变体的不同选择,不同语境、不同社会角色要求个人对语言变体作不同选择。

人们发现语音变化是否发生往往取决于这些社会因素,决不是"机械地"和"自主地",更不是可以通过演绎而"预见"的。

方言研究反向证明了新语法学派语音规律无例外主张的失当,并深刻揭示出其本质:"语音规律——这是用来表示个别语言之间、或者同一语言存在的不同历史时期之间所具有的对应关系的假定公式。"① 换句话说,语音规律无例外与其说是语言真实样态的反映,不如说是一种方法论的要求;甚至,与其说是方法论的要求,不如说它只是一种方法,一种分析的技术。现代方言学已经充分证明:纯粹的方言仅仅是一种理论虚构。

其实,语音规律无例外,其隐含的假设就是语言符号的施指(能指)与受指(所指)无关,两者的关系是完全任意的。因此,与受指有关的一切语言的内容方面,都排除在语音变化的视野之外。这一点,倒和索绪尔后来的看法十分接近。索绪尔把语音系统比作乐器。在他看来,语音的变化,只是类似乐器上琴弦的松紧。琴弦的松紧会使发出的声音走音,但这种走音和旋律无关,所以它只按自己的松紧规律变化。索绪尔说:"语音系统是我们把语言的词汇变为声音的乐器,如果其中一个成分改变了,可能会产生各种各样的结果,但这种变化与词无关,词可以说就是演奏节目中的旋律。"②

在新语法学派的内部,对语音规律的自然属性其实早就有不同意见。例如保罗在 1880 年出版的《语言史原理》中就认为,语音演变的规律不能等同于物理学规律和化学规律,它不是自然法则,它不能给出条件就预言某种现象必定发生且反复发生,它仅仅是说明了某些历史现象内部的均匀样式。新语法学派另一位代表人物、德国语言学家德尔布吕克(Berthold Delbrück, 1842—1922)也明确否认语音规律是自然规律,指出它和化学或物理学的规律相比没有任何相同之处。他说:"语言是由人的行为构成的,因此,语音规则不是有关自然过程规律性理论的组成部分,而属于表面上看来任意的人的行为规律的学说。"③

---

① 转引自威廉·汤姆逊《十九世纪末以前的语言学史》,科学出版社,1960 年,第 150—151 页。
② 索绪尔《普通语言学进程》,英文版,第 94 页,转引自 J. 卡勒《索绪尔》,中国社会科学出版社,1989 年,第 88 页。
③ 德尔布吕克《语言研究引论》,转引自赵世开主编《国外语言学概述》,北京语言学院出版社,1990 年,第 23—24 页。

新语法学派最后这样修正他们的观点：

> "声音规律或语音规律"这一术语本身显然并无自然科学所谓规律的意思。语音规律也不能告诉我们，某个音素无论在任何什么地方、在什么条件之下都应变成什么，它只可断定一件事实，那就是某个音素或语音综合在一定语言的一定存在的时期是如何有顺序地变化的，只要知道每种个别情况之下发生这种变化的一切必须条件……语音规律这个经验地得出的公式，它有着严格确定的内容，它也只能断定一定的现象……。只有对于一定的个体，而且也只有在这种情况之下我们才能谈得上语音规律的绝对一贯性……①

这个观点对"语音规律"做了几乎是颠覆性的限制。首先是历史条件即时间的限制，即"某个音素或语音综合在一定语言的一定存在的时期是如何有顺序地变化的"；其次是社会条件即语言使用者个体的限制，即"每种个别情况之下发生这种变化的一切必须条件"。经过这样的限制，正如汤姆逊所言："语言中的普遍规律的可能性又变得黯淡起来了。"②

这个大大修正了的语音规律观点，反映了历史比较语言学在语音规律科学性认识上的两难，即一方面是尊重事实的科学态度，一方面是尊重规律的科学标准。正如英国语言学家罗宾斯所说："一个词的词源如果不符合有关语言的其他词中已经确立的语音对应关系，语言学家是不愿最终加以承认的，……既然我们肯定不能说明一切明显的例外，同时又不是万事通而能完全否认'偶发音变'的发生……那么只要我们还想使历史比较语言学保持最广义的科学性，我们就不得不从证明语言之间的历史关系的任何论据中，拒绝这种词源解释。"③罗宾斯的这段话深刻反映出语音规律性研究的二律背反：我们的研究越具体和深入，我们的规律性概括就越无力。"因为即使对于支配个体语言行为和解释其中变化的规律研究得再精细，那也会使个

---

① 转引自威廉·汤姆逊《十九世纪末以前的语言学史》，科学出版社，1960年，第150页。
② 同上。
③ R. H. 罗宾斯《语言学简史》，安徽教育出版社，1987年，第234—235页。

体事实转向普遍事实、转向语言事实的过程时间变得含糊不清。"①

2. 新思路:走出形式研究的困境

(1) "词与物"学派的社会文化阐释

以奥地利语言学家舒哈特(Hugo Schuchardt,1842—1927)为代表的"词与物"学派提出一个新思路:一个词的语音演变,除了根据普遍的语音演变规律来描写,还应该根据它的历史发展中的社会、文化环境来解释。因为影响词的形式和意义的因素很多,包括说话人的性格、年龄、生活环境、受教育环境和文化背景。这些综合因素塑造了一个人的用词的特点,人与人之间这些特点又会相互影响、相互模仿,逐渐普遍起来。

新语法学家保罗认定言语活动中的语音过程和语义过程是完全分开的,两者没有任何因果关系。但舒哈特认为"每个词都有它的历史",而且"词只依物而存在",一个词的使用的历史不是单纯基于语音规律,而是与相关的文化的历史有密切关系的。为此,可以把"语音规律"只作为一种"辅助的结构",而把主要的观察聚焦于词的语义,依据语言事实和相关的文化资料,考察一个词的历史发展中的种种特殊的情况,把词义史和物质文化发展史联系起来。这样,就从新语法学派对语音演变整齐划一的"共同性"关注,转到对词的历史的"个别性"关注上来;从新语法学派抽象运用语音对应的局限,转到词的文化史的广阔领域。

舒哈特1885年曾撰文《论语音定律,斥新语法学派》,批评语音规律的绝对性,主张语音规律的"零散性"。他说:

> 至于说到语音的机构变化(我在这里使用了青年语法学家术语),我在这些变化中所看到的,不是表现在固定公式中的过程,而是无数动力的漫无止境和不可思议的表现,在这些动力的背景上还更清楚、明显地分出了局部和个别的力量。……
>
> 如果我终于不能不承认确定不移的概念,那么我宁愿把它应用于零散的语音变化存在的事实,而不愿把它应用之于语音规律,因为任何语

---

① 转引自威廉·汤姆逊《十九世纪末以前的语言学史》,科学出版社,1960年,第150页。

音变化在一定的阶段上都是零散的。①

这篇论文在当时引起了激烈的论争,迫使新语法学家在语音规律的绝对性上作了限制。这个学派1909年创办了《词与物》杂志,细致地调查各种物质文明的器物如农具、农作物等的历史地理分布和语词演变过程,对方言之间词的转换流传做出了新的解释。

(2) 唯美主义学派的语言精神阐释

以德国语言学家浮士勒(Karl Vossler, 1872—1949)为代表的"唯美主义学派"提出另一个新思路:语言的语音、形态、构词、造句等方面的变化,都是在个人的使用语言的风格中形成的,它们在没有形成普遍规范以前,首先是一种个人风格。也就是说,语言的要素首先是风格表达的手段。虽然从语言的普遍规范一面可以进行诸如句法的研究,但归纳的方法总是从个别到一般,所以应该先从个人的语言风格入手研究。语言研究的方方面面,都应该由风格学来统领。浮士勒不承认语言系统在发展中的自组织力量。在他看来,法语中主—谓—宾词序的形成,不是由于词尾变化趋同带来的结构上的不平衡,而是由于语言精神发展中的节约和逻辑化趋向。如果在语言内部寻找语言中新形式的成因,就破坏了语言现象和文化现象的关联性。

新语法学家埋首于材料的搜集和整理,浮士勒形象地说,他们只是问有什么?发生了什么?却不问为什么?出于什么目的?殊不知一切语言形式的产生,其唯一有效的原因就是精神。语言发展的历史是精神表现的历史,因此只问有什么、是什么,必然无法揭示语言现象之间的因果关系,结果只剩下了没有条理和联系的一盘散沙。

新语法学家注重对语言现状的分析,这种平面的分析在浮士勒看来无论如何都反映不出语言体系的特点。因为语言不是一种完成了的东西,而是一种在不断形成中的东西,形成的依据就是语言的灵魂。语言的因果关系不是新语法学家设定的声音→音节→词→句子→言语,而是反过来,言语中的精神决定了句子、词和声音。

新语法学派关注的语言细节,并不是语言的本质,这就好像把一个人的

---

① 转引自徐志民《欧美语言学简史》,学林出版社,1990年,第130页。

身体部件解剖开来,各部件已经"死"去,而构成一个人的统一性的是他的精神。

新语法学家依靠对活语言的解析锲而不舍构筑的,在浮士勒看来不过是一大块墓地,在这里一座座华丽的墓穴内,埋着肢解下来的语言尸块。浮士勒说:"在这个实证主义语言学的墓地气氛中,谁能不闷死啊!"而立足于精神和风格,"就意味着唤醒语言的死去的部分。"①

语言的发展首先是个人的创造行为。各种个人创造行为中,能够普及开来的表达手段,是那些符合大多数人精神需要的表达手段。用这个观点看待语音变化,语音变化首先是在个别的词中发生的,其根源都是个人风格的创造,如果它符合"语言的精神",它就会被普遍接受。同样,句法规则也是人民群众中占主导地位的精神特征对个人创造所作的选择。人与人之间的交际,不是基于共同的语言规范,而是基于共同的语言能力。这种活动能力终止的地方,就是语言学的界限。一个真正的语言学家,应该关注语言的本质的东西,即个人的创造、语言的风格和美学。至于那些由个人创造普及开来的机械的、一般的现象,就让那些没有语言感悟能力、对语言的高级形式难以理解的人去解剖吧。

唯美主义学派重视从整个语言系统和广阔的历史文化环境出发去研究语言,大大提升了语义在语言形式演变中的重要地位。

3. 人文主义和科学主义的张力

"词与物"学派和唯美主义学派的两种思路,在语言的形式研究面临某种难以克服的"普遍化"困境时,从语言形式之外,即社会历史和文化精神,去寻找语言变化的原因,去解释语言演变的事实。它们或者关注语言发展的社会历史环境的"个别性",或者关注语言发展的个人风格的"个别性"。在每一种个别情况中,人们对语言变化的创造或选择往往是无意识的,但对这种无意识作理性的推演,是能够揭示语言变化的一些重要原因,深刻认识语言的人文精神的。

---

① 浮士勒《语言学中的实证主义和唯心主义》,转引自兹维庚采夫《语言学中的美学唯心主义》,《语言学论文选译》第七辑,中华书局,1958年,第108页。

但社会历史环境和文化精神的研究,充满了无数不确定的、可以"意会"难以"言传"的因素,而语言,尤其是欧洲屈折语言,又是形式感很强的结构体系。新语法学派用实证的方法难以接近、难以理解的东西,"词与物"和"唯美主义"的思路可以理解,却更难在形式上把握。罗马尼亚语言学家约尔丹(Iorgu Iordan)在1937年出版的《罗曼语言学论纲》中,试图指出这种人文主义的两难:

> 当我们企图应用直觉来解释一切特殊现象时,我们往往遇到困难。因为我们根据先决条件一定要研究绝对个人的因素,这种因素必然是每一个科学家都不相同,所以,论争往往具有显然主观的性质,这种主观性质损害了应当在我们研究工作中占优势的纯粹科学观点。各种意见的不同,甚至毫无根据地反对本来就很明显的语言事实,是很普遍的现象。应该说,我们靠着强制的方法把直觉引入语言研究中,遂使自己冒着陷入完全混乱状态的危险,从而也使语言学的科学性遭到无法弥补的损失的危险。
>
> ……假定我们依靠从语言的各种表现形式中认识民族精神这一点来研究语言,并力图理解它的发展。如果我们由于某种原因具有反对这种民族精神的情绪,那末可能发生这样的危险:我们将从我们的感情出发来解释各种语言事实,会到处发现我们不能发生同感的精神的痕迹。如果这样,语言研究(它应该为各族人民的团结服务的)将引起完全相反的结果……①

约尔丹指出的情况,当然是极而言之。一般来说,语感和体验是语言的本质所在,这种体验既是个人的,也是具有普遍性的。如果否定语感和体验,语言分析就有可能异化为一种虚假的技术游戏。说到论争的主观性,在"非直觉"的语言形式研究中其实也是无处不在,形式主义者同样会"毫无根据地反对本来就很明显的语言事实",因为他们的形式分析是自足的,不需

---

① 约尔丹《罗曼语言学论纲》,转引自兹维庚采夫《语言学中的美学唯心主义》,《语言学论文选译》第七辑,中华书局,1958年,第118页。

要语感来验证的。至于说到因反对某种语言的民族精神而"从我们的感情出发来解释各种语言事实",这实际上不是"直觉"研究才有的问题,而是不同文化交流中人性的弱点,在形式主义的语言研究中也同样存在。现实中的形式主义的研究往往用看似规整的"形式"遮蔽其在文化上的偏见。

人文主义和科学主义的对立,并不妨碍这两方面都可以获得可观的研究成果,例如浮士勒就撰写了《语言学中的实证主义和唯心主义》、《语言作为创造和发展》、《语言中的精神和文化》、《法国语言发展中所反映法国文化》等引人注目的著作。看来,语言研究永远需要这两方面各执一端进行不倦的探索,人类对语言的认识必须在这种理论的张力中才能不致陷入谬误,才能引向深入。

(二) 材料分析的细节主义

新语法学派在对语言材料的具体分析中,表现出浓郁的细节主义风格。

1. 语音图表主义的细节主义

新语法学家的研究主要集中在语音规律的考证上。为了记录每一种音变的轨迹,研究者专注于语言个别现象的分析追踪,事实上预设了语言变化彼此孤立的工作原则。

在科学研究中,对细节的追根寻源是必要的,但它应该是在一个整体联系的框架中进行的。新语法学派恰恰忽视了语言各部门、各种成分的相互制约和整体联系。他们明确地宣言:"在一定时期存在的种种语言形式可用两个要素——有规律的语音变化和类比的影响——来解释,而且只需理会这么两个要素。"[1]

对各层次的语言单位,他们只关注语音形态,比较的方法也仅仅作为确立语音对应的手段,形态学则成了语音学的附庸。而在语音形态中又只关注元音的形态,以致人们说"如今全部比较语法都消融在元音的研究中

---

[1] 雷斯琴《波罗的-斯拉夫语和日耳曼语中的变格》,转引自威廉·汤姆逊《十九世纪末以前的语言学史》,科学出版社,1960年,第144页。

了"①。

句法学、语义学等诸多语言研究领域,在新语法学派的视野中被严重地忽略了。"整个19世纪之末都是忙于一项工作:使确定语音对应的方法和解释例外的原则更精确。大多数青年语法学派的学者也都是朝着这个方向努力。"②

2. 经验主义的细节主义

新语法学家摒弃在理论上构拟原始母语,同时他们却走到了另一个极端:把语言研究的全部意义投射在语言材料的分析上。

在所有语言材料中,他们认为最有价值的,即保存了更多历史的传统,并活在现代口语中的,是日耳曼语、罗曼语、斯拉夫语的语言。他们所要做的,就是尽可能多地占有这些语言的素材,并对素材中的每一个细节(原子)作尽可能详尽的考察。这种彻底的经验主义的工作态度,使他们对理论和哲学问题不感兴趣,并由此造成他们在理论上的严重局限。

我们可以说新语法学派在理论上的思考基本上仍在整个19世纪的历史比较语言学的园囿内,而当时欧洲的普通语言学理论已经在各种语言的历史比较基础上,立足于对人类语言多样性的丰富的认识,建立起具有普遍意义的理论框架。德国语言学家洪堡特(W. von Humboldt,1767—1835)的学说就是一个杰出的代表。他对语言的本质、语言的功能、语言的结构系统和类型比较,都有深刻的论述。批判新语法学派的语言唯美主义学派,其理论的一个重要基础就来自洪堡特关于语言按照精神规律发展、语言的内部形式与民族精神密切联系以及语言不是产品而是活动,既是个人的又是社会的学说。

3. 原子主义的细节主义

新语法学家缺乏作为一名科学工作者对待研究对象必须有的综合态

---

① 约·施密特《第一次世界大战前青年语法学派的"印度日耳曼"语言学》,转引自兹维庚采夫《语言学中的美学唯心主义》,《语言学论文选译》第七辑,中华书局,1958年,第96页。
② 拉·绍尔《从文艺复兴时期到19世纪末的语言学说史》,威廉·汤姆逊《十九世纪末以前的语言学史》,科学出版社,1960年,第144页。

度。洪堡特从静态分析的角度提出语言研究的真正对象是每一种语言内部的语法和语义系统,应从内部联系之中进行研究。然而在新语法学派看来语言的科学理论只能是历史的理论。他们虽然放弃了语言自然主义的思想,但并没有划清界限,依然认为语言的科学研究应该建立在历史的连续性上。保罗将他的论述语言学原理的著作命名为《语言史原理》,就是出于他对语言学理论的这种看法。

语言中值得关注的只是历史演变。而且这种历史演变不是整体的历史演变,而是个体的历史演变。保罗认为用历史的方法研究语言发展的不同历史阶段,这是远远不够的。科学的语言研究更须关注一个一个词的形式和意义的演变历史。在他看来,原子主义高于整体主义。至于演变中的单位在一个静态的体系中处于一个什么位置,这直接关系到对这个单位的性质的判断,新语法学派却没有意识到。

新语法学派更没有认识到,语言的历史比较应如洪堡特所说的那样,在详尽地分析了被比较语言的内部结构之后再进行。语言的历史比较,应该是体系之间的比较。比较的前提,应该是对两种语言历史发展各个阶段静态的系统有全面的认识。在不同历史阶段的不同系统中作无所顾忌的原子主义穿梭,这在方法论上是极大的缺陷。

4. 庸俗进化的细节主义

在历史比较语言学之前,语言曾被视为一种逻辑体系和规范体系。比较语言学解构了这种语言观,转而确认语言是如植物生长般随时间演化的现象。新语法学派虽然批判了对待语言的自然主义观点,但并不否定语言的发展是一种单纯的历史延续,在这个延续中语言仅有量的变化,却没有质的飞跃。在新语法学家眼中,语言的发展仅仅是一种进化的过程,这是一条直线。他们庸俗地理解了语言发展中的继承性,看不到在语言发展的各个阶段的质的变化,更看不到影响语言转变的各种社会、文化和精神的力量。正如梅耶所说:"比较语言学家只坚持原始环境,他们是想部分地根据直接证据、部分地借助于比较方法来确定这种环境。他们忽视了转变的力量,因为至今他们也还没有能够准确地确定这种力量。"①

在实际操作中，新语法学派口头上鼓吹研究当时代的活的语言，实际上却依然埋首于书面文献，并没有离开他们所谓的锻制印欧语原始形式的令人窒息的作坊，去呼吸真实性和现代性的新鲜空气。

对细节的全神贯注使新语法学派对当时已有丰富建树的普通语言学理论和语言哲学无暇顾及，于是在理论上他们就因其历史因循而日益显出陈旧来。

(三) 语言本体的个人心理主义

新语法学派批判语言自然主义的利器是语言与社会和人的紧密关系。他们宣言语言不是外在于人而存在，不是自我而存在，而是只存在于使用语言的人之中。新语法学派用大写的"人"拉开了与语言自然主义的距离，然而一旦回到他们自身的立场，他们所指的"人"，又有了其自身的逻辑构架——个人主义和心理主义。

1. 新语法学派的语言本体论

新语法学派把语言使用中的人的心理因素，看作同生理因素一样稳定的因素。他们认为，在语言的历代传承中，在语言形式的无数次的模仿和创新中，人的心理活动和生理活动一样，是恒定不变的。在语言的使用中，任何人的最基本的心理过程都是一样的。个人在语言运用中表现出来的特点，只是他们最基本的心理过程在不同的说话环境中适应性的反应。而不同的个人之所以可以进行语言的交往，就是因为交际是建立在共同的心理过程基础上，这个共同的心理过程就是语感。——到这里为止，新语法学派的观点是无懈可击的，而且也是现代语言理论各家的一个可以接受的基点。

然而，新语法学家并没有从这里出发走向语言的抽象本质，他们的逻辑向后转了个身：既然任何交际者的最基本的心理过程即语感是一致的，那么，语言研究就可以从任何个人的言语习惯入手，从任何个体入手；又因为

---

① 梅耶《世界语言》序言，转引自威廉·汤姆逊《十九世纪末以前的语言学史》，科学出版社，1960年，第149页。

交际者的心理过程受到多种因素的影响,所以语言研究要从单个的因素即一个一个语言事实的细节入手。

不仅如此,新语法学家还把语言的发展看成一个以个人创造为基础的演变史。在他们看来,任何新形式的产生,都不是无缘无故的。它们或者出于个人对记忆中语言相类似现象的复制,或者出于个人的联想。人们在词典中和语法中看到的,不过是无数个人创造的语言形式的抽象,决不是语言的真实。真实的语言只存在于个人的言语活动中。

可以看出,语言本体论的个人主义和心理主义是新语法学家方法论的细节主义和经验主义的哲学基础。经验的、实证的、归纳的、原子的基本研究方法,能够保证他们眼里的科学研究工作的科学性和准确性。

2. 索绪尔对个人心理主义的反思

新语法学派的这个思想,严重地忽视了语言的社会本质,受到了索绪尔的深刻反思和批判。而这一批判的武器,实际上来自新语法学派思想的一个重要的源头——惠特尼,这里主要指的是惠特尼的符号观点。

惠特尼在他的《语言与语言研究》中指出,语言实际上是一种惯例,即在某个社会集团中普遍遵循的用法。这套惯例就像是一个宝库,里面的词汇和形式都是任意的、约定俗成的符号。惠特尼本人并没有意识到这一观点的重要意义,他依然把语言学看作是一个探讨现实状态的历史成因的科学,但他的符号观点体现出一种语言共时体系的认识,这极大地启发了索绪尔。

索绪尔认为惠特尼实际上是把语言学放到了不同于历史比较的位置上,而这正是语言学应有的位置。在1894年索绪尔应美国文献学会邀请为惠特尼逝世写的悼词中,索绪尔称赞惠特尼是唯一对比较语法的各领域的研究产生影响的人物,尽管惠特尼没有写过比较语言学的文章。

索绪尔认为,人类的言语活动既有个人的方面,又有社会的方面。新语法学派强调个人的言语能力,那是人类的一种天赋本能,但这种天赋的能力,需要在后天的交际工具的习得和刺激下才能起作用。因此,使人类真正进入言语交际的,是作为社会惯例的符号体系——语言。

语言是一种心理现象,存在于社会每一个成员的大脑中;它又是一种同质现象,对于社会每一个成员都是共同的。因此,对于语言学来说,研究这种社会性的心理同质现象是其主要任务,而且只有这种社会性的心理同质现象才是稳定的,能够把握住的。在这个意义上,语言是语言学研究唯一可靠的精神支点。

至于个人的言语行为,则是纷繁多变,同时跨着物理、生理、心理、个人、社会诸多领域,因而难以把握,难以依靠。个人在言语交际中的确会创造语言的新形式,但这种创造要成为一种"社会惯例"即被社会普遍接受,才真正进入语言。

显然,在语言的本体论上,索绪尔用抽象的"社会心理"替换了新语法学家的具体的"个人心理",用静态的语言共时本质,替换了新语法学家动态的语言历时本质。用结构主义的符号系统论,替换了新语法学家的历史主义的原子论。

五、索绪尔对历史比较语言学的超越

(一) 索绪尔的新语法学派批判要义

索绪尔对新语法学派的批判,在理论上具有两个鲜明的特色。

1. 语言作为一个社会事实

新语法学家的语言观中的个人主义,在19世纪下半叶是一种社会思潮。当时流行的唯心主义哲学和经验实证主义哲学,都把社会仅仅看作是个人行为和情感的派生物。在因果连接中社会只是一种个人活动的结果。它是第二性的,而非第一性的。社会仅仅把分散的个人拢合在一起。在主体和客体的二元世界中,社会不是客体,而只是个人按照一己之利行事后产生的主观的认知,因而是虚构的东西。这样一来,面对社会,研究者看到的只是一个一个具体的人。离开了个人,社会只是一个空壳,没有任何实在的东西。

索绪尔与他同时代的法国社会学家、现代社会学创始人涂尔干(E. Durkheim)和现代心理学创始人弗洛伊德一样(他们三人分别生于1857、1858、1856年),都认为这种个人主义思潮颠倒了社会和个人的关系。在他们看来,社会是由个体所组成的"合体",这个"合体"有自身的特质,它不是未经组合的个体的相加。"合体"一旦组成,它就自外于个体,并且强加于个体。

换句话说,每一种客观事物、每一种个人行为,在社会中都具有了社会意义,都必须遵从社会规范。社会规范是个人行事的条件。离开了社会规范,我们无法理解任何个人的经验。因此,社会是第一性的。

这种社会规范,涂尔干认为是一种集体心理表象,索绪尔认为是一种社会心理系统。索绪尔由此被称为语言学的法国社会学派,或曰社会心理学派的代表。这个学派的成员还有梅耶(A. Meillet)、房德里耶斯(J. Vendryès)和格拉蒙(M. Grammont)。

值得注意的是,索绪尔在认定语言是个社会惯例系统之后,立即转向了对这个系统本身的抽象关系的研究,他对语言的社会学方面无暇顾及;而法国社会学派的其他人则对索绪尔在后期开设普通语言学课程中专注的语言抽象系统研究几无所知。法国1923年出版的词典中对索绪尔的介绍是"一部重要著作《论印欧系语言元音的原始系统》的作者"。梅耶在1930年的一封信中提到格拉蒙时曾说:"他跟我一样,也是索绪尔的学生。他也只知道索绪尔是一位比较学家。只是通过后来出版的《教程》,才知道索绪尔是普通语言学家。"[1]

梅耶等人则在语言现象的社会本质方面继续探讨了下去。梅耶指出:"涂尔干定义为社会事实的强制现象和对个人而言的外部特征都极为醒目地在语言中显露出来。""语言有自主性,虽然语言跟解剖、生理、心理等方面的情况相关,但它仍是一种社会现象。""社会的变化是可以用来解释语言变化的唯一因素,因为语言变异仅仅是社会变化的结果,这种结果有时是直接

---

[1] 转引自徐志民《欧美语言学简史》,学林出版社,1990年,第159页。

的,但在更多的情况下是间接的,或是在受到影响的情况下获得的。"①

2. 语言作为一个抽象的关系系统

"系统"这个词,在索绪尔的定义中,不是一个历时概念,而是共时体系的特征。他认为在一个系统中不可能包括几个时期。

"系统"这个词,在索绪尔的定义中,也不是一个表达内容的概念,而是一个形式概念。他认为一个符号形式与它的表达内容的联系是完全任意的,所以它才成为一种社会规约,具有强制性。也就是说,语言的社会性是一种没有必然性的纯粹的惯例(convention)。一个符号的意义,在本质上产生于意义之间的差别。这些差别构成的网络,就是语言的系统。

语言的形式不是孤立的实体,而是来自这个由差别和关系构成的网络。对语言形式的认定,不是依靠语言与内容的联系,更不是依靠语言单位的历史来源,而是依靠语言符号之间的相互区别。具体对于一个词来说,它的内容是不重要的,它的声音也是不重要的,重要的是它与其他符号的差别。在索绪尔看来,只有这种差别才是有意义的,因为差别具有构成对立价值的功能。

如果说把语言看作一个"社会心理事实"还是一种社会思潮,并对新语法学派尚有所扬弃的话,那么把语言看作一个差别系统则是索绪尔对他以前热心从事的历史比较语言学的最彻底的决裂。这一思想为人类和人类行为的研究提供了一个划时代的历史平台——结构主义。跟随索绪尔的这一思想继续研究的语言学家在当时还有他在日内瓦大学的学生巴利(Charles Bally, 1865—1894)、薛施霭(Albert Sechehaye, 1870—1946)等,人们把他们又称作索绪尔学派或日内瓦学派。

(二) 索绪尔的划时代超越:结构主义

1. 真正的语言学思考——普通语言学

从索绪尔对新语法学派的批判,我们可以明显地感觉到,索绪尔的语言

---

① 梅耶《历史语言学与普通语言学》,转引自赵世开主编《国外语言学概述》,北京语言学院出版社,1990 年,第 30 页。

学观点正在发生着重大的转变,即他从一个优秀的历史比较语言学者,经过同时代涂尔干、惠特尼等学者的思想启示,对语言研究的认识产生了质的飞跃——开始从语言的本质等更抽象的理论层面思考语言问题,开始从全新的角度建构普通语言学理论体系。

索绪尔非常认同惠特尼的观点:"不要忽视隐藏在工作背后并赋予其重要意义的宏伟真理和原则,而且对这些真理和原则的认识应该支配工作的全过程。"[①]在索绪尔的眼里,不从抽象的普通语言学层面思考语言问题的学者,不是真正的语言学者。所以,"像缪勒那样的维也纳大学的先生,他们几乎懂得世界上所有的语言,但他们从未把对语言的知识推进一步,他们并不是语言学家。可以列举的真正的语言学家是:罗曼语学家帕里斯(G. Paris)、梅耶和舒哈特,日耳曼语学家保罗,俄罗斯学派中专门研究俄语和斯拉夫语的库尔德内和克鲁舍夫斯基"。

波兰语言学家博杜恩·库尔德内和他的学生克鲁舍夫斯基由于区分语言的动态研究和静态研究,重视语言的共时描写,重视语言的功能,建立音位学,被索绪尔称为是"最接近于可以称之为具有语言理论观点的人"[②]。相反,有着历史比较语言学的深厚传统的德国语言学,在索绪尔看来却从未有过"丝毫的倾向想要达到某种必需的抽象程度"。这种理论抽象之所以必需,是因为"它足以支配人们正在做的实际工作并且决定为什么过去做过的一切在全部科学中具有正确性"[③]。

2. 历史比较语言学的意义

现代语言学在索绪尔的思想的指引下,正在孕育一个全新的结构主义时代。作为历史比较语言学的一位精深的研究者和学术大家,索绪尔以其对印欧系语言和历史比较法的丰富知识和学术声望,断言历史比较语言学"没有照亮整个语言学的问题",它的客观性的背后是强烈的主观作为,即"把不同时代的〔语言〕构造〔形式〕投射到一个平面上考虑"。因此,"历史分

---

① 转引自雅柯布森《20世纪欧美语言学:趋向和沿革》,《国外语言学》1985年第3期。
② 转引自徐志民《欧美语言学简史》,学林出版社,1990年,第159页。
③ 转引自雅柯布森《20世纪欧美语言学:趋向和沿革》,《国外语言学》1985年第3期。

析不过是另一种形式的主观分析"。索绪尔号召语言学家革故鼎新——"我们必须做出反应,抵制老学派的邪道,而这种反应的恰当的口号是:观察今天的语言和日常的语言活动中所发生的情况。"①

  索绪尔对新语法学派的批判,并不因此消解历史比较语言学的意义。首先,正是新语法学派在理论和实践上的建树,推动了19世纪末、20世纪初的语言学反思和变革。其次,即使就历史比较语言学自身的成就来说,他们的理论框架和工作模式至今仍是研究人类各种语言的历史的基本范式,尽管会有许多修改。从这个意义上说,历史比较语言学的时代,是人类语言研究史上一个辉煌的时代。今天人们在以结构主义为代表的各种研究范式下努力工作的时候,不会忘记19世纪比较语法学的智慧和才干,并对以德国各个大学的语言学家为代表的19世纪学者,怀着深深的敬意!

---

① 戈德尔《索绪尔〈普通语言学教程〉稿本溯源》,第19、225页。转引自许国璋《关于索绪尔的两本书》,《国外语言学》1983年第1期。

第三讲 语言学的任务

一、语言学任务的是与非

（一）语言学的任务不是什么

语言学的任务是什么？这个问题经由索绪尔在 20 世纪初提出来,具有深刻的含义。在提出这个问题之前,索绪尔通过对语言学史的回顾,首先说明了语言学的任务不是什么——

语言学的任务不是像希腊人那样,用逻辑制定语言规范,"即注重订立规则,区分什么是正确的用法,什么是不正确的用法,从开始就排除了从整体上看待语言现象的较为优越的观点"[①]。

语言学的任务不是像亚历山大里亚语文学派延续下来的那样,以考订古代文献为己任,研究各个历史时期的语文差别。这样的研究虽然"挖掘出许许多多有关语言问题的资源,以一种与传统语法全然不同的精神来处理这些资源",但它一方面太拘泥于书面语言,另一方面它的研究旨趣完全在古希腊和拉丁的古典文化,所以,"这还不是语言学的精神"[②]。

语言学的任务不是像历史比较语言学前期专注的那样,平面化地看待印欧语各种历史语言现象,把比较作为一种纯粹的技术和游戏,从不追问比较和比较中的发现意义何在,严重忽视了语言的本质问题。在索绪尔看来,比较仅仅是一种"术",它应该从属于一个以语言整体系统为对象的语言学理论框架。在比较中发现和观察的各种语言要素,均从属于一个相互制约、相互依赖的关系网络,因此孤立、静止的比较语法必然被历史超越。索绪尔充满憧憬地说：

---

① 索绪尔《第三度普通语言学教程》,湖南教育出版社,2001 年,第 1 页。
② 同上书,第 2 页。

> 人们什么时候才认识到,当我们没有更直接的确认事实的方法时,简而言之地说,比较就是唯一一种可采取的方法;什么时候比较语法让位于包括比较语法,并且指出它新的发展方向的语言学的呢?①

同时,印欧语的比较语法又把语言看作一种属于"自然的第四王国"的特别领域,歪曲了语言的社会本质,无法建立真正的语言科学。索绪尔认为,在这一阶段,"再没有比人们对语言是什么的看法更有瑕疵、更荒诞的了"②。"这一时期的著作,人们今天只要读上十行、八行,就会对那怪异的思想以及用以论证那些思想的术语感到无比惊诧。"③

语言学的任务不是像历史比较语言学中罗曼语言和日尔曼语言的研究专注的那样,虽然他们"看起来跟印欧语言学有很大的不同"④:以丰富的文献为依据,发现了每一种形式的原始构形,开始"逐世纪地探究所研究的语言,密切考察所发生的一切",以历史观"反映出事实的魅力",避免了臆测,同时他们又抛弃了把语言视为自然有机体的观点,肯定语言作为"语言集团集体精神的产物"的社会性,但他们却没有区分口语和书面语言,"对书面语的依附达到了卑躬屈膝的程度"⑤。

(二) 语言学的任务是什么

那么,语言学的任务究竟是什么呢?索绪尔认为语言学的任务必须以语言整体系统为着眼点,综合研究语言的规则体系、历史面貌,提出具有普遍性的规律,并独立地建立学科体系,明确地将语言学和与语言相关的各种自然、社会、人文科学区别开来。概括地说,语言学的任务涵摄体系性、历史性、普遍性和独立性。

---

① 索绪尔《第三度普通语言学教程》,湖南教育出版社,2001年,第3页。
② 同上书,第2页。
③ 索绪尔《普通语言学教程》,江苏教育出版社,2002年,第4页。
④ 索绪尔《第三度普通语言学教程》,湖南教育出版社,2001年,第3页。
⑤ 同上书,第2—3页。

1. 体系性

体系性是索绪尔建立科学的语言学的基石。语言学的内容包罗万象，从原始民族到文明国度，从远古社会到现代社会，这一切语言现象，都是"符合规则的言语体系"和"完善的言语体系"的表现。语言学对所有可观察的语言的描述，都建立在这一规则体系的基础上。

体系性，在索绪尔的表述中又作"社会性"，这和他对历史比较语言学的反思紧紧联系在一起。历史比较语言学中的自然主义学派把语言看作自然现象，索绪尔认为语言是社会现象；历史比较语言学中的个人心理主义学派把语言看作个人心理现象，索绪尔认为语言是社会心理现象。这个"社会心理"，正是一个抽象的体系，它表现为一个符号系统。

正由于语言学的着眼点是语言的体系，所以语言学对任何人类语言事实都不存在价值判断的偏见，即不考虑这种语言的文学辉煌与否、使用这个语言的民族声誉如何，这种语言发展的阶段成熟与否。索绪尔指出："科学研究将关注任何语言，无论是出名的还是不出名的。它以同样的态度关注任何时期，比如对所称的'古典时期'没有偏爱，而对所谓的颓废的或古体的时期抱有相同的兴趣。"[①]同样，不像传统语文学专注书面文献语言，人类学专注无文字的民族的语言，语言学的视野不因有无文字和文献而有所偏废。

也正是出于体系性研究的需要，语言研究在文体上，不但关注具有典范意义的文学语言，描述这些语言的"最文雅"的形式，同时也关注与文雅的文体相对的通俗文体的语言形式。

总之，语言学把每一时期的语言及其全部表现形式作为它的研究题材。

2. 历史性

历史性是语言事实的真实属性之一。语言学应该探究各种语言的历史发展，而要做到这一点，又必须把各种语言的历史发展和它们所属的语系的发展联系起来。例如"在拉丁语以前，有一个时期希腊语和斯拉夫语具有共

[①] 索绪尔《第三度普通语言学教程》，湖南教育出版社，2001年，第4页。

同的特点,所以这就涉及了存在关联的诸语系的历史"①。

对历史语言现象的研究,要充分关注各历史时期的文献,把重点放在书面语言上。而在这方面,传统语文学已经提供了大量的研究成果,这些成果为历史语言学提供了富有启示的基础。但与传统语文学不同的是,索绪尔坚决主张要把书面文献的内容和书面文献的语言形式区别开来。他认为,正是两者的混同,使语言研究仅仅成了传统语文学诸多研究领域中的一个,成了文献考订的附庸,因此科学的语言学必须把两者分开,而把书面文献的语言形式作为研究的真正对象。当然,索绪尔是在书面语言作为"唯一的口头语言的外壳,或外部的表现形式"这个意义上使用"真正对象"这个词的。

3. 普遍性

语言的体系性和历史性研究,其目的都是要从中推衍出具有最大普遍性的理论法则来。以往的研究,每每止步于单一语言或单一语支的现象,索绪尔认为这样的研究还没有从对具体的、特殊的语言现象的感知中进行真正的理性抽象。在人类各种语言中,存在着在索绪尔看来是永恒的和普遍的建构力量,各种语言的特殊现象都可以在这种普遍建构力量中得到解释。这让我们想起索绪尔充分肯定的17世纪普遍唯理语法。但语言学对具有最大普遍性的理论法则的概括,一方面不是一种逻辑的"拟想"的演绎,类似当代生成语言学那样,而是"必须从所有语言自身的历史中推衍"②;另一方面,不是一种浅表的抽象,类似当代语言类型学以"主语-主题"或"ｓｖｏ"这类浅表范畴为基础进行类型学的概括,而是应该"以一种严格的理性方式"深入表象,"寻找在所有的语言中以永恒、普遍的方式存在的力量,得出人们能够将所有历史的特别现象归结于此的一般规律"③。

4. 独立性

语言的研究长期以来被包含在一个更大的文化研究领域中,它曾作为

---

① 索绪尔《第三度普通语言学教程》,湖南教育出版社,2001年,第5页。
② 同上。
③ 索绪尔《普通语言学教程》,江苏教育出版社,2002年,第7页。

哲学研究的一部分,作为逻辑学研究的一部分,作为历史文献学研究的一部分,作为文学研究的一部分。这是由语言在人类社会生活中的独一无二的巨大能动作用决定的。由于语言渗透于人类物质和精神生活的方方面面,对语言自身功能和形式的审视往往被文化的巨大主题遮蔽了。索绪尔痛感语言科学本身缺乏理论和方法的自足性,认为语言学面临的一个急迫的任务是为自身确定科学的界域,即"确认什么是属于它的领域的"[①]。这个界域,质言之,就是语言的符号系统,就是将符号间的差异构成的对立价值作为语言研究的唯一对象。由此确定语言学为独立的学科。

在语言研究中,也只有作为符号系统的语言是充分自足的,一旦离开符号系统,语言的各个要素都浸润或者说饱含着丰富的文化信息,与广阔的时间和空间映射交通,这一点,索绪尔是充分认识到并在它面前战战兢兢的。在这个意义上,我们不能不感佩索绪尔的理论勇气。索绪尔在1894年1月写给他的学生梅耶的信中,曾慨叹他虽然认识到语言研究应该进行概念、术语、体系的革新,应该建立语言的体系和与此相关的普遍理论,但深感工作的艰难和无能为力。因为语言既然是一种严密的符号体系,那么阐述这一体系的理论也必须是严密的。索绪尔筚路蓝缕的探索,使我们对他下定决心,不怕牺牲,排除万难,为理想奋斗的科学精神充满了深深的敬意!

二、语言学任务的内与外

语言学的任务是不是就到此为止了呢?并不是。索绪尔认为语言学还有一个更特别的任务,就是语言学和其他学科的相互交融。而谈论这一任务的前提,是区分了语言的内部因素和外部因素。就如同区分语言学任务的是与非是为了排除非语言学的研究,索绪尔区分语言研究的内部因素和外部因素也是为了在语言的研究中排除外部的因素。但索绪尔的排除不是出于轻视,而是出于同质性研究方法的需要。

[①] 索绪尔《第三度普通语言学教程》,湖南教育出版社,2001年,第5页。

什么是语言的内部因素？索绪尔指出语言的内部因素就是"语言的逻辑方面"，亦即语言作为一种"社会制度"而在集体心理上存在的结构系统。它是人类语言活动中的"不变因素"，不受时间和空间的影响，是"语言学家从他超越时空所观察到的全部现象中抽象出来的那些〈普遍概念〉"①。索绪尔把它称作"语言的逻辑方面"，突出了语言的内部因素因其抽象性、同质性而具有的分析理性。而和这种被称作"语言"的内部因素相关的就是外部因素。索绪尔提到的外部因素主要是语言研究和其他人文科学、语言和其他人文现象的相互关联。

（一）语言学与其他学科的关系

1. 语言学与左邻右舍

（1）语言学与心理学的关系

严格的说，索绪尔对语言学科界域的认定并不是完全独立的，他实际上还为这个界域留了一个与心理学的交接口。这是因为他始终认为语言是一种心理现象，语言的符号系统是一个民族集体心理的表征。他说：

> 归根结底，语言中的一切都是心理的，其中包括语言的物质表现和机械表现，比如声音的变化。既然语言学给社会心理学提供了如此宝贵的资料，它们彼此不能结成一体吗？②

因此，语言学和心理学这两个不同的学科经常难以区分。在研究与心理相关的语言现象时，语言学的独立性不是直接而是间接实现的。用索绪尔的话来说，就是"在那些依赖于心理学的情况下，语言学将间接地实现其目的性，保持其独立性"③。

---

① 索绪尔《第三度普通语言学教程》，湖南教育出版社，2001年，第13页。
② 索绪尔《普通语言学教程》，江苏教育出版社，2002年，第7—8页。
③ 索绪尔《第三度普通语言学教程》，湖南教育出版社，2001年，第5页。

(2) 语言学和人种学的关系

索绪尔认为语言的历史和民族的历史或文明史"彼此融合,相辅而行"①。对一个民族来说,语言是其生成的最重要的条件。索绪尔高度评价语言对一个民族的根本意义,认为"在很大程度上,是语言创造了民族"②。

(3) 语言学和政治史的关系

索绪尔认为重大的历史事件,尤其是民族之间的征服事件,会在语言上留下深深的印记,因为异族的征服总是带来语言的"移植",使大量的外来词和句法进入被征服民族的语言。在一个国家的内部,不同民族的语言的状况也总是受政府的语言政策的影响,或是并存,或是统一。一个社会的政治、科学文明的水平,也会推动相关的术语和语体发展。

(4) 语言学与文学语言的关系

索绪尔说的文学语言是一个广义的概念。它不仅指文学作品的语言,而且指"在更为一般意义上的所有服务于整个共同体的、无论正式与否的修饰过的语言"③。我们可以说它是一个社会的通用书面语言。这种语言在一个国家的学校、法院、教堂、政府机构、沙龙中普遍使用。它的发展与社会政治的发展密不可分。文学语言的研究,索绪尔关注以下两个方面。

1) 文学语言和方言的关系

作为一种社会的标准语,文学语言必然和地方方言发生冲突。

一方面,方言的发展受到文学语言的制约。索绪尔认为,如果没有文学语言,一种语言在其自然发展中一定会不断产生方言的差异,导致方言之间堡垒分明,"互不侵犯",陷入"无限的分裂"。但随着文明的发展,社会必然需要并选择一种方言作为整个社会、民族的通用语。有资格作为通用语的方言,或因其文明程度高,或因其地理上的政治中心地位,或因其社会地位高(如作为宫廷内的语言变体),而享有了作为语言标准的"特权"。这种文学语言一旦确立,就会阻止方言的继续分裂,并使方言逐渐向它靠拢,即迫使方言"普通化"。

---

① 索绪尔《普通语言学教程》,江苏教育出版社,2002年,第23页。
② 同上。
③ 同上书,第224页。

另一方面,被选择作为文学语言的方言,在它"规范"各地方言行为的过程中,其自身也会受到各地方言的影响,与各地方言要素相融合,逐渐丧失其原有的作为地域方言的统一性,变得混杂起来。

冲突中的文学语言和方言,还是会保持各自的独立性。文学语言在变得日益混杂的同时,"不会完全丧失它原有的特征";方言在"普通化"的同时,也不会因此而被抑制住,像在法国的萨瓦省,"法语是一种输入语言,而法语又还没有抑制当地的土话"。文学语言和方言的并存是一种普遍现象。索绪尔介绍说:"在法国文学语言中,我们可以清楚地看出法国的岛屿方言;在普通意大利语中,我们可以清楚地看出托斯卡纳方言。"法国、德国、意大利大部分居民"既说全民语言,又说地方土话……这些国家向来到处都是方言与正式语言并存。"扩大来看,索绪尔认为只要达到一定文明程度,各民族都会有这样的现象。例如希腊人的通用语 konié 就来自阿提喀方言和爱奥尼亚方言,并且和其他诸多方言并存。"甚至在古巴比伦,人们就认为可以证明正式语言与诸多区域方言并存这一事实。"[1]

2) 书面语和口语的关系

索绪尔认为,文学语言作为一种文化的产物,作为一种社会的共同规范,具有强烈的脱离其自然范围即口语的范围而趋向书面化的倾向。因此书面语和口语的关系也是文学语言研究的题中应有之义。索绪尔特别提到文学语言书面化的倾向不能一概而论,例如荷马的诗歌具有文学语言的一切特征,但诗歌语言是大众口头约定俗成的,"诗歌产生于不使用或几乎不使用文字的时代"[2]。

文学语言显然是语言研究值得关注的领域。索绪尔认为这是"语言史中的正常因素"[3]。但它并不在索绪尔划定的语言"最基本的现象"范围内。在索绪尔看来,不了解"语言史中的正常因素"的确是有碍于认识"自然地理的多样性"、"外来语的输入"、"文学语言的形成"的,但这些和语言的基本现象无关,必须"撇开"并"不谈"。索绪尔承认"这种过分的简单化似乎有违于

---

[1] 索绪尔《普通语言学教程》,江苏教育出版社,2002 年,第 224—225 页。
[2] 同上书,第 225 页。
[3] 同上。

现实",但他不得不这样做,因为"自然的事实必须首先就其本身来进行研究"①。

(5) 语言学与地理的关系

索绪尔非常重视语言存在和地理的紧密联系。一方面,语言的地理扩展和方言的地域分化都说明语言研究离不开语言存在和发展的空间即地理知识。另一方面,索绪尔认为地理上的分隔是语言多样性的最一般的因素。他指出:"在语言研究中,首先最为突出的是语言的多样性,即国家与国家之间,甚至地区与地区之间显而易见的语言差异。"②而语言研究中"最早确认的便是语言在地理上的多样性,这种多样性决定了语言方面科学研究的最初形式"③。因此,如果把语言和地理的关系排除在语言学之外,称之为"外部语言学",索绪尔自己也感到"最不合常理"。但索绪尔坚持认为,地理的因素与方言的内部组织无关。"一旦涉及语言现象与空间的关系问题,我们就要离开内部语言学,进入外部语言学。"④

索绪尔用自然科学中术语的单数和复数的关系来解释这一点。

索绪尔指出,在自然科学中,一部自然史的著作使用单数的"植物"(the plant)和复数的"植物"(plants),其涵义是不同的。就像单数的"昆虫"(the insect)指的是抽象的昆虫种系,而复数的"昆虫"(insects)指的是具体的昆虫群。这种单复数的划分,索绪尔认为可以对应于他对"语言"和"言语"的区分。凡是不涉及整体意义的"植物"研究,例如"有些植物学家给植物分类而不涉及树液的循环"⑤之类对植物学某一侧面的研究,就是复数的研究,亦即植物"言语"的研究。而整体意义的"植物"研究则是"语言"的研究。

一般说来,人们面对植物的时候,首先看到的是"复数"的植物,即丰富多样的植物形态,就像人们对语言的"基本观察"即随时都能觉察到的是"复数"的语言,即语言在空间上不同种类和程度的差异。"我们从一个国家到另一国家会察觉到说话的差异,或仅仅从一个地区到另一地区也会察觉到

---

① 索绪尔《普通语言学教程》,江苏教育出版社,2002年,第225页。
② 同上书,第219页。
③ 同上书,第220页。
④ 同上书,第219页。
⑤ 索绪尔《第三度普通语言学教程》,湖南教育出版社,2001年,第12页。

说话的差异。"因此,"复数"的语言即语言的地理差异"是引起语言学家或任何人注意的首要事实"[1]。不仅如此,它还是人类各民族自我认同的基本依据。当原始部落的人要和说话不同的其他部落交往的时候,当即使处于文明最底层的人也在和外国人交往的时候,当古老神话中人类用制造通天塔来表达对语言多样性的关注的时候,语言的"复数"都是人类最敏感的语言意识的源泉。正如索绪尔所说:"是什么最能把他们自身同其他民族,同他们的近邻相区别?是他们不能不注意到的语言的特征,成为他们所承认的区别于邻近民族的特征之一。"[2]

语言在"复数"中显现的特征,对于原始民族来说,是同他们的衣着、梳妆打扮、武器一样的文化习惯的特征,索绪尔认可这种用习俗来看待语言差异的观点,因为在他看来,语言在"复数"中显现的差异对于语言是"外部"的。而对于人类学家来说,这种差异更为本质一些,即类似各民族的肤色、身材那样。索绪尔认为这种观点对于原始民族的人来说"走得太远",因为在索绪尔眼里,外部的因素是肤浅的。它显现的事实只是"与语言相关"的外部事实,不是语言的心理现实。一般来说,"种族概念的差异反映出言语的差异",而"一旦语言作为某一种族的问题被提了出来",它就不是一个"言语"差异的问题,而是一个在时空的发展中不变的原则的问题。这一原则"跨越时间的变异",在其"跨越"中又受到来自时空变化的"相对阻力",因为对任何民族的人来说,作为民族特征的不可能是这种抽象的不变的语言原则,而索绪尔认为"只有语言的连续性(即不变性——引者)才几乎有可能将其看作某一种族的特征"[3]。

索绪尔认为,对语言"内部"的心理现实的认识,是在人们注意到语言"复数"的差异性之后,"继而逐渐开展比较,并逐步形成关于语言学的普遍概念"[4]才产生的。而这种比较和形成并不是必然的,虽然对"复数"的语言中类同现象的比较几乎是人们的一种本能,"是说话主体的一种自然倾向",例如"农民会对自己的土话和邻村的土话加以比较;操若干种语言的人注意

---

[1] 索绪尔《第三度普通语言学教程》,湖南教育出版社,2001年,第13页。
[2] 同上书,第14页。
[3] 同上书,第15页。
[4] 同上书,第14页。

到这些语言所共有的特性",但是这种比较为语言研究所关注和利用却是另一回事。"语言这门科学花费了大量的时间才会利用这一类事实;比方,希腊人早已观察到拉丁语词汇和希腊语词汇之间的相似之处,却没有从中得出任何语言学的结论。"①古希腊人从哲学和逻辑的角度对语法的研究,"最初是出于讲究实际的原因",即语法研究实际上是哲学、逻辑学研究的一部分,而不是从对语言差异的研究中发展出来的,他们"从未对语言的差异作任何细致的考察"。当他们认识到希腊语中有许多词与拉丁语相似的时候,"他们不认为这样的观察属于科学的考察"。这表明,对语言差异的研究和对语言的"逻辑方面"的研究,并没有必然的联系。它们甚至很难被认为是"同一学科"的研究,"因为它们涉及用两种不同的方法研究语言,把两者联系起来要做许多迂回的努力"②。因此,语言差异的先入为主往往会使人忽视语言的内部分析。

2. 双向关系与单向关系

语言学和其他科学的关系是单向的,还是双向的?索绪尔认为,就人文科学来说,"有些学科因借用了语言学的信息和材料而存在着联系,而另一些学科则相反,给语言学提供需要并帮助它工作"③。而这些学科同语言学的关系都不是单向的,它们在借用语言学的研究成果的同时,也在为语言学提供可以相互印证、相互启发的成果,人类学、民族学、历史学都是这样。这种相互交融,是因为诸学科都包括在"普遍文化"的整体研究中。然而,就自然科学来说,索绪尔以生理学为例,认为它们和语言学的关系是单向的,"语言研究要求声音生理学做出阐释,而无需向声音生理学提供任何阐释"。这是因为"语言的本质与语言符号的声音特性没有任何关系"④。

3. 人文兴趣与语言学自律

需要指出的是,索绪尔完全认识到语言与相邻各学科的关系是密切而

---

① 索绪尔《普通语言学教程》,江苏教育出版社,2002年,第220页。
② 索绪尔《第三度普通语言学教程》,湖南教育出版社,2001年,第15—16页。
③ 同上书,第5页。
④ 索绪尔《普通语言学教程》,江苏教育出版社,2002年,第8页。

重要的。他早在少年时代就在哲学家和语言古生物学家阿道夫·皮克特(Adolf Pictet, 1799—1875)的影响下对民族学充满了热情。他在后来为皮克特的《印欧语的起源》一书再版写的书评中也提出研究语言决不能脱离对文学和美学的关注。就在索绪尔在日内瓦大学讲授普通语言学期间,他还曾离开令他倍感艰难的同质性"语言"探究,去研究日耳曼神话叙事诗尼泊龙根的语言,并讲授相关的课程;去研究中世纪初布鲁贡族的地名和该族在罗曼语系居民之间的定居情况,并在日内瓦历史考古学会上发表相关论文;去日内瓦近郊和法国等地实地调查方言,为他的普通语言学课程的地理语言学部分积累了珍贵的资料。其至在普通语言学课上,索绪尔经常给学生讲语言以外的因素给语言带来的各种影响。去世前一年,他还向他所在的日内瓦大学提交申请报告,要求成立修辞学教研室。

但所有这一切令他兴致盎然的探索,都无法使他在面对建立"普通语言学"的历史使命时释怀。他发现如果不厘清和语言的使用相关的外部因素,不分辨在外部因素影响下无关语言格局的语言变化,就无法轻装上阵,深入语言的内部系统。正如撰写《普通语言学教程》第五版前言的 R. L. 瓦涅所判断的:"(索绪尔此书)显著的特征是研究了人类的语言,也考虑到了言语体系的人文功能——但没有因此在语言学自律的原则问题上做出任何的让步。"[①]

事实上,索绪尔没有看到,语言的人文功能和语言学自律并不是矛盾的。当我们看到语言学与左邻右舍学科如此密切联系的时候,我们应该想到,这不仅仅因为语言作为一种交际工具而与人类的社会行为融为一体,更因为语言中编入了文化的模式,语言结构以其对一种文化中的"定点"(范畴)及其关系网络的表达,实际上成为文化的向导。与索绪尔同时代的美国人类语言学家爱德华·萨丕尔指出:"语言基本上是一种文化和社会的产品,它必须从文化和社会上来理解。""语言学对于社会科学的方法论具有战略上的重要性。因为语言是像文化的其他表现那样严格社会化的人类行为类型。它在基本原理和倾向上背离那种只有自然科学家才惯于公式化描述

[①] 索绪尔《普通语言学教程》,江苏教育出版社,2002年,第1页。

的常规。"①由于语言作为一种文化模式或世界观在各人文科学领域引起越来越普遍的关注和探讨,因此萨丕尔在如何认定语言学的性质上持与索绪尔完全相反的看法——语言学在何种意义上才能被称为一种"科学",这个重要的问题语言学本身根本无法解决,只有从语言学与人类学、文化学、哲学、心理学等人文学科以及更边缘的物理学、生理学共同关注的现象中才能深刻认识语言的机制,只有在人类一般科学的领域内语言学家才能真正理解他们的研究课题的意义。反过来,语言学也有希望成为最大限度地理解文化的"心理学-地理学"指南,因为任何离开语言符号的文化观察都无法洞悉一种文化的特征,而使一种文化的特征具有明确的意义的是语言;同时,任何对社会和个人的思考都受到语言的强有力的控制。萨丕尔说:

> 人类并不仅仅生活在客观世界中,也不仅仅像一般人所理解的那样生活在社会活动中,而更大程度地是生活在特定的语言之中,语言已经成为人类社会的表达媒介。如果以为一个人可以不运用语言而使自己基本适应现实,或以为语言仅仅是一种解决特定的交际问题或思考的随行工具,那完全是一种错觉。事实是,"现实世界"在很大程度上是无意识地建立在一个社团语言习惯基础上的……我们看到、听到以及以其他方式获得的体验,大都基于我们社会的语言习惯中预置的某种解释。②

萨丕尔在他的《语言学作为一门科学的地位》一文中,和索绪尔一样关注了语言学和其他科学的关系,但语言观的不同使两个人的探索之路走向了完全相反的方向。在萨丕尔看来,面对语言学与其他学科的关系,不是语言学要自律的问题,而是语言学要超越自身确立其作为文化的符号导向(symbolic guide to culture)的问题。语言学要充分认识到,每一种语言都对一个特殊的世界进行了再现,都提供了对世界的一个独特的分类系统。在一种文化的各种表现形式中,语言是最独立的文化模式,因为它完整地发展

---

① E. Sapir, The Status of Linguistics, *Language*, Vol. 5, No. 4. 1929.
② 同上。

了它的基本模式。因此语言学的研究展示出真正的社会研究的可能性。从这个意义上说,语言学自律显示的规律性和形式化,本质上与社会文化的规律性和模式化相通约。索绪尔对人文兴趣和语言学自律的矛盾的焦虑,是完全可以超越的。

(二) 语言内部要素和外部要素的关系

语言研究有无可能把语言内部因素和外部因素区别开?索绪尔认为无论从建立语言事实的同质性要求上,还是从语言学研究的方法论上,都有必要而且有可能把两者区别开。

1. 语言事实的同质性消解语言的外部因素

索绪尔的时代,是历史比较语言学盛行的时代。人们对语言发展的看法,很自然地将外部因素和内部组织联系起来,尤其当人们把语言视为一种类似自然科学研究的对象时。例如:

从语法来看,"正如植物会因为诸如土壤、气候等外部因素而改变自己的内部组织一样,语法组织不也同样不断地随语言变化的外部因素而改变吗?"[①]

从词汇看来,语言中充斥着的来自其他语言的术语和外来语,如果不追溯它们的来源,能够对它们进行解释吗?

从语言生活看来,一方面民族语言在"自然、有机"地发展,另一方面因社会政治文化等因素,民族语言形成像文学语言或"普通语言"即标准语那样的"非自然的、因而是无机的形式",后者"强加于同一语系的自然语言之上",使一个国家的语言呈现"双重的特征"。文学语言是"外力"作用自然语言的结果,是因多种社会政治需要"导致从共存的诸多方言中选择其一,作为有益于整个民族的工具,一种适合各种情况表达的方言"。然而一旦自然状态的方言获得文学语言的地位,它就"因与其他省发生联系而成为复合性的语言","很少保持它的纯洁性"。这种在自然语言的基础上经人为"复合"和"规范化"的语言,有可能区别其外部和内部因素而分别加以研究吗?就

---

① 索绪尔《普通语言学教程》,江苏教育出版社,2002年,第24页。

整个国家的语言状况而言,文学语言并不因其"非自然"性即外部属性而失去语言的资格,"难道我们不是常常看到一种普通语言与诸多地方方言并行不悖地发展着吗?"①

索绪尔对上述问题的回答是:尽管语言研究已经充分地表明对语言外部因素的研究是有利的,但外部因素无论如何对于语言的内部组织来说都是"外在"的,而语言的内部结构是一个同质结构,它并不接纳外部因素。就拿外来词来说——

一方面,对于一种语言的生命机体来说,外来词并不是其基本词汇的"恒定"的组成部分。我们不能说没有外来词的语言是"畸形"的语言。设想"在某些偏僻的山谷中,有些土语可以说从来就没有接收过任何一个外来的非自然的辞项。难道我们能说这些民族语是无从说明的,是言语体系常规环境之外的吗?难道我们能说止是由于这些民族语没有经历混合就得进行一种'畸形的'研究吗?"②

另一方面,即使在外来词充斥的语言中,外来词已经成为民族语言基本词汇的必要组成部分,此时外来词已经进入了该语言的符号系统,成为其中具有关系价值的符号。它的外来身份已经被同质化的关系网络消解了。在这个网络中,不论"出身"如何,"人人"在关系的对立中平等地获得了符号的身份。"外来词"一旦置身于系统内部,就不算是外来词了,它"只因为与跟它相组合的词有着关联和对立面而得以存在"③。

索绪尔用同质性消解外部因素的方法,是一种理想化的方法,它只具有技术上的意义。事实上,一种语言时时刻刻处在内部与外部的"吐纳"之中。进入一个民族语言的外来词,与"本土词"的关系是非常复杂的,绝非"同质性"能够消解。例如在当代汉语中,随着互联网的普及,出现了一大批新词。这些词汇中,有些是引进的外来词,有些是为外来新事物自造的汉语词,两者的界限决不是清楚的。另外,像"电子邮件"、"伊妹儿"和"e-mail",这同一外来事物的三种词汇形式(意译、音译和不译)在汉语交际中并行不悖,这是

---

① 索绪尔《普通语言学教程》,江苏教育出版社,2002年,第24页。索绪尔《第三度普通语言学教程》,湖南教育出版社,2001年,第20—21页。
② 索绪尔《普通语言学教程》,江苏教育出版社,2002年,第24页。
③ 同上书,第25页。

"同质性"能够理解和解释的吗？如果说"同质性"的方法能够在它们之中进行选择即符号化的概括，那么所谓语言的"内部组织"只是一个没有交际行为支持的空中楼阁。这样建立起来的符号系统是以牺牲语言的生命为代价的。

然而索绪尔的同质性原则毫无疑问是一个自足的原则，他对同质系统之外的因素的排除是不容争议的，他对排除之后所获得的和所失去的孰轻孰重也有清醒的权衡。他坚持认为："一般说来，未必要去认识一种语言发展的环境。某些民族语，像古波斯语和古斯拉夫语，我们甚至还不确切地知道哪些民族操这些民族语；但是，对此不甚了解并不妨碍我们从内部对它们进行研究，也不妨碍我们认识它们所经历的变化。无论如何，两种观点非得区分开来不可，对此人们越是加以恪守，就越是有益处。"①两个"越是"，生动反映出索绪尔在理论上对"同质性"的不懈追求与坚持，以及这种坚持面对人类语言常识的困惑与艰难，无论对他人还是对索绪尔。

在说服他人的同时，索绪尔也在努力说服自己。

2. 语言研究的方法论分化 "内""外" 的研究领域

如果说"同质性"是划分语言因素的"内"与"外"的"索绪尔标尺"，那么与"同质性"相关的研究方法就对"外部语言学(linguistique interne)"和"内部语言学(linguistique externe)"作了清晰的隔离。方法的分别在索绪尔看来是分别两种语言学的"最好的证据"。

外部语言学的方法，索绪尔认为是一种"细节积聚"的方法。在外部语言学的研究中，"与外域语言扩展相关的事实"即语言与语言之外的事物的关系及其产物(例如文学语言)在归纳中不断地积累。这种积累在索绪尔看来只有"量"的意义，采用的是"简单的例举法"。研究者也许能够将事实整理得有条不紊，但那不是因为事实本身的条理，而是因为对事实的整理"需要清晰而已"。

内部语言学的方法，索绪尔认为是一种"系统制约"的方法。在内部语言学的研究中，一切都是在系统中发生的，都是和系统有直接关系的，具有

---

① 索绪尔《普通语言学教程》，江苏教育出版社，2002年，第25页。

"系统之虎钳的紧固","不容许随意的安排"①。用《普通语言学教程》一书第五版前言的作者的话来说,就是"索绪尔强烈地感受到语言的严密性。要素体系紧密相联,任何改变其中一个部分的偶性都会导致对整个体系的改变"②。

索绪尔形象地将语言研究的"内""外"方法之别比作下棋。对于国际象棋,"外部"的研究关注的是它从波斯传到欧洲。"内部"的研究关注的是下棋的规则和棋的格局。一切与"系统"无关的改变属于"外部语言学"的范畴,例如"假如我将木制的棋子换成象牙的棋子"。一切与"系统"有关的改变属于"内部语言学"范畴,例如"如果我减少或增加棋子的数目"③。当然,国际象棋和语言并不具有充分的可比性,因为前者的规则系统是既定的,而后者的规则系统不是既定的,而是解释性的。但这个比喻清楚地表明,对于语言学,索绪尔关心的不是像一般人文科学关心的研究对象的历史的和现实的真实性,而是符号学的真实性,即抽象的系统性。如果语言研究是一个一般学科的真实性问题,在索绪尔看来,语言就成了一个"名称集"。但语言学并不属于一般的学科,而属于与一般学科并立且独立的符号学。符号学的特殊性在于它并不关心符号的历史真实性,相反,它认定符号的主要特征是"总是在某种程度上规避个人或社会的意志"④。

是否只有离开与人和社会的意志相关的真实,将语言"符号化"之后,语言才成为可以进行理性研究的"人文事实"? 社会的真实和符号的真实是否距离如此遥远甚至于格格不入? 这些都是我们在面对索绪尔的语言学"内""外"之辨时应当加以质疑的。然而至少我们承认索绪尔是在对两者的研究都充分了解并且热爱的前提下进行两者的划分。如 R. L. 瓦涅所言:

> 事实上,语言记载了语言使用民族的某种社会特征。长期以来,人们强调词汇的禁忌、词语的等第以及与阶层相对应的词语表达方式;另一方面,语言可以在其结构中长期牢固地保持着古老而过时的文明状

---

① 索绪尔《普通语言学教程》,江苏教育出版社,2002 年,第 25 页。
② 同上书,第 1 页。
③ 同上书,第 22 页。
④ 同上书,第 18 页。

态的痕迹。

但是,索绪尔所强调的并非是这一历史的特征。他的教程论述语言,并在前面几页就得当地确立了:语言学不会是那种唯恐任何真实性有所遗漏的诸多语言研究的总和。事实上,有一种"外部"语言学,词源学、民族语的历史及地理与普通语音学同属于这个领域。而属于"内部"语言学的就只有语言了,也就是,言语体系官能的社会产物和社会主体为了让个人能够运用这种官能而采用的必要规约的总和。①

语言研究真的有必要作"内部语言学"和"外部语言学"之分吗?或者说在实际语言现象的研究中,两种语言学真的如此"壁垒分明"吗?索绪尔对此并不十分肯定。所谓"内部语言学"和"外部语言学"在他只是一种为了突出语言内部系统的研究而不得不采用的教学术语或技术术语。更确切的理解应该是在语言学的大范围中进行内部研究和外部研究,或者说语言本体研究和交叉学科研究。也就是说,语言学本身是一个内部和外部对立统一的学科。事实上,离开《普通语言学教程》,我们在恩格勒的《索绪尔〈普通语言学教程〉评注本》中看到学生听课笔记中所记录的索绪尔在课堂上的自问自答:"能不能说外部语言学和内部语言学呢?比较审慎的说法应该是:语言学中的内部研究和外部研究。语言学一词首先使人想到这两者的总合。"因此,外部和内部的划分,是"语言学的内部划分"②。

(三) 人文弃置:索绪尔历史反思与学术重建意义的限度

索绪尔对语言在人类社会生活中的重要作用有深刻的认识,他认为语言是"人类本性的如此重要的部分"③。语言学理所当然会引起人文科学研究各领域的兴趣。但语言学要真正做到和其他学科相互交融,首先语言学自身要有独立的、自足的、系统的学术理论。像比较语法那样局限于一种语言和另一种语言的单纯的比较,不对语言自身的整体符号系统有深入的认

---

① 索绪尔《普通语言学教程》,江苏教育出版社,2002 年,第 1 页。
② 恩格勒《索绪尔〈普通语言学教程〉评注本》第 59 页,转引自信德麟《索绪尔〈普通语言学札记〉(俄文本)评介》,《国外语言学》1993 年第 4 期。
③ 索绪尔《第三度普通语言学教程》,湖南教育出版社,2001 年,第 6 页。

识,语言学就无法对其他学科的研究做出真正的贡献。而语言学要想对自身的本质有真正理性的认识,也要听取来自人类文化各个研究领域的真知灼见,"应该号召每个人对人类行为的这个特殊方面的本质一般指的是什么,尽可能地发表正确的意见"①。

显然,索绪尔提倡的"真正理性"的语言观,是完全区别于此前语言研究中对语言滋生的"各种幻想"和"奇异荒诞的思想"的。索绪尔认为只有真正的理性才能纠正以往的错误观点,不致使"普通学者易于走入歧途,甚至犯严重错误"②。至此,我们可以看到,索绪尔在论述语言学的任务时,是以对语言本质的真正理性思考为旗帜,而将此前语言研究的各种理论方法推到对立面的。他的学说具有强烈的反思性质,他要在世纪之交以新异的目光重新审视语言学史,开风气之先,建立一个具有整体性、普遍性和独立性的全新的普通语言学理论体系。

索绪尔的误区在于,他将这样一个真正理性的语言观和人文现象对立了起来。他的语言学立足对人文现象的符号性思考,但这种思考不是要解释人文现象的真实性,而是要对人文现象进行符号化的改建或者说替换。他不了解语言系统本身就是一个民族的世界图式,这个系统中的每一个"节点"都显示文化的"定点"。事物通过语言的"范畴"才是其所是而不是其所不是,才显现其存在。语言给出了事物的本质。在这个意义上,语言和事物的关系或者如索绪尔说的语言内部与外部事物的关系不是第一性的,语言本身就是事物的关系,因为语言为事物在其可能性中显现提供了"逻辑空间"。这里的"逻辑"不是思维形式而是语言形式,不是先验的给定而是历史的给定,不是形式逻辑而是事理逻辑。语言就是事物能够被说出来的形式,语言本身就是生活世界的逻辑形式。因而对语言的任何结构化的思考,都涉及整个文化模式,都具有社会文化的内涵和理据。

索绪尔对人文现象弃置,根源于西方近代哲学中根深蒂固的逻辑主义。在笛卡尔以后的逻辑主义者看来,真正的"知识"是完美地体现于数学、物理学等自然科学中的逻辑。逻辑在人的认识中扮演着上帝的角色。它是思想

---

① 索绪尔《第三度普通语言学教程》,湖南教育出版社,2001年,第6页。
② 同上。

的本质,君临一切,贯穿一切经验,表现为经验世界的先验秩序,具有绝对的必然性和正确性。索绪尔不过是用剔除"言语"后的"语言"替换了逻辑。但索绪尔的替换恰恰忽视了语言和逻辑的本质区别:逻辑是绝对的、普遍的,语言是相对的、有限的。人的认识的"语言性",决不是说它不沾染任何世俗经验的浑浊,而是说从来就不存在类似纯粹晶体那样的绝对的认识。人类的理解活动是历史的、文化的、相对的、有限的。正因为它是有限的而非全知的,它才能真正解决人的认识问题,才能真正解答语言的意义问题。因为逻辑只是一个单数,语言却是一个复数。它显示出人类理解活动的多种可能性。从一个角度自以为看清了的东西,从多个角度才显露其中的"偏见与热情",才显示出世界样式的丰富性与相对性。索绪尔如果真正理解人类语言,他就应该把他的"语言"从逻辑中解放出来,从"单数"还原为"复数",从绝对性和必然性还原为有限性和可能性,从理想性还原为真实性,从逻辑语言还原为自然语言。从这里起步,对语言学的任务,才能有更深刻的反思和更本质的理解。

第四讲 语言和言语

一、语言研究的对象难以界定

(一) 观察方法先在于研究对象

语言研究的对象,顾名思义,就是语言。但是,一方面,语言有多个侧面、多个层次、多重属性,这些不同的方面几乎都和相关的人文、自然科学领域相交通,呈现复杂的交叉学科现象;另一方面,每个人在各种具体的时间和空间里的交际行为,语言都呈现出复杂的变异,这使得严肃的语言学者难以对语言研究的完整而具体的对象做出界定。由此造成这样一种情况:其他的学科在研究之始,都已经有了一个既定的研究对象,而语言学在研究之始,却没有这样一个统一的对象。索绪尔指出:

> 有人发法语词 nu(裸体的)的音,一个肤浅的观察者也会从中看出一个具体的语言学对象,可是对它更加认真的观察会使人们先后从中找出三、四个决然不同的事实:它可以是声音,也可以是一个思想观念的表达,还可以是一个跟拉丁语 nudum 相对应的词语,如此等等,这要看人们对它进行观察的方法了。[①]

观察的方法在这里成了一个取景框,它决定了研究的对象,而不是研究对象先在于观察方法,这种"观点创造了对象"的现象充分说明语言研究的对象在研究之前是不清晰的,更不用说对种种"取景"的方法,我们事先无法进行优选和排序。

到哪里去寻找具体的、完整的、整体的语言现象?对语言研究的这一疑

---

① 索绪尔《普通语言学教程》,江苏教育出版社,2002年,第9页。

问,使索绪尔深深地困惑。这个其他学科不会面对的研究题材的问题,成了理性地审视语言学对象首先遇到的一个难题。语言的极端丰富性和复杂性使得研究者无法依据"迄今包含在语言中和尚未被分析的全部特点"去确定研究对象。

(二) 现象的层层二分

语言现象具有明显的二元性,这也使它难以作完整而具体的界定:

首先是在我们听到的物理的音响印象的同时即有其相对应的生理的发音器官运动;

其次是在我们感知物理-生理统一体的同时即有其相对应的概念即心理意识;

其三是在我们面对一个音义结合的符号时,它同时既是个人现象又是社会现象,我们必须确定把它作为一种个人现象还是作为社会现象来研究;

其四是在我们研究一种语言现象时,它同时既是共时现象又是历时现象,我们必须确定是在共时系统中研究它,还是在历时系统中研究它。

由此,索绪尔为我们画出了呈现语言现象二元性的层层二分图,即:

物理——生理

物质——心理

个人——社会

共时——历时

当我们看到语言的一面时,总有另一面与它相对应,于是语言研究观察到的似乎总是不完整的东西。如果我们"无序地抓住语言的一头,我们远不能掌握全部的现象"。然而如果我们多侧面地研究语言,这时语言又"表现为不是一个同质的整体,而是由复合成分组成的一种混合体(声音的发音、与发音相联系的概念)"①。当我们去研究这个混合体的各个组成部分时,我们又无法把语言作为一个整体对象来研究。

而且,实际上,要想"抓住语言的一头"也非常困难,因为语言现象的这些对立的方面,往往是交融在一起,难以清晰地划分开来。例如共时和历

---

① 索绪尔《第三度普通语言学教程》,湖南教育出版社,2001年,第7页。

时,索绪尔指出,语言现象在任何时候都是"既有稳固的体制又有发展变化","无时无刻不是现行的制度、往昔的产物"①。凭借想当然,人们会觉得语言现象的历史和现状可以简单区分开来。但正如个体语言发生学(儿童语言)与群体语言发生学(语言起源)密切联系那样,维系语言的历史和现状的关系是如此紧密,"人们几乎不可能将它们彼此区分开来"②。

显然,语言研究在语言的层层对立的复杂的二重性面前陷入了窘境。执著于所有对立的一方,没有看到对立的联系,难以认识整个对立统一体;而从物理、生理、心理、个人、社会多角度的研究,又可能逸出了语言学而专注于其他自然科学、社会科学和人文科学的领域,也无法从整体上认识语言,"语言学的对象就像是彼此不相关联的杂糅"。索绪尔列出的语言研究的种种困难,都力图说明:在没有对语言现象"提纯"之前,作为"毛坯"的语言现象是无法进入研究的视线的。研究者会陷入语言的混沌和杂糅之中,看不到语言的本质。而对语言现象"提纯"的唯一途径,就是找出语言体系自我规定的规则,即将语言和言语区分开来。

二、索绪尔语言定义的三个关键词

(一) 语言、言语和言语体系

在人的整个言语活动复杂的二重性中,索绪尔认为只有语言是可以独立定义的。这里说的"语言",已经有了索绪尔对它的特殊的理解,即"言语体系一切其他表现的准则"③。这样我们有必要按索绪尔的理解重新定义索绪尔的用词:

---

① 索绪尔《普通语言学教程》,江苏教育出版社,2002年,第10页。
② 同上。
③ 同上。

1. langue

语言,指一个社会共同体中每个说话人和听话人共同运用和遵守的规则。这种规则是抽象的、一般的、相对稳定的。语言作为一套规则包括个别民族语言的规则和普遍语法的规则。

索绪尔认为,语言是言语体系的一个主要部分。它是一种机能,这种机能具有个人生理遗传的基础,即它"首先是由器官赋予我们的,其次是通过我们使用器官所进行的活动获得的"[①]。但这种机能的"激活",需要社会的参与,即"由外部给予个人的语言"。因此,语言的个人机能的基础不是本质的,它的"社会获得性"是本质的。"社会性"是"最确切地区分言语和语言的方法。语言一定是社会的,而言语则不一定是社会的"[②]。具体地说,语言是一种"社会产品"[③],它"既是言语体系官能的社会产物",即整个人类言语活动的社会性抽象,"又是社会主体为了让个人能够运用这一官能而采用的必要规约的总和"[④],即一套系统的"分类原则","一个自然的秩序"[⑤]。

索绪尔打了一个比方:人具有唱歌的机能,但如果没有社会参与的"激活",没有人会创造出曲调。显然,虽然人的生理机能是重要的,但唱歌的本质是社会约定的音乐语言。

同样,每个人唱歌都会有各自发声的特点,这些特点"产生于个体机能的领域,属于个人的责任范围"[⑥],它们是个人的言语特征,但每个人的唱歌都遵循一个共同的曲谱,即社会共同的音乐语言,这就是索绪尔说的"社团的引导作用"。

回到语言,每个人听到的语音音响,都夹杂着大量的个人发音特征,它们是繁复的音位变体,但每个人都能够从这繁杂、偶然的变体中判断出抽象的、与特定的语义相联系的音位来,正是这些音位组成的"听觉印象",呈现

---

① 索绪尔《第三度普通语言学教程》,湖南教育出版社,2001年,第7页。
② 同上。
③ 同上书,第9页。
④ 索绪尔《普通语言学教程》,江苏教育出版社,2002年,第10页。
⑤ 同上书,第11页。
⑥ 索绪尔《第三度普通语言学教程》,湖南教育出版社,2001年,第8页。

出语言的本质——它们是社会共同的规约。对于个人来说,语言在特定个体没有参与前就已经存在,它是一个先验的、封闭的、独立的系统。

索绪尔把语言看作一种"社会事实",即语言只凭借社会成员之间的契约而存在。当我们分析语言时,我们分析的是"社会事实"。这里所说的"社会",不是指语言的社会文化内涵,而是指"社会集体意识(collective mind)"。这种集体意识超越了社会中的个体成员,在每一个成员的意识中只有不完整的反映。

索绪尔又把语言看作一种"经过明确规定的事物,它存在于一堆多形式的杂糅的言语活动(langage)之中"。这表明,所谓的"社会事实",是一个经过人的提炼和整理的理性建构的事实,即一个"符号化"的事实。这一事实的特质就在于它的可分析性,因为它是人的理性"明确规定的事物",所以"langue(语言)和 parole(言语)不同,语言是可以分出来加以研究的"[1]。

以上当我们说到语言的时候,我们总是指的具体的语言,个别的语言,民族、部落或氏族的语言。索绪尔认为,在各种具体的语言之上,还存在着一个人类的具有普遍性的"语言"。具体的语言和普遍性的"语言"有很大的不同:

首先,具体的语言具有社会性,它是"某一社会的产品","不同社会不具有相同的语言"[2]。而人类的"语言"不依附于任何具体的社会,它更为抽象,并在抽象过程中抛弃了具体语言中"特殊的和偶然的东西"[3]。虽然它的本质也是"社会"的,但这个"社会"是相对于"个人"的言语而言的"集体规约性",不是指具体的使用某种语言的社会。

其次,具体的语言具有空间上的变异性。它"随着我们在世界上的位置不同而变化",这种变化使人们通过对它们的观察"开阔视野",极大地丰富对人类语言现象的认识。

其三,具体的语言反映人类语言的差异。这种差异,"时而表现为相对的差异性",即具有相同内容的语言形式在不同语言中的量的变化,或具有

---

[1] 转引自许国璋《关于索绪尔的两本书》,《国外语言学》1983年第1期。
[2] 索绪尔《第三度普通语言学教程》,湖南教育出版社,2001年,第11页。
[3] 同上书,第12页。

相同形式的语言内容在不同语言中的量的变化;"时而表现为绝对的差异性"①,即具有相同内容的语言形式在不同语言中的质的变化,或具有相同形式的语言内容在不同语言中的质的变化。而人类的"语言"则反映各具体语言的共同属性。

其四,具体的语言具有先在性,即对具体语言的认识总是在对普遍"语言"的认识之前。人类各民族在面对各自的具体语言时,已经"最终在这种产品中找到了可以被认为是储存在我们每个人大脑中的具体对象。"②而普遍"语言"却需要语言学家从对尽可能多的具体语言的观察研究中抽象出普遍特征来。

其五,具体语言具有基础性,即在认识普遍"语言"之前,语言学家"别无其他选择,首先应研究各种不同的个别语言;他必须首先研究尽可能多的个别语言,尽可能开阔视野",只有在这样基础性的工作充分展开之后,语言学家才能"依据对这些个别语言的观察和研究抽象出普遍特征"即"语言"来③。

这样看来,索绪尔的"语言"概念具有抽象性或者说"集合性"。这种"集合性"既相对于"言语"的离散性而言,其内部又有个别语言的特殊的"集合性"和人类"语言"的一般的"集合性"之分。前者由于是一个语言集团的"集体规约",虽然它抛弃了该集团个人言语的个性化特征,但仍保留着整个语言集团"特殊的和偶然的东西";后者则进一步抽象,它保留在各种具体语言中存在的"本质的和普遍的东西,抛弃特殊的和偶然的东西",最终表现为"一套抽象概念"④。这时的"语言"是潜存于实际话语中的形式系统,实际上就是一套普遍语法。它不是复数,而是单数。索绪尔这样解释语言的单数特征:"语言,这个词用单数理由何在?我们的目的是把它作为一种普遍的概念,对于任何可确定的语言都具有真实性,而无须具体说明它的内涵。"⑤

---

① 索绪尔《第三度普通语言学教程》,湖南教育出版社,2001年,第11页。
② 同上。
③ 同上书,第11—12页。
④ 同上书,第11页。
⑤ 同上书,第81页。

2. parole

言语,说话的总和,它既是动态的说话行为的总和,又是静态的说话结果的总和;既是个人言语行为的总和,也是社会言语行为的总和。在这个意义上,言语是经验现象的东西。如果说语言在某种意义上是被动的,即它是社团引导的一套社会代码,是将言语组织化,就人的言语机能现实化的工具,那么言语就是主动的和充分个性化的[①]。所以也有人将它译为"个体言语"。

言语和语言有本质的不同,这一点可以从索绪尔在他的课堂上"从来没有涉及言语的语言学"看出来。索绪尔的学生、《普通语言学教程》的整理者巴利和薛施霭解释这一点时说:"我们记得,一种新的用法总是从一系列个体事实开始的。我们可以姑且认为,作者否定这些个体事实具有语法事实性质,因为孤立的行为必然与语言及其只取决于全部集体习惯的系统无关。只要这些事实属于言语,那么,它们就只不过是一些利用已有系统的特殊的而又纯属偶然的方式。一种创新,只有当它被经常反复使用,铭刻在记忆中,并进入系统的时候,才能够产生转移价值平衡的效果,而语言也就根据事实本身而存在,并本能地变化着。"[②]我们可以说在个人的言语中存在着许多异质的成分,它包括:

1) 说话主体藉以利用语言规则以表达他个人思想的手段;
2) 使他能够显示出这些手段的心理-物理机制。[③]

正是这些异质的成分使个人言语生动地传达着个人的特征,但同时也使个人言语不像作为社会惯例的语言那样具有同质性。索绪尔用近乎苛刻和严厉的态度将异质状态和同质状态在理论上截然区别开来,尽管在交际实践中个人言语必然遵循着社会的语言惯例,将作为社会事实的语言内化

---

① 参见索绪尔《第三度普通语言学教程》,湖南教育出版社,2001年,第77页。
② 索绪尔《普通语言学教程》,江苏教育出版社,2002年,第160页。
③ 同上书,第15页。

在个人言语中。

在《普通语言学教程》的《导论》部分的第三章第二节中,索绪尔通过人与人的言语交流图,分析出人际言语交流四组对立统一的基本要素。

(1) 心理要素 vs. 非心理要素

交流之始,说话人"一个概念在脑子里引起一个相应的音响形象,这完全是一个心理现象"①。交流之终,这个音响形象在受话人脑中与相应的概念结合,也是心理现象。

交流之中,音响形象的发音是生理过程,"大脑把与这种音响形象相关联的冲动传递给发音器官"②;音响形象的接收也是生理过程。而声波的传递则是一个人以外的"纯粹的物理过程"。

这里的关键是把词的音响形象(心理的)和"声音本身"(生理、物理的)区分开来。

(2) 里面要素 vs. 外面要素

里面要素是音响形象在产生和接收时与概念结合的心理过程。外面要素是"从口腔到耳朵的声音振动",即生理和物理的过程。

(3) 主动要素 vs. 被动要素

说话人在交流之始的心理过程和交流之中的生理、物理过程都是主动的;受话人在交流之中的物理、生理过程和交流之终的心理过程都是被动的。

(4) 执行要素 vs. 接受要素

说话人在交流之始的心理过程中将概念与音响形象匹配($c\ i$)是执行的;受话人在交流之终的心理过程中将音响形象与概念匹配($i\ c$)是接受的。

3. Langage

言语体系,它包含语言和言语,是一个总属概念,又译为言语行为、言语活动、群体言语、泛言语活动以及语言机能。言语体系是一个庞大的范畴,从它的属性看,它既是社会的,又是个人的;从它的范围看,它横跨物理学、

---

① 索绪尔《普通语言学教程》,江苏教育出版社,2002年,第13页。
② 同上。

生理学、心理学等多学科领域,因而它不具有规则性和统一性,相反,它是异质的,是"多形式的杂糅的"①,不能作为任何人文科学研究的对象。语言学的任务,就是要确立语言在言语体系中的首要位置,将语言这个"自然的秩序"介入到这个庞杂的"不适合于其他任何分类的整体之中"②。

(二) 语言和言语、言语体系的关系

1. 后天约定 vs. 先天本能

语言作为一种社会产品,它是"储存在我们每个人大脑中的宝藏"③。但这种宝藏在每个人的头脑中都不是完整的,因为它不是个人的创造,而是社会的约定,语言实际上是所有个人言语的一个公约数。个人的言语创造具有相当程度的天赋本能,而语言是后天习得的"俗成之物"。

(1) 言语体系有没有天赋本能?

索绪尔对言语体系的天赋本能持怀疑的态度。他说:"人们还没有证明我们生有发音器官是为了说话,一如我们生有双腿是为了行走。"④但他觉得如果因此而像惠特尼那样将语言等同于其他社会制度,那也是他不能接受的。惠特尼认为人类选择发音器官作为交际工具,只是处于偶然和方便,人类原本也可以选择手势或视觉形象作为交际的媒介。他说:

> 人类使用喉、唇、舌来说话终究是偶尔的,他们发现这样做更加便利,但是假如他们使用视觉符号或手势,语言本质上还会保持完全相同的,什么都不会发生变化。⑤

索绪尔觉得他太绝对、太夸大其词了,因为这抹杀了选择了发音器官的语言音响对于人类交际的独一无二的巨大功能,否定了语言在人类各种社

---

① 转引自许国璋《关于索绪尔的两本书》,《国外语言学》1983 年第 1 期。
② 索绪尔《普通语言学教程》,江苏教育出版社,2002 年,第 11 页。
③ 索绪尔《第三度普通语言学教程》,湖南教育出版社,2001 年,第 9 页。
④ 索绪尔《普通语言学教程》,江苏教育出版社,2002 年,第 11 页。
⑤ 转引自索绪尔《第三度普通语言学教程》,湖南教育出版社,2001 年,第 10 页。

会制度中的特殊性。索绪尔说:"(发音器官)这样的选择其实可以说是自然强加于我们的。"①这让我们想起18世纪德国哲学家莱布尼兹(Gottfried Wilhelm von Leibniz,1646—1716)的观点:"语言犹如大理石中的纹路,这些纹路原来虽然不大清楚,但是适宜于把它雕刻成什么样的东西,却早已由'天赋'的纹路决定了。"②也就是说,言语的创造具有一定的天赋本能。

其实,这个问题并不难理解。与其他灵长类动物相比,人之所以具有语言活动的能力完全取决于人的言语器官。从表面上看,人类的发音器官和其他动物的发音器官有不少相似之处,例如都有嘴、唇、舌、牙、颚,都能将这些器官用于进食和发音。但是只有人类的发音器官才能发出一个个清晰的音节。现代神经语言学对婴儿、非人灵长类动物和成人的发音所作的声学分析表明,婴儿的发音和非人灵长类动物相近,它们的舌头不大活动,发不出[i]、[u]、[a]这几个音。因为婴儿和非人灵长类动物的声带位置都比较高,减少了咽腔的体积。而成人则不同。神经语言学家又用电脑模拟人类远祖发音器官的发音能力,发现非洲南猿、尼安特人和现代非人类灵长类动物及婴儿一样,都不能发出[i]、[a]、[u]等音素。可见,无论从个体发生还是群体进化上看,人类的发音器官都经过了一个"专门化"的过程。

不仅如此,现代神经语言学还证实,至少有一百根肌肉在人脑的指挥下控制着发音器官。正常的说话速度是每秒钟十四个音素,这就意味着大脑在一秒钟之内需要向肌肉发出十四条指令。由于发音器官的各个部分与大脑的距离是不一样的,例如从言语中枢发出的神经脉冲到达喉部肌肉的时间比到达口腔肌肉的要早三十毫秒。因此为了协调各项指令的适当的速度和次序,人脑更需要一个精密复杂的机理。例如为了协调喉部和口腔的动作,人脑发到喉部的神经信息就应略早一些。由此可见,与发音器官相联系的人脑神经系统也经过了一个"专门化"的过程。人类是唯一具有语言专门化功能的生物学基础的物种。这就是索绪尔说的"自然"的"强加"。

索绪尔提到的布罗卡的发现也说明了这点。科学家从对人脑受损害的病例的研究中大体分析出人脑的语言机制。

---

① 索绪尔《普通语言学教程》,江苏教育出版社,2002年,第11页。
② 转引自裴文《索绪尔:本真状态及其张力》,商务印书馆,2003年,第30页。

法国外科医生保罗·布罗卡在剖析一个三十年说不出话的死亡病人的大脑时发现,病人左侧大脑皮层的额叶的一个范围有限的小部分受到了损坏。后来布罗卡又检查了突然丧失语言能力的其他病人,百分之九十五以上的病例都出现大脑这同一小区域的损坏。由此确认这一区域(后来被命名为"布罗卡氏区")的功能是使语言映象转变为说话所必需的肌肉运动,它对于语言的产生是关键性的。

　　德国医生卡尔·维尼克又发现位于大脑主管听觉的部位不远的左侧颞叶中有一个区域,它一旦损坏就无法将声音转换成语言理解。这个区域后来被命名为"维尼克氏区"。

　　美国神经生理学家盖希温德进一步指出,一些语言缺陷的产生是由于联结维尼克氏区和布罗卡氏区的一组神经纤维"上纵束"(又称弓状束 arcuate fasciculus)受到损坏。患者发音正常,语言理解力接近正常人,但他所说的话和他所听到的话很不相干。

　　科学家们又发现,大脑左侧视觉皮层受到破坏后,患者只能用右边大脑视觉皮层(左侧视野)看见东西,因而在右侧视觉皮层中的信息不能达到左半球各语言区,这时患者能书写但不能阅读,患文字盲或视觉性失读症。

　　科学家们又发现,百分之六十五的人其大脑的颞平面在左半球比在右半球来得大,百分之二十四的人左右相等,百分之十一的人大脑右半球的颞平面较大。颞平面包括维尼克氏区。它在左脑半球内较大,显然与语言在大脑左半球的优势性相适应。根据对十四个不足三个月就死亡的婴儿的大脑的检查,其中十二个的颞平面左半球大于右半球,平均大一倍。这说明在语言发展之前人脑已有了特定的发展语言能力的遗传机制。

　　人脑的外侧裂长度作为衡量颞平面大小的一个尺度,左脑比右脑平均大百分之十四,而猩猩只大百分之五,猴子两边几乎相等。这就从神经生理上解释了人类以外的动物既掌握不了语言,也没有逻辑思维能力的原因。

　　但是发音器官和大脑神经系统的语言专门化,在索绪尔看来并不是语言的本质问题,他认为语言说到底是声音链和意义链的"分节",即把声音分成一个个音节单位,把意义分成一个个意义单位。我们平时所说的"发音",实际上就表示"以清晰的方式发出声音","清晰"源于"连续音节的切分单位",而声音链的切分"也暗含把〈语〉链切分成意义单位"①。这种分节,本质上不是人的生理的功能,不是一般人所认为的那样"是天生的东西,是我们发音器官的安排",而是人的符号化认知功能,具有说话官能的左脑第三额回"从更普遍的意义上讲,它是符号的额回"②。

(2) 语言的"分节"本质

把"分节"视为语言的本质属性,是欧洲语言学史上一个深刻的思想传统。17世纪的普遍唯理语法就认为,人类为了表达思想的过程,就需要符号即词,"创造词的目的是为了使别人了解我们的思想"。而词必须由"不同的、清晰的声音"构成,"人类用这些声音构成符号,以便表达思想。"但声音本身并不是词的本质,"至少从声音的角度说,言语的这种物质性对于人类和鹦鹉是共同的"③。词音分节的本质在于它分析思想:

> 言语的精神性是人类相对于一切其他动物的最大优势之一,也是人类理智的最明显的一种表现:我们使用言语来表达思想,我们用25个或30个音组成数量无限的词,这种神妙的词虽然与在我们思维中所发生的过程没有丝毫相似之处,却能够使他人揭示其中的秘密,并使他人理解不能进入的思想,理解我们的所思所想和我们的各种心灵活动。④

1805年出版的本哈迪(A. F. Bernhardi)的《语言学初阶》中对语言的定义进一步肯定了分节音的精神属性:"(语言是)人用来表达观念的分节音构成的整体。"⑤随后洪堡特在多部论著中对语言的"分节"本质作了精辟的论述:

首先,分节音是人的精神本性的反映。洪堡特认为,分节音是"人受其心灵的驱动"而产生的,它是"语言最早和最必须的要素,即已完全与人的精

---

① 索绪尔《第三度普通语言学教程》,湖南教育出版社,2001年,第74页。
② 同上。
③ 安托尼·阿尔诺、克洛德·朗斯洛《普遍唯理语法》,湖南教育出版社,2001年,第23—24页。
④ 同上书,第23页。
⑤ A. F. Bernhardi, Sprachlehre, Hildesheim, 1805, p. 48. 转引自姚小平《研读索绪尔》,《外语教学与研究》2003年第5期。

神本性紧密联系在一起。"所谓"受其心灵的驱动",指的是"(人的)精神对言语器官的强大制约作用:精神迫使言语器官发出与精神活动相适应的形式"。在动物的叫声和人的分节音之间存在着一条根本的界限,就是精神本性的积极作用。换句话说,"分节音是心灵有意识地发出语音的行为",它的出现的"唯一充足和必不可少的条件"正是这种心灵的"有意识"。而"它之所以有物质实体,似乎完全是出于外部感知的需要"。这种物质形式对于分节音来说是非本质的①。

其次,分节是思维的需要。洪堡特认为:"思维的本质在于反思",而"为了进行反思,精神在其连续不断的活动中必须作一短暂的停顿,将此时此刻展现在眼前的东西把握为一个单位,并通过这种方式为自己确立起对象。"也就是说,"思维的本质在于把自身的进程分为若干片段"。这种知性区分的过程是一个概念化、符号化的过程,人"要构造出一些并非由真实的事物组成,而是由概念组成的整体;即,他可以进行自由的处理,再度加以分解,重新建立联系"。在人建立的这个认识世界的"精神中间世界"中,"思维的某些部分统一起来,构成一些单位;而这些单位本身又作为要素区别于一个更大整体的其他要素,以便成为对立于主体的客体"②。

其三,分节需要物质形式,而语言是分节最好的物质承担者。洪堡特认为,"任何思维,哪怕是最纯粹的思维,都必须借助感性活动的一般形式进行",而语言就是思维单位的"感性表达"。"只有在这类形式中,我们才能领会并牢牢把握住思维。"为什么这样说呢?因为"在所有随时间展开的变化当中,最清晰可辨的是声音带来的变化。这样的变化极其短暂,出自人所具有的生命之息,会在片刻之间失去踪迹,但又最为生动、最具震撼的力量。……因此,语言符号必然由声音构成"。于是,与人的概念化过程相应,"舌头便选择了分节的语音,这样的语音包含着一些要素,在其基础上便能构成丰富多样的新的复合形式"③。

语音的分节本身不是早已为思维的分节准备好了的现成的工具,它和

---

① 威廉·冯·洪堡特《论人类语言结构的差异及其对人类精神发展的影响》,商务印书馆,1997年,第77—78页。
② 威廉·冯·洪堡特《洪堡特语言哲学文集》,湖南教育出版社,2001年,第1—3页。
③ 同上。

思维的分节一起经历了一个进化的过程。洪堡特认为"语音要成为言语的要素,本身也必须具有区分性(Geschiedenheit)。当言语获得足够的力量,摆脱了含混杂乱的动物叫声,作为纯人类的努力和意图的产物出现时,真正的分节音便产生了"。分节音提供给思维分节一个坚实的形式基础。而它的产生完全是精神活动的召唤,即"分节音的实质,在于表达意义(不是一般的意义,而是与某个思维对象有关的确定的意义)的意图和能力,这也是分节音一方面有别于动物的叫声,另一方面又有别于音乐之声的最大特点"①。

正是在这个意义上,精神活动的形式和分节音是相互适应的。它们都具有分析性,即"都可以划分为一些基本的要素,而这些要素构成的整体则又倾向于成为组建一个新整体的要素"。它们又都具有统一性,即"思维要求把多样性综合为一个统一体",而分节音也表现出"一种明确的听觉统一性"和"一种能够与其他所有可能的分节音建立起一定关系的特性"②。

其四,分节的语言具有巨大的精神价值。一方面分节语言使人建立了自我意识,洪堡特指出:"在含混无序的欲念状态中,客体为主体所吞噬,而在人从这一状态中觉醒并获得自我意识之时,词也就出现了:词仿佛是人给予自身的第一个推动,使他突然静下心来,环顾四周,自我定向。"另一方面,分节语言使人最终超越了其他动物,具有了符号化思维。洪堡特指出:"在整个大自然中,这样的分节音只存在于人的身上。因为,唯有人才通过共同思维而促使同类达到理解,至于所有其他的生物,充其量不过是通过共同感觉而促使同类采取行动。"在这里,"共同思维"与"共同感觉"的差别就是思维和语言的"分节"。唯有分节才使环境范畴化而成为一种世界格局,因此分节的声音和自然的声音也就有了根本的区别:"人决不会把任何一个粗糙的自然音收进语言,而是始终构造出与自然音类似的分节音。"③总之,"分节音是一种微妙的符号,它正是由人类共同本质最深刻、最实在的特性造就

---

① 威廉·冯·洪堡特《论人类语言结构的差异及其对人类精神发展的影响》,商务印书馆,1997年,第77—79页。
② 同上书,第78页。
③ 威廉·冯·洪堡特《洪堡特语言哲学文集》,湖南教育出版社,2001年,第1—3页。

的"①。

由溯源可知,"分节"的功能即组织语言的功能,也就是范畴化、符号化的功能。索绪尔认为这种更一般化的功能存在于各种器官的功能之上。它是自然的,即"这种机能首先是由器官赋予我们的";它更是社会的,即它"是通过我们使用器官所进行的活动获得的……要利用它,缺少其他的东西,即由外部给予个人的语言,实质上是不可能的"②。也就是说,"即使这种机能是天生赋予我们的,可以确定:我们无法使用它,除非它从社会大众中接受我们所称的语言"③。

因此,肯定语言在生理上的天赋本能,并不抹杀语言的社会性。索绪尔认为惠特尼强调语言不是一种自然机能,而是一种社会惯例,这样强调是正确的,"语言是一种俗成,俗成符号的性质倒是无关紧要的。发音器官的问题则是言语体系问题中的次要问题"④。但惠特尼的论述又是不完备的——

一方面,从语言的自然属性上说,语言具有深刻的人体生物学基础(尽管这种基础的形成仍然离不开形成中的人的社会实践);

另一方面,从语言的社会属性上说,语言不同于其他社会制度,它具有很大的特殊性。如果把它和法律条例、礼节、仪式相比,我们会发现,首先,语言"无时无刻不涉及所有的个人"⑤,它向所有的人开放,并让人人参与其中,对它产生影响。其次,语言不可能被人为地修正和改革,"即使研究院也无法颁布法令改变我们称之为语言等惯例的发展进程"⑥。

2. 社会 vs. 个人

(1) 社会与个人的三重关系

索绪尔认为每个人的头脑里都储存着"语言"这个宝藏,这个宝藏是一种集体意识,但每个人储存的"语言"都是不完整的,所有人的储存合在一

---

① 威廉·冯·洪堡特《论人类语言结构的差异及其对人类精神发展的影响》,商务印书馆,1997年,第68页。
② 索绪尔《第三度普通语言学教程》,湖南教育出版社,2001年,第8页。
③ 同上书,第74页。
④ 索绪尔《普通语言学教程》,江苏教育出版社,2002年,第11页。
⑤ 索绪尔《第三度普通语言学教程》,湖南教育出版社,2001年,第10页。
⑥ 同上。

起,才是语言的全部产品。或者说,"社会事实将是某一平均数,不会在任何个体中确立起来"。这种社会平均数"是在不同的个体中所形成的储藏,这种潜存的东西对于大家来说很大程度上是一致的"①。"所有的个体都将会复制与相同概念结合在一起的相同的符号——当然不是完全一样,只是大体相近而已。"②这就说明了社会与个人的三重关系。

第一重:个人言语是语言的基础。

语言必须通过个人言语表达出来,没有个人的言语表达,语言就不存在。因为"社会行为只能存在于相加的个体之中,至于〈其他〉社会事实,不能认为存在于个体之外"③。而"为了达成形成语言的协议,必须具备数以千计的个人言语"④。因此,"语言中没有什么不是〈直接或间接地〉通过言语,即通过所感知的语词的总和进入的"⑤。这一点,可以从两方面来理解。

首先从历史来看,总是先有个人言语。"倘若人们不是首先在言语行为中意外发现观念和词语形象的结合,人们又怎么能够想到这种结合呢?"⑥索绪尔举了一个例子来清楚地说明这一点:

> 所有的变化都起源于言语:它们中间的每一种变化都是由于若干个体发出之后才得以使用的。现代德语说:ich war(我从前是),wir waren(我们从前是),而古代德语,直到16世纪,还是这样变位的:ich was, wir waren(英语仍然说:I was, we were)。war 对 was 的替代是怎样实现的呢?有些人因受 waren 的影响而通过类比创造了 war;这是一个言语事实;这种形式不断重复,得到了社会集团的认可,继而成为一个语言事实。⑦

然后从个人学会说话的过程来看,个人总是在听到了别人的言语后开

---

① 索绪尔《第三度普通语言学教程》,湖南教育出版社,2001年,第76页。
② 索绪尔《普通语言学教程》,江苏教育出版社,2002年,第14页。
③ 索绪尔《第三度普通语言学教程》,湖南教育出版社,2001年,第76页。
④ 同上书,第79页。
⑤ 同上书,第100页。
⑥ 同上书,第21页。
⑦ 同上书,第109页。

始的。语言惯例要在个人言语的多次感受之后才能储存在人的头脑中。"是言语推进了语言:是听到别人说话时所获得的印象改变了我们的语言习惯。"①

第二重:语言独立于个人言语。

语言虽然是每个人都拥有的,"有点像把一部词典的所有同样的复本都分发给个人",但它"不以拥有者的意志为转移"②,"语言只是依照在社会集团成员中普遍接受的规约而存在"③,本质上是全社会的共同约定,而非个人的创造。"单独的个体既不能创造语言,也不能改变语言。"④这里有三层意思。

1) 个人在学习母语的过程中必须经过一个逐步熟悉和掌握母语规则的过程。也就是说,"语言不是个人的创造,而是由无数头脑为相互了解而建成的一种特定的科学。"⑤

2) 个人的言语要想被理解即具有表达功能,必须依赖作为社会规约的语言。因为"语言给个人提供构成言语的成分",索绪尔甚至认为,"在被称作语言的这种产品被同化以前,也不可能有言语"⑥。也就是说,"个人的机制最终不能不对普遍的产品以这样或那样的方式发生反响"⑦,而个人的言语也是在其运用语言的过程中融入了个人的印迹。索绪尔形象地说:"假如我们能考察个体中言语形象的储藏,确认这些形象是按一定的秩序和类别存放的,那么我们就应看到构成语言的社会契约。"⑧

3) 个人大脑中的语言是不完备的,语言只在群体中才完整存在。在这个意义上,"语言是一个通过言语实践而贮藏于某一社会集团全体成员之中的宝库,是一个潜存于每个大脑之中的语法体系,更确切地说,是一个潜存

---

① 索绪尔《普通语言学教程》,江苏教育出版社,2002 年,第 21 页。
② 同上。
③ 同上书,第 16 页。
④ 同上。
⑤ Alan Henderson Cardiner(ed.), The Theory of Speech and Languages, Oxford: Clarendon Press. 转引自武波《重读加德纳》,《外语教学与研究》2001 年第 4 期。
⑥ 索绪尔《第三度普通语言学教程》,湖南教育出版社,2001 年,第 100 页。
⑦ 同上书,第 12 页。
⑧ 同上书,第 76 页。

于一群人大脑中的语法体系"①。

第三重:语言使言语体系即全社会的言语活动成为一个统一体。

有了语言,才使人们有可能在交际中将千变万化的语音归入一个个语音类别即符号的施指之中,因为这些边际模糊差异细微的语音能够辨别相同的意义;同样,有了语言,才使人们有可能将交际中千变万化的意义归入一个个语义类别即符号的受指之中,因为这些边际模糊差异细微的意义都用相同的声音来表达,由此语言使呈渐变状态的模糊不清的声音和意义在功能一致的基础上清晰起来。所以,"说话的官能——无论天生与否——只有借助集体所创造和提供的工具才能够得以运用"②。这个工具就是语言。正是语言的存在才"允许个人使用言语机能"③。对于说话人来说,语言不像言语那样"是个人意愿和智力的行为",是个体主动生发的功能,而是"个人以被动的方式记录下来的产物"④。

因此,"考察言语部分的最好方法,是把语言作为我们的出发点"⑤。

显然,语言和言语的关系是社会和个人的关系,用索绪尔的话来说,两者"是紧密相联的,而且还是互为前提的:言语要让人理解并产生它的所有效果,那语言则是不可或缺的;而要创建语言,言语也是不可或缺的"⑥。包含这两者的言语体系,于是也就"既有个人的方面,又有社会的方面,"没有了一方面,也就无从设想另一方面,"人们总是同时构想到这两个方面"⑦。

但在认识这种互相依存的关系时,我们一刻也不能忘记,两者是截然不同的。它们的区别就在于语言是一种社会的"集合",而言语完全没有集合可言,"它的表现是个人的、暂时的。这里仅仅只存在种种特殊情况的总和。"⑧所以索绪尔说,"语言中的一切都暗含集体的,然而却没有集体的言语。〈如果说一个词进入了语言,就等于说这个词得到了集体的认同。〉除了瞬间即

---

① 索绪尔《普通语言学教程》,江苏教育出版社,2002年,第15页。
② 同上书,第12页。
③ 索绪尔《第三度普通语言学教程》,湖南教育出版社,2001年,第73页。
④ 索绪尔《普通语言学教程》,江苏教育出版社,2002年,第15页。
⑤ 索绪尔《第三度普通语言学教程》,湖南教育出版社,2001年,第80页。
⑥ 索绪尔《普通语言学教程》,江苏教育出版社,2002年,第21页。
⑦ 同上书,第10页。
⑧ 同上书,第21页。

逝这一特点外,言语行为是属于个人的"①。于是,当我们区分了语言和言语,我们也就区分了什么是社会的,什么是个人的;什么是重要的,什么是次要的或多少是有点偶然的。

(2) 两种"社会"范畴:心理 vs. 行为

需要指出的是,索绪尔的"社会"范畴是一个抽象的社会心理范畴,而一般理解的"社会"是一个具体的社会行为、社会事象范畴。用后者来理解前者,就会产生美国社会语言学家拉波夫(William Labov)的疑问:

> 按照索绪尔的看法,语言(langue)是"语言活动(langage)的社会的方面。……它只能作为社会成员之间约定俗成的东西而存在"。就是由于这个原因,索绪尔的日内瓦学派常常被称为语言学中的社会学派。索绪尔把语言学看成是"研究社会中符号的生命的科学"的一部分。奇怪的是追随索绪尔传统的语言学家(这占语言学家中的绝大多数)根本就不理会社会生活。他们只是关在自己的研究室里和一两个发音人打交道,或者连发音人都不要,专门靠自己对于语言的知识工作。尤有甚者,他们坚信对于一些语言事实的解释只能从另外一些语言事实中去找答案,而不能从语言以外的社会行为中去寻找。②

追随索绪尔的语言学家之所以"根本就不理会社会生活",是因为他们像索绪尔一样相信语言(langue)是潜存于每个人的大脑中的一套语法系统,因此可以从任何一个人(包括语言学家自己)那里获得该语法系统的全部知识。也就是说,社会心理范畴因其抽象性、均质性而远离了社会生活,成为个人的一种禀赋。相反,言语(parole)是和每个人的社会活动联系在一起的,言语的事实需要到人际交往的社会行为中去获得。也就是说,个人心理范畴因其具体性、变异性而表现在社会生活中。

按照索绪尔的观点,"语言"作为一种社会制度存在于每个人的头脑中,

---

① 索绪尔《第三度普通语言学教程》,湖南教育出版社,2001 年,第 100 页。
② 拉波夫《在社会环境里研究语言》,《语言学译丛》第一辑,中国社会科学出版社,1979 年,第 17 页。

从个人就可以获得全部的语言知识;而"言语"充满个人使用的特征,要从社会环境中去观察。这样一来,言语活动的社会部分存在于个人身上,言语活动的个人部分存在于社会之中。拉波夫把这种相互悖反的表述称为索绪尔式的二律背反(Saussurian paradox)。显然,如果不区分社会心理和社会生活这两种"社会"范畴,上述表述就是矛盾的。

3. 同质 vs. 异质

语言是社会的"集合",言语是个人的"组合"①;将两者囊括在内的言语体系,则呈现出异质的样态。索绪尔认为,科学研究的前提是限制研究的对象,使之成为一个整体。这个整体应该是可以分离的,可以进行分类的,可以满足认知的结构化需要的。用这个标准来看言语体系,索绪尔发现:"言语行为在其许多不同的方面都是一个复杂、多变、异质的领域"②,是一个"种种特殊情况的总和",用一个公式来表述,即③:

$$1+1'+1''+1'''\cdots\cdots$$

这样一个混杂的状态,使言语"作为一个整体不能同其他人类事实一起进行分类。它跨越不同的领域(物质的、精神的领域,此外,个人的、社会的领域)"。所谓"人言人殊"。这样一来,它就不成为一个可以分析的整体,人们也不知道"如何从言语行为中发现任何统一体"④。

相反,语言却是一个具有很强的分析性的整体。索绪尔指出:"语言虽然复杂,但表现为一个可分离的整体,一种有它存在理由的有机体,这样的有机体是可能进行分类的。语言表现的统一体能满足心智的需要"⑤,即进行逻辑分析和组合的需要。这样一个统一体,用一个公式来表述,即⑥:

$$1+1+1+1\cdots\cdots=\mathrm{I}$$

---

① 索绪尔《普通语言学教程》,江苏教育出版社,2002年,第21页。
② 索绪尔《第三度普通语言学教程》,湖南教育出版社,2001年,第73页。
③ 索绪尔《普通语言学教程》,江苏教育出版社,2002年,第21—22页。
④ 索绪尔《第三度普通语言学教程》,湖南教育出版社,2001年,第73页。
⑤ 同上。
⑥ 索绪尔《普通语言学教程》,江苏教育出版社,2002年,第21页。

与言语的公式相对照,语言的公式表现出明显的"集合模式"。语言的这种同质性,使它成为言语体系的核心。其他的一切都是附属于它,依赖于它的。也正因为有了语言,我们才"发现了使言语现象成为普遍统一体的东西"[①]。

因此,索绪尔明确指出:"语言(langue)〈经过这样定义后〉是一个均质的对象,〈而言语活动(langage)则不是〉。它是一个符号系统,其中符号的两个方面都是心理的。因此没有东西比它更为均质。"[②]

语言的同质性具有相当的独立性。索绪尔认为对语言可以"独立地加以研究,为了研究这种语言,并非绝对要考虑言语行为的其他成分"。相反,如果言语行为中的其他成分和语言混同,"语言就无法进行研究"[③]。

语言的同质性和它的社会性是紧密联系的。索绪尔认为,语言是从言语体系中分离出来的可以确定的对象,它本质上"是言语行为的社会部分"[④]。

语言的同质性又和它的心理性密切联系。索绪尔认为,"由社会认可的构成语言的这套联系,存在于大脑之中,是一套像其他心理现实一样的现实"[⑤]。"这个社会的部分是纯精神的、纯心理的。这就是我们所想象的语言。"[⑥]

需要指出的是,索绪尔认定的语言的同质性具有从内核向外延的等级差异。内核在索绪尔看来是词和词法(索绪尔又称"语词、语法形式"),它们"在语言的一定状态下当然是固定不变的",个人在对词和词法的运用中会将个人特征结合其中,以表达个人的精神,"这样的结合属于言语,因为它是一种行为实施"。而一旦进入句法领域,语言的同质性就渐渐模糊起来,即"什么是语言中所给定的,什么是赋予个人创新的"没有清晰的界限。索绪

[①] 索绪尔《第三度普通语言学教程》,湖南教育出版社,2001年,第74页。
[②] 索绪尔《第三度普通语言学教程》,译文转引自姚小平《研读索绪尔》,《外语教学与研究》2003年第5期,该译文较之湖南教育出版社译本(2001年,第78页)更清晰。在《普通语言学教程》(江苏教育出版社,2002年)中,相关的论述见第16页。
[③] 索绪尔《第三度普通语言学教程》,湖南教育出版社,2001年,第77—78页。
[④] 同上书,第77页。
[⑤] 同上书,第78页。
[⑥] 同上书,第76页。

尔认为"〈这里必须承认〉在句法领域社会成分和个人成分〈行为的实施和固定的联想〉某种程度上是混合在一起〈几乎是混合的〉"①。因此,"句子属于言语,而不属于语言"②。

4. 有形 vs. 无形

(1) 看得见的心理现实和看不见的物理现实

语言的心理现实,在索绪尔看来是有形的。因为它既然是心理的东西,它就是可以把握的、不变的。而言语以各种物理和生理的方式存在着,却不在心理上存在,所以言语是不可把握的。索绪尔始终认为,语言是作为一种听觉形象(而非音响本身)储存在心理之中的。这种听觉形象经过翻译可以还原为音响,但它本身是和视觉形象一样储存在人的心理上。听觉形象和音响的关系就像电报码和发报机的关系、交响乐谱和交响乐演奏的关系。在索绪尔看来,交响乐谱是现实的,或者说实在的,这种现实性绝对不受演奏交响乐的音乐家在一场演奏中个人的技巧、艺术修养甚至所犯错误的牵累。尽管从表面上看这些错误是物质的现实,但它们不是心理的现实。

在人文事实中,心理现实是看得见摸得着的,物理、生理运动是看不见摸不着的。前者作为"由集体同意而认可的种种联结都是存在于大脑之中的实体",语言的整体就由这种种联结构成,所以它是有形的。这种有形性的一个明显的证明是"文字可以把它们固定在约定俗成的形象之中",而后者是无法固定的,因为发音所需要的肌肉动作是难以记数、难以确证、难以描绘的,每一次发音所表达的具体上下文和语境中的意义也是千差万别的。意大利语言学家莫罗(Tullio de Mauro)在他为索绪尔《普通语言学教程》所作的评注本序言中形象地论述了索绪尔的这一思想。他说:

> 索绪尔思想的出发点是他尖锐地意识到的每个表达行为所具有的绝对的、单一的个性,他把种种行为称之为"言语"(parole)。他曾请他的学生们注意一个正在说话的人,这个人比如高声喊道:"战争,我告诉

---

① 索绪尔《第三度普通语言学教程》,湖南教育出版社,2001年,第80页。
② 同上书,第144页。

你们,战争!"我们会自然地发现,说话人把同一个词重复了两遍,……如果我们对"战争"一词每次所传达的有效的、具体的心理内容(姑且使用索绪尔本人的术语)发生兴趣,或者对"战争"一词每次发音时所出现的具体发音行为发生兴趣,那么我们每次都会面临不同的内容。一些人在谈到"战争"时,脑海中会出现军乐队,喜气洋洋的游行队伍,在风中哗哗飘扬的军旗;有人则想起某个牺牲了的同胞手足或毁于战火的一所房屋;冯·克劳塞维茨(von Clausewitz)会想到这是政治的另一种方式的继续,而好兵帅克则会想到一些粗鄙的字眼……但索绪尔想说的是,即使同一个人,同一段话,如果把同一个词重复一次,人们在第一次和第二次所表达的将是两个不同的事物:"战争,我告诉你们,战争!"……如果人们真的不撇开任何一个细节,那么该词的确切意义必然会因出现的具体时间不同而各有差异,似乎是由不同的联想和感情共鸣组成的;而且如果从该词的实际完整性来考察,他的真实声音也会有一些音调上的变化和差异,这些变化和差异每次都不同。①

显然,"要将言语行为的所有细节都逼真地描绘下来则是不可能的"②。现代语言学通过心理分析和联想的测验、通过越来越精密的语音实验和分析仪器,都证明了这一点。

相反,撇开发音中的种种肌肉运动和生理、物理的过程,它们所表达的音响形象却很单纯,"只不过是若干有限音素的总和"③,用相应数量的文字就可以记录下来。与音响形象相结合的概念也是单纯的,不因语境的变化而不同。索绪尔非常注重这种脱离言语实际的单纯性,认为它才是言语的本质——语言。而要认定这种单纯性,就需要在实际话语的变异中找到居于其上并与之相对照的稳定点,这个稳定点是衡量各种细微变异的标竿,正是它的单纯才衬托出了实际话语中的变化,莫罗把这一标竿称为"支撑点(ubi consistam)"。"有了这么一个点,我们就能说某个成分改变了,变得不

---

① 莫罗《索绪尔〈普通语言学教程〉评注本序言》,《国外语言学》1983年第4期。
② 索绪尔《普通语言学教程》,江苏教育出版社,2002年,第16页。
③ 同上书,第17页。

同了。"因为"我们正是在一段具体的话里才承认'战争'一词在不同情况下的不同重复才是真正的重复,换言之,这才是某一事物的不同变化,而这一事物为了能够变化,就必须在任何观点上保持一致。"这个"观点"不存在于实际话语中,而存在于交际双方共有的内部语言知识中。它使双方知道"'战争'一词两次乃至无数次的重复都是同一实体的重复,超脱了任何意义上和声音上的变化"①。

(2) 涂尔干、弗洛伊德和索绪尔

索绪尔的语言现实而有形、言语非现实而无形的论点具有当时欧洲社会学研究的浓厚的时代气息。

与索绪尔同时代的法国学者、社会学创始人涂尔干(Durkheim),把社会现象和个人生理心理现象截然分开:前者是一种社会意识,因为"社会既是由各个体所组成的合体,有它固有的特性,则它自不同于未经组合之个体。……这种合体,要说心理的,也无不可,然而它总是另一种新的心理,不同于个人心理"②。它不仅存在于个人之外,而且强加于个人,对个人有一种外部制约力。而后者是一种社会存在,它是间断的、稍纵即逝的。

涂尔干对社会事实的二重区分是一种等级区分,他认为社会意识是第一性的,社会存在是第二性的。因为社会生活在其一切表现上都是意识—心理的生活,社会性和意识性是不可分离的。没有社会意识人们不会交往,就不能结合成一个社会。集体生活正是由表象构成的。社会现象本质上是一种集体的表象,即"观念的总体"。由此,社会事实不可能用社会中的个人心理来解释,只能用集体心理来解释。要对社会事实进行科学研究,就必须把它从它在无数个人心理的反映中抽象分离出来。

与涂尔干和索绪尔同时代的奥地利心理学家弗洛伊德(Sigmund Freud, 1856—1939),在他的精神分析理论中,也把任何行为都看成受一个规范系统即"下意识(the unconscious)"制约的。这个下意识就是"集体心理"。

(3) 语言的现实性——分析理性

---

① 莫罗《索绪尔〈普通语言学教程〉评注本序言》,《国外语言学》1983年第4期。
② 涂尔干《社会学方法论》,商务印书馆,1930年,第134—135页。

既然在社会事实中社会意识是本质的、主导的、可把握的,那么语言作为一种社会心理也是言语体系中第一性的、唯一可以把握的。索绪尔认为,只有心理印象才是可以进行理性分析的,因而才是具有现实性的对象。他说:

> 我们在语言中有一套能形成联想的符号,但这种行为只有通过言语才会发生,处于潜在状态的这些符号完全是现实的(像照片的形象一样储存在大脑中)。〈所以〉这种对象不但具有具体的属性,而且是可以直接研究的对象,特别有点像收藏家的标本箱里按类摆放的蝴蝶一样,我们可以决定什么与语言有关。〈由于这一特点〉,我们可简要地说,一本词典和语法代表了语言中所包含的能被接受的恰当的形象。①

词典和语法是将人们在对语流的概括分析中得出的具有本质特征的要素(心理印象)这一心理现实书面化的结果。从语言来说,它(语言)"是音响形象的堆栈",是可以理性把握的心理现实,"而文字则是这些形象实质性的形式"②。更重要的是,语言的现实性和有形性根源于它的自足性,即它具有自身的组织系统,犹如收藏家按类摆放的收藏箱,它的现实性不依赖于任何个人,而在于自足的系统。

索绪尔承认他对语言"现实"与"非现实"的认定与人们的常识悖反,"极难得到认同",但他所理解的语言的"现实性"很大程度上可以替换为一种"分析理性",这只有在"去掉了不属于它(指语言——引者)的一切"即个人的生理、物理、心理运动之后才有可能,此时,语言已经成为了抽象的自我组织的符号系统,"归入了人文事实一类"③。而言语体系"形式多样,规则无定。它同时横跨物理学、生理学和心理学等若干领域。它既属于个人的范畴,又属于社会的范畴"。这样的无定之物人们"不知道如何概括出它的统一性,便无从将它归入任何一个人文事实的范畴"④。由此我们才可能深刻

---

① 索绪尔《第三度普通语言学教程》,湖南教育出版社,2001 年,第 78 页。
② 索绪尔《普通语言学教程》,江苏教育出版社,2002 年,第 17 页。
③ 索绪尔《第三度普通语言学教程》,湖南教育出版社,2001 年,第 78 页。
④ 索绪尔《普通语言学教程》,江苏教育出版社,2002 年,第 11 页。

理解索绪尔反复强调的"语言科学不仅可以不考虑言语体系的其他要素,而且也只有当其他要素不予介入时,这门科学才有可能存在"①。

三、语言的语言学和言语的语言学

(一) 索绪尔的语言学分岔

1. 语言,还是言语?
　　——语言学第一个岔路口的选择

在语言、言语和言语体系三者关系中,言语体系包含了语言和言语。言语体系的社会部分、本质部分、主要部分,是语言;言语体系的个人部分、偶然(暂时)部分、次要部分,是言语。从整体上看,言语体系不是均质的,因而是不可认识的。在言语体系中,"语言和言语这两种对象以彼此互为前提而存在,然而它们本质上相似之处甚微,各自要求不同的理论,任何采用同一个观点把言语行为的这两部分结合起来的荒诞企图只能产生混乱无序的学科"②。换句话说,"要把语言和言语联合起来放在同一观点下进行观照,那无异于幻想"③。为此,就需要用不同的观点对语言和言语分别进行研究。在这里,索绪尔宣布语言学研究进入了"第一个岔路口"。人们面临着选择。

一条是语言的语言学,它是狭义的语言学,以语言为唯一对象。"它的研究完全是心理的,因为构成语言现象的两个成分(指概念和符号——引者)之间的联系是心理的。"④它又是言语体系中具有首要地位的科学,"所有其他构成言语体系的要素也自动地来归附于这门首要科学"⑤。

---

① 索绪尔《普通语言学教程》,江苏教育出版社,2002 年,第 16 页。
② 索绪尔《第三度普通语言学教程》,湖南教育出版社,2001 年,第 101 页。
③ 索绪尔《普通语言学教程》,江苏教育出版社,2002 年,第 22 页。
④ 索绪尔《第三度普通语言学教程》,湖南教育出版社,2001 年,第 101 页。
⑤ 同上书,第 20 页。

一条是言语的语言学,它是广义的语言学,以言语为主要对象。它的研究是心理—物理的。

在这个岔路口,人们不要奢望兼顾语言和言语的研究,即两条道路"不可能同时选取","也不可能合二为一"①。索绪尔坚定地说出自己的选择:"我们探求的是语言研究。"②他认为:"语言学唯一、真正的对象是语言,是从语言本身也是为语言本身来考虑的语言"③,尽管索绪尔也认可语言的语言学在研究中关联到言语的语言学,指出"人们也不应得出这样的结论:在语言的语言学里,决不能涉及言语的语言学"④,因为这样是"有益"的,但这已经是隔岸的两两相望,是不同的领域或者说"相邻"领域的关联或"借用"。

2. "伪装的演绎",还是"无意识的演绎"?
——在永恒的"结构"和变化的材料之间

索绪尔的这一思想,丹麦语言学家布龙达尔作了清晰的解释。他指出,对任何一门科学来说,最重要的是那些"永恒的、不变的、同一的东西",而不是那些变化中的东西。这种永恒不变的东西就是"结构"。"结构"将科学的研究对象内部的"合理联系""挤得更加紧密一些"。"紧密"的特征表现为"一个由许多相互制约的现象构成的整体",其中"每一个现象都依靠着其他的现象,并且只能在与其他现象的关系中存在"⑤。

采用这种"结构"的研究方法,就避免了狭隘的实证主义即由特殊到一般的"发觉、确认和记录事实"的归纳方法。归纳的方法只能像新语法学派研究语音规律那样趋向复杂烦琐,且归纳的方法号称"客观",其本质不过是"伪装的演绎"。因为人的任何经验、实验都建立在主观的假设、初步的分析和抽象概括的基础上。在人们"观察"到某些事实之间的关系之时,其背后必然有一个假定的基础。而"结构"的方法,不可能是从这种"伪装的演绎"中来的,因为归纳的方法缺乏充分的"结构"自觉。人们不可能从形态各异

---

① 索绪尔《普通语言学教程》,江苏教育出版社,2002年,第22页。
② 索绪尔《第三度普通语言学教程》,湖南教育出版社,2001年,第101页。
③ 索绪尔《普通语言学教程》,江苏教育出版社,2002年,第266页。
④ 索绪尔《第三度普通语言学教程》,湖南教育出版社,2001年,第101页。
⑤ V. 布龙达尔《结构语言学》,转引自岑麒祥《国外语言学论文选译》,语文出版社,1992年,第155页。

的方言中"自动"地归纳出语言的统一,也不可能从某个语言成分的地方变体中"机械"地归纳出该成分的类型。在布龙达尔看来,要想从研究对象的"庞杂"上升到"统一",从研究对象的"变种"上升到"典型",归纳的方法无能为力,研究者必须有一种"真正的科学本能"。这种本能在科学研究中表现为"无意识的演绎"。

"无意识的演绎"与观察到的现实无关,它是一种纯粹的理性运演。它运演出的"结构"或"类型",独立于它统辖下的各种要素的聚合或总和。也就是说,现象的"庞杂"和"变种"不是"结构"或"类型"派生的结果。布龙达尔认为,必须把"结构"的纯粹形式上的特点和它的"材料"区别开来,把"类型"和它的经验成分区别开来。两者互不相干。前者就是狭义的"语言的语言学",后者则是广义的"言语的语言学"。

将两者区别开来,并不是轻视经验的价值,不是"要拿一些抽象的公式来毁灭各种不同的语言事实",恰恰相反,这种区别对于"材料"和"经验"的研究本身也非常重要,因为它们也"相对独立"起来。这种独立性表现在:一方面,"经验是一切研究所不能缺少的出发点",即使在"无意识的演绎"中,归纳的运用也总是和"无意识的演绎"交织在一起。因为"为了充实和活跃理论体系所提出的框架,越来越细致的观察,越来越完备的检验总是需要的"。经验正是在这一点上"保存着它不能缺少的出发点","保存着它不能剥夺的权利"。另一方面,"材料"和"经验"虽然看上去是"适合于某一结构",甚至作为结构的一部分,但"材料"和"经验"本身具有"结构"所不能概括或涉及的相对独立的直观和感悟的本质。"现实的范畴,系统的内容或基础的研究"往往不是"语言"或"逻辑"所能把握的。较之"形式结构的研究",对它们的研究同样重要[①]。

3. "事实的真理",还是"理性的真理"?
——人类理性面对生活世界的深深的困惑

布龙达尔对"结构"和"经验"所作的区分,实质上是用胡塞尔的现象学哲学解释了索绪尔的思想。在西方哲学史上,胡塞尔的现象学在人类理性

---

① 参见 V. 布龙达尔《结构语言学》,《国外语言学论文选译》,语文出版社,1992 年。

和经验之间划出了一道深深的沟壑。莱布尼兹曾经指出,有两种真理:一种是"形式的或逻辑的真理",这种真理就像布龙达尔说的"结构"或索绪尔说的"语言"一样,是"永恒的、不变的、同一的"。另一种是"经验的或事实的真理",这种真理是变化的,存在于任何时间和空间的事象之中。在"事实的真理"那里,没有现象之间的必然的或纯粹的关系,也不要试图去建立这种关系。这种关系只存在于"理性的真理"之中。"理性的真理"描述的是一个理想的世界。胡塞尔进一步指出,我们永远不可能通过对经验的归纳和概括到达单纯的思想形式,因为后者是"形式的真理",而非"物质的真理"。也就是说,理性形式的构建不取决于特殊的经验。

我们可以说索绪尔在划分语言研究第一个分岔的时候,已经清醒地洞悉了"事实的真理"和"理性的真理"的互不相容。他义无反顾一刀割断了"语言的语言学"和"言语的语言学"的一切联系,让语言研究从此被隔断在一个巨大分裂的两端。人们在深渊的两岸守望,却难以建立起一种关于语言的连贯的理论。没有人能够了解索绪尔在做出这一抉择时的巨大的悲壮和无奈。索绪尔当时在写给他的学生的一封信中说:他的"最大愿望不是去研究一般意义上的语言",但"通行的(语言学)术语的绝对荒谬,对它们进行改造并为揭示出一般情况下语言是何种研究对象的必要性,不断地来破坏我在历史方面的兴趣",这使得索绪尔不得不关注语言事实的"逻辑分类"和研究语言事实的"视角的分类",他"要向语言学家揭示出他做的是什么"。但索绪尔对他所思考的一切不仅感到"十分艰巨"而且"心生厌恶",因为"只有语言生动的那一方面",即"使它有别于所有其他语言并属于某一民族、拥有某些源泉的那一面,也就是近乎民族学的那一面,才使我保持着一种兴趣"。索绪尔向往经验的研究,但对语言的"逻辑的真理"的追求,已经使索绪尔"不再有兴致义无反顾地投入到这一研究之中,并以属于特殊环境的特殊事实为乐趣。"索绪尔因此坦承:"这会使我并非由衷地去写出一本书,在书中,我将并非热情洋溢地去解释为什么在语言学中所使用的概念没有一个在我看来具有什么意义。只有在这之后,我承认,自己才能从遗弃之处重拾自己的研究工作。这就是我所处的也许很愚蠢的一个状态。"[1]

---

[1] 转引自本维尼斯特《半个世纪以后的索绪尔》,《语言学研究》2004年第3期。

索绪尔无法在"言语"的事实和"语言"的事实间自由往来,无法协调"逻辑"和"经验"的巨大落差,无法在对语言的"生动的"、"民族学的"、"拥有某些源泉的"、"特殊环境的"、"特殊事实"的和使他"有兴致"、"保持着一种兴趣"和"热情洋溢"的那一面进行的研究中,看到语言事实的"逻辑分类"即"单纯的思想形式"。他最终用语言研究的"第一个分岔"将矛盾的两端彻底分开,从此"形同陌路",咫尺天涯。索绪尔用他艰难痛苦的选择,告诫后人语言研究首先要在"语言"和"言语"间做出抉择。他"要向语言学家揭示出他做的是什么"的,就是每一项语言研究在接触语言材料时必须面对的第一个先决性的"分岔"——你关注"理性的真理",还是"事实的真理"?索绪尔在这里延续的是人类一个古老而永恒的精神困惑——人类理性面对丰富多样的生活世界时深深的困惑。

4. 选择,还是不选择?
　　——罗伊·哈里斯对语言学"分岔"的解构

毫无疑问索绪尔从符号学的立场做出了划时代的抉择。但既然是一种选择,它就只是语言研究的一种可能的途径,也就是一种理论假设。它在诸多可能性中并不先天具有"唯一"的价值威望。正如英国语言学家罗伊·哈里斯(Roy Harris, 1931—　)所指出的:索绪尔对"语言"的假设无须先肯定世界上有各种各样的语言。而世界上有各种各样的语言,这是一个事实。世界上没有可以像索绪尔确立的那种定型、静止的语言实体,这也是一个事实。在流动不拘的语言中,不仅形式具有不确定性,而且意义也具有不确定性。所有组成符号的东西都依赖于它所发生的环境以及它在该环境中的物质表现,都依赖于在一个合适的环境中人对符号的正确使用,不存在作为自主客体的语言。因此符号的确定只能在与之密不可分的环境的整合中实现,它是"语境化产品"。而语言研究中使用或创造的术语,本质上也都是实际语言运用中与语境相关的"整合成分"。由于它们是语境化的,所有它们不是固定的,而是在各种特定的语境中处在连续不断的创造过程中。

罗伊·哈里斯针对索绪尔对"语言的语言学"的选择,指出实际语言运用的形式是如此丰富,以至人们不可能在"语言秩序"和"现实秩序"间建立系统的对应，更不可能由理解各种语言来推断对"语言"的理解，或用"语言"来概括各种语言。日常交际中人们面对的首先是语言在社会中交换信息、进行想象、建立和维持社会关系等功能，而"语言"只是在日常生活中交际个体的"第二层次的产品"。语言研究首先必须面对交际行为。离开了交际的现实性，语言不存在①。

其实罗伊·哈里斯说的"不存在"，索绪尔也认可，但他认为这种"非(社会)现实"不重要，重要的是语言在社会心理上是一个"现实"。索绪尔说："当我们从言语行为中除去只属于言语的一切时，剩下的可以准确地称作语言，恰好只包括心理的要素，语言＝概念和符号的心理联结。然而，这只是除了社会现实以外的语言，是非现实的(因为只包括它的现实的一部分)。为了使一种语言存在，就必须有使用语言的说话大众。在我看来，语言是恰好存于集体心智里的东西。"②在索绪尔看来，离开交际的现实性恰好说明了语言的本质。语言因其(社会现实上的)"不存在"而(在集体心智上)"存在"。

也许从索绪尔的观点来看，在索绪尔的语言研究"分岔口"上，罗伊·哈里斯选择了"言语的语言学"。但实际上哈里斯根本不承认索绪尔"分岔"的前提。他认为不存在一个非语境化的独立的与"语言"相应的现象，不存在一个高居于日常交际中人们对语言的"异质性的理解"之上的同质化的"语言"，由此也就不存在一个作为语言研究"首要客体"的"语言"。我们也许可以用"理性的真理"来为索绪尔辩护，用几何学上的理想化的合理性来为语言学上的理想化辩护，但正如哈里斯所言这是两种截然不同的理想化。几何学的理想化清除的是不利于精确计算的因素，而语言学的理想化清除的却是对语言具有本质性的要素。

至此，我们可以说，在"语言的语言学"和"言语的语言学"的分岔中，只要有所选择，就默认了索绪尔对"语言"和"言语"的区分。因此，实际上在这两者之间不存在任何选择——两者都以索绪尔对"语言"的确立为前提。因此，语言研究要选择的首先是对语言的定义，即语言本质上究竟是一个理性

---

① 罗伊·哈里斯的观点参见杨炳钧《整合语言学概观》，《外语教学与研究》2004 年第 2 期。
② 索绪尔《第三度普通语言学教程》，湖南教育出版社，2001 年，第 110—111 页。

的制度,还是一个交际的活动?

(二) 索绪尔的"光荣的孤立"

经这样划分以后,索绪尔确立了语言的语言学在整个言语体系研究中的重要地位,这显示出他极大的学术创造性和学术勇气。许国璋借索绪尔自己的比方,指出索绪尔对语言和言语的区分在当时据主流地位的历史比较语言学的研究规范下,"勇气是惊人的。这好比研究音乐,习惯的方法是(比如说)研究不同文化里的音乐史,并加以比较,或比较大演奏家的演奏艺术。现在有人站出来说,你们这些都不在研究音乐本身(它的法则和系统),我认为研究音乐的法则和系统,只要研究乐章就够了(当然不只是一个乐章)。这是一个异乎寻常的革命性的见解,它使索绪尔的学说非常孤立。难怪在《教程》问世以后,反应那样冷淡。今天人们对于并时研究(指以语言为唯一对象的共时研究——引者)已视为当然,正可以说明他当时的孤立是'光荣的孤立'"[1]。

1. 在历史比较语言学历史语境中孤立

索绪尔的孤立,一方面是在当时的历史比较语言学新语法学派的历史语境中的孤立。新语法学派认为语言是个人精神的创造活动,而这种活动的产品只是一个消极的事实。尤其是作为新语法学派理论家的保罗,非常强调语言的个人实在性。他指出:"把语言看作语法和词典所规定的,就是说,把全部可能的词和形式看作具体的东西,而忘记了它只是没有真实性的抽象,那是错误的;实际的语言只存在于个人当中。在科学研究中,假如要了解它的本质和发展,是离不开个人的。要理解每个个别口语形式的存在,我们不要问'它是不是语言中通用的?'或'它是不是跟语法学家所抽绎出来的语言规律相符的?'而是要问,刚才使用它的人是不是在他的记忆里早已有了它,还是他自己第一次把它创造出来的。"[2]而索绪尔恰恰认为在个人的言语中充满了偶然和随意,它是异质的,不能作为一个"社会事实"来研究。

---

[1] 许国璋《许国璋论语言》,外语教学与研究出版社,1991年,第116页。
[2] 转引自岑麒祥《语言学史概要》,北京大学出版社,1988年,第264页。

2. 在欧洲语言人文主义历史语境中孤立

索绪尔的孤立,一方面又是深厚的欧洲语言人文主义历史语境中的孤立。德国 19 世纪的语言学家洪堡特是这一语境的代表。

洪堡特曾把言语活动区分为静和动的两个方面,一个是人的"讲话产品的总和",一个是日常语言交际中"每次所讲的话"①。两者的关系是:"语言只确定句子和言语的规则及形式,允许讲话者自由构筑具体的句子和言语。"②这和索绪尔的观点相当接近。但如果说索绪尔是把研究的重心放在语言的语言学上,那么洪堡特正相反,他对语言和言语的关系的认识有与索绪尔完全不同的看法:

语言是散乱、孤立、僵化、非本质的,言语是生动、真实、本质的。洪堡特说:"语言的真正定义只能是发生学的定义",即"每一次讲话的定义"。因为语言在其真实和根本的意义上,是精神不断重复的活动。"我们只有从不断进行的新的活动中才能认识到每一生动的讲话行为的本质,才能观察到活语言的真实图景。语言中最深奥、最微妙的东西,是无法从那些孤立的要素上去认识的,而是只能在连贯的言语中为人感觉到或猜度到(这一点更能够说明,真正意义的语言存在于其现实发生的行为之中)。"为此,要深刻认识语言,必须把言语的语言学放在首位,"一切意欲深入至语言生动本质的研究,都必须把连贯的言语理解为实在的和首要的对象",在洪堡特眼里,语言的语言学离开了语言的生命本质,是没有价值和拙劣的,"把语言分解为词和规则,只不过是经科学剖析得到的僵化的劣作罢了"③。

语言形式不是一种科学的抽象,而是一个民族的精神倾向。索绪尔理解的"语言"是一套存在于社会心理上的制度和惯例。在索绪尔眼里,它是消极的,不是积极的。洪堡特认为,语言形式反映的是一个民族极为独特的

---

① 威廉·冯·洪堡特《论人类语言结构的差异及其对人类精神发展的影响》,商务印书馆,1997年,第72页。
② 洪堡特《导论》,转引自姚小平《洪堡特——人文研究和语言研究》,外语教学与研究出版社,1995年,第128页。
③ 威廉·冯·洪堡特《论人类语言结构的差异及其对人类精神发展的影响》,商务印书馆,1997年,第55页。

精神追求。它是积极的。这套惯例之所以看上去消极、"僵硬的、一般化的",是因为我们无法观察到一个民族精神追求的全貌,而只能看到它的一个一个具体的表现。事实上,"在把分节音转化为思想表达的精神劳动中,存在着某种恒定不变的、同形的元素,而正是这种元素,就其全部的关系和这个系统而言,构成了语言的形式"①。由于这样来看待语言形式,洪堡特对语言形式的理解和索绪尔的理解有很大的不同。

这种不同首先表现在对语言形式的分析的看法上。在索绪尔看来,分析的理性是语言的本质;而在洪堡特看来,统一综合作用才是语言的本质。洪堡特认为,语言形式的分析只是一种技术,再细致的分析也和语言的精神本质无关。洪堡特说:"无论我们怎样追踪、描述、分解和剖析语言中的一切,总是会余下一些不为我们所知,不为我们的研究所能及的东西,而正是这一未知物,蕴含着语言的统一性和生命力。"②这就从根本上否定了语言分析的意义。语言形式的本质不在其分析性,而在其统一性。"语言形式的概念不应包括任何作为孤立事实的具体细节,……语言形式的本质就在于把那些具体的、与它相对而言被视为质料的语言要素综合为精神的统一体。在每一语言中,我们都可以发现这样一种形式,通过其综合统一作用,一个民族才得以把前辈传下的语言转化为他们自己的语言。"③

这种不同又表现在对语言形式真实性的看法上。索绪尔认为语言形式是抽象的,它是一种"社会事实"即"集体意识"。它的现实性就在于它的非真实性。洪堡特认为,"(语言)形式这一概念的运用决不会导致从语言中排除掉任何实际存在的、个别的事实,相反,这个概念只包含一切具有历史根据的和最个别化的事实"。语言形式的研究必须"保证把所有的细节都置于研究范围,否则它们很容易会被忽略过去"。这些"实际存在的、个别的"的细节的重要性在于"正是这些微不足道的细节,构成了有关语言的完整的印象"。显然,语言的统一性是和语言的真实性密切联系的。在语言的描写中,"只有从分散割绝的要素上升至这一统一性的高度,才能真正认识语言

---

① 威廉·冯·洪堡特《论人类语言结构的差异及其对人类精神发展的影响》,商务印书馆,1997年,第56页。
② 同上书,第57页。
③ 同上书,第59页。

本身,否则的话,我们就不可能了解这些要素的真实特性,更不可能了解它们相互之间的实际联系"①。

这样看来,洪堡特的语言和言语的思想与索绪尔有根本的不同,如果说索绪尔是"语言"本位的,那么洪堡特是"言语"本位的;这种不同从洪堡特的一句话清晰地反映出来:

> 在语言中,个别化和普遍性协调得如此美妙,以至我们可以认为下面两种说法同样正确:一方面,整个人类只有一种语言,另一方面,每个人都拥有一种特殊的语言。②

这样对语言的理解,散发着具有悠久传统的欧洲语言人文主义的浓厚气息,这就是为什么索绪尔的语言和言语思想在当时如此"孤立"的原因之一。

四、索绪尔的科学魅力与人文虚妄

(一) 寻找人类有意识活动的无意识结构

索绪尔将语言的语言学和言语的语言学区分开来,目的是将人类的言语活动整合为一个便于精确分析的"集合",这个"集合"是语言自身的固有的结构,它不依赖于说话者个人的生理、心理,不依赖于声音的物理传播,不依赖于语境,就像交响乐的音乐总谱。这种整合的确是非常理想化的,但正像索绪尔反复指出的,言语活动是一种发生在具有言语机能的人身上的生理—心理和物理的过程,它既有个人的一面,又有社会的一面;既有确定性的一面,又有历史演变的一面。从任何一个方面来研究它,都不可能掌握它

---

① 威廉·冯·洪堡特《论人类语言结构的差异及其对人类精神发展的影响》,商务印书馆,1997年,第59页。
② 同上书,第60页。

的全体,而同时从几个方面来研究它,又会使它变成一堆乱糟糟的毫无联系的东西。于是从言语活动中抽象出具有全局性、稳定性和分析理性的东西就成了索绪尔唯一的选择。这种理性状态的东西,索绪尔叫它"语言"。将语言和言语区分开来,语言就成了言语活动中十分确定的一部分,它只凭社会成员间的契约而存在。个人不能创造或改变语言,只能使用语言。语言的现实性不在个人身上,而在集体心理中。这样整合后的语言的语言学,其唯一的、真正的对象就是就语言自身和为语言自身而研究的语言。

从更广泛的意义上说,精神的无意识的活动就是给内容规定出形式来,这种规定必然表现为符号范畴。任何实际事物的信息在认识过程中都是通过间接的符号系统表现出来的,于是认识的过程就需从对事物的观察或描述层面提高到模拟化层面,以模拟的形式把事物或对象表现出来。由模拟建立的图式具有相对于事物的独立性。这时,研究者面对的不是自然状态的事物或者说言语行为,而是建立于其上的符号模型。正如丹麦语言学家布龙达尔(Viggo Brondal)所说:

> 大家普遍地理解到需要一般的概念。这是特殊的、同一事物的个体表现的唯一单位。这个单位应该理解为完全理想的,而且对学者的意识来说是独立的类型。例如在生物学里再也少不了"族型"的概念,即一种族类遗传因素的综合,各种各样极不相同的表型(phenotype)就是它们的体现(约翰森)。同样,在社会学里,社会事实具有它对全体表现的独立性(涂尔干)。索绪尔和加德纳曾独立地,但平行地发展了他的思想,极力强调"语言"的概念,认为它跟"言语"完全不同。"语言"在这里是"物种"(espece),像在生物学里一样,同时也是"制度"(institution),像在社会学里一样。这是一种纯粹抽象的本体,个人的高级的规范,各个主要类型的总体,言语要用无限多样的方式把它体现出来。①

在这个意义上,索绪尔努力寻找言语活动背后的语言形式,力图通过

---

① V.布龙达尔《结构语言学》,《国外语言学论文选译》,语文出版社,1992年,第154页。

"语言结构"的研究来揭示言语活动的根源,刻画它的规则和意义,探索人的心智的无意识功能对言语活动的投射,探索人脑的结构化潜能对外界事物的整理和安排,其意义是重大的。索绪尔向人文科学研究宣示了一个崭新的研究方法:对人类社会现象研究,可以而且必须通过人们有意识的活动(言语)去寻找无意识的结构(语言)。

索绪尔的研究还显示出一种极富个人魅力和科学品格的追求,这就是究根问底,即努力界定事物的稳定的基础。在他早年的历史比较语言学研究中,他不像当时大多数研究者热心于语言的历史调查,材料的比较,词源目录的编制这些时髦的作业,而是几乎本能地将目光聚焦于那些统辖各式各样经验材料的底层基础。他要探寻在印欧语系中 a 的多种形式之下,是什么基本要素在起着稳定的作用。而他很快发现这个基本要素不是一个孤立的要素,而是关涉一个元音系统的总体。这是一片充满荆棘的"无人区",被称为历史比较语言学最为荒芜的地域。但索绪尔却义无反顾。他在他著名的《论印欧系语言元音的原始系统》一文的序言中明确表示,尽管由于缺乏经验,研究可能迷失于乱草丛生的蛮荒之地,但科学研究必须向着这样的基本材料问题跋涉,因为不界定基本的材料,一切经验的材料都漂浮不定,一切对经验材料的研究都充满了任意性、武断和不确定性。历史比较语言学研究的语言历史演变现象,不正是应该建立在这种"不变"的基础上的吗?在索绪尔看来,离开了"不变"的基础,语言事实就不存在。由此我们看到他的一个日益凸显的深刻的主张,即人文事实只有依据研究者的基础性界定才存在。索绪尔在印欧系语言元音系统中对响鼻音的音位学指认,就是这种界定的一个辉煌的范例。索绪尔不知道这个音位的声学表现,只知道它兼有元音和辅音的特征,可以和元音组合,但不和 e 或 o 连音。它有时以 e 的形式出现,有时以 o 的形式出现,有时不出现,而所有的元音交替现象几乎都可以归结于这个元音的交替。显然,这个响鼻音是索绪尔依据元音系统中的空格假设的一个具有代数性质的基础性的关系项。这一基本材料的界定解释了印欧语言的元音变化。在半个世纪后对赫梯语(hittite)的破解中,竟然发现了其系统位置恰好与索绪尔假设的关系项相符的音位。索绪尔以他出色的实践表明,只有界定先行才能使研究的对象清晰起来,从而具有客观现实性。而这个界定的过程就是建立新的范畴,将经验材料结构化即"语言"化的过程。由此我们可以看出,索绪尔风格的研究是一种建构(界定)为本、理论先行的研究。

值得注意的是,这种建构,从根本上摒弃了事物的物质存在。在索绪尔看来,语言学要研究的对象是作为符号的语言,而语言具有的最彻底的符号属性使得语言学对符号学的理论建构具有"最重要的反作用",即"它为〔sémiologie(符号学)〕开拓的新领域,就是使符号学看到符号的崭新的一面,亦即证明了只有相信符号不只可以传递,而且本质上是为了传递而存在的……,我们才能真正理解符号的实质"①。所谓"本质上是为了传递而存在的"即彻底屏蔽了符号的现实性和具体性。索绪尔认为语言研究和其他领域的研究之根本不同,就是其他领域研究的事物是客体性的,不依赖研究者的"给定",而语言学研究的事物是"给定"即界定的,不具有客体性。在其他领域视为通例的以特定的视角确认事物的物质属性,并且可以变换视角以观察"自我给定"的事物的方法,在索绪尔的语言研究中被替换为"符号化"的方法,即用构建的符号体系("语言")去替换客观事物,用语言学的给定替换客体的自我给定的方法。其所以要这样是因为在索绪尔看来言语活动中错综交织着生理、物理、心理各种要素,这些复杂的要素使言语活动无法呈现出一种"实体"的单一特征。索绪尔殚思极虑想要阐明的一个惊世骇俗的学术理念,就是只要把语言研究的对象视为一个物自体,不管这个物自体是客观存在的还是主观创造的,语言研究都已深陷困境,难以自拔了。拯救的出路在于将一切纳入建构的关系网络中。在索绪尔看来,独立的、自我的、先在的语言物自体是不存在的,先在的是关系,给定只能在关系中进行,意义也只能在关系项的相互区别中呈现,因此,只有处于网络中的关系项才是可以真实把握的。

基于这一"符号学"立场,索绪尔甚至认为语言学不再属于任何现有的科学,无论是自然科学还是人文科学。他说:"许多人在争论,语言学究竟应该归属于自然科学还是历史科学?语言学不属于这两门科学中的任何一

---

① 索绪尔《普通语言学札记》(俄文本),第103页,转引自信德麟《索绪尔〈普通语言学札记〉(俄文本)评介》,《国外语言学》1993年第4期。

门,而属于一门应该称之为符号学的科学之列,尽管这门科学目前尚不存在。"①

索绪尔对言语活动的符号化整合具有极大的假想性。它在充分展示其科学魅力的同时,也显现出人文的虚妄,因为作为一种社会文化现象,语言是决不可能与"物"无关地单一存在的。

(二) 对语言现象符号化整合的疑问

1. 疑问之一:有没有脱离语境的语言?

面对索绪尔的"语言"论,人们的第一个疑问是:有没有脱离语境的语言?

(1) 意义的语境限制

索绪尔认为,在言语交流中,从说话人的心理过程、生理过程到声波的物理过程,又从听话人接受声波后的生理过程到心理过程,这个全过程中只有物理过程是外在于人的,而生理和心理过程都是可控的。事实上,任何言语交际都是在特定的语境中进行的。交际的时间、空间、话题、角色关系、交际目的等对交流中的语言形式及其与内容的结合产生复杂的影响。维特根斯坦有一个著名的例子:一个建筑工向他的助手说:"石块!"助手在建筑工地的特定语境中将"石块"这个词正确理解为一个命令句"请把那个石块递给我!"并执行了这个命令,将石块递给了建筑工,从而实现了建筑工的交际目的。而在索绪尔的言语交流图式中,这个建筑工说出的只是一个单词,助手接收的也只是一个单词的物理声波,脱离了语境的"石块"是无法理解为一个有目的的交际行为,也无法作为一个句子来编码和译码的。

任何一种语言形式,当它置身于不同的语境时,都会有不同的意义。就拿"石块"来说,它可能是说话人在炫耀他的物品,意为"这可是石块雕刻的!"可能是说话人在发出警告,意为"当心石块掉下来砸到你的头!"可能是说话人在善意地提醒,意为"你旁边不是有一个石块吗?"可能是说话人在表

---

① 索绪尔《普通语言学札记》(俄文本),第196页,转引自戚雨村《索绪尔研究的新发现》,《外国语》1995年第6期。

示怀疑,意为"这怎么可能是石块?"可能是说话人在恍然大悟之后表达他的欣慰,意为"原来是一个石块!"……显然,"石块"这个语言形式的意义不是形式本身决定的,而是语境决定的。交际中的语言形式几乎都有这种"语境相关性",即与当时状态紧密关联。雀巢咖啡的广告词 It's the taste!("就是这个味道!")单纯从语言形式上看,它的意义是不确定的。但放在雀巢咖啡的广告语境中,它的意思译成汉语只能是"味道好极了!"

在阿拉伯语中,walad 的词典义是"男孩"。在日常交际中,阿拉伯人说:"ya:walad!"("嗨,男孩!"),意思可能是叫一个男孩过来。但也有可能是其他:对一个人的成功表示赞赏,对一个人的恶行或无所作为表示轻蔑;对孩子表示禁止、警告或呵斥;对同学或同事表示亲密,而不管对方是孩子还是成人,是男性还是女性;如此等等[①]。

再以英语中的 yes 为例,它的意思可能是"甚至可以说",例如甲问:Are you ready, Bill? 乙回答:I'm ready, yes, eager to help. 也可能是"不对",例如甲说:The dinner isn't ready. 乙回答:Yes, it is. 也可能是"要什么?",例如甲说:I know what he wants. 乙说:Yes? 甲说:Money. 也可能就是一个简单的"哦!",例如甲说:How do you like the coat? 乙说:Yes, the material is good.

由此,同一个问题,在不同的语境中因不同的理解而会有不同的回答。例如对 How about today? 这个问句,回答 OK. Thank you very much. 的人,把它理解为一个邀请,并欣然接受;回答 I got there on time and I worked overtime. 的人,把它理解为一个有关工作情况的关切的询问,即"今天上班没有迟到吧?""今天还顺利吧?";回答 Much better. Thank you. 的人,把它理解为一个有关身体情况的询问,即"你今天好点了吧?"

正因为如此,我们往往在交际中听到语言形式上完全不对应而语境意义上吻合的句子,例如:

    A:The telephone rings.("电话铃响了。")
    B:I'm in the bathroom.("我在浴室呢。")

---

① 参见付志明《语境——语义的确定》,《语言学研究》2002 年第 1 期。

A:I could eat an ox.("我能吃下一头牛。")
B:Dinner will be ready in a minute.("马上就开饭了。")

我们也会听到在语言形式上完全对应而语境意义上完全不对应的句子。例如男生 A 和女生 B 的对话：

A:Excuse me, are you a student of this university?("对不起,你是这个大学的学生吗？")
B:Yes, I am. This is my third year.("是的。我是三年级的。")
A:Oh, how old are you?("哦,你多大？")
B:I'm twenty-two.("22 岁。")
A:Really, but you don't look your age.①("真的？你看上去不像 22 岁。")

在这个语境里,女生 B 说的 I'm twenty-two. 的意思不是指真实的年龄,而是"关你什么事？"男生 A 如索绪尔的言语交际图式那样接收了女生发出的语言形式,却完全理解错了。我们可以说,离开了语境,任何语言形式都没有真实的意义。

在跨文化交际中,文化的差异成为语境的重要内容或者说更深广的背景,会更加深刻地制约语义的编码和译码。

以上说的语义,主要是句义。其实即使是词义,在不同的上下文中也有不同的意思。例如 coffee 这个词,在 The coffee spilled 这个形式中,词义是不明确的,但下文的不同可以限定其词义。在 The coffee spilled, get a mop 中,coffee 的词义被 mop 限定为"咖啡茶";在 The coffee spilled, get a broom 中,coffee 的词义被 broom 限定为"咖啡豆"。

一个词往往含有不同甚至相反的义项。词的确定的意义只有在上下文和语境的制约中才能显现。阿拉伯语中 zhun 既有"黑"的意思,也有"白"的意思;zhalal 既有"伟大、重要"的意思,也有"简单"的意思。gassa 既有"裁

---

① 转引自白解红《性别语言文化与语用研究》,湖南教育出版社,2000 年,第 5—8 页。

剪"的意思,又有"讲述"的意思,还有"跟踪追击"的意思。Ayin 既有"眼睛"的意思,又有"间谍"的意思,还有"现钱"的意思。相互矛盾的义项只有在语境中才能排他性地选择。阿拉伯语中 wathab 既有"坐下"的意思,也有"跳下去"的意思。一个阿拉伯传说是这样的:"有一个阿拉伯人以使节的身份从阿拉伯半岛的北部来到南部晋见一位国王。国王在一个山顶接见了这位使节。国王对使节说:'thib(请坐)'。这位使节认为国王命令他从山上跳下去,心想,一定要让国王知道我是一个顺从的人。于是,他便从山顶上跳了下去,摔死了。国王不解地问:'他这是干什么?'周围的人告诉国王,这个词在他们那里是'跳下去'的意思。"①

在词汇现象中同义词严格地说只在特定的语境同义,语境一变,同义词往往各司其职,不再同义。例如阿拉伯语中某些同义的外来词和本土词,本土词往往随语境而改变词义。ha:tif 和外来词 tilifu:n 在一些阿拉伯国家是同义词,都是"电话"的意思。但在 man alha:tif(谁在喊叫?)中,ha:tif 词义变为喊叫的人。masrah 和外来词 tiyatru: 都是"剧场"的意思,但在 masrah alzhari:mah(犯罪现场)中 masraha 词义变为现场。此外,ratal 在突尼斯的语言中意思是"火车",但在 retal min alsayya:rah(一队汽车)中词义变为汽车②。

在索绪尔的《普通语言学教程》出版后不久,20 世纪不断有学者对索绪尔的脱离语境的"语言"提出质疑。多位欧洲学者就意义的语境生成提出了与索绪尔不同的观点。

丹麦语言学家叶斯柏森(Jens Otto Harry Jespersen,1860—1943)认为,语言实质上是人类的一种活动。在语言活动中传达的东西,不是像图片那样单一的东西;在语言活动中的传达,也不是像投影仪那样的传达,即说话人单纯把"图片"投射到听话人脑子里。语言活动是一个复杂的互动过程,说话人要根据听话人的知识状况和当时的语境条件进行语言编码,听话人也要根据说话人的知识状况和当时的语境条件进行译码。叶斯柏森肯定洪堡特提出的语言是持续的活动的命题,并进一步从这个命题推导出语言

---

① 转引自付志明《语境——语义的确定》,《语言学研究》2002 年第 1 期。
② 参见付志明《语境——语义的确定》,《语言学研究》2002 年第 1 期。

是言语行为总和的命题。他说：

> 语言不是实质或者成品，而是一种行为(action)。语言只能从其发生的角度加以界定。语言是人脑利用清晰的语音表达思想的不断重复的劳动。严格地说，这是一个单独的言语行为(act of speech)的定义；但是真实的情况是，从本质上讲，一种语言应该被视为这种言语行为的总和。因为按照我们通常的观念，词和规则构成语言，但词和规则仅仅存在于连续的言语行为之中。①

从语言是言语行为的总和这个观点出发，叶斯柏森认为所谓"语言"，就是言语的复数，而不是索绪尔以为的单一的规则。要真正把握语言的实质，就必须研究说话人和听话人及其相互关系。"如果我们不首先持续地考虑说和听的活动，就根本无法了解语言是什么，语言如何发展。"②在叶斯柏森之后，韩礼德(M. A. K. Halliday)进一步认为，语言作为活动"并不存在(exist)"，而"只是发生(happens)"③。

法国语言学家埃米尔·本维尼斯特(Emile Benveniste, 1902—1976)指出，任何一种语言，都有一些词汇的意义是在语境中生成的。以法语为例：

人称代词 moi(我)的意义是说话人，vons(您)的意义是陌生的人或与说话人是上下级关系的听话人，tu(你)的意义是与说话人关系密切的人。

指示代词 ce(这)、cela(那)等的意义是说话人所指的对象。

相对性副词、形容词 ici(这里)、maintenant(现在)、demain(明天)、hier(昨天)等的意义是语言活动发生的时间和空间。

具有施为意义的动词用于第一人称单数现在时的意义是说话人完成了一个具有社会意义的个人行为，例如说 Je promets(我答应)表明了说话人的"允诺"。

---

① J. O. Jespersen, Language, Its Nature, Development and Origin, London: Allen & Unwin, p. 56. 转引自任绍曾《叶斯柏森语言观研析》，《外语教学与研究》2004 年第 4 期。
② J. O. Jespersen, Essentials of English Grammar, New York: Holt. p. 17. 转引自任绍曾《叶斯柏森语言观研析》，《外语教学与研究》2004 年第 4 期。
③ 转引自任绍曾《叶斯柏森语言观研析》，《外语教学与研究》2004 年第 4 期。

本维尼斯特认为词义在语境中生成是因为语言活动的两大要素是对话人和语境。每一个语言活动都要首先引入说话人作为活动必备条件中的一个参数，说话人的身份一旦明确就要开始讲话，于是在他面前就要引入一个受话人。每一个语言活动中语言都要表达外部世界的一定关系，这就需要语境的参照。

英国普通语言哲学家奥斯汀(J. L. Austin, 1911—1960)也指出，由于语境的作用，"同一个词之元(比如说，同一句句子，也即是说，同一类型的符号)，可以用在不同的场合，都是言之成声，但立意不同，所指不同，因而也就成为一个不同的意之元。如果用的是不同的词之元，而立意相同，所指相同，我们可以说：在传意这一意义上，它们的价值是一样的——在某种意义上，我们可以说这些是同一种陈叙之言(statement)"①。把语境作为语言形式"立意"的根本参照，语义的同和异就不再是一个静止的概念，而是一个交往活动的概念。这让我们想起巴赫金的著名论断：

> 意义并不存在于词之中，也不存在于说话人和听话人的头脑中。意义是说话人和听话人之间通过一个特定的声音组合材料相互作用的结果。这就像电火花的产生，只有在两个不同的端子勾连在一起时才有可能。一些人试图规定词的意义，探求词的底层的、稳固的、具有自我同一性的义界。实际上他们是想在切断了电源之后开亮电灯。只有语言交往的电流才赋予一个词以意义之光。②

奥斯汀也认为，词的使用，在一定程度上需从上下文中才能得到解释，而不是通过"词的意义"得到解释。词在使用中的时间和条件(occasion)对词的解释有重要的影响。"原来是想放在什么上下文里说的，或者确实已是在什么上下文里说的，都影响到如何解释'词之用'。"③

在现代西方哲学的"语言学转向"中，维特根斯坦的"语言游戏

---

① J. L. 奥斯汀《论言有所为》，转引自《语言学译丛》第一辑，中国社会科学出版社，1979年，第6页。
② Bakhtin, M. M(1929): Problems of Dosioevsky's Poetics.
③ J. L. 奥斯汀《论言有所为》，转引自《语言学译丛》第一辑，中国社会科学出版社，1979年，第8页。

(Sprachspiel)"思想是一个重要的环节。所谓"游戏(spiel)",其"活动"的意思德语含义比汉语含义更宽泛,只是汉语没有相应的介于"游戏"和"活动"之间的范畴。维特根斯坦用这个术语表明:语言是活动的一部分,是生活形式的一部分。人类的活动和语言"编织成一片"。生活形式离不开语言的运用,而语言的运用也受着生活形式的制约。

从语言的意义来说,维特根斯坦认为一个词的涵义不在它的自身,而在它的用法中;一个词的功能也只存在于它的操作中。这就像银币只有在购买活动即使用中才表现为价值。换句话说,人们是在语境中理解意义的。因此,不必问意义,只需问用法;不必问功能,只需问操作。

从语言意义的习得来说,维特根斯坦认为学习一种语言不是从一套语法规则和一本词典开始的,而是从参与社会语境中形形色色的语言活动开始的,即人们只能在特定的场景中学说话。由此,意义就不是一种实体,而是功效。

从语言意义的确定来说,语言游戏中的意义在充分的上下文和语境中是没有限度的。在这个意义上,没有"理想的"语言,只有"日常的"语言,没有绝对的、理想地遵守的语言规则,只有相对的、随意的语言规则。

从语言意义的范围来说,在语言游戏中,词的使用总是和它的使用目的紧紧联系在一起。目的是上下文和语境的组成部分。

从语言意义的考察来说,由于它是在活动中生成的,人们只能从林林总总的生活形式中去发现它,却不能依仗逻辑分析去了解它。因此,考察意义不需要用脑去思考它的统一的逻辑结构,而只需用眼去看日常语言中多种多样的词的用法。这就是维特根斯坦著名的告诫:"请不要想,而要看!"维特根斯坦用这样的言辞来说明两者的差异:

> 把多种多样的语言工具及对语言工具的多种多样的用法,把语词和句子的多种多样的种类同逻辑学家们对语言结构所说的比较一下,那是很有意思的。①

---

① 维特根斯坦《哲学研究》第 23 节,转引自陈嘉映《语言哲学》,北京大学出版社,2003 年,第 189 页。

当然,这里所说的"工具"并不表明语言的功能是"消极"的,恰恰相反,维特根斯坦的语言"工具论"强调的是语言在使用中"对世界作出应对",即"从总体上看,工具不止于有用,工具不仅改变它所处理的对象,而且改变它的使用者。飞机使我们旅行得更便捷,它同时也改变了我们的说话节奏,带来了新形式的竞争、个人压力等等。语言比飞机重要多了,语言标志着一种全新的生活形式"[①]。

维特根斯坦曾用"蓝"这个词在各种语境中的用法来说明他的观点——
你在调配颜料时说:"很难调出这种云彩的蓝色。"
"这种蓝色和那种蓝色是一样的吗?"
"天色渐渐晴朗,你又可以看见蓝天了。"
"你看见那本蓝色的书吗?请帮我拿过来。"
"这蓝色的信号灯是在说……"
"这种蓝叫什么?是叫靛蓝吗?"

维特根斯坦问:当人们听懂上述句子中"蓝色"的意思时,他们是在做同样的事吗?不同语境中句子的这个词在人们头脑中有相同的反应和交流功效吗?事实是,人们正是理解了这个词在不同语境、上下文中的不同意义,语言交流活动才得以顺畅地持续下去。

显然,维特根斯坦彻底跳出了语言的理性视域,把语言从逻辑主义的理想天国拽回到世俗语境中,让语言生气勃勃起来。他和奥斯汀一样,充分肯定了语言功能和社会语境的紧密联系。在他看来,生命在于运动,语言的生命在于交际活动,语言和人类日常生活融为一体。从这个角度看,索绪尔对语言活动的"符号化整合",舍弃了对语言有根本意义的语境,是有严重缺陷的。

(2) 交际价值:理性意义 vs. 联想意义

英国语言学家杰弗里·N·利奇指出:"研究意义最好的方法是把它看作语言本身的一种现象,而不是把它看作'语言之外'的现象。这就是说,我们研究怎么样才算从语义上'懂一种语言'。比如说,在辨认句子之间的意

[①] 陈嘉映《语言哲学》,北京大学出版社,2003年,第188页。

义关系以及辨认哪些句子有意义、哪些句子无意义时,知道涉及哪些因素。"①从这种"语言本体论"出发,利奇认为语言符号的意义包括理性意义、联想意义和主题意义。

理性意义是关于逻辑、认知或外延内容的意义,它是社会所有成员共有的语言"共同体系"的一部分,是稳定的,即"不是这个便是那个"。理性意义是人们赖以生成和理解话语的语言能力的基本组成部分,是为一个句子的任何特定解释提供一套抽象的符号,即"语义表达"。这套抽象符号类似于语音的"音位表达",它"要能确切地表明,如果我们要把该句的意义与语言中可能存在的其他一切句子意义区分开来,并使该句的意义与一定的句法和音位表达方式对应,那么我们需要知道些什么"②。这很像索绪尔所说的"语言"符号的意义,但索绪尔的符号意义是纯粹关系的产物,比认知和逻辑更为抽象。而且,即使就理性意义而言,它用来交际是远远不够的。例如英语的 woman 这个词,它的理性意义可以分析为 human(人)、female(女性)、adult(成人)。这样的意义对于交际来说过于"理性"了,用利奇的话来说,它没有"交际价值"(communicative value)。

索绪尔举过这样一个例子:"当我们在会议上一次又一次听到 Messieurs!(先生们!)这个词语时,我们感到它每一次都是同样的词语,然而,口吻和音调的变化使它在不同的段落中以非常明显的声音差别呈现出来……此外,尽管从语义的观点来看,在一个 Messieurs! 和另一个 Messieurs! 之间没有绝对的同一性,但是,我们仍然有这种同一性的感觉,就像一个词语可以表达相当不同的观念,却不致严重累及它的同一性一样。"③索绪尔所说的"同一性",作为"相当不同的观念"的同一性,显然是非常抽象的。雅柯布森在《一般语言学》中谈到这个问题时,也肯定在交际的双方之间存在着一种等价性的内在关系,即说话人发出符号和受话人接收符号并做出解释之间有一种语义上的同构,否则交际就无法进行下去。但我们认为这种语义上的同构不可能是非常抽象的。交际双方要交流的在很

---

① 杰弗里・N・利奇《语义学》,上海外语教育出版社,1987年,第12页。
② 同上书,第16页。
③ 索绪尔《普通语言学教程》,江苏教育出版社,2002年,第119—120页。

大程度上不是这种抽象的语义,而是角色关系、意图、态度和句子的表达功能。后者具有更高的交际价值。诚如雅柯布森所指出的,听话人从说话人的语音信息里,可以分辨说话人是谁,他的年龄、性别、性格、出身、教养、生活环境、社会地位等。而这些,如果说也是一种语义上的同构的话,那么它已经远远逸出了符号的理性意义,在索绪尔的两次"Messieurs"的同一性之外。

联想意义是符号使人联想到的在"真实世界"中的经验,它是以经验之间的相互关联为基础的意义,它因个人经验的不同而变化,因程度、范围的不同而变化。这种变化首先是因为符号的所指有了内容,获得了一种"内涵意义"。依托于实物的内涵意义是非常丰富的。woman 这个词的意义因此包含了"躯体特征"(如有双乳、有子宫),"心理和社会特征"(如爱聚群、有母性本能),"典型特征"(如善于辞令、擅长烹调、穿裙子),"公认特征"(如脆弱、易流眼泪、怯懦、好动感情、缺乏理性、反复无常、文雅、富有同情心、敏感、勤勉)。在 19 世纪,这个词还有"无权当家"的意思。而"今天在许多非西方社会中,woman 这个词仍具有许多在我们看来是陌生的含义"[①]。

利奇认为经验的联想"并非为语言所特有,而是为视觉艺术和音乐之类的其他交际体系所共有的",而且"内涵意义经常随着文化、历史时期和个人经历的变化而发生很大的变化",所以"内涵意义不是语言的基本组成部分,而仅是附带的"[②]。其实理性并不能作为判断一个意义"基本"与否的标尺。非洲一些语言是通过社群之间的独立和竞争的关系来认识现实的。例如马萨依部落的语言将人分为"男人"和"非男人"两类,"非男人"包括女人、儿童和奴隶,这就是马萨依文化的理性。对一种文化来说,词的文化义可能比"理性"义更为基本。而"理性"说到底是语言性的,即由语言规定的,不存在超然于语言的"理性"。

联想意义的变化除了个人经验的不同,还因为社会语境的不同。因此符号的意义还包括社会环境意义。

一方面词语的理性意义往往在进入语境后产生联想意义。在阿拉伯语

[①] 杰弗里·N·利奇《语义学》,上海外语教育出版社,1987 年,第 17 页。
[②] 同上书,第 18 页。

中 saha:bah alsayif 的理性意义是"夏日浮云",进入语境就产生"时光飞逝,世事多变"的意思。fula:nun wuthun 的理性意义是"某人是耳朵",进入语境就产生"偏听偏信"的意思。Anta gittal! 的理性意义是"你是一只猫",进入语境就产生"你真长寿"的意思[①]。

另一方面一句话是否应理解为一个请求或道歉、陈述、威胁等,这种意义是一种功能意义,它和理性意义没有直接的联系,却是完成交际的关键意义,因为一个句子产生的根本动力是表达功能即功用。正如英国语言学家加德纳(Sir Alan Henderson Gardiner, 1879—1963)所指出的:"功能,而不是形式,使一组词变成句子。"[②]与此相关的还有符号的情感意义。它既可以依附在理性意义、内涵意义上,也可以通过语气的变化独立地表达出来。在日常言语交际中,情感意义的传达比理性意义更为真实。

此外,利奇所说的联想意义还包括反映意义(通过一个词语的另一意义的联想来传递的意义)和搭配意义(通过经常与另一个词同时出现的词的联想来传递的意义)。

主题意义则是"说话者或写文章的人借助组织信息的方式(语序、强调手段、信息焦点的安排)来传递的一种意义"[③]。例如主动句和被动句有不同的意义和交际价值。选择不同的语法结构对信息会有不同的侧重,这种侧重往往也是理解交际意图从而完成交际的关键。

(3)"软"和"硬"的选择:方法,还是现象?

实际上,任何语言都是在社会环境中表意的,也就是说语言形式的选择及其传达的意义在很大程度上受到语境的制约,依托语境的补充。索绪尔的言语交流过程图式在实际生活中是不存在的,那是一种剥离了社会文化语境的"纯交流",它只在研究者的拟想中存在。真实的言语交流决不可能是"语言"的,而只能是"言语"的。索绪尔认为抽象的"语言"虽然是存在于大脑中的由集体同意而认可的种种联结的整体,但这种种心理联结都是有形的,"文字可以把它们固定在约定俗成的形象之中";但"要将言语行为的

---

① 参见付志明《语境——语义的确定》,《语言学研究》2002 年第 1 期。
② A. H. Gardiner, (ed.) *The Theory of Speech and Language*, Oxford: Clarendon Press. p.184, 转引自武波《重读加德纳——英国语言学史札记》,《外语教学与研究》2001 年第 4 期。
③ 杰弗里·N·利奇《语义学》,上海外语教育出版社,1987 年,第 27 页。

所有细节都逼真地描绘下来则是不可能的"①。也就是说,"语言"(表现为文字)是可以把握的,"言语"是不可把握的。但问题是可以把握的"语言"并不真实,洪堡特形象地称那些记录语言的文字是"木乃伊",因为它们抽离了言语,没有生命,就像"木块"这个单词。他说:

> 语言就其真实的本质来看,是某种连续的、每时每刻都在向前发展的事物。即使将语言记录成文字,也只能使它不完善地、木乃伊似的保存下来,而这种文字作品以后仍需要人们重新具体化为生动的言语。②

而不可把握的"言语"随着研究理论和方法的不断发展,又不是不可把握的。我们只能说,索绪尔在20世纪之初,在面对言语交际的复杂现象难以下手之时,考虑到语言学研究对象的可分析性和研究方法的科学性,对言语现象进行拟想化的抽象,这是人类理性试图拟想化、模型化地把握人文现象的一次意义重大的努力,从而开启了一个人文科学研究新的历史进程。索绪尔把这一新进程称为"符号学"。

索绪尔认为,在言语体系中,只有作为符号系统的语言是可以归入人文事实(即具有分析理性)的,因此符号系统是语言的"真正性质",语言的语言学本质上是符号学一部分。"语言学的问题首先是符号学的问题,我们所有的论述都是从这一重要的事实中获得意义的。"而"符号总是在某种程度上规避个人或社会的意志,这正是它的主要特征所在"③。但问题是:在"规避个人或社会的意志"之后,这样的"语言"符号是否还真实存在,或"存在"之后是否还有意义?

显然,索绪尔在"硬"的方法和"软"的现象的矛盾中将手术刀指向现象,他要求"软"的现象经过改造即"格式化"以其"硬"性适合方法的需求。但改造后的现象虽然"理性化"了,最大的问题却是不真实了,它使人深深怀疑这种改造后的"语言"并非从实际言语现象中发现的,而是语言学家为了"科

---

① 索绪尔《普通语言学教程》,江苏教育出版社,2002年,第16页。
② 威廉·冯·洪堡特《论人类语言结构的差异及其对人类精神发展的影响》,商务印书馆,1997年,第54页。
③ 索绪尔《普通语言学教程》,江苏教育出版社,2002年,第18—19页。

学"的目的而制造的。如果是这样,那么语言研究最根本的一个问题——为什么要研究语言——就凸显在人们面前:难道研究语言不是为了了解语言现象的真实,而是为了满足"科学"的分析?什么叫"科学"?科学的要义难道不是要符合事实、理解事实,而是要像索绪尔那样画一个美丽的言语交流图式,即为了"图式"本身?这不是本末倒置吗?在方法和现象的矛盾中,当代人文科学的研究从结构主义的可贵的努力中得到启示,开始将手术刀指向了方法,即不断地"软化"硬性的科学研究方法,建立更多地包容人与社会文化事实的人文科学方法。

索绪尔让我们明白了寻找现象背后的"模型"的重要性,但任何现象,它的"语言"和"言语"都是不可分的,只有能够正确解释言语的语言才是真正的语言。我认为,在具体研究工作中,如果还没有觉得有必要区分语言和言语,那就不要区分。切忌一上来不管事实如何就分清了语言和言语,结果却是剥离了语言的血肉,或者是借"科学"的名义、"语言"的名义,回避了实际语言现象的丰富性和复杂性。事实上,人在认识语言现象的时候,都具有一定的"语言"性,即分析理性。人对世界的认知、建构,本身就是一个"语言化"的过程。这个语言化的过程,是对人类有根本意义的人化自然的过程。人在对世界的符号化过程中创造了神话、寓言、诗歌、习俗、礼仪、社会制度,同时也在这个过程中创造了人类自己。"这种创造过程包括不断地创造各种可以认识的、重复的形式,我们现在可以把它称为'结构'的过程。维柯把这种过程看作是人固有的、永恒的、确定的特征。"[①]在这个"语言化"或者说"符号化"中,现象的真实和人的符号理性的真实是浑然一体的。如特伦斯·霍克斯所指出的:

> 任何神话在古代人一般经历过的实际经验中都有其基础,表达了他们的愿望:试图把一种令人满意的、可以理解的、人化的形式强加于这种经验。维柯认为,这种形式是从人的心灵本身产生的,它成了人类心灵视之为"自然的"、"既定的"或"真实的"那个世界的形式。

这就确立了真实-事实(verum factum)原则:人认识到是真实的

---

① 特伦斯·霍克斯《结构主义与符号学》,上海译文出版社,1987年,第4—5页。

(verum)与人为地造成的(factum)东西是同一回事。当人感知世界时,他并不知道他感知的是强加给世界的他自己的思想形式,存在之所以有意义(或"真实的")只是因为它在那种形式中找到了自己的位置。因此"……如果我们对此深思熟虑的话,那么,诗的真实就是形而上学的真实,与它不相符的物理的真实就应该被视作谬误。"(维柯《新科学》第205节)①

人是符号的动物,符号性是人的思维超越动物思维的根本特征。我们可以说用"语言"的态度即非精确的而是模拟的(诗意的)态度对待世界是人类的特性。在这个意义上,人类的语言现象或者说言语交际现象本身已经是"语言"的了。面对世界,人先天地具有形成结构、形成模型的能力,人的本性也先天地具有在结构中安居的倾向。因此,人的"语言"能力或者说"结构主义"能力是与生俱来的。如维柯所说:"在人类制度的本质中,必定有一种为任何民族所共有的精神语言,它毫无例外地抓住人类社会生活中可能出现的种种事物的实质,而且以形形色色不同的变化来表现这种实质,一如这些事物本身可能具有形形色色不同的方面一样。"②这里所说的"精神语言",在特伦斯·霍克斯看来,"是昭示所有人必将永远这样生活的一条原则。它表明,要成为人,就必须成为结构主义者"③。

基于语言和现实一体,人所面对的现实就是语言现实,我们对实际语言现象首先应该具有"结构"的信任,努力按照语言事实本身的"纹路"建立模型。不去努力发现语言事实本身的"结构天赋",不去努力发展人文(而非自然)科学的研究方法,而去构造另一套更为抽象的模型以代替现象本身的语言纹理,以适应所谓"(自然)科学"方法的要求,这是科学主义的僭越。如果说人文主义眼中的"语言"是现实的话,那么科学主义眼中的"语言"只是一种"知识"。索绪尔寻求的语言的"现实",实际上是符号系统的"现实",这个"现实"其实也就是"知识",不是作为世界存在方式的语言现实。问题是语

---

① 特伦斯·霍克斯《结构主义与符号学》,上海译文出版社,1987年,第3—4页。
② 维柯《新科学》第161节,转引自特伦斯·霍克斯《结构主义与符号学》,上海译文出版社,1987年,第6页。
③ 特伦斯·霍克斯《结构主义与符号学》,上海译文出版社,1987年,第6页。

言学研究满足于"知识"就可以了吗？结构主义者不妨醉心于"知识"或者说技术"制图"，但千万不要说这个技术制图就是人文现实。从根本上说，现实的本质不在这种纯粹的抽象，而在内容的理解和领悟之中。

这样看来，人文科学建立现象的"模型"，可以有两种不同的方法。

第一种方法是从内容入手建立模型。所谓"内容"，本质上就是人对现象的理解，它扎根于人的实际经验，而内容的"模型"就是意大利哲学家詹巴蒂斯塔·维柯所说的人的与生俱来的对周围环境做出反应的"诗性智慧"。在这里，结构和内容的关系是本质的，结构是内容的结构，是语义结构、功能结构、世界样式，当然同时也是语法结构，因为"文法"即"意法"。从内容入手建立模型，就需要我们设置内容的范畴，这就是在"软化"我们的方法。这种"软化"基于我们对结构基础的一个深刻的看法：语言单位的个体历史及其意义是它的结构关系的最深刻的基础。一个动词为什么能与这些名词结合而不能与另一些名词结合，最终取决于它的意义基础及其蕴含的功能。内容的模型就是这样建立起来的。

萨丕尔对语言结构类型的分析，可以说是建立"内容模型"的一个范例。

萨丕尔肯定每一种语言都有一种独特的内在格局，他说："每一种语言都像有一个基本规划或固定的体裁。语言的这种类型或规划或结构'本性'，比我们所能举出的任何单一现象都是更为根本性质的，更是弥漫一切的；单只罗列零碎的语法事实并不能使我们恰如其分地了解某种语言的性质。从拉丁语到俄语，我们觉得视野所及，景象是大体相同的，尽管近处的、熟习的地势改变了。到了英语，我们好像看到山形歪斜了一点，不过整个景象还认得出来。然而，一来到汉语，头上的天都变了。"[①]

要把握每一种语言的内在格局，用"硬"的技术分析能否行得通？萨丕尔详尽地讨论了"硬"标准的困难。例如：能不能用一个"观点"即标准来区分各种语言结构类型？"一种语言有多种面貌，我们很可能就被难住了。再说，一个观点就够了吗？"[②]

从"综合-分析"的观点来看，萨丕尔用丰富的语言事实指出："一种语言

---

① 爱德华·萨丕尔《语言论》，商务印书馆，2002年，第108页。
② 同上书，第110页。

从某一观点看来是'分析的',从另一观点看来又是'综合的'。我以为这些名称更宜于用来指某些趋势,不宜于当作绝对的筹码。"①

从"屈折-粘着"的观点来看,萨丕尔以"典型的"屈折语拉丁语和希腊语为例指出:"屈折语可以是分析的、综合的、或多重综合的。"②同样,一种粘着语"它可以是前附加的或后附加的;可以是分析的、综合的或多重综合的"③。若以"融合法"作为屈折语的精髓,那么"有许多语言尽管用尽了我们能找到的最完备、最错综的方式来融合根本成分和附加成分,但并不就此显出那种使拉丁语和希腊语成为屈折语的形式结构。……有好几百种融合语言和象征语言(按定义它们不是粘着语了),在精神上和属于屈折类型的希腊语、拉丁语相抵触"④。而且"不能因此就说粘着语不会在相当大的程度上使用融合原则(不论在外表上的还是在心理上的)甚至象征主义。这完全是个趋势的问题"⑤。

那么,能不能用一个简单的公式来区分各种语言结构类型?简单的公式总是"硬性"的,用它来对语言现象格式化、使现象"符号化"而具有分析理性,这当然是理想的。但萨丕尔以语言结构类型的"三位一体"公式为例指出:

> 有一种分类法,它的魔力像是叫人难以抗拒似的,就是从两极端出发,比如说,从汉语和拉丁语出发,在它们周围集合一些可以方便地集合起来的语言,然后把其它一切扔到"过渡类型"里去。因此兴起了一些现在还流行的做法,把语言分成"孤立"类、"粘着"类、"屈折"类。……无论如何,很难把我们所知的一切语言都分别归入这些类,尤其是因为这些类别并不是互相排除的。……一种语言可能是粘着的,又是屈折的;或者是屈折的,又是多种综合的;甚或是多重综合的和孤

---

① 爱德华·萨丕尔《语言论》,商务印书馆,2002年,第115页。
② 同上。
③ 同上书,第121页。
④ 同上书,第117页。
⑤ 同上书,第120页。

立的。①

各种"硬"的将语言结构类型格式化的方法,在萨丕尔看来,"它们与其说是把所知的各种语言都包罗进去了,不如说是强迫各种语言坐在窄小的直背椅上"②。这样的格式化的结果往往是"大部分语言都能适合不止一种类型",而且"这样粗枝大叶地分类未免失于肤浅。它可能只因为外部形式上有某些相似之处,就把精神上全然不同的语言扔到一起"③。

尊重事实,以内容为本,必然会摒弃"硬性"的方法,摒弃用简单的符号化为现象建立"语言"的方法,而选择方法的"软化"。正如萨丕尔所说的:

> 我们抛弃了分析的、综合的、多重综合的这个尺度,因为它只顾到量的方面,不合使用。孤立的、附加的、象征的,这也不够,因为它过分着重技术的外形。孤立的、粘着的、融合的和象征的,这办法比较可取,但仍旧是在外形上兜圈子。……要把分类法建筑在语言所表达的概念的本质的基础上。④

萨丕尔用详尽的事实表明,"语言的技术特点比较起来是多么没有固定性。……综合与分析,粘着和'屈折'(融合)之间的对立可能不是那么基本的。……我们面对的是比孤立、粘着、融合的对比更深远的东西"⑤。这"更深远的东西",就是基于内容的"形式格局"即"模型"。萨丕尔由此提出了语言结构类型的概念分类方法。这样的分类"并没有顾到语言的技术性的外表",而只是回答"有关概念怎样译成语言符号的问题"⑥。经过这样的分类,"归入同一类的语言,外表上也不一定有许多相似之处。我们关心的是一种语言的精神、技术和复杂程度这些方面的最基本、最一般的形象"⑦。尽管如

---

① 爱德华·萨丕尔《语言论》,商务印书馆,2002年,第110页。
② 同上书,第109—110页。
③ 同上书,第113页。
④ 同上书,第122页。
⑤ 同上书,第128—129页。
⑥ 同上书,第123页。
⑦ 同上书,第126页。

此,内容总是有自己的格局的,从内容出发同样可以发现形式,这时看到的形式一定不是肤浅的,而是深刻的,是内容的生命格局。萨丕尔说:

> 归入同一类的语言会在细节上彼此平行,并且还会在本分类法所没有注意到的结构形式上彼此平行。……所以,只要我们看出某两种语言确有直觉上的相似处,却有同一潜在的形式感情,那么就不必奇怪会发现这两种语言同样追求或同样规避某种发展的道路。[①]

萨丕尔把这种内容的形式称为"形式直觉"。萨丕尔认为:"语言究竟是极端复杂的历史建筑。把每种语言都放到一个方格子里,这并不重要。倒不如订出一种可以伸缩的方法,让我们能从两三个独立观点来把一种语言搁到能和另一种语言互相对比的位置上去。"[②]这种"可以伸缩的方法",就是人文科学的"软"方法。

第二种方法是从抽象的形式入手建立模型。方法就是像索绪尔那样区分语言和言语。脱离实际事象,搭建一个绝对"纯净"的平台,以分析理性和格式化作业充分过滤事象,在硬性的事实"集合"上进行形式化的操作。这样产生的"语言",往往不是从实际事象中概括出来的(或者说是从实际事象中"不顾一切"地概括出来的),而是在研究者的精神世界中推演,又选择一些材料证据拼合的。结构主义者自己也承认,为了建立"模型",有时候需要运用逻辑演绎以赋予模型绝对的规律性。它用研究者的逻辑推演替换事象的结构实体,由此制作出的封闭的语言"模型",使人无法站在与结构主义者同样的立场上进行学术讨论。结构主义者认为,社会与文化的深层结构不能根据归纳概括出来,只能依据某种理智模式启示出来。这种用"硬"的"语言"替换"软"的实际语言的方法,可以设计非常精巧的结构系统,但可惜的是,没有人能够说出语言现象中什么语言是"语言"的,什么语言是"言语"的,因为尽管语言有书面语和口语之分、有规范语言和不规范语言之分、有标准形式和社会变异之分、有语言能力和语言运用之分,但"(语言和言语)

---

① 爱德华·萨丕尔《语言论》,商务印书馆,2002 年,第 126 页。
② 同上书,第 125 页。

在所有单个场合下都是不可分割的辩证的统一"①,因为语言就是内容的语言,天然处在交际过程中。

站在今天的高度看索绪尔,我们可以清楚地意识到索绪尔的超越是划时代的超越,他试图解决人文现象研究中的科学理性问题,试图用积淀在历史比较语言学中的自然科学方法论去解决复杂的人文现象。他的富有魅力的创造就是为人文现象建立具有分析理性的模型——符号系统。他从一开始就预言了这样一个以符号学为特征的新的学术前景:"这样一来,人们不仅会阐明语言的问题,而且……倘若把礼仪、风俗等等看作是符号,这些事实将显得全然不同,人们将会感到需要把它们统归到符号学的范畴,用这门科学来对它们加以解释。"②索绪尔之后结构主义正是这样形成了席卷人文科学的大潮。而索绪尔的局限——他没有意识到人文现象的符号化、格式化暗藏着僭越事象本真的危险,没有意识到解决方法和现象的矛盾更为妥当的途径是逐步在科学的探索中发展出软化的研究方法,使之适应事象的丰富性,决不以舍弃对事象具有本质意义的社会文化因素为代价去求得科学虚妄的形式美感——这是求索中的历史的局限。

2. 疑问之二:有没有脱离声音的语言?

(1) 索绪尔关于"听觉印象"的四个比方

索绪尔在提出他的言语交际图式③时指出:这个图式一目了然地让人把言语交际中的物理部分即声波和生理部分(发音和听音)、心理部分(词语形象和观念)区别开来。这一区别在索绪尔看来非常重要,因为语言是言语行为的社会部分,作为一种社会制度,它完全在心理层面上存在,是一套心理现实。"概念和声音符号的结合就足以构成整个语言。"④

在言语交际中,当"听觉形象"(留给我们的、潜在于大脑中的印象)发生作用的时候,"发音的角色好像处于从属的地位"。索绪尔对两者关系打了四个比方:

---

① H. A. 康德拉绍夫《语言学说史》,武汉大学出版社,1985年,第135页。
② 索绪尔《普通语言学教程》,江苏教育出版社,2002年,第19页。
③ 图见索绪尔《普通语言学教程》,江苏教育出版社,2002年,第13页。
④ 索绪尔《第三度普通语言学教程》,湖南教育出版社,2001年,第8页。

电码比方——声波和发音"好像同可能用于传递摩尔斯电码符号的各种电器部件一样属于非本质的东西,假定这些符号在两个终端是看得见的,它们是用什么装置来传递的却无关紧要"。

音乐比方——"〈语言可比作音乐作品。〉一个乐章只有在演奏的总和中才存在,演奏对于乐章是无关紧要的。〈一部交响乐就是一种无需演奏而存在的现实。〉"①

织锦比方——"我们能否把语言比作一种织锦?色调的组合构成了这种织锦的图案,但要知道染色工是如何设计这种图案并不重要。〈重要的是一系列视觉的印象,而不是织线如何印染的知识,等等。〉"②

下棋比方——"我们可以把语言比作一套下棋的装置,除非可能产生对比的价值,否则,这跟我们知道棋子是用什么材料(象牙、木头)做的没有多大关系。"③

这四个比方,清楚表明了索绪尔对语言符号的物质表达和心理现实的等级关系的看法:

前者是非本质的,后者是本质的——"与某一概念联系的听觉形象,是语言的本质。"④

前者是偶然的,后者是恒定的。"一切偶然的东西都产生于行为之中,因为不确定地重复所给定的,是产生语音变化这类数量繁多的事实的根源,语音变化是大量的偶然事物。"⑤

前者是个人的,后者是社会的。"发音行为,产生于个体机能的领域,属于个人的责任范围。"⑥

前者是手段,后者是目的。"重要的是听觉印象,而不是产生听觉印象的手段。"⑦

前者是非语言学的,后者是语言学的。"语言是一个以不可分析的听觉

---

① 索绪尔《第三度普通语言学教程》,湖南教育出版社,2001年,第79页。
② 同上书,第60页。
③ 同上书,第61页。
④ 同上书,第8页。
⑤ 同上书,第8—9页。
⑥ 同上书,第8页。
⑦ 同上书,第60页。

印象(f 和 b 之间的差别)为基础的系统","构成语言的不同的形式,是通过听觉印象所表现的种种结合,正是它们之间的对立关系提供了语言的全部装置"。而"〈(考察产生每一语音印象所需的发音器官的全部动作,将不会对语言的理解有什么启发。)〉"所以,"〈(发音)〉分析对于语言学家来说是毫无兴趣的"①。

(2) 萨丕尔论语音功能意义与其物理特性的关系

显然,索绪尔认为语言的声音是不重要的。如果说这是为了强调语音的心理格局,那是可以理解的。人类发出的语音是千差万别的,各民族的语音都有自己的具有特征的发音。一个熟悉自己母语发音的人,对其他民族的发音差别,能够听出来,却难以模仿出来。萨丕尔说这是由于我们的发音器官被母语的语音系统"控制"了,甚至因被控制而肌肉僵化了。这使我们很容易发出母语的语音而拒绝非母语系统的语音。人在获得了发音和听音的"百发百中"的便利的同时,也就失去了发音和听音的极端自由。显然,语音的心理格局控制了我们的听和说。它之所以有这样大的力量,是由于它直接和观念表达相关。

那么,同一母语的人,在共同的语音心理格局之下,日常交际中是不是就发音一致了呢?萨丕尔说实际生活中是没有这样的"标准"的人,或者说"语言"的人的。因为人都是本能地生活着,而非"语言"地生活着。"承担文化的人既然是本能地活着的有机体,所以不论哪一方面的'观念'都不能在他的实践中实现。"②

那么在人的实践中实现的是什么呢?是发音的个人色彩。语音的心理格局即索绪尔说的"听觉印象"是内化在发音的个人色彩中的。所以萨丕尔说:"言语里,凡是不在僵化的发音结构以内的部分都不是表达观念的部分,而只是附加上去的、多少有点本能地决定的发音细节,但是在实际言语里总免不了有它们。言语的一切个人色彩——自己的着重点、快慢、自己的语调、自己的音高——都是非语言的东西。"③

---

① 索绪尔《第三度普通语言学教程》,湖南教育出版社,2001 年,第 60—61 页。
② 爱德华·萨丕尔《语言论》,商务印书馆,2002 年,第 40 页。
③ 同上书,第 40 页。

萨丕尔也将语音的"语言"心理和语音的"言语"表现加以区别,但他并不将两者完全对立起来:肯定语音的心理格局,并不否定这一格局的物质基础。相反,他认为:

语音格局中的点是真正的言语要素——"如果一个语音和其他的语音'放'在一起时不能被人自然而然地识别,它就不是一个真正的言语要素;就像舞蹈中的一个步子,如果和其他动作'放'在一起不能帮助解释舞蹈,它就不过是抬一抬脚而已。"①

语音格局中的点融"声音形象"和"心理形象"为一体——"这个体系中的每一个成员不仅有一个区别性的、略有变化的以及相应的声音形象,而且(非常重要的是)还有一个不同于同一体系中其他所有成员的心理形象。"②"从物理方面来说,朴素的讲话人和听话人把语音变为现实,同时对语音很敏感,但他们发出的和听到的都是'音位'。"③

一个音位在不同的语音环境中可以感觉到不同的形式——"第二种变体(指一个音位的主要成员——引者)对操这一语言的所有正常人来说都是一样的,它依赖于基本语音("模式的要点")出现的语音环境。在大多数语言中,说话者感到是'同样的'语音,随着语音环境的不同会有可以感觉到不同形式。"④

语音格局中的点在实际行为中可以修改——"语言不仅仅是发出的声音;它的有意义结构取决于对数量固定的'语音位置'或语音单位的无意识选择。这些单位中的每一个在实际行为中都可以修改;但基点是通过对语音和音位的无意识选择,在各种语音位置之间竖立起了心理屏障,这样言语就不再是表达性的语音流,而变成了用有限的材料或单位构成的符号。"⑤

---

① 爱德华·萨丕尔《语言中的语音模式》,转引自[捷]伊·克拉姆斯基《音位学概论》,上海译文出版社,1993年,第140页。
② 同上。
③ 爱德华·萨丕尔《音位的心理现实》,转引自[捷]伊·克拉姆斯基《音位学概论》,上海译文出版社,1993年,第142页。
④ 爱德华·萨丕尔《语言中的语音模式》,转引自[捷]伊·克拉姆斯基《音位学概论》,上海译文出版社,1993年,第141页。
⑤ 爱德华·萨丕尔为《社会科学百科全书》撰写的"语言"条目,转引自[捷]伊·克拉姆斯基《音位学概论》,上海译文出版社,1993年,第143页。

语音的物理特性体现其功能意义——"当然我们需要这些物理特性给我们信号,从而看出该实体在一个互相关联的复杂体系中所具有的功能意义;但是,众所周知,在任何特定的语境中,这些物理特性之中有许多被看作无关紧要的而被忽视了,只有某一个特性,在某一时刻是有或被社会看作不平常的信号价值,在解释这一实体中起决定作用,这与该实体的'物理重量'是某一对应关系的。"[1]

功能意义会改变语音的物理特性——"经验中所有有意义的实体通过功能或叙述意义的过滤之后对物理特性作了改变。"[2]

音位的抽象离不开言语现实——"一些语言学家似乎认为,在一种抽象的语言学讨论中(在对一种语言形式的理论描写中或对相互联系的语言的比较中)音位是非常有用的概念,但它与言语现实的关系不大。这种观点在当代学者看来似乎是与现实相悖的。正如一个物理学家或哲学家要用质量、体积、化学结构、定位等抽象概念来描写一个物体一样,抽象语言学家、语音学家也要把发出的言语转变成简单的物理过程……所以,在言语中,只有耐心观察并且常常要有意忽视个人的语音(应该是音位)直觉,才能够准确地把语音状态抽象出来。"[3]

显然,没有语音特征的听觉印象在交际中是无法把自己和别的听觉印象区别开来的。离开了语音特征,一个听觉印象就没有自身的价值。因为任何听觉印象都是在交际活动中被肯定、被分辨的。任何言语交际,首先都是一连串的声音,在这一连串的声音中,语音具有实体性和可重复性。任何言语交际,又都是一连串的词的声音,在对众多的词音的析解中,语音才和语义结合成一体,形成了深刻的语言交流的经验。我们可以毫不夸张地说,在人类的交际活动(声音的和文字的)中语言才有了现实性,而不是在人类的主观抽象中语言才具有了现实性。语言的交际功能是在语言的声音中实现的,物质音响使语言成为客观的存在。

(3) 语言失"声"对本质的消解

---

[1] 爱德华·萨丕尔《音位的心理现实》,转引自[捷]伊·克拉姆斯基《音位学概论》,上海译文出版社,1993年,第141—142页。
[2] 同上书,第142页。
[3] 同上。

1) 语音分析的样本来自实际语音

索绪尔认为,对于语言学研究来说,重要的不是交际活动中的实际语音,而是语音的同一性。也就是说,实际语音是不确定的,充满了偶然性的变异。语言研究只需研究实际语音的样品就可以了。但"样品"又是从哪里来的呢？一个语言学者面对一种语言的时候,他必须深入实际语音去找到音位这样的样品。刘复发现汉语的四声的因素不是声音的强弱,也不完全是声音的音质和音长,而主要是声音的高低。汉语声音的高低不是简单跳跃的,而是复合的、在两音之间滑动的。这个音韵学史上划时代的发现,就是从语音实验中来的。

2) 确定音位的变体离不开语音相似性

听觉印象总是一个音位组合。当我们确定一个音位的时候,我们是如何处理音位和音位变体的关系的呢？难道不是根据两者之间的语音特征上的相似性,即认定音位是一组语音特征相似的音段的抽象集合吗？诚然,音位之间具有对立关系,音位具有辨义功能,但人们对音位的肯定却是音位的声音形象和心理形象"碰撞"结合的结果。萨丕尔曾生动地描写过这一碰撞的过程：

> 我发现,教一个印第安人区分语音时,如果一种分别不相应于"他的语言格局中的点",就有困难、甚至于不可能。尽管这分别在我们客观的人听来非常明显。但是隐蔽的、刚刚能听出来的语音分别,只要能碰撞上了"格局中的点",他就能容易的并且自主地在写法上表现出来。看着说奴脱加语的译员书写他自己的语言,我时常有一种奇怪的感觉,好像他是在转写他能听到的作为实际语音洪流的表念(intention)的、理想的语音之流,而从纯客观的角度来看,他又并没有听真。[①]

显然,音位的理解是听话人心理上的音位形象("格局中的点")在语流中表现出来的结果。也就是说,语音的价值"是从音在实际言语里的一般用法和

---

① 爱德华·萨丕尔《语言论》,商务印书馆,2002年,第48页。

功能上流露出来的"①。听话人在判断语音的同一性时,根据的是他的语音直觉,这种直觉直接表现为声音的分辨。可见,同一性并不仅仅是抽象地存在于"干干净净"的听觉印象中,它同样"具象"地存在于实际语音中。现代语音实验研究中语音识别技术处理的是言语交际中实际的声音。研究表明,"目前大词汇量的、认人的识别中,识别率很高。在大规模数据库词典的帮助下可以达到99%的识别率。由此可见,言语声音确实具有同一性。那里边有许多复杂的因素现在还不清楚,由此造成的模糊性,并不是否定语声同一性的理由。"②

3) 语调决定句子的语义意图

语言是以声音的物质外壳发生作用的方式存在于社会之中的。如果说声音是不重要的,那么就无法解释许多句子离开了声音就意义模糊的现象。例如在任何一种语言中语调都是句子的基本语义意图的标志。一个陈述,在不同的语调中,会有不同的甚至完全相反的语义理解。在美国黑人英语中,音调的丰富变化和趋向假高音,是表意的重要手段。在一个社团内部,亲密的关系、友好的关系,都通过音调传达出来。句子的语调决定句子的表达功能,而这种语调的形式和功能同标准英语有很大的差异。

例如一般疑问句在黑人英语中采用降调:

You the teacher.

这个句子的降调决定了它的语义等同于标准英语的 Are you the teacher?

又如假设复合句中关键的假设意图,在标准英语中用连接词表示,而在黑人英语中用句末升调表示:

She wanted proof, I could give her proof.
She can do me some good, that's cool.

---

① 爱德华·萨丕尔《语言论》,商务印书馆,2002年,第47页。
② 沈炯《运行中的语言》,《语言科学》2003年第3期。

句末的升调决定了上句的语义等同于标准英语的 If she wanted proof, I could give her proof, 下句的语义等同于标准英语的 If she can do me some good, that's cool①。

一位女研究生在一家杂志的女研究生爱情座谈会上说：

> 最可爱最可悲的要算我老妈了。我读本科时偶尔有男生来电话，老妈就像个检察官，语气听起来吓人："你是谁？""叫什么名字？""找我们家盈盈干什么？"现在一旦有男生来电话，老妈虽然还是那几句问话，可那声音温柔慈祥恨不能马上变成人家的丈母娘，末了还要加一句："有空来家里玩啊！"②

同样的问话，语音的变化具有完全不同的语义意图和表达功能。

很难想象，这些表达语言重要意义的声音模式，被排除在"语言"之外。在这里，失"声"的"语言"，已经失去了它最本质的内涵。简单地说语言是一种心理现象，是无法解释如此丰富多样的语言事实的。

4）语言的社会交际功能是语言分析的基础

语言能不能脱离声音，本质上依然是语言能不能脱离语境的问题。我国语言学研究在20世纪50年代末到60年代初，曾就这个问题展开过热烈的讨论。讨论的核心是"在语言学中，是否有必要把语言和言语区别开来？区分语言和言语的根据是什么"。当时复旦大学的李振麟和董达武表述的观点，至今仍有深刻的意义。他们认为，把语言的使用、语言与思想的联系、语言的基本单位句子，都排除出语言，说它们是言语，这实质上是否认了语言的社会交际功能、否认了语言和思想的直接联系，而把语言仅仅归结为形式体系。他们指出：

> 有人说，语言是各种结构成分的总和和由这些成分构成的体系；也有人这样说：语言是一套词汇系统和文法系统（包含语音系统），换言

---

① 例句转引自曹务堂《试论美国黑人英语的语言特征》，《外语教学》1991年第3期。
② 参见丫丫《女研究生，爱情离你有多远》，《人之初》2004年第10期（下半月刊）。

之,即语言只是一套规则体系。这两种说法本质上是一样的。它们的共同点是:一方面虽然承认语言是供人使用的交际工具;另一方面却又认为语言如果一经人们使用,就不再是语言,而是"言语"了。从此出发,他们又不可避免地引出了另外一个结论:语言并不体现人们具体的思想,也就是说,语言与思想无关。

照这种理论说来,语言只是作为一种"体系"而凌空、孤立地"存在",既不同人们的社会交际活动发生直接的不可分割的联系,也不同人们的思想发生直接的不可分割的联系。

问题很明显,认为语言不同人们的社会活动不可分割地联系着,认为语言一经人们使用就变成了"言语",这是不对的。[①]

问题之所以很明显,就是因为"语言的存在和创造就是由于作为人们的交际工具","人们按交际原则来使用语言,而语言只能在人类使用语言的交际活动或语言活动中存在和发展,因此语言和语言活动密不可分地交织在一起"。这就从根本上决定了"把语言活动叫做'言语活动',同时认为它与语言是本质不同的两种社会现象,显然是不妥当的"[②]。

3. 疑问之三:有没有脱离文化的语言?

对索绪尔的语言和言语区分理论,最本质的疑问来自这一区分自身的"语言性"即法语属性。索绪尔的《1900—1911 索绪尔第三度讲授普通语言学教程》的英译者罗伊·哈里斯在对索绪尔使用的法语术语的翻译中深刻触及了索绪尔使用词语的文化限度。

罗伊·哈里斯认为,索绪尔的语言实践——他"大胆地运用术语来定义事物",与索绪尔的语言理论——他把语言视为一套类似元语言的社会惯例,是相矛盾的。在索绪尔的语言实践中显示的恰恰是他使用的语言即法语的强势风格,而"由一个人使用的语言所强制形成的心理坐标是不容易被

[①] 李振麟、董达武《关于语言和"言语"的若干问题》,《学术月刊》1961 年第 1 期。
[②] 同上。

抹掉的"①。法语词义和词源的特征深刻影响着索绪尔的范畴体系。就拿索绪尔关于"语言"(langue)、"言语体系"(langage)和"言语"(parole)的区分来说,它反映的实际上也是法语中这三个词的词义关系,尤其是 langue 和 langage 的词源关系。一旦换一种语言,哪怕是同一印欧系的语言,这种词义关系就不存在,那么我们怎么可以像索绪尔那样认为建立在法语基础上的这种理论区分是具有普遍意义的呢?正如罗伊·哈里斯所说:

> (索绪尔)不遗余力地试图说明,法语中存在着的两个词 langue 和 langage 体现出来的词汇差别,同确立语言学作为一门科学而理论上必然要保留的划分恰好巧合。他进而认为,langue 和 langage 之间的概念空缺几乎完美地被第三个术语 parole 所弥补。所以,说也奇怪,法语竟然成为 20 世纪语言学的理想语言,正如它成为 18 世纪政治的理想语言一样。②

莫罗在他的《普通语言学教程》评注本中曾指出,英语的 language 不等于法语的 langage,而等于法语的 langue,而法语的 parole 和 langage 更难用英语翻译。德语中的 Sprache 有时指 langue,有时指 langage,而德语中的 Rede 有时指 parole 或 discours,有时又指 langue。于是:

法语的 langue,德语中有人翻译为 Sprache,有人翻译为 Sprachtum(语言总体),有人翻译为 Einzelsprache(个别语言);

法语中的 parole,德语中有人翻译为 Sprechen,有人翻译为 Rede,有人翻译为 Sprechakt(语言行为);

法语中的 langage,德语中有人翻译为 menschliche Rede(人的语言),有人翻译为 Sprache,有人翻译为 Sprache higkeit(语言能力)。

在意大利语中,法语的 langue 和 langage 对应于意大利语的 lingua 和 linguaggio,但是法语的 parole 却没有对应的意大利语词。表面上意大利语

---

① 罗伊·哈里斯:索绪尔《第三度普通语言学教程》英译者前言,湖南教育出版社,2001年,第 XIV 页。
② 同上书,第 XIV — XV 页。

的 parola 是法语的 parole 的对应词,但意思完全不一样,parola 的词义近于法语的 mot(词)。有人尝试用 atto linguistico(语言行为)来翻译,有人尝试用(il) parlare 或 espressione 来翻译,但都无法在内涵上完全对应法语的 parole。要解决这个翻译问题,唯有原词引进法语这个词,即采取不译的办法。

　　术语的翻译问题触及索绪尔不愿意涉及的语言文化问题。索绪尔把范畴即术语看成一个"元语言"问题,以为自己可以避开特定文化的语言的制约,以为这种"非语言系统"的因素"通过突出语言符号二元实体的性质是可以避谈的"[①]。这只是他的一厢情愿,同时也证明语言在"给出"一个民族的世界观、"给出"一个民族的文化样式的同时,是不可能从文化中"提纯"的,因为最"纯"的语言就是作为民族文化深层结构的语言。索绪尔理论的翻译清晰地显示出"语言"(langue)、"言语体系"(langage)、和"言语"(parole)三分"毫无疑义地说是一种巧合罢了。尤其在翻译的过程中要突出强调围绕 langue 这一术语索绪尔所作的某些具体区分时,便会遇到概念上的困难,甚至可能在某些索绪尔本人没有意识到的方面使翻译搁浅"。因此英文译者罗伊·哈里斯认为索绪尔著作的翻译的价值不仅仅是工具性的,更是解释性的,即"翻译恰好是解释、探索和研究索绪尔思想的最完美的智力工具"[②]。索绪尔本人也看到了 langue, parole 和 langage 这三个至关重要的术语在翻译上的困境,他甚至努力想摆脱语言的束缚,他说:"这里没有一个词跟上述所规定的概念相当。因此对词下定义是无补于事的〔即应该从事物下定义〕;从词出发,给事物下定义,是一个不足取的方法。""应该指出,我们给予定义的是事物,不是词。某些语言中看来相同的术语并不包含我们定义的区别,也不会叫我们不敢申说这种区别。"[③]索绪尔的"事物的定义"在翻译中只能用解释性语言来说明,而翻译的解释性反过来又击中了索绪尔"语言"提纯理论的"软肋"。术语的翻译清楚地表明:术语,即使是术语,也深受文化的约束。索绪尔在这一点上是非常"天真"的。他成为他自己使用的语言

[①] 罗伊·哈里斯:索绪尔《第三度普通语言学教程》英译者前言,湖南教育出版社,2001 年,第 XIV 页。
[②] 同上书,第 XV 页。
[③] 转引自许国璋《关于索绪尔的两本书》,《国外语言学》1983 年第 1 期。

的"牺牲品",这是一个极大的讽刺。

(三) 索绪尔还原和"索绪尔"反思

索绪尔的语言和言语学说拉开了 20 世纪人文事实研究的结构主义大幕,也开启了一个同质化的时代。同质化的研究蔑视人类社会生活的真实景况,义无反顾地用理性的建构替换事象的本身。这使得人文事实的研究在获得其自然科学意义上的科学形态的同时,又游离于社会文化之外。然而在今天,同质化正受到人文科学研究的深刻的质疑,同质的幻象正在渐渐消退。肯定差异,保护差异,承认文化和语言的相对性,赋予差异、异质以优先权,正成为人文事实研究的新理念。索绪尔倡导的将差异还原为同一而获取意义的方法、将个体文化的特异性经过符号化整合而建构出稳定的同一性的方法,正受到越来越多的人文事实研究者的怀疑和抗拒。正如雅柯布森等学者所指出的:当代的语言学将反对索绪尔的《普通语言学教程》的编者们用着重号加上的卷末语:"语言学的唯一的、真正的对象是就语言和为语言而研究的语言。"难道我们今天能不把语言看成一个"在其自身又为其自身"的整体,而同时又把它看作是文化和社会的一个组成部分吗?雅柯布森在引用上一段话时没有用"索绪尔",而用"索绪尔的《普通语言学教程》的编者们"。事实上,据戈德尔和莫罗的考证,在索绪尔本人的笔记和学生的课堂记录中,都没有这句话。他们断定这句话是《普通语言学教程》编写者自己的理解。最近出中文版的索绪尔《第三度普通语言学教程》,通篇也没有索绪尔类似的表述,而在陆续发表的索绪尔手稿和札记中,我们看到索绪尔这样的表述:

> 语言学研究的领域非常宽广。就是说包括两部分:一部分接近语言,这是消极的储备;另一部分接近言语,这是积极的力量,是那些后来渐渐渗入语言活动另一部分的种种现象的真正源泉。①

---

① 索绪尔《普通语言学札记》(俄文本),第 206 页,转引自信德麟《索绪尔〈普通语言学札记〉(俄文本)评介》,《国外语言学》1993 年第 4 期。

> 语言具有社会-个人双重性质,它的两个方面——社会方面和个人方面彼此相关,因此语言既是社会的,又是个人的,因为它的形式和语法只作为社会现象而存在,而它的变化则出现在个人之中。①
>
> 语言学的对象,要么是语言活动的各种体现,要么是一般规律,而后者只能从其特殊形式中去推导。②
>
> 必须立即澄清的是:我们认为语言学……是一门力图将两个根本不同的东西汇成有关整体的科学,强调它们构成一个研究对象。③。

可见,在这个问题上,索绪尔当时的思考走向并不是极端和绝对化,而是渐趋成熟,在看到语言和言语的对立的同时,也看到了两者的联系和统一。索绪尔讲授的第三期普通语言学课程,其框架一是语言研究内部和外部的关系;二是语言研究的内部关系;三是语言研究的外部关系即言语的语言学。只是由于疾病,第三部分才未能讲授。

但是,严格区分语言和言语,在《普通语言学教程》之后,已经成为现代语言学的一个基本原则。"索绪尔"已经成为这一基本原则的"符号"。当人们不断考证出索绪尔在这个问题上真实思想的时候,一方面,索绪尔的真实思想虽然不偏重和割裂语言和言语,但两者的研究操作必须"各自为战"还是很清楚的;另一方面,"索绪尔"实际上已经成为现代语言学基本原则的一个标志性符号,在这个意义上,对"索绪尔"的反思还是必要的。

法国语言学家埃米尔·本维尼斯特在高度评价索绪尔语言和言语思想的同时,提出这样一个问题:语言的由符号组成的根本特性,是否是构成文化的所有社会现象所共有的? 对于这样一个问题,本维尼斯特指出:"在我们看来,应该对两类现象做出根本的区分:一方面,是物理学、生物学的材料,它们具有'简单的'(不论多么复杂)性质,因为它们完全立足在其所显现

---

① 恩格勒《索绪尔〈普通语言学教程〉评注本》,第 28 页,转引自戚雨村《索绪尔研究的新发现》,《外国语》1995 年第 6 期。
② 戈德尔《索绪尔〈普通语言学教程〉稿本溯源》,第 179 页,转引自信德麟《索绪尔〈普通语言学札记〉(俄文本)评介》,《国外语言学》1993 年第 4 期。
③ F. D. Saussure, 1964, Notes inédites. Cahiers F. de Saussure, Genève, v. 21. p. 68. 转引自信德麟《索绪尔〈普通语言学札记〉(俄文本)评介》,《国外语言学》1993 年第 4 期。

的场域,并且它们所有的结构都在相同关系范围内达到的层次上形成、变化;另一方面,是人际(interhumain)领域特有的材料,其特征是从来不可被视为简单数据,并不可在其自身性质范围内被界定,因为它们不论有何'指涉'(référent),均与它物相联。一文化事实之所以成立,正在于它关涉到某一它物。有朝一日,一门文化科学形成的时候,它所建立的基础很有可能便是这一根本特征,并且它会从索绪尔为语言所提供的模式出发,但却不一定完全遵循这一模式,来确定自身的双重性。没有任何一门科学能避免这一对自身对象及自己在一门普遍的文化学之中的位置的思考,因为人并非生于自然之中,而是生于文化之中。"①

  显然,索绪尔在历史比较语言学大行其道的时代,力挽潮流,提出语言整体性整合的符号化之路,为人类语言和文化的研究建立了崭新的形式思维范式,为人文科学孕育了意义重大、影响深远的结构主义革命。今天我们对语言问题的任何理论方面的思考,都和索绪尔的创造性思想有着深刻的联系。当我们反思语言和言语的区分理论,为语言的社会文化"还原"发言的时候,我们的思考依然是因为索绪尔而具有了当代人文科学的多向度的清晰性。正如本维尼斯特所言:"索绪尔完成了他的使命。……而其身后的使命已然成为他的第二生命,从今以后与我们自己的生命结合为一体。"②

---

① 本维尼斯特《半个世纪以后的索绪尔》,《语言学研究》2004 年第 3 期。
② 同上。

第五讲

文字和语言的关系

一、文字定义的西方标准

(一) 一脉相承的文字观:从亚里士多德到布龙菲尔德

1. 亚里士多德:文字是口语的符号

早在古希腊时代,学者们就已经在理论上明确地将口头语言和书面语言的不同价值区别开来。苏格拉底指出,写在纸上的文字,是静态的东西。它唯一的功用在于告诉读者已知的事情。它是一种"娱乐",是帮助记忆衰退的老人回忆往事的工具。而口头吐出的语言,是充满活力的辩证语言。它透入听者的心田,并且在问答的过程中可以随时辩护自己。在古希腊学者看来,书面语言就像诗朗诵一样,一方面含有许多游戏成分,一方面只能以朗诵感动听众,却不给予问答的机会和教训。正义、美感、善良,只有用口头语言才能传授给他人。因为口头语言能适应论辩的各种机遇,能随时更换字眼、修正、重复、注解,在一问一答的流变性谈话中产生真实的共鸣,从而渗入人的灵魂[①]。因此,亚里士多德断言:

> 口语是心灵的经验的符号,而文字则是口语的符号。[②]

苏格拉底也认为:

---

① 参见申小龙《语文的阐释——中国语文传统的现代意义》,辽宁教育出版社,1990年,第219—238页。
② 亚里士多德《范畴篇·解释篇》,商务印书馆,1959年,第55页。

> 知识原本是我们心中固有的,我们只须通过"辩证法"或一种系统的问答过程使之苏醒并加以运用。①

这里所说的"辩证",正是指一种谈话方式的探讨。当时的雅典人,正是倾心于口语语词的优美,仰慕雄辩的技巧的。

2. 索绪尔:文字唯一存在的理由是表现语言

近代西方源远流长的结构主义语言学,开宗明义就对"文字的威望"进行了批判。结构主义语言学的创始者索绪尔力图把语言的研究与文字的研究中严格区别开来。他痛感在他那个时代,语言的历史研究中的文字每每凌驾于口语形式之上。人们"一般只是通过文字来认识语言的。就我们的本国语而言,文献也无时不在。当涉及远方的一种民族语,更有必要借助于书写的证据;而对那些已不复存在的语言,尤为如此。为了在任何情况下都能支配直接的文献,应该像目前在维也纳和巴黎所做的那样,随时搜集各种语言的留声机录音的样本。但还是应该借助于文字,以便让其他人了解以这种方式记录下来的文本"②。根据索绪尔的分析,文字的这种威望是由于:

1) 词的书写形象使人突出地感到它是永恒的和稳固的,比语音更易于经久地构成语言的统一性,更易于为人所掌握。

2) 在大多数人的脑子里,视觉印象比音响印象更为明晰和持久。

3) 文学语言增强了语言的重要性。它有自己的词典,自己的语法。人们在学校里是按照书本和通过书本来进行教学的。语言显然要受法则的支配,而这法则本身就是一种要求严格遵守的成文的法则:正字法。因此文字就成了头等重要的。

4) 当语言和正字法发生龃龉的时候,差不多总是书写形式占了上风,因为由它提出的任何办法都比较容易解决。

索绪尔认为,文字的这种威望是一种专横和僭越。人们忘记了一个人学会说话是在学习书写之前,而且语言有一种不依赖于文字的口耳相传的

---

① 转引自柏拉图《政治家》,北京广播学院出版社,1994年,第134页。
② 索绪尔《普通语言学教程》,江苏教育出版社,2002年,第26页。

传统,这种传统十分稳固。例如立陶宛语是1540年才有书面形式的,然而这时的立陶宛语依然在语音、词的结构、名词变格和声调方面都忠实保留古印欧语的特点。索绪尔断言:语言和文字是两种不同的符号系统,后者唯一的存在理由是在于表现前者。因此语言学的对象不是书写的词和口说的词的结合,而是由后者单独构成的。如果把声音符号的代表看得和这符号本身一样重要和比它更重要,这就好像要认识一个人,与其看他的面貌,不如看他的照片。

3. 布龙菲尔德:文字仅仅是一种外在的设计

美国结构主义学派的布龙菲尔德则从图画到文字的变迁讨论这个问题。布龙菲尔德在他的《语言论》中指出,一个图画到了约定俗成时,我们不妨称之为字。一个字是一个或一套固定的标记,人们在一定的条件下描绘出来,因而人们也按一定方式起着反应。这种习惯一旦建立以后,字跟任何特殊的实物相似之处就是次要的了。由于语言毕竟是我们画不出来的那些事物的一种交流方式,所以图画使用者到了某个时候便按照口语用词来安排他的字符,用某个字符代表口语片断的某一部分。真正的文字少不了这个前提。有些字既代表一个可以描绘的事物,又代表一个语音的或语言的形式;旁的字失掉了的图画价值,只代表一个语音的或语言的形式;单纯的图画字,同语言形式没有联系的,用处就越来越不重要。语言(口语)的价值越来越占主要地位。因此,"在语言学家看来,除去某些细微的枝节以外,文字仅仅是一种外在的设计,就好像利用录音机一样,借以保存了过去言语的某些特点供我们观察"[①]。

(二) 雅柯布森:文字是有意义的自主的符号系统

文字仅仅是一种口语的"外观设计"吗?即使在西方语言中也不能这样说。文字和口语相比,使用了不同的表达形式,这种形式本身参与着意义的建构。美国语言学家雅柯布森在他的《结束语:语言学和诗学》中认为任何语言都有六个组成因素,它们的相互关系如下图所示:

---

① 参见布龙菲尔德《语言论》,商务印书馆,1980年,第357—359页。

```
                    语境
                    信息
说话者 ………………………………………………………… 受话者
                    接触
                    代码
```

这表明:任何交流都是由说话者所引起的信息构成的,它的终点是受话者,但交流的过程并不简单。信息需要一些必要的形式:首先是说话人和受话人之间的接触形式(口头的或视觉的,电子的或其他形式的),其次是信息的载体——代码的形式(言语、数字、音响构成物等),其三是使信息"具有意义"的语境的形式(同样的话在不同的语境下会有不同的意义或失去意义)。这样看来,"信息"不提供也不可能提供交流活动的全部"意义"。人们在交流中获得"意义"有相当一部分来自信息的形式——语境、代码、接触手段之中。它们和说话人、受话人、信息一道共同组成整个交流活动的要素结构。而且各要素的作用在交流活动中也时刻处于不平衡之中,这一个或那一个要素会在诸要素中多少居于支配地位。于是,交流活动在一种情景中会倾向于语境,在另一种语境中会倾向于代码,如此等等。信息的性质取决于那个占支配地位的要素的功能。这样看来,文字作为一种代码形式,决不仅仅是语言的记录形式或外在设计,它是全部交流活动的"意义"的一种必要的构成。说出来的信息和写出来的信息会在交流活动中具有不同的意义。这种不同的意义事实上赋予代码形式本身(口语的或书写的)以"生命"。当我们面对文字的时候,我们不是简单地面对一种无意义的语言包装,而是一个有意义的自主的符号系统。

雅柯布森在《语言和其他交流系统的关系》中指出,视觉和听觉是人类社会中最社会化、最丰富、最贴切的符号系统的基础。由此而使语言产生了两种主要的变体——语言和文学,它们各自发展着自己特有的结构性质。它的历史也充满着时而互相吸引,时而互相排斥,时而握手言欢,时而剑拔弩张的辩证现象。这一点并不难理解:言语作为一种听觉符号系统,它的结构主要是以时间为建构力量的。文字作为一种视觉符号系统,它的结构主要是以空间为建构力量的。当我们把口语的词或句子用文字书写下来的时候,符号系统的转换伴随着功能的转换——文字要对空间做出承诺。

西方哲学家雅克德里达也曾提出要建立一门书写语言学。他在《书面语言学》、《文字和差异》、《声音和现象》等著作中提出:不应把写作看成是语言的外在"服饰"或声音的简化。世界不是限于和决定于一种以语音为中心的意义模式。通过对书面语言的分析有助于发挥"意义"的潜能,因为书写不是言语的影子,而是关于语言本质的模型。

可见,西方的文字定义,就其本身来说,并没有充分揭示文字的功能,更不用说把这样的文字定义用到具有很强的人文精神的汉字中来了。

二、人类文字性质的二重区分

(一) 索绪尔对人类文字性质的二重区分

1. "唤起"与"表现":索绪尔对欧洲文字性质的判断

现代结构主义语言学的创始人索绪尔,是第一个对人类文字的性质作二重区分的人。这一二重区分出现在他的经典著作《普通语言学教程》中。而我们许多汉字研究者,却有意无意地"忽略"了这一重要观点,将索绪尔对欧洲文字性质的判断,视为人类文字的共同属性,并用以指导汉字改革的理论和实践。

索绪尔对欧洲文字性质的判断,是从欧洲文字和欧洲语言(口语)的关系立论的。在他看来,这种关系有以下几个特点。

(1) 文字"唤起"语言

索绪尔认为,语言中只有"音响形象",即"若干为数有限的要素或音位的总和"[1]。而文字的作用,就是把这种"音响形象""固定在约定俗成的形象里",以便人们在记忆或把握语言时,"可以在文字中用相应数量的符号把它

---

[1] 索绪尔《普通语言学教程》,商务印书馆,1980年,第37页。

们唤起"。强调文字的这种"唤起"功能,显然就否定了文字的主体性,因为如果没有了语言,即文字的指涉对象,文字就失去了本原,失去了存在的价值。索绪尔正是在这个意义上认为"语言既然是音响形象的堆栈,文字就是这些形象的可以捉摸的形式"。

(2) 文字"表现"语言

索绪尔在论述语言符号的性质的时候,把符号和心灵有力地联结起来。他申明"我们所说的符号是指能指和所指相联结所产生的整体"①,所谓"所指",是指概念;所谓"能指",就是"音响形象"。索绪尔非常强调语言符号与心灵的同一性、能指与所指的整体性,他反复指出:

> 语言符号连结的不是事物和名称,而是概念和音响形象。……语言符号是一种两面的心理实体,……这两个要素是紧密相连而且彼此呼应的。②
>
> 我们无论是要找出拉丁语 arbor(树——引者)这个词的意义,还是拉丁语用来表示"树"这个概念的词,都会觉得只有那语言所认定的联接才是符合实际的,并抛开我们所能想象的其他一切。……我们把概念和音响形象的结合叫做符号,……arbor 之所以被称为符号,只是因为它带有"树"的概念,结果让感觉部分的观念包含了整体的观念。③

这样一来,语言符号自身就获得了观念的授权,即某种主体性,或者说本原性,语音的地位被大大提升,索绪尔因此宣称:"语言和文字是两种不同的符号系统,后者唯一的存在理由是在于表现前者。"④"表现"一词,十分理性地彻底提升了欧洲语言相对于文字的地位。

2. "第二语言":索绪尔对汉字性质的判断

然而,令我们深感兴趣的是,索绪尔对汉字性质的判断,却与欧洲文字

---

① 索绪尔《普通语言学教程》,商务印书馆,1980 年,第 102 页。
② 同上书,第 101 页。
③ 索绪尔《普通语言学教程》,江苏教育出版社,2002 年,第 75 页。
④ 索绪尔《普通语言学教程》,商务印书馆,1980 年,第 47 页。

截然相反。他认为人类的文字有两大体系——

一个是表音体系。这种体系的目的是要摹写词的语音形式,"起初的字母总是相当合理地反映着语言"[①]。例如欧洲的文字。索绪尔明确表示"我们的研究将只限于表音体系,特别是只限于今天使用的以希腊字母为原始型的体系"。

另一个是表意体系。这种体系只用一个与词的声音无关的符号来表示一个词。由于字符与整个词关联,因此字符就间接地与它所表达的观念关联,"这种体系的古典例子就是汉字"。在索绪尔看来,这种文字体系中书写符号有一种取代口语符号的强烈的倾向,也就是说,文字不依附于语言,文字独立地表达概念。索绪尔下面一段话清楚地表达了他对汉字性质的看法:

> 对汉人来说,表意字和口说的词都是观念的符号;在他们看来,文字就是第二语言。在谈话中,如果有两个口说的词发音相同,他们有时就求助于书写的词来说明他们的思想。但是这种代替因为可能是绝对的,所以不致像在我们的文字里那样引起令人烦恼的后果。汉语各种方言表示同一观念的词都可以用相同的书写符号。

"文字就是第二语言",充分说明了由观念到语言和由观念到文字是汉民族符号系统两条并行不悖的通道,汉字具有与欧洲文字完全不同的价值——其表达功能不在是否有效地记录语言,而在是否有效地传达概念。欧洲文字因其"拼音"而与概念保持着距离,汉字因其"表意"而与概念直接联系。对于人类文字性质的二重区分,对于汉字这种独立于口语的"第二语言"的特性,索绪尔之后的许多西方学者都持肯定的意见。

帕默尔在《语言学概念》中认为,在语言的三种主要的功能,即表达说话者的思想、感情,影响听话者的行为,把所指的事物符号化中,符号化的作用是(音和义特殊的配合)是最重要的,而符号的材料是语音。至于文字,只有

[①] 索绪尔《普通语言学教程》,商务印书馆,1980 年,第 51 页。

当它变成语音的符号,即"这些视觉符号只在它们指示语音符号时才有意义"①。但他同时指出,汉字是一种程式化、简化的图画系统。它不是通过口语词去表示概念,而是由视觉符号直接表示概念。汉字书写的书面语是独立于口语的各种变化之外的。在中国,一个学生学了四千个左右的视觉符号之后,四千年的文献就立刻展现在他的面前,对于他不存在学习中古汉语和上古汉语的负担。但一个学习古希腊文献的学生需掌握多种方言才能欣赏荷马、莎芙、希罗多德、狄摩西亚的作品。汉字的这一特质使它在中国社会、文化的统一中发挥了巨大的作用。中国的统一完全依靠一种共同交际手段的存在,这同任何行政区域的统一是一样的,而这种共同交际手段就是全国普遍通用的汉字。中国各地的方言往往很难被别的方言区的人听懂,古代一个汉字写的布告,"一个广州人要是把它读出来,那声音对一个说北京话的人根本不能传达任何意思"。可是各方言区里的人都能看懂。所以,汉字是中国文化的脊梁。帕默尔认为:"如果中国人屈从西方国家的再三要求,引进一种字母文字,充其量不过为小学生(和欧洲人)省出一两年学习时间。但是为了这点微小的收获,中国人就会失掉他们对持续了四千年的丰富的文化典籍的继承权。"②

瑞典汉学家高本汉表示了相同的意见,他说:"中国不废除自己的特殊文字而采用我们的拼音文字,并非出于任何愚蠢的或顽固的保守性。……中国人抛弃汉字之日,就是他们放弃自己的文化基础之时。"③

德里达也曾指出,东方社会一直把语法学视为书面语的科学。书面语以视觉和读得懂的方式传达信息,它不是口语的替代品。研究书面语言的术语、条件和前提都与口语不同。

(二) 文字属性分化中西语言学传统

人类文字性质的二重区分,汉字和西方拼音文字的不同特质,造成了中国语言学传统与西方语言学传统的很大不同。

---

① L. R. 帕默尔《语言学概论》,商务印书馆,1983年,第103页。
② 同上书,第99页。
③ 转引自 L. R. 帕默尔《语言学概论》,商务印书馆,1983年,第99页。

汉字的研究，在中国已经有两千多年的历史。一部中国古代语言学史，本质上就是文字学史，即对汉字的音韵、构形、语义及组合规律进行研究的历史。这在世界语言学史上是一种十分特别的学术规范。早在《文心雕龙》中，刘勰就指出：

> 夫人之立言，因字而生句，积句而成章，积章而成篇。……句之清音，字不妄也。振本而末从，知一而万毕矣。

中国传统语言学认为，一个句子的起点，或者说基点，是"字"。"因字而生句"。这同西方语言因"框架"（词的屈折形态的配合关系）而生句很不一样。后者是句法关系模式在先，形式在先，在"大"框架中填"小"词，后者是以"小"（字）组"大"（句子的事理逻辑格局），以字的流程显局势。刘勰所谓"振本而末从，知一而万毕"，其中的"本"、"一"，都体现出汉语句子以"字"为立足点的建构而非"填构"的语言组织方略[①]。这正是中国语言学传统对汉字认识的精髓。

在古代学者的眼里，汉字不仅有字形，而且有字音、字义、字能。

从字音来说，"一句之中，或多一字，或少一字；一字之中，或用平声，或用仄声；同一平字、仄字，或用阴平、阳平、上声、去声、入声，则音节迥异。故字句为音节之矩。积字成句，积句成章，积章成篇。合而读之，音节见矣；歌尔咏之，神气出矣"（刘大櫆《论文偶记》）。字音是句子音律的基础。所以，"神气不可见，于音节见之；音节无可准，由字句准之"（《论文偶记》）。

从字义来说，"文字有意以立句，句有数以连章，章有体以成篇"（王充《论衡·正说》）。字义乃是句义乃至篇章义的基础。

从字能来说，"句司数字，待相接以为用"；"夫人之立言，因字而生句，积句而成章，积章而成篇。……句之清音，字不妄也。振本而末从，知一而万毕矣"（刘勰《文心雕龙》）。字能是句法的基础。

总之，中国古代的书面语言中，字是根本。它与句子的语音、语法、语义的关系是"振本而末从，知一而万毕"。所以，中国古代的语言学以汉字的研

[①] 参见申小龙《中国句型文化》，东北师范大学出版社，1988年，第1—17页。

究为核心,《说文解字》之学始终处于小学的主导地位。如许国璋所说:"从语言的书写形式出发,去研究语言,这是汉语语言学一开始就有的特点。"①"汉语的文字学即是研究古汉语演变的历史语言学。"②王力在《中国语言学史》中也认为,西方的语言学和文字学可以截然分科,中国古代的语言学离开了文字学就好像无所附丽。在这个意义上,中国的文字学既不是西方的graphemics(研究一种语言所使用的文字符号的字位学),更不是西方的graphetics(研究一种语言在书写时用来表示言语的视觉符号形状的文字学),而是philology(语文学)。对于中西语言学传统的这种差异,我们不能简单地以西方语言学为标准来做价值判断,就像我们不能以西方文字、语言为标准来评价汉字和汉语一样。这种差异,本质上是一种文化的差异,体现出完全不同的运思方向和价值取向。

然而,在中国现代语言学研究中,承载我们数千年文化的汉字,却被西方的语言学理论定义着。翻开我们通行的语言学教材,对文字的定义,都按照西方标准表述,即:首先,"文字是记录有声语言的书面符号系统",它仅仅是口语的书面再现;其次,文字是"辅助与扩大语言交际作用的工具",它仅仅是口语的附庸。这个定义,表述的是西方拼音文字的性质,体现的是西方文化中源远流长的"语音崇拜"。

三、汉字的文化定义

(一) 汉字的意象本原

如果对人类各民族的文字形式作一个二元区分的话,那么在一端的是表音文字,在另一端的是表意文字。从表面上看,这两类文字都能够忠实地记录语言,克服语言在时间和空间上的局限,使之授之异地,传之异时。然

---

① 许国璋《许国璋论语言》,外语教育与研究出版社,1991年,第74页。
② 同上书,第75页。

而,作为一种文化样式,这两类文字的文化内涵却有很大的不同。

结构主义语言学家索绪尔把印欧系语言和拼音文字的关系经典地解释为一个人的相貌和他的照片的关系,也就是说,表音文字的目的仅仅是要把词中一连串连续的声音摹写出来。然而,以汉字为代表的表意文字,却以意象结构直接体现着民族文化的全部蕴涵。它们不仅作为"第二语言"而与民族思维方式和文化精神融为一体,而且由于它们独特的物质形式,它们在民族文化的发展与阐释中起着表音文字难以企及的作用。

汉字的物质形式即其方块结构是以象形为基础的。从汉字的发展历史和趋势来看,象形的倾向具有深刻的民族性。在传统的"六书"中,不论从"文"(以图纹状物的独体字)的含义和"字"(在"文"的基础上孳生的合体字)的形体构造本身来看,象形都是基础——

指事是在象形的基础上加标记来指事的;

会意是在原有的象形基础上逐步深化,通过形象的复合来提示人们的思维和联想;

形声则是在象形符号的基础上增加声符(或在同音假借的基础上增加形符)来扩大文字再生产的。其声符往往不是真正表音,而只是大概地譬况一下,而且这个表音符号还往往皆表意义,甚至有些形声字在意化的作用下会进一步向意化回归。如"淚"转化为"泪","巖"转化为"岩","陰"转化为"阴","筆"转化为"笔",都成了会意字。

假借、转注是用字之法,不要说两者所用的字皆为意象字,就是用字的结果也往往是向意化靠拢。如"燃火"的"然"被假借为代词的"然"后,又另造"燃"字。"簸箕"的"其"被假借为代词和副词的"其"后,又另造"箕"字。

在汉字发展由象形到形声的过程中,曾经有一个假借的阶段。如果沿着同音或音近假借的表达口语词汇的途径走下去,汉字也许会发展为表音文字。然而汉字却只是在假借的阶段踌躇了一下,又向象形表意的路途回归了。究其原因,是因为假借字脱离了汉字形象表意特征的基础,造成认读古书的很大障碍,不适合汉族人造字、用字、识字的"望文生义"的心理和习惯。而形声字用同样一个象形基础作为偏旁,加上不同的声符便可以创制出大量不同的汉字来。这种义符同声符相结合的灵活而又方便的造字方法,既缓和了造字与口语发展不相适应的矛盾,又符合了汉语语言思维的特点,无疑是当时汉字发展的最佳方案。

与之相关的一个现象是,汉字引进外来词时以意译为主,很少音译。因为音译用的汉字不表意只表音,这在汉族人的文字使用上很不习惯,夹杂在文章中也很别扭。而且汉字像汉语一样一字一音节,也不可能准确表达音素文字。这些都反映中西语言文字在音义关系上的深刻差别。正如语言学家张世禄所说,中国文字的性质,只是一种"目治"的意义符号,一种习惯上的意符[①]。这使它在根本上有别于拼音文字。汉字的音化是在意化的框架内进行的。

(二) 汉字的语言功能

汉字进入形声阶段至少也有两千多年的历史了。两千多年来,汉字的发展长期停留在形声阶段,除了字形字体有些发展变化外,文字制度基本上没有什么改进。有人说其主要原因在于封建制度长期统治中国,其实,从社会原因来探讨文字制度的变革,并不具有很大的说服力。例如说隶变作为汉字发展史上一次划时代的重大改革,是由于这次变化就发生在中国社会由奴隶制进入封建制的社会大变革时期。事实上,汉字象形作用的消退并非始于隶书。从甲骨文到小篆已能明显地看出这一变化。隶书是从草率的篆书变来的,而在小篆中已有平直的线条而非完全的"随体诘诎"。隶变只是进一步符号化、定型化、规律化。汉字的发展是一个缓慢发展的过程,并不与社会变革对应。

我们认为,汉字的文字体制和汉语的特点有关。

西方语言是一种形态丰富的语言,它的语音形态提供了该语言词法、句法、语义方面的较完整的信息,因此西方语言必然走拼音文字的道路。通过识读拼音就可以全面掌握该字代表的词形所反映的词汇意义和语法意义。

汉语是一种形态简单的语言。汉语句子的词法、句法、语义信息的大部分不是显露在词汇形态上,而是隐藏在词语铺排的线性流程中的。正如语言学家洪堡特所说:"在汉语的句子里,每个词排在那儿,要你斟酌,要你从

[①] 张世禄《从"反切"到国语罗马字母》,《学生杂志》1935 年第 5 期。

不同的关系中去考虑,然后才能往下读。由于思想的联系是由这些关系产生的,因此这一纯粹的默想就代替了一部分语法。"①

正是基于汉语认知的这种特点,汉字在表达口语的时候,不能不以象形表意为造字的首要原则,增强单字本身的信息含量,便于读者从上下文的联系中获取语词的确定信息。换句话说,汉语词的形态的语法语义信息量的"匮乏",在书面语言中是以汉字的语义信息增大作为补偿的。

也正是由于汉语言思维的这种特点,所以汉语毫不忌讳为数众多的同音词带来的词的语言形态信息含量的锐减,而这一点正是汉字拼音化的极大障碍。汉语语音系统的发展趋势是简化。普通话只有二十一个声母,三十八个韵母,四个声调,依声韵配合规律拼成四百多个音节,配以四声总共不超过一千三百个音节。如此有限的音节形式要表达世界上最丰富、最发达的汉语的词汇,势必造成大量同音词。在双音词中,同音词的比重也在不断上升。

以主写《中国科技史》而享誉世界的英国学者李约瑟指出:"汉字有很多同音词,用拼音拼出来的英文字母根本无法表达其意思,而从汉字一看便知。""迄今为止,没有任何一部作品能成功地用汉语拼音写成。"他自己总无法搞清楚拉丁化中文真正要表达的意思,但是一看中文,马上就懂了②。这确实看到了汉字的象形表意性适应汉语表达和理解的特点。在汉字漫长的发展历史中,汉字要同汉语相适应的要求曾推动汉字从象形、指事到会意、形声的发展。在形声字大量涌现后,这一互相适应的要求已基本得到缓解和满足。以后汉字发展的要求只是为更简便而由繁到简的形体变化。文字学家唐兰曾说:"中国文字有五六千年的历史,而且现在还活着,还在使用着。这是文字史上没有的。是什么力量能使它有这么长的寿命呢?如果它不能适应中国语言的特点,不能适应每一个时代的需要,它能活到现在吗?"③这是值得我们深思的。

文字之所以被创造出来,就是为了克服语言音响的时空限制。文字的

---

① 洪堡特《论语法形式的性质和汉语的特性》,参见徐志民《欧美语言学简史》,学林出版社,1990年,第69页。
② 转引自《参考消息》1985年1月5日第二版。
③ 唐兰的文章载《中国语文通讯》1978年第3期。

根本性质就在于它是一种视觉形式,以图像作用于视觉神经,产生条件反射来实现和字义的统一。因此,文字可以"形入心通"。图像性越强的文字,突破时空局限的功能就越大,它与思维的联系也就越紧密。现代心理学的实验已证明,认读拼音文字要通过语音的分析才能了解意义,认读方块汉字却可以直接从图像获取意义,而较少牵动语音的纽带。国外心理学的试验也证明,儿童阅读英文字母拼写的词的时候,大都是一个字母一个字母拼出来的。这对有失读症的儿童是很困难的。改用汉字就不存在这个问题。因为汉字不怎么依赖语音,可以由字形直接达到意义。脑生理的研究也表明,汉字的图像信号主要是由接受整体印象的右大脑管的,而拼音文字信号由于吸收时有时间先后的线性距离,需要加以分析,所以是由较有分析力的左大脑管的。

我们可以设想,如果汉字采用形态语言的拼音文字制度,那么汉字认读的短时间记忆负担将成倍加大,远不如从方块汉字直接获取信息的速度快。当然,当方块汉字组成双音词时,也有线性距离的问题,也需要分析。但这种分析的信息单元是有限的。一个双音词只有两个单元,而拼音文字的一个词一般总要五六个单元以上。

汉字改革的前辈黎锦熙经过实验也认为,纯拼音文字的阅读速度只有方块汉字的三分之一。究其原因,就是汉字的信息主要不是靠音来传达,而是靠形来传达的。所谓汉字达意必须经过语音的纽带云云,是照搬西方形态语言的文字形音义关系理论。在汉字的书面语言中,语音信息再充分也过不了同音词这一关,更不必说顾全上下文的逻辑语义关系。我们只要想一下为什么汉字中形声字如此众多,难道不是方块汉字为解决同音词问题而以形旁作为区别字义的符号手段,以形达意,努力适应重语义、轻形态的汉语吗?我们再想一下,阅读汉字书面语的速度远比汉语拼音要快,难道不是说明汉字以形达意比汉语拼音以音达意信息传递效率更高吗?汉字的视觉分辨率高,字与字的视差性直观。如"绘画"和"会话",形体的视觉分辨率是百分之八十以上,写成拼音,则都是 hui hua,视觉分辨率是零。从信息论的观点来看,汉字的字形信息是二维的。它的视觉分辨率高,示差性强,信息量和冗余度大。每个方块汉字正落在圆形视网膜上,容易形成条件反射。

这就有效地简化了阅读解码的过程。信息密度大,且无形态变化,容易形成条件反射,阅读效率自然就高。而汉字的主要功能正是供阅读的。

综上所述,汉字的文化定义不应是西方语言学的经典定义,即"文字是有声语言的书面表达形式";"文字是有声语言的辅助交际工具";"它同思维的联系是通过语言的间接联系,即思维—语言—文字"[①]。汉字的文化定义应该这样表述——

> 汉字是汉民族思维和交际最重要的书面符号系统。

[①] 王德春《语言学教程》,山东教育出版社,1987年,第292页。

第六讲 语言符号的性质

一、语言符号的二元理论

(一) 语言符号是一个双面心理实体

对庞大的语言现象作符号化整合,是索绪尔语言理论的一个基点。站在这个基点上,索绪尔面临的第一个问题,就是建立语言符号理论。这一理论必须回答两个问题:其一,语言符号的性质;其二,语言符号的构成。

1. 索绪尔符号论中的三点质疑

以往,人们对语言符号的认识是与符号所指称的事物联系在一起的。词被看作事物的名号,有多少事物就有多少名号,于是语言就成了"一份品名表",即跟同样多的事物相对应的词语集。索绪尔认为这是非常"幼稚的"。他对此提出了三点质疑。

(1) 词所表达的事物的概念是先于词而存在的吗?

事实上,离开了词,人对事物的认识就无法实现。人的认识是符号化的认识,认识以范畴的形式展开。离开范畴,"我们的思想仅仅只是模糊不清的无定形之物"[①]。索绪尔指出:

> 哲学家和语言学家历来一致认为,若不借助符号,我们便不能够清楚而稳定地区分两种观念。就思想本身而言,它像是模糊的一团,其中没有必然的界限。没有预先确定的观念,而在语言出现之前,一切都是不明确的。[②]

---

① 索绪尔《普通语言学教程》,江苏教育出版社,2002年,第124页。
② 同上。

(2) 词所传达的声音是物质的,还是心理的?

索绪尔认为,物质的语音必须转换为心理上的听觉形象,才能和概念表达联系起来。这种听觉形象从感觉的意义上说,它由感官提供,因而相对于更为抽象的概念而言,它是"物质的",但却不是"物理的",它"是用以证实我们音响形象的心理性质理念的表现"①。我们只要研究我们自己的内部语言,就可以明白听觉形象的心理属性。因为"在这样的内部语言中,我们无需活动双唇就能够在内部发出〈和听见〉一段言语,一首诗歌",也就是说,人们可以在没有物质音响和生理动作的情况下在脑子里呈现与某个概念结合在一起的听觉形象。这表明"物质的部分是以听觉的形式位于主体之内的"②。索绪尔指出:

> 语言符号建立在两种非常不同的事物之间通过心智所形成的联想的基础上,但这两件事物都是心理的,并且在主体中:某一听觉形象与某一概念是联系着的,听觉形象〈不是物质的声音〉,而是声音的心理印记。③

索绪尔认为,符号总是由两个要素(形式和内容)结合而成的,单就形式或者说"声音形象"而言,不构成符号。但是人们习惯于把一个词的声音形式称为符号,而忘记了如果把一个词称为符号,那仅仅是因为它具有一个概念。词的声音形式仅仅是"感觉上的部分的观念",但人们用它"包含了整体的观念"④。因此,"语言的单位是一种双重性的事物,是由两种要素结合而成的"⑤。那么这两个要素究竟是什么?

索绪尔认为,"语言符号不仅把事物与名称结合起来了,而且把概念和音响形象也结合起来了"⑥。但这两种结合的科学意义是不同的。前者使用

---

① 索绪尔《普通语言学教程》,江苏教育出版社,2002 年,第 74 页。
② 索绪尔《第三度普通语言学教程》,湖南教育出版社,2001 年,第 82 页。
③ 同上书,第 81 页。
④ 索绪尔《普通语言学教程》,江苏教育出版社,2002 年,第 75 页。
⑤ 同上书,第 74 页。
⑥ 同上。

世俗的概念,把词和主体之外的事物(例如"树")联系起来,亦即肯定形成符号的两个要素是"对象"和"名称",由于名称既在声音上存在,又在心理上存在,所以它和"对象"的关系是不清楚的。后者使用理性的概念,把两个要素都限制在主体之内,把它们都视为心理要素,那它们的关系就是一种心理联系,即"通过它们的联系位居相同心理部位的中心"①,"都是由联想连接到我们的脑子里的"②。为此,索绪尔用"概念-听觉形象(又译'音响形象')"这一对术语来指称心理意义上的符号双要素。

在索绪尔的心目中,世俗意义上的符号双要素不涉及语言的本质。心理意义上的符号双要素才是语言符号的本质所在,因为它是作为集体心理表象的语言所认可的,"只有语言所认可的接合才是符合实在性的"③。语言符号的双要素除了心理的联系外,不存在任何其他联系,任何非心理的联系都会把语言符号的研究引入歧途。

索绪尔这一思想的关键是用"听觉形象"替换了词的声音表征和发音表征。词的声音表征和发音表征属于言语活动,它对我们每一个人来说是不言而喻的,但与听觉形象相比较,它只能是附属的,因为如《普通语言学教程》的编者所言:"音响形象作为一切言语实现之外的潜在的语言事实,它是词语卓越的自然表征。"④索绪尔把语言看作一个超越个人言语交际活动的社会心理现实。在他看来,词语的声音和发音表征是充满了个人变异的,它们只是"说出的词语",是"话语中内部形象(即声音的心理印象——引者)的实现",这种实现是不稳定的,容易发生误解的,但"只要记住关键的音响形象,便不会有任何误解了"⑤,亦即只有作为一种社会惯例的词音的心理印象才是词音的真正归属。

说到"形象"这个词,索绪尔认为使用这个词就像使用 symbol(符号、象征)来指称语言符号所遇到的问题一样,它暗含着符号与其所指的某种自然联系,即"某种形象总是与它所代表的事物之间存在着联系"。索绪尔指出

---

① 索绪尔《第三度普通语言学教程》,湖南教育出版社,2001年,第82页。
② 索绪尔《普通语言学教程》,江苏教育出版社,2002年,第74页。
③ 同上书,第75页。
④ 同上书,第74页脚注。
⑤ 同上书,第74页。

他使用"形象"这个词是在最一般的意义上视之为一种心理图式。他解释说:"从最一般的意义上讲,使用形象这个术语是为了表示具有某种呼唤力量的图式,即对想象言谈。〈后面我们将看到这种形象具有确定的呼唤力〉,正因为具有这样的作用,出于这样一种基本的考虑,我们将保留这种用法。"①

(3) 词和事物的关系是简单的对应程序吗?

索绪尔认为"事实远非如此"②。词和事物的命名关系蕴含着一些重要的思想:

1) 语言符号具有形式和内容双重要素;
2) 语言符号的双重要素是事物和名称;
3) 事物和名称是一一对应的。

这三条重要思想在索绪尔头脑中意义是不一样的。

第一条引导研究者从双要素的接合考虑语言符号的性质,索绪尔认为这"让我们更加接近真理"③。

第二条突出了事物的经验性,事物成了固定不变的经验单位,索绪尔认为实际上词音表达的意思不是一个在交际活动中统一不变的经验实体。这个问题牵涉到怎样确定事物存在的同一性问题。事物以经验实体的面目存在,这是一种常识。但语言是一种认识活动,在认识活动中,事物是理性的对象,实体是认识的结果,也就是说,实体是经验领域中的对象呈现为事物的理性依据,实体是对事物的合理性的解释。因此语言符号的双重要素中没有经验实体的位置,取而代之的是理性实体。

在确认了第二条的涵义后,第三条就不攻自破了。因为经验中的事物在常识中可能与名称一一对应,但认识中的实体和名称却不是对应的。例如一个名词的单数和复数,在认识上是不同的实体,而即使是同一个词,在不同的上下文中也会有不同的意义。

---

① 索绪尔《第三度普通语言学教程》,湖南教育出版社,2001 年,第 84 页。
② 索绪尔《普通语言学教程》,江苏教育出版社,2002 年,第 74 页。
③ 同上。

2. 索绪尔符号论的抽象性和形式化

从以上三点质疑可以看出,索绪尔建立语言符号理论之始面临的两个问题——符号的性质和符号的构成——是紧密联系在一起的。在这一联系中我们看到了索绪尔语言符号理论的两个鲜明的特征——抽象性和形式化。

符号的心理属性意味着符号是抽象的。也只有抽象的音响形象才能和抽象的概念接合在一起。当我们听到某个词音的时候,我们在心理层面自动将词音抽象为心理印象,以与相应的某个概念相结合。语言信息的理解被视为用抽象化方法完成的一个行为。此时语言在交际活动中的物质形态被解释为心理符号的现实化(actualization),也就是说语言符号和言语的关系是一种抽象心理标记及其行为实现的关系。

由于语言符号是抽象形成的,它就不具有实体性,作为实体(substance)存在的是交际活动中具体的声音和具体的意义(而非概念)。在这里,索绪尔使用的"实体"概念强调的不是它与"事物"的区别,而是它与"形式"的区别。相对于"事物"而言,"实体"是抽象的;相对于"形式"而言,"实体"是具体的,即具体的声音和具体的意义。索绪尔把言语实体看作是"语言"的现实化,于是"语言"就有了分析言语实体的功能,即形式的功能。言语是实体,语言是形式,这就是索绪尔的结论。

(二)语言符号是施指和受指的结合

事物-名称、实体-形式、意义-声音、概念-音响形象……种种复杂含混的称谓使索绪尔在表述他的语言符号理论时疲于厘清,穷于应付,不由人生发左支右绌,顾此失彼之叹。语言思想的更新之艰难就在于思想的表述本身是语言的,为此,索绪尔强烈意识到建立新的理论语言(范畴)的必要。新的范畴在他看来必须是"从内部来考虑一个符号系统",并通过对比确立起符号的指明者与被指明者,使两者"彼此形成对立"[①]。他提出了一个崭新的范畴集:符号(signe)、符号施指(signifant)和符号受指(signifié)。后两个术语是从《波尔·罗瓦雅尔语法》中的 significant(能指)和 signifié(所指)借用的,

---

[①] 索绪尔《第三度普通语言学教程》,湖南教育出版社,2001年,第102页。

它们和 signe 具有同源关系。这三个范畴由于其"彼此在完全对立的情况下相互指称",因而"歧义便不复存在"①。

这三个范畴是如何"完全对立"的呢?

1. 符号(signe)

signe 是一个整体性的范畴。索绪尔在这个范畴的确立上颇费踌躇。

一方面,索绪尔首先要确定"是想把整体称作符号〈(概念和形象的结合)〉,还是可把听觉形象本身称作符号〈(更具物质性的一半)〉"。索绪尔承认这是一个让他无法决定的问题。但他认定像"arbor"(树)这样的词之所以被称为符号,"那只能是因为它带有一个概念罢了。"所以用符号来指称词的整体性范畴是更合适的,但为此必须另找两个不同的词来指称符号的两个要素。"我们要尽量避免可能带来的严重混淆。"②然而要做到这样并不容易。

另一方面,索绪尔使用 signe 这个术语来表示整体性的词,很有些不得已。他在第三度教程中说,signe 这个词容易造成混淆,它和 term,word 等词一样,含义中都有只表示一个部分而非整体的意思,因而会产生歧义,站不住脚。但索绪尔最终找不到"一个如不使用它就会感到惋惜,而且能无任何歧义地表示整体概念的词"。其原因在索绪尔看来是根本性的——一个词只要具有"价值"即语言符号在相互对立中形成的功能,"就无法知道我们是站在一个方面,还是另一个方面,还是同时站在两个方面"③。要消除一个术语在这方面的歧义是非常困难的。在索绪尔的学生巴利和薛施蔼编的《普通语言学教程》中,认为 signe 的含义在日常用语中没有可以替换的相近说法,因而较纯粹,不会引起联想和误解,这不是索绪尔的原意。

值得注意的是,在《普通语言学教程》中索绪尔又有"在这里,一个观念固定在一个声音里,一个声音成为一个观念的符号(signe)"④这样的说法,signe 这个词在这里又单单表示声音形式了。这样的用法在书中出现多次,

---

① 索绪尔《普通语言学教程》,江苏教育出版社,2002 年,第 75 页。
② 索绪尔《第三度普通语言学教程》,湖南教育出版社,2001 年,第 83 页。
③ 同上书,第 102 页。
④ 索绪尔《普通语言学教程》,江苏教育出版社,2002 年,第 125 页。

显得较为混乱。事实上索绪尔早期手稿中使用 signe 这个词多表示声音形式,例如:"在语言中,声音只被当作符号(signe)";"在语言中根本找不到声音符号(signe)与概念之间的自然联系";"符号(signe)的变化引起概念本身的变化的大量事实对语言来说是典型的";"语言是概念与符号(signe)之间的心理纽结"[1]。

2. 符号受指(signifié) 符号施指(signifant)

signifié 即符号被指明者,又译"所指",指认概念(concept)。signifant,即符号指明者,又译"能指",指认音响形象。"施"和"受"的对立,标明了它们"彼此之间的,抑或它们与它们所属整体之间的"[2]对立,即符号双要素的对立,以及双要素和符号整体的对立。"对立"这个概念给人的直观印象是统一中的对立,即施指和受指彼此离开了任何一方都不再属于符号。这就好像一张纸的两面,离开了任何一面,另一面都不具有纸的特征,纸也不再存在。这种"对立的统一"深刻说明了语言符号的两极性,即语言符号不是单纯的声音,也不是单纯的意义,而是声音与意义的结合。没有离开意义的声音,也没有离开声音的意义。只有把符号的两方面结合起来,语言才显示其"形式"的特征。

许国璋在谈到这一对范畴时指出:"这两个术语把通常所称的'词'和'义','概念'和'语音'一下子提高到抽象的、逻辑的范畴,构成一对儿鲜明的对立,这是很深的哲学功夫。也难怪他(指索绪尔——引者)在绪论第一章对老派语言学的术语毫不隐瞒他的轻蔑。"[3]法语中这两个术语在其涵义上具有关联性特征;汉语的翻译以往通行的是"所指"和"能指",但这两个术语不具有关联性的特征;现在许国璋等提出新的译名"受指"和"施指",恢复了索绪尔这两个术语的关联性,即"一对儿鲜明的对立"。《普通语言学教程》的英译者罗伊·哈里斯也从关联性涵义上辨正这两个术语的译名,他指出,早期英美的研究者给这一对范畴使用的译名分别是 signifier(施指)和

---

[1] 索绪尔《普通语言学札记》(俄文本),第 70、97、122、192 页,转引自信德麟《索绪尔〈普通语言学札记〉(俄文本)评介》,《国外语言学》1993 年第 4 期。
[2] 索绪尔《普通语言学教程》,江苏教育出版社,2002 年,第 75 页。
[3] 许国璋《关于索绪尔的两本书》,《国外语言学》1983 年第 1 期。

signified(受指),这两个译名令他反感,因为它们各自分离,没有反映法语中这两个术语暗含的同时也为索绪尔明确强调的"只作为关联成分而存在"的特征。罗伊·哈里斯代之以 signifying element(施指)和 signified element(受指)这一对解释性的术语,以显示两者的关联性。

在新发现的索绪尔手稿和学生笔记中,我们可以看到索绪尔先后使用了多种不同的希腊语术语,试图尽可能清晰地区别符号的各种相互对立的属性。索绪尔实际上作了四重理论性的区分。

第一重:sôme 和 aposôme,区分符号的心理声音和物质声音。索绪尔用希腊语的 sôme(躯壳)来指称符号的音响形象,用 aposôme(发音)来指称符号的音响现实。

第二重:sôme 和 contre-sôme,区分符号的能指和所指。索绪尔用 sôme(躯壳)指称符号的音响形象,用 contre-sôme(意义)指称符号的所指意义。

第三重:sôme 和 aposème,区分符号的非系统属性和系统属性。索绪尔用 sôme(躯壳)表达符号的音响形象,但屏蔽它和系统的关系;用 aposème(躯壳)也表达符号的音响形象,但强调它是 sème 即作为系统成员的符号的音响形象。

第四重:sème 和 parasème,区分独立属性和非独立属性。索绪尔用 sème(符号)来指称既作为单个整体又作为系统中的一员的符号,用 parasème(符号)指称不具单个意义,只在与其他符号相互关系中存在的、属于特定符号心理系统的符号。

显然,对符号本质作层层对立的区分,目的是清晰地解释索绪尔的符号学思想。但索绪尔为避免烦琐,最终只采用了 signe(符号)和 signifant(符号施指)、signifié(符号受指)这三个术语,这是在 1911 年 5 月 19 日第三期课程近尾声时,他要求学生们用 signifant 和 signifié 取代前期课程中使用的"音响形象"和"概念"这一对术语[①]。《普通语言学教程》的整理者没有重视索绪尔这一修正意见,所以我们今天看到的这本书上交叉使用着这些术语,这也为我们留下了索绪尔在建立符号范畴过程中反复权衡的思维印迹。

---

① 参见信德麟《索绪尔〈普通语言学札记〉(俄文本)评介》,《国外语言学》1993 年第 4 期。

(三) 语言符号二元理论的抽象本质

索绪尔的语言符号二元理论的建构过程是极具思辨性的。索绪尔坚持认为语言符号的两要素都是心理的,这就和人们的语感和语言常识拉开了距离。从人类的语言常识来说,语言符号首先建立在对事物命名的基础上。命名对人的认知发展具有根本的意义。语言对事物的命名塑造人的世界观,形成人的文化环境,其重要性是无论怎样强调都不过分的。

一位教师曾真实地记录了美国著名聋哑盲学者海伦·凯勒小时候开始理解人类语言的意义和作用时的全新的感受:

> 今天早晨我必须给你写几句,因为有些非常重要的事情发生了:海伦在她的教育中迈出了第二大步——她已经知道,每一件东西都有一个名称,而且手语字母就是她想要知道的每一件东西的秘诀。
>
> ……今天早晨,当她正在梳洗时,她想要知道"水"的名称。当她想要知道什么东西的名称时,她就指着它并且拍拍我的手。我拼了"w-a-t-e-r"(水),直到早饭以后我才把它当回事儿。……我们走出去到了井房,我让海伦拿杯子接在水管喷口下,然后由我来压水。当凉水喷上来注满杯子时,我在海伦空着的那只手上拼写了"w-a-t-e-r"。这个词与凉水涌到她手上的感觉是如此紧密相联,看来使她大吃一惊。她失手跌落了杯子。站在那里呆若木鸡,脸上开始显出一种新的生气,她拼了好几次"water"。然后她跌坐在地上问地板的名称,又指着问水泵和井房棚架。突然她转过脸来问我的名字,我拼了"teacher"(教师)一词,在回家时她一路上都处在高度的兴奋状态中,并且学着她碰到的每样东西的名称,并且高兴得连连吻我。……现在,每件东西都必须有一个名称了,不管我们走到哪里,她都热切地问着她在家里还没学到的东西的名称。她焦急地教她的朋友们拼写,并且热心地把字母教给她所碰到的每一个人。一当她有了语词来取代她原先使用的信号和哑语手势,她马上就丢弃了后者,而新语词的获得则给她以新生的喜悦。我们都注

意到,她的脸一天天变得越来越富于表情了。①

海伦所经历的"新生的喜悦",正是由于语言符号对事物的命名给了她一种全新的思想工具,为她呈现了一个新的天地。她开始用一种新的眼光来看待世界,准确地说,在对事物的命名中她获得了一个符号世界,一切事物都生气勃勃起来,都"讲起话来"。

物质世界是如此,观念世界也是如此。语言中的抽象词语,首先都是和人的观念世界中的一个个具体的观念相联系的,甚至可以说人的观念世界中的一个个观念,正是语言——"模铸"的。语言对观念的命名具有极大的精神价值。作家王蒙在谈到词的命名构造精神世界时说:

> 语言有强大的神学的功能。很多神学的最根本的概念是语言的产物,是一种语言。譬如说"终极",谁看见过终极?终极在哪里?你是活人你就看不见终极,你看的只有那几十年,我们假设您长寿,您能活一百五十年,那一百五十一年您都看不到,更不用说终极了。譬如说"永恒",你上哪儿去找永恒?但是永恒是一个词,是一个非常好的词,是一个非常有神学功能的词。"本源"、"至高无上"、"造物"、"命运"、"无限"等,我们看到的都是有限的,无限是我们思想的产物,因为有这个语言,你的思想才有所丰富。还有"轮回"、"末日"等,如果没有这样的一些语言,怎么可能有宗教?怎么可能有人的这种神学的追求和研究,当然还有更严肃的,"上帝"啊,"佛"啊,"真主"啊这样一些词,我们中国除了"老天爷"、"灶王爷"、"玉皇大帝"这些词以外,我们还有一些"准"或是"亚"神学的一些词,就是说哲学的,具有无限涵盖力的词。譬如说"道",譬如说"无",其实我想来想去这个"无"也是看不见的摸不着的东西,就是说你经验以外的东西,语言和文字可以创造。②

---

① Hellen Keller, *The Story of Life*, New York, 1902, 1903, p.315. 转引自恩斯特·卡西尔《人论》,上海译文出版社,1985年,第43—44页。
② 王蒙《语言的功能与陷阱》,《中国海洋大学学报》2004年第6期。

在这个语言对观念世界的"模铸"过程中,词与观念的对应是第一性的,词与其他词的关系是命名之后的调整。语言中任何新词、外来词的产生都会在系统内部有一个后续的词与词关系的调整。我们不能在调整后就否定对于一个词来说具有本质意义的词的命名关系。索绪尔认为,由五百个词组成的语言并不是五百个符号加五百个意义,"以为只要一说'词和它的意义'就算正确理解了语言现象,但却忘记了一个词是处在〔其他词或者其他parasèmes(有连带关系的符号)〕的包围之中的。"① 这一点当然不错,但在《普通语言学教程》中,显然矫枉过正,将这一点无限夸大了。

显然,语言符号——产生于人的命名活动中,事物和名称是它在人类交际活动中存在的紧密联系着的两极。索绪尔把语言符号定义在抽象的心理层面上,隔开语言符号与事物的天然联系,以心理实体替换经验实体,就难以揭示语言符号认知功能中巨大而深邃的人文内涵。索绪尔的方法,是其高度抽象的"语言同质论"的必然要求,也是其严重局限。

二、关于符号施指和受指问题的讨论

(一) 施指的物质性问题

索绪尔认定符号的施指是"听觉形象",肯定了施指在心理上抽象的音响功效,却舍弃了施指具体的物质材料。在索绪尔的思想中,施指本身的音响特征不重要,重要的是施指和别的施指的对立和差别。这个差别不是物质的,而是关系的。也就是说,施指不是由词音的内容以肯定的方式定义的,而是由施指与其他施指的关系以否定的方式定义的,即别的施指不是什么,那么这个施指就是什么。在索绪尔的眼里,这个抽象的施指很像棋子。棋子的功能不是由棋子的质料决定的,而是由棋子相对于其他棋子的关系

---

① 索绪尔《普通语言学札记》(俄文本),第 150 页,转引自信德麟《索绪尔〈普通语言学札记〉(俄文本)评介》,《国外语言学》1993 年第 4 期。

决定的。那么一个施指只要不与关联中的其他施指相混,发什么声音都不要紧。这里涉及一个语言理论的原则问题:决定一个施指的系统属性的,主要是它和其他施指的关系还是它的语音特征?

1. 音位的"物理重量"

就拿音位的系统属性来说,关系显然是重要的。同样两个音素,在一种语言的音位系统中,由于出现的语音环境具有互补的关系,它们被这个语言的说话人视为语音格局中同一个"点",而在另一种语言的音位系统中,由于出现的语音环境具有对立的关系,它们就被这个语言的说话人视为语音格局中两个不同的"点"。但这样的"分布主义"有一个前提,就是这两个音素有相近的声音物质条件。事实上,发音部位和发音方法完全不同的两个音素仅仅出于差别关系是不可能归为一个音位的。这个音位归纳的"语音相似性"标准说明一个音素的系统属性在根本上取决于它的物质质料。美国语言学家萨丕尔在《音位的心理现实》一文中指出:

> ……对任何人类经验中的实体的解释都不可能像对它的物理特性的机械总和或结果的解释那么确定。当然我们需要这些物理特性给我们信号,从而看出该实体在一个互相关联的复杂体系中所具有的功能音义;但是,众所周知,在任何特定的语境中,这些物理特性之中有许多被看作无关紧要的而被忽视了,只有某一个特性,在某一时刻是有或被社会看作有不平常的信号价值,在解释这一实体中起决定作用,这与该实体的"物理重量"是没有对应关系的。然而,只要我们承认,经验中所有有意义的实体通过功能或叙述意义的过滤之后对物理特性作了改变,只要我们明白我们不可能按照物理增长的尺度建立程度相等的附加的或改变了的意义,我们实际上就是在某个叫做语言(实现为言语)的经验框架中区分了音位和语音,不管我们自己知道还是不知道。仅用发音和声学术语不能够充分解释一个音位,必须把它放置到该语言特有的语音关系总体系中去。[①]

[①] 萨丕尔《音位的心理现实》,《萨丕尔选集》,伯克利和洛杉矶,1951 年,第 46—60 页,转引自伊·克拉姆斯基《音位学概论》,上海译文出版社,1993 年,第 141—145 页。

从萨丕尔论述表明音位的物理特性是音位的基础,只是这个基础不充分,音位之间的差异由音位的"物理重量"中某一个特性承担,它使音位具有了区别性的意义。萨丕尔打了一个有趣的比方:"这就像当别人用语词向我们描写一根棍棒,说它具有如此这般的形状和如此这般的尺寸时,我们说他并没把棍棒解释清楚一样。我们必须知道为什么一个和棍棒大致相同、眼睛看上去差不多的物体却根本不是棍棒,为什么另一件物体,它的颜色完全不同,并且比前面叫做棍棒的那个物体更长、更重,却确确实实是棍棒。"[1]显然,"棍棒"是比较中确认的,但比较的基础是棍棒的物理特性。有这个物理基础,我们也许无法将棍棒和与棍棒相似的东西如竹篙、旗杆相区别,但没有这个基础,我们甚至会把和棍棒具有相同功能的任何奇形怪状的武器都视为棍棒。

2. 音位的"语音敏感"

索绪尔强调了词的声音的物质属性的消极的一面,并且夸大了这一面,他说:"一个词语的发音,哪怕是一个小词语,也会呈现出肌肉运动的无限性,这是极其难以认识和描绘的。"[2]事实上,这种认识和描绘是不存在的。因为没有任何民族的人是这样认识语音的。人类的语音感觉天然就是"音位的",甚至想要让某个民族的人去认识"非音位的"语音,都是非常困难的。就像汉语一些方言中 n 和 l 不分,要想让当地人分辨 n 和 l,无论对说话人还是听话人都是勉为其难。索绪尔所谓"极其难"的事只是一种理论托词。萨丕尔曾这样描述一种语言的说话人和听话人对语音的"无意识选择":

> 语言不仅仅是发出的声音;它的有意义结构取决于对数量固定的"语音位置"或语音单位的无意识选择。这些单位中的每一个在实际行动中都可以修改;但基点是通过对语音和音位的无意识选择,在各种语音位置之间竖起了心理屏障,这样言语就不再是表达性的语音流,而变成了用有限的材料或单位构成的符号……在任何一种已知的语言中,

---

[1] 萨丕尔《音位的心理现实》,《萨丕尔选集》,伯克利和洛杉矶,1951年,第46—60页,转引自伊·克拉姆斯基《音位学概论》,上海译文出版社,1993年,第145页。
[2] 索绪尔《普通语言学教程》,江苏教育出版社,2002年,第16页。

都可以把语音变体(不管是表达中的还是其他的)同音位系列中的符号性功能变体区分开来。在所有的已知语言中,音位都构成独特的任意的系列,讲话者立刻就可分辨出它们是有关的意义符号。①

萨丕尔所说的"无意识选择",说明语音在交际中决不是不可理喻的,而是以功能为依据进行分辨和组合的。萨丕尔指出:"从物理方面来说,朴素的讲话人和听话人把语音变为现实,同时对语音很敏感,但是他们发出的和听到的都是'音位'。他们把语音经验中的要素从功能和美学出发排列成各种确定的形态。每一个形态都由它所在的所有可能语音关系的复杂总体中的排外关系律区别出来……"②显然,说话人和听话人的"语音敏感"都来自对语音的物质属性的抽象。萨丕尔在他多年从事的记录、分析美洲印第安人和非洲人口语的经验中发现,每一个民族的说话人和听话人都具有"音位直觉。""要教会土著人注意对他们来说不是音位现实的纯属机械的语音变体,即使不是不可能的,也是极其困难的……当教土著人'吸气音'时,由于他们的音位直觉已经教会了他们,他们能够认识;但是当向他指出纯属语音的区别时,他就不自在了。如果他把注意力集中在这些区别上,这些区别似乎是很实在的,但因为这些区别的客观现实性没有得到那些直觉的确认,这些区别在他们意识中总是要消失掉。"③

萨丕尔在语言调查中发现的"语音敏感"、"音位直觉"或"无意识选择",都说明索绪尔所说的"音响形象"或曰"听觉印象"是依靠其语音特征相互区别的。这些特征是和功能联系在一起的。符号的施指的物质属性决定其系统属性。在这个意义上,语言符号的施指不是心理上的抽象的语音印记,而就是语音。对于一种语言的说话人来说,他所说和所听的语音,主要就是一个个有序的音位组合。他甚至听不到也发不出音位以外的音。所以我们看不出有何必要将语音和语音的"音响形象"区别开来。有人辩解说:音响形

---

① 萨丕尔《社会科学百科全书》"语言"条目,《萨丕尔选集》,伯克利和洛杉矶,1951年,第7—32页,转引自伊·克拉姆斯基《音位学概论》,上海译文出版社,1993年,第143页。
② 萨丕尔《音位的心理现实》,《萨丕尔选集》,伯克利和洛杉矶,1951年,第46—60页,转引自伊·克拉姆斯基《音位学概论》,上海译文出版社,1993年,第143页。
③ 同上。

象实际上就是不出声的语音,当我们在阅读写作中默念时,脑子里正是这种音响形象。其实这样说正否定了索绪尔符号理论的依据。索绪尔提出语言符号的施指的纯心理性,是基于交际活动中语音的不可认识。然而这种不可认识只有对外族人才是真实的。它包括音位关系的不可认识和音位组合习惯的不可认识。语言学家调查一种陌生的语言,的确要在发出的音流中肯定功能性的单位,但这决不能反证以这种语言为母语的人也是这样"陌生"和抽象地认识自己的语音的。萨丕尔的实践充分说明了这一点。

3. 作为"音响形象"的语音象征

如果真要说词在心理上的"音响形象",那么它应该是一个由词音引发的音义一体的词的理据和词源联想。英语研究中对这种语音象征现象已有多方面的论述,综合如下。

词首 sl-在心理上往往有消极的、不愉快的意义联想,例如:slander(诽谤)、slob(衣冠不整、举止粗鲁的人)、sly(狡猾)、slime(粘泥)、slither(不稳地滑动)、slug(鼻涕虫)、sloppy(满是污水)。

词首 fl-在心理上往往有突然动作的意义联想,例如:flail(猛挥)、flap(拍动)、flare(闪耀)、flush(冲洗)、flick(轻弹)、fling(投掷)、flop(啪啪地翻动)、flounce(骤动)。

词首 de-、dis-心理上往往有象征性否定的意义联想,例如:deny(否认)、despise(鄙视)、despair(绝望)、detest(憎恶)、disdain(鄙视)、disgust(厌恶)、distress(使痛苦)。

词首 ob-在心理上往往也有象征性否定的意义联想,例如:object(反对)、obliterate(擦掉)、obstruct(阻塞)。

词首或词中的 m 在心理上往往有轻声说话的意义联想,例如:mumble(咕哝)、murmur(小声说话)、mutter(轻声细语)、grumble(咕哝)。

含高元音的 ee 的词心理上往往有小的意义联想,例如:teeny(小小的)、weeny、wee(小的)、teeny(小小的)、twee(纤弱的)、peep(吱吱叫)、seed(种子)、peek(一瞥)。

词尾 le 在心理上往往也有小的意义联想,例如:bubble(泡)、needle

(针)、nibble(小口咬)、pibble(小圆石)、feeble(微弱的)、pimple(丘疹)、tingle(刺痛)、little(小)、beetle(甲虫)。

词尾辅音 p 在心理上往往有击打的意义联想,例如:lap(〈波浪〉拍打)、clip(猛击)、rip(劈)。

词尾辅音 k 在心理上往往有击打出声的意义联想,例如:tick(滴答声)、crack(劈啪响)、creak(吱吱嘎嘎地响)、click(咔哒一声)、cluck(咯咯地叫)、flick(轻击声)、whack(重击声)、hack(劈)、kick(踢)、peck(啄)、pick(戳)、nick(擦伤)。

词尾辅音 f 在心理上往往有冲击声的意义联想,例如:puff(噗的一声)、gruff(粗哑的)、biff(击)、cough(咳嗽)、woof(狗吠)。

词尾-ash 在心理上往往有猛烈撞击的意义联想,例如:bash(猛击)、crash(撞毁)、smash(猛撞)、thrash(击溃)。

以上这些词音的意义联想被称为"联觉语音象征"(synaesthetic sound symbolism)。这些词音的特征直接或间接联系着其指称事物的某种特征,充当了具有联想意义的"心理印象"。每一种语言都有自己丰富的语音象征。和欧洲语言相比较,汉语在语音象征上是表现更为突出的。汉字中声符表意往往就体现了词源意义上的"音响形象"。

4. 拼音文字施指的音响覆盖和汉字施指的自主构意

索绪尔的符号二元区分中,施指作为音响形象,是直接表现在拼音文字中的。严格地说,一个符号的施指既有声音形象,又有文字形象。而在欧洲语言中,由于词的"音响形象"和它的字母记录形式的一致性,施指的有形可察的文字形象被音响形象统摄并"覆盖"了。这使得施指愈发抽象起来。而在汉语中,符号的施指的音响形象和文字形象是截然不同的。表意的汉字形式使得符号施指的物质性大大突出了。没有人会认为汉字形式与汉字意义的关系是任意的,因为象似性、理据性、逻辑性、"望文生义",正是汉字符号施指和受指关系的根本特征。

(二)受指的物质性问题

受指的物质性问题,其实是符号受指即意义的来源问题。索绪尔在这个问题上的观点可以从五个方面剖析。

1. 语言现象的透明性

说语言现象是透明的,有两层意思:

一层是就语言与事物的关系说的,即由于语言对事物的指向业经约定俗成,语言符号体系与世界万物构成相互对应的科学体系,这种不容置疑甚至是"无意识"的对应关系在一种民族语言中具有真理性和普遍性。语言符号"给出"事物,"给出"世界观,构成一个严密的"中间世界",成为人与世界的根本纽带,这就使符号对事物的指代固化甚至本体化,"将符号与事物的距离压缩为零"。语言似乎可以"明确无误地从这一个体传达到另一个体,从这一时代传达到另一时代"①。语言现象的透明性表明它是一个社会的均质的"集体心理制度"。

另一层是就形式和实体的关系说的。索绪尔认为语言研究中所有的谬误都源于认为语言现象中存在着"实体"。所谓"实体",又译作"实质",它指语言现象作为一个单位的"自我"属性或曰自足性。然而索绪尔认为,语言中的单位,是处于相互依赖、相互制约中的单位,因而,它们不是一个个独立的实体,一个个自我定义的实质,而是"关系项"。索绪尔承认语言中具有和其他社会制度相关联的特点,这些特点或多或少依赖于人的意志,但这些特点不是语言研究的目标。语言研究的目标是"那些一般只属于符号系统而个别属于语言的特征"。这是一些什么特征呢? 索绪尔一言以蔽之:"符号总是在某种程度上规避个人或社会的意志,这正是它的主要特征所在。"②语言现象的透明性表明它是一个实现了人文替换的自成系统的符号网络。

2. 意义的符号性

语言现象透明性的两层意思都表明,索绪尔明确认为语言符号的受指不是来源于语言的外部(事物或是人的意志),而是来源于语言的内部。而在语言的内部,可以看见的不是一个个单位实体的排列,而是一组组纵横交

---

① 申小龙主编《语言学纲要》,复旦大学出版社,2003年,第297—298页。
② 索绪尔《普通语言学教程》,江苏教育出版社,2002年,第18页。

织的关系对立,单位只是这些对立的附属物。索绪尔说:

> 正如象棋的对弈完全在于各个棋子的组合一样,语言的特征同样就在于它是一个完全以具体单位的对立为基础的系统。对于这些单位,我们既不能不加以认识,又不能离开它们而取得进展;然而,对它们进行界定是如此棘手的一个问题,结果,它们追问,它们是不是真的存在。
>
> 语言因此呈现出这种怪异而又突出的特征——不是一下子就提供可感实体的,然而,它们的存在却是无可置疑的,构成语言的恰恰是它们的交互作用。[①]

这也就是说,意义不具有先在性或者说首创性。它不是"初始性概念"。"它仅仅只是由它与其他类似价值的关系决定的一种价值。如果没有其他类似价值,意义将不复存在。"[②]意义是在符号系统的内部关系中生成的,它是符号性的,而非物质性、实体性的。索绪尔断然否认对符号受指认识上的"实在性的观念",指出如果简单地把受指和所指事物等同,把音响形象和概念联结,这虽然可能是正确的,而且是具有现实性的,但它却根本没有揭示语言事实的本质。

3. 意义生成的神秘性

索绪尔对符号受指即意义和所指事物的关系的否定,提出了意义不是一种独立的实存的东西,而是语言系统内部关系的表现。如果我们这样理解,即面对客观事物,语言的分析具有自身相对的独立性,这很大程度上是语言自身各要素系统关联的要求,这些关联有时与客观世界并不吻合。这样的理解本身是客观的。它植根于人的认识的主体性。康德就认为,人类的知性先验地具有结构的功能,其用意并非是要对事物的实在做出准确的描述,而是以连接诸事物和现象的法则行事。然而索绪尔的符号受指的成

[①] 索绪尔《普通语言学教程》,江苏教育出版社,2002年,第117—118页。
[②] 同上书,第130页。

因是康德意义上的先验理性范畴吗？不是。索绪尔对这个问题的论述具有浓厚的神秘性——

> 语言对思想的独特作用并不是为了观念的表达而创造出一种物质声音手段，而是充当思想和声音间的媒介。思想和声音的结合必然导致各个单位之间彼此划清界限。在诸如此类的情况下，本质混沌的思想在分解后势必变得明确起来。因而，这里既没有思想的物化，也没有声音的灵化，只关涉到有点神秘的事实，即"思想-声音"包含着区别，语言在两个无形之物之间形成时，便制定出它的单位。①

索绪尔否认意义生成于精神(概念)的物质化，也否认意义生成于声音形式的精神化。在他看来，精神和声音在结合之前，都不是清晰的(具有边界的)物自体。它们的结合，纯粹是构造性的，即由关系生发，由系统构造的。这样一来，他就无法在声音和意义的结合中据有一个稳定的支点，他就只能将音义的生成极度抽象化，进而神秘化。于是，声音和意义的感知，就不再是一种个人的经验或词典的教导，而成了一种神秘的系统功能——你的感知来自系统内整套复杂关系的自主"构造"。

4. 受指的形式张力：关系本体还是认识本体？

把意义的生成看成一种形式的功能，把符号受指看成是一系列对立关系的联结，这就使作为内容的意义完全在形式张力中蒸发，一切事物的命名都归于虚幻，语言符号剩下的是一个夸张的形式空壳。索绪尔否认符号受指的客观物质基础。他认定符号受指的前提就是它在对立关系中产生。它既与符号施指对立，又与其他符号的受指对立，它存在于关系之中。因此，当我们追问符号的意义时，我们只能追问形式，即它不是什么；却不能追问内容，即它是什么。这种以形式遮蔽内容的方法，是颠倒了两者的关系——一个语言单位在系统中的形式张力，本质上是由其内容决定的。

被雅柯布森称为"语言科学的开路人"的美国哲学家皮尔士在其符号学

---

① 索绪尔《普通语言学教程》，江苏教育出版社，2002年，第124—125页。

说中就指出,符号产生于客观对象,符号的意义来自人作为解释者对符号的认知,这种认知又是由客观对象间接决定的。因此,符号如果离开了客观对象,就失去了存在或成立的前提。仅仅在符号自身,不存在指称和表达。赋予符号以意义的,是人的理解和规定。从根本上说,符号之所以成为符号,之所以能够以一定的形式系统替换它所代表的事物,就在于符号的解释者依据一定的社会惯例所作的解释。

意义的解释性显然强调了符号受指的实体性,即它不单纯是一种关系的存在,更是一种实体的存在。雅柯布森指出:"皮尔士的符号学思想是严格意义上的语言语义学(linguistic semantics)的唯一可靠的基础。皮尔士认为,意义就是一个符号所具有的转变成其他符号的可翻译性(translatability),我们不能不同意他的观点。我们也不能不同意皮尔士一再强调的说法,任何'真正的符号'(genuine symbol)都有一个内在的'一般意义'(general meaning)。我们还不能不同意皮尔士的说法,一个符号'不能表示任何具体的事物,它表示一类的事物。不仅如此,它本身就是一个类(kind),而不是单一的事物'(《文集》第 2 卷,301 页)。"[①] 符号具有的"一般意义"和"类"的意义,都表明语言符号成立的依据在对事物的认识。雅柯布森打了一个形象的比方:

> 语境可以表明我们谈论的究竟是童年时期的拿破仑(Napoleon Bonaparte),还是奥斯特里茨(Austerlitz)战役的英雄;是滑铁卢战役的败将,还是死榻上的囚徒,或者说身后传记当中的英雄。而拿破仑这一名字在其一般意义上包含了他一生命运所有的这些阶段。就像新陈代谢的虫子在其发展的不同阶段被叫做毛虫—蛹—蝴蝶一样。一个人也可以在相继的时期获得不同的名字,用蒯因(W. V. Quine)的话来说,就是获得"短暂的对象"(momentary objects)。婚后的名字取代闺中的名字,教名取代世俗的名字。当然,这些命名的阶段每一个都可以再进一

---

① 罗曼·雅柯布森《语言学的元语言问题》,《雅柯布森文集》,湖南教育出版社,2001 年,第 60—61 页。

步划分。①

显然,语言符号的受指具有坚实的现实基础,这个基础虽然不像语境意义那样具体,但它是从符号的现实语境中一层层概括出来的,它的物质性是不容置疑的。从符号学的观点来看,任何符号都有认知方面(受指)和感觉方面(施指),两者缺一不可。语音的研究离开了特定的辨义功能就不成其符号学的研究,语义的研究离开了特定的分节音形式也就不成其符号学研究。语言符号的这种两重性并不否认它在认知和感觉方面都具有物质基础。正如雅柯布森所指出的:"根据语言符号内在的二重性这一理由充足的前提,有时人们得出很僵硬的结论,认为只有符号的两个方面的交叉点(intersection)才是语言学的主题。语言学于是乎蜕变成外在形式的一张目录表,不同层次上语言形式单位的界定依据是这些形式单位在语境当中的结构(configurations)。有这种倾向的研究人员忽略了这样一个事实:符号的主要功能是指示(signify),而不是在某一集团(constellation)当中出现。这些人以function的数学概念(函数)取代了function在社会意义上的概念(指职责,目的,责任)。"②

5. 索绪尔和皮尔士:符号学两种范式的对立

从皮尔士的符号理论,我们可以对索绪尔的符号理论中施指和受指的纯关系性有进一步的反思。

索绪尔的符号理论是施指受指二元的,符号学理论的整个逻辑构架都以符号的二元对立为中心展开。皮尔士的符号理论是三元的,符号学研究的是符号、对象客体和解释项(解释者对符号的认知过程和结果)。

索绪尔的符号价值由符号的关系网络界定,它是静态的、封闭的、自足的。皮尔士的符号价值由人对客观对象的理解和规定界定,它是动态的、实践的、开放的。皮尔士认为,每一个符号都在人的实践和认识中不断发展其解释项,既往的解释项启发着后继的解释项。例如,随着对"苹果"的认识的

---

① 罗曼·雅柯布森《语言学的元语言问题》,《雅柯布森文集》,湖南教育出版社,2001年,第61页。
② 同上书,第41页。

发展,它的解释项已不仅仅是一种水果,而新增了绿色作物、环保型水果、经济作物、维生素含量高等解释项。

索绪尔的符号是棋局论的符号,它无关其构成的实体,只问其交互作用。皮尔士的符号是客体论的符号,客观对象是符号的成因、符号存在或者说成立的前提。

索绪尔的符号是主体缺席的符号,它在语言和言语的关系中对立,言语活动中的人对符号的使用和发展与语言的符号完全隔绝。皮尔士的符号是主体在场的符号。人在对符号的使用中遵循着既往的解释项,同时又有积极的动力在既往解释项的基础上发展新的解释项,推动符号意义世界的扩展,促进符号的成长。符号在语言和言语的矛盾运动中被不断注入新的生命。皮尔士将这一矛盾运动解释为符号的型(type)和例(token)的运动。符号的型即语言,它维持着符号的同一性,以符号的既往的解释项为原点限制解释的自由,它是一种法则符号。符号的例即言语,它生发着符号的变异性,为新的解释项提供自由的发展空间,它是一种单一符号。任何语言符号都既是法则符号又是单一符号。皮尔士认为离开了符号的作为"例"的单一性,符号就抽离了生命,仅存抽象假设的躯壳;离开了符号的作为"型"的法则性,符号失去了规定性,陷入混沌的状态,无法建立其区别性。符号的法则性和单一性的统一实现了符号的复现性。

索绪尔的符号分类是一个等级制的分类。他把语言符号和象征符号区别开来。用"象征符号"来指称符号形式在物质属性上与受指对象相似或可以类比的符号(如图像符号),以及在时空上或逻辑上与受指对象关联的符号(如标记符号)。显然这些符号都是非"语言"的,因为它们都有一个物的参照。索绪尔的符号分类是一个等级森严的分类。皮尔士的符号分类是一个非等级的分类。他把索绪尔的语言符号视为最为典型的象征符号,因为它是人们按照社会的规约加以理解的符号,由此将符号分为相似符号、标引符号和象征符号三类,这是一个没有等级关系的分类。

索绪尔的符号分类是一个同质化的分类,因为他排除了任何语言符号"外"的"物自体"。皮尔士的符号分类是一个多元化的分类。由于在符号关系中引入了解释项,皮尔士根据符号与解释项的关系,将符号分为思维观念符号、情感情绪符号和行动符号。这一分类实际上反映了符号的解释者对符号的不同层面的认知和反应。

索绪尔的符号本体论鲜明地揭示了语言符号的施指受指二重性,并将处于对立关系中的施指和受指置于系统的制约之中,揭示了符号的系统属性和构成符号的施指和受指的系统属性,这一发现的重大的意义怎么强调也不为过。把施指或施指作为符号的一个方面来加以解释,结合受指来设想施指,这是语言研究得以向下层层分析和向上层层综合的一个基本原则。正如雅柯布森所指出的,"我们可以而且必须把一个复杂的符号分解为若干个符号,并且最终找到最小的语言单位。不过我们必须记住,任何语言的分析以及普通的符号学的分析把比较复杂的符号学单位分解为更小的但仍然是符号学的单位。所有这样的单位,甚至是最终的单位,必定是两重性的,既包含能指也包含所指"。例如,"在确定音位内在成分的时候,语言学者严格运用符号学的标准;确定更高一级单位也一样,即结合所指来设想能指"。总之,"语音和语义这两个领域必须结合到语言科学之中:语音必须始终根据语义进行分析,反过来语义也必须结合语音形式进行分析。""任何语言符号的这种不可分割的二元性是当代语言学在两条战线上顽强斗争的出发点"[①]。

但索绪尔把语言符号两重性做了纯粹关系的解释,在强调系统对施指和受指的制约的同时,把这种制约极度变形为语言符号的本质,用"不是什么"的关系性构造遮蔽了"是什么"的实体性特征,让符号在符号间巨大的差别之网中找到抽象自我的同时,消解了自身指物的本质特征,从而陷入自我的根本迷失。在当代人文哲学看来,语言和事物的关系决不是"语言和言语"的割据,语言和事物是一种本质联系。没有离开语言的事物观,也没有离开事物的语言观。因此,语言符号的施指和受指的物质性不是差别性可以消解的。从根本上说,符号的差别性作为语言系统的属性,是符号物质性即大千世界万物差别性的一种曲折呈现。语言符号的差别性是附属在物质性基础上的。只有在这个意义上我们才能说理解事物就是倾听事物的语言。也只有在肯定语言符号物质性的基础上,索绪尔提出的语言符号两重

[①] 罗曼·雅柯布森《语言学的元语言问题》,《雅柯布森文集》,湖南教育出版社,2001年,第38—39页。

性才真正担负起当代语言学的询问:语言为了自身的目的,选择、利用、协调了哪些物质性特征?——这才是语言学研究中的真正意义上的符号学准则。

第七讲 语言符号的任意性问题

语言符号具有施指和受指相结合的二重性,对立中的施指和受指不具有实体性,而是处于系统的制约之中,这是索绪尔对语言符号性质的认定。在语言符号内部,施指和受指是一种什么关系?这是索绪尔紧接着要探讨的一个重要问题。索绪尔认为这个问题是建立整个语言符号理论的基础,是有关语言符号理论的"第一原则"和"基本真理"的问题。索绪尔将这一重要原则确立为"任意性"。

一、符号施指和符号受指关系的任意性

(一) 任意性原则释义

任意性原则在索绪尔的语言理论中具有本体论的地位。索绪尔在他的讲课中反复强调这一原则"纲举目张"的扛鼎作用,他指出:"这条真理在按等级排列的位置中处于最顶端。人们只能一点一点地认识到,无数不同现象只不过是支流细节,都是这条真理的存在而引起的。"[①]这样重要的一条原则,人们自然很想知道它究竟有怎样的内涵。

1. 任意性原则的两要素

索绪尔对任意性原则的表述是:"符号施指和符号受指之间的联系是任意的。"[②]具体地说,"一定的听觉形象与一定的概念的联系,并赋予这种联系以符号的价值,是一种完全任意的联系"[③]。所谓"任意的",意思是语言符号

---

① 引自恩格勒:索绪尔《普通语言学教程》评注本,转引自 J. 卡勒《索绪尔》,中国社会科学出版社,1989年,第21页。
② 索绪尔《普通语言学教程》,江苏教育出版社,2002年,第76页。
③ 索绪尔《第三度普通语言学教程》,湖南教育出版社,2001年,第83页。

的声音在发音的生理上和声波的物理上与语言符号的意义不存在相互可以对应的理据,或者说感性的、"自然的"联系。

索绪尔的表述指出了语言符号任意性原则的两个要素,即:

1)"任意性"是音义的心理存在的联系之属性;

2)"任意性"的联系具有符号的价值,即联系的双方以及联系后的整体都受到系统的制约。

这种关系的任意性在索绪尔看来也可以表述为符号的任意性,因为"我们用符号是想指认从符号施指到符号受指的联合所产生的整体"[①]。

一般来说,人类使用的符号,其符号形式与符号意义,都既有相像即感性联系的一面,又有任意即不为专属的一面。例如红灯和绿灯,用它们来表示禁止和通行,与红色和绿色的性质有关。"文化大革命"的时候,曾把红灯和绿灯的意义交换,以红灯表示通行,以绿灯表示禁止,但施行了一阵,终究还是不行。这就是符号一般意义上的象征性或者说象似性。但符号形式和意义的这种感性上的联系,并不是专属的。红灯和绿灯各自还可以有其他的意思,禁止和通行的意思也还可以用其他符号表示,这就是符号一般意义上的任意性。人类使用的符号,其象似性和任意性相互制约,象似以求对符号的感性理解,任意以求对符号的工具化使用,可理解性与简单实用性相结合,这是一般符号的本质。

索绪尔认为,符号本质上是一种抽象,是纯粹的理性形式。人类社会不同的符号,抽象的程度是不同的。将认识对象彻底的符号化,就意味着彻底的抽象性。他把抽象性而不是象似性作为符号性的衡量准绳。由此,他认为语言符号是人类社会所有的符号体制中最具有符号资格的,因为语言符号的音义结合完全是心理上的,并且完全是任意的。任意的结合,其关系最为稳定。因为它不会发生任何误解。只要符号形式和符号意义存在一点感性上的相似,它就有可能发生歧义,因为对感性的相似人们可以从不同角度去理解。例如亮一盏红灯,在形式上,它既是红色,又是灯;在意义上,它既是禁止,又可能是喜庆,或者某种性暗示,如"红灯区"或者"大红灯笼高高挂"。而当符号形式和符号意义是任意性的联系,没有任何感性的相似时,

---

① 索绪尔《普通语言学教程》,江苏教育出版社,2002年,第76页。

符号的意义就无法通过约定以外的途径获得,只能是约定的意义。这样一来,符号的意义就单一化。

当一个符号意义纯一的时候,人们可以最大限度利用符号形式的区别。在象似性的符号中,施指形式受象似性的牵制,以一定程度的繁复性或者说冗余性交换象似性。而当施指形式完全是任意性的时候,它就不需要为象似性做出任何曲折,它仅仅是一个约定的代码,不对受指概念的感性认知负任何责任。于是符号的形式负荷就最小化,符号之间就有可能在形式上做到规矩而齐整,从而以最经济的手段实现符号数量的扩容,构成庞大的系统。语言是人类社会使用的符号中最庞大、最复杂也最精微的系统,在索绪尔眼里,这样庞大的系统必须实现彻底的符号性才有可能存在。所以,从符号学本质意义上说,语言符号音义结合方式必然是任意性的。

语言符号任意性的问题,在索绪尔看来是一个基本原则问题。其要义就在于否定语言的物质性。索绪尔认为,以往的语言理论都建立在语言物质性的基础上。"我们所有理论上的区别,所有的术语,所有论述语言的方式,都产生于一种不自觉的假设:语言中有物质。"而索绪尔认为,"语言不是由物质构成的,而仅仅是由生理的、心理的和精神的活动构成的。不管这些活动是分散的还是结合在一起的"。这是语言理论的一个基本区别,而"语言学理论最主要的任务就是要弄清我们基本的区别"[①]。语言符号的任意性理论,就是从这个"基本的区别"上否定了符号的物质基础。

索绪尔不否认语言和它所表示的客体有依赖关系,他承认语言符号"把事物与名称结合起来"[②],但尽管"语言依赖于它所表示的客体,但它是自由的,同客体的关系是任意的"[③]。索绪尔认为,词和客体的关系不是语言学意义上的关系,这种关系产生词的内容即意义,"只有借助于词语以外所存在的事物才能真正确定词语的内容"。而词在语言系统中只和其他词发生关系,这种关系决定词的"价值",即"作为系统的一部分,词语不仅具有意义,

---

① 《索绪尔未发表的笔记》,《索绪尔研究集刊》第12辑(1954年),第55—56页,转引自J.卡勒《索绪尔》,中国社会科学出版社,1989年,第67页。
② 索绪尔《普通语言学教程》,江苏教育出版社,2002年,第74页。
③ 索绪尔《普通语言学札记》(俄文本),第112页,转引自信德麟《索绪尔〈普通语言学札记〉(俄文本)评介》,《国外语言学》1993年第4期。

而且特别具有价值,而这完全是另外一回事了。"也就是说,价值来自系统,而非观念。因此,"一个词语可以与不同的事物进行交换:一种观念;此外,它还可以与相同性质的事物进行对比:另一个词语。因此,仅仅指认词语可以与某种概念进行'交换',即它具有某种意义,词语的价值还是不能得以确定的,还应该将它与类似价值、与其他可与之相对的词语进行比较"①。

正是在这个意义上,"语言最适宜于使人了解符号学问题的性质",而要进行这样的研究,就"应该研究语言本身",然而,"直到现在,人们几乎总是依照其他事物,并从其他观点来着手进行对语言的研究。首先,普遍存在着一个肤浅的观念:把语言看作是一个名称集,这就抹煞了对语言真正性质进行的一切研究"②。索绪尔多次嘲笑和贬斥语言研究中的"词与物"关系,指出:"假如语言只是用来给事物命名的,那么它的各种'语项'(termes)就是互不联系的,像事物本身那样各自独立存在了。"③这种"首先有事物,然后有符号"的观点"使人想起人类的祖先亚当,似乎是他把各种动物叫到自己跟前,给它们一一命名"。索绪尔说:"符号有外在的依据,语言中的关系可以这样表示:

```
事  | *  ——————————— a  | 名
物  | *  ——————————— b  |
    | *  ——————————— c  | 称
```

事实上应该把示意图改为 a—b—c 的形式,抛开 a 等指向事物的现实联系。"④

2. 任意性原则的二重关系

语言符号关系的二重性可以有多角度的理解。例如:

---

① 索绪尔《普通语言学教程》,江苏教育出版社,2002 年,第 128 页。
② 同上书,第 18 页。
③ 索绪尔《普通语言学札记》(俄文本),第 186 页,转引自信德麟《索绪尔〈普通语言学札记〉(俄文本)评介》,《国外语言学》1993 年第 4 期。
④ 索绪尔《普通语言学札记》(俄文本),第 121 页,转引自信德麟《索绪尔〈普通语言学札记〉(俄文本)评介》,《国外语言学》1993 年第 4 期。

1) 内部和外部的二重性。一重关系是指符号的内部关系,即施指和受指的关系;另一重关系是指符号的外部关系,即整体符号和它代表的事物的关系。索绪尔只承认前一种关系,后一种关系在他看来不属于语言系统。语言符号的研究不允许在系统之外有物质的支点。

2) 任意性和线性的二重性。一重关系是指符号的纵向选择关系,即施指和受指的任意性结合;另一重关系是指符号的横向结合关系,即符号与其他符号的线性组合。索绪尔承认符号的线性组合中的理据性,但认为符号自身的任意性关系是更为本质的。

我们要谈的任意性原则的二重性,着眼于符号的任意性与和它相对的象似性、约定性的关系。

(1) 任意性 vs. 象似性

说语言符号的音义联系是"任意"的,用许国璋的话来说,这只是一种"通俗的说法"①。"任意"要表达的,可以是自由的,个人的,无理性的,不可论证的等等。为此,索绪尔对"任意性"的科学涵义做了一个科学的解释,即"没有理据的(immotivé)",或者说"不可论证的"。这就把"任意性"的涵义限制在词形与所表达的概念没有感性的或自然的联系上,"也就是说,相对于符号受指,即在现实中与它没有任何天然联系的符号受指而言,它是任意的"②。

索绪尔对语言符号音义关系的任意性的论断,实际上封堵了语言符号"自立"即作为一个独立实体的任何途径。因为一旦认可符号具有外部事物或认知上的理据,语言符号就有了自立的依傍,而索绪尔认为一个符号的成立必须对外部世界一空依傍,成立的依据不在事物或人的认知,而在符号的体系。他指出:

> 可以断言,没有任何东西可以永远存在于任何一个语言成分之中。这是语言的根本规律。其直接的原因在于,语言符号与所表示的东西没有联系。因此,如果没有 b 的帮助,a 就不能表示任何东西,反过来也

---

① 许国璋《语言符号的任意性问题——语言哲学探索之一》,《外语教学与研究》1988 年第 3 期。
② 索绪尔《普通语言学教程》,江苏教育出版社,2002 年,第 77 页。

是如此。换句话说,只有通过 a 和 b 的差别才能体现它们的价值。如果没有这种由反面的差别构成的关系网,不管 a 和 b 的组成成分是什么,也不会产生价值。①

先有符号系统,才可据以认识符号的价值。这样一来,施指和受指不存在"是什么"的问题,只存在与其他符号施指和符号受指的差别问题。单纯的声音本身不能施指,只有处于某种特定关系中的声音才能施指;单纯的事物或概念本身也不能受指,只有出于某种特定关系中的概念才能受指。索绪尔要强调的就是一个语言符号只在相互关系中存在,关系的重要性远甚于符号自身音义的重要性。

在这个意义上,语言符号任意性的原则作为一个基础性的原则,正是为建立系统的符号理论扫清障碍的。它与此前的任何传统音义理论划清界限,是结构主义的清道夫或者说开路先锋。索绪尔的一段话透彻地说明了这一点:

> 不仅语言事实所联结的两个领域是模糊不清而又不成定形的,而且选择什么音段来表示什么观念也完全是任意的。倘若不是这样的情况,价值的概念就会失去它特性中的某种内涵,因为它将包含由外部强制性规定的一个要素。事实上这些价值完全是相对而言的,这就是为什么观念和声音的联系根本就是任意的。②

有鉴于此,索绪尔不赞成使用"linguistic symbol(语言符号)"这个术语,因为它本身具有词与物自然联系的涵义,它是一种"象征",表明"至少存在概念和代表概念的符号之间的基本联系"③,不具有索绪尔极力强调的符号任意性这个"空洞"的涵义。我们可以说"天平"作为一个符号是司法的象征,这个象征不能用其他东西来替换,因为它和司法的公正具有某种自然联

---

① 《索绪尔未发表的笔记》,《索绪尔研究集刊》第 12 辑(1954 年),第 63 页,转引自 J. 卡勒《索绪尔》,中国社会科学出版社,1989 年,第 66—67 页。
② 索绪尔《普通语言学教程》,江苏教育出版社,2002 年,第 125—126 页。
③ 索绪尔《第三度普通语言学教程》,湖南教育出版社,2001 年,第 84 页。

系。虽然天平作为象征也必然具有一定的任意性,因为天平不是必然对应于司法的,它的对应要靠社会的约定,但它"不是完全任意的","不是虚无的,在符号施指和受指之间存在着一个自然的根基"①。因此不能用它来指称具有完全任意性的语言符号。这样,索绪尔从术语上就为完全任意性的符号(signe)和非完全任意性的符号(symbol)划下了鸿沟。

值得一提的是与索绪尔同时代的美国哲学和符号学家皮尔士(Charles Sanders Peirce,1839—1914)对符号的分类。在索绪尔看来任何符号无论是 signe 还是 symbol,都具有程度不等的任意性,而语言符号的任意性是最彻底的。与索绪尔的泛任意性观点不同,皮尔士对人类社会的符号持泛象似性观点。这主要表现在以下方面②。

其一,符号具有客体性。皮尔士认为符号就是相对于某人在某个方面,能替代(代表、表现)他物的某种东西。因此符号学的所有问题都离不开符号、对象客体和解释项(解释者对符号加以认知、解释、反应的过程和结果)。客观事物决定符号,是符号的成因。符号的意义来自人的解释,但客观事物又通过符号中介间接决定了人的解释。离开客观对象,符号就失去了存在或成立的前提。

其二,符号具有主体性。皮尔士认为符号的意义是人的理解和规定的结果,是解释者依据一定的社会规范对客体所做的解释或认知。符号生命的诞生不具有索绪尔所说的神秘的一空依傍的性质,其生命之源在于人的赋予。人是符号的主体,是符号的传达和解释者。

其三,语言符号是"型(token)"和"例(type)"的统一。作为"例"的语言符号受时间和空间制约语境制约,是具有生命的符号;作为"型"的语言符号是没有符号生命的抽象假设,但维持着符号的同一性特征。前者是单一符号,后者是法则符号。

其四,人类社会运用的符号可以分为三类:图像符号、标引符号和象征符号。其中图像符号与其所指对象存在类比性和象似性,标引符号与其所指对象存在时空或逻辑上的关联(如指纹、弹孔),象征符号与其所指对象缺

---

① 索绪尔《普通语言学教程》,江苏教育出版社,2002年,第77页。
② 参见卢德平《皮尔士符号学说再评价》,《北方论丛》2002年第4期。

乏自然联系,存在人按社会规约理解或解释的关联(如语言)。皮尔士对符号的分类并没有像索绪尔那样给完全任意性以符号试金石的地位。虽然他区分了与所指对象没有自然联系的象征符号,但象征符号并不是专属语言,"象征"一词中蕴含的符号与所指物可能的象似性皮尔士也不忌讳。这说明皮尔士并不苛刻地看待完全任意性问题。事实上,皮尔士认为在人类社会符号的运用中大量存在着图像性、标引性、象征性交织在一起的符号特征,皮尔士非常细致地对由此导致的复杂的符号形态作了描述。而这些复杂的符号形态,正是索绪尔为追求语言符号的纯粹的任意性和系统性而舍弃的。

显然,皮尔士的多元化符号分类与索绪尔的二元化符号分类形成了鲜明的对比。如果说皮尔士是以符号的象似性将人类社会各种符号和谐地整合在一起,那么索绪尔是以符号的任意性为尺度将人类社会使用的符号作截然二分,以不容置疑的态度将语言符号外的任何符号形式冠之以"非任意性"而推到了语言的对立面,或者说以不容置疑的态度将语言符号冠之以"彻底的任意性"而推到了所有人类符号的对立面。索绪尔这样说:

> 人类的其他制度——习俗、法律,等等——一切都不同程度地建立在事物的自然关系之上;它们所采用的手段与它们所追求的目的必然互相配合。甚至连我们服装的款式也不是完全任意的;人们不能过分背离身材所决定的条件。相反,语言在手段的选择方面则不受任何的限定,因为人们看不出有什么会妨碍我们把任何一个观念同任何一连串声音结合起来。①

我们不得不说,皮尔士的象似性整合更符合人类社会符号运用的常理和常识,索绪尔的任意性分裂很大程度上是一种拟想化或者说理想化的操作。

(2) 任意性 vs. 约定性

"任意性"的世俗意义是很丰富的,这个词最容易让人以为符号施指是个人自由选择的结果。罗兰·巴特在《符号学原理》中就指出:"在人类言语

---

① 索绪尔《普通语言学教程》,江苏教育出版社,2002年,第85页。

行为中,我们选用的音并不是由意义本身所规定的(如:boeuf 牛,根本不是非发[boef]音不可,因为在其他语言里也可以是别的音)。从这一事实出发,索绪尔曾经谈到能指和所指之间的一种任意关系。……具有任意性的是能指和所指的'事物'(即 boeuf 这个声音和 boeuf 这个动物牛)之间的关系。但是,我们已经看到,对于索绪尔本人来说,所指不是'事物',而是事物的心理复现(概念),发音和复现的结合是集体训练的结果(比如学习法语)。这个结合产生了意义。结合决不是任意的(任何一个法国人都不能自由地改变它),而恰恰相反,是必须这样的。"①

罗兰·巴特理解的"任意性",显然就是世俗意义上的自由选择。而语言符号施指和受指的联系既然是契约性的、由集体制度约定的,它就不可能是任意的。只有"一个系统,当其符号不是由契约,而是单方面的决定而制定时,它便是任意的"。此时,符号的施指和受指的关系往往是类推的,符号也因而是有理据的。而当一个系统,其符号是由集体契约决定时,符号也因而是无理据的。"这样,一方面是任意的和有理据的系统,另一方面是非任意的和无理据的系统。"②用这个标准来看,语言符号决不是任意的,而时装系统符号则是任意的。

为了廓清在任意性问题上的可能的误解,索绪尔在课程讲授中特意对"任意性(arbitrary)"一词"要多说几句"③,他实在无法回避对语言符号"任意性"即自由选择的常识性理解。索绪尔指出:"一个符号一旦在语言的群体中得到确立,个人便无权对它加以任何改变。"④"整个社会无法改变符号,因为过去的遗产通过演变的事实强加于它。"⑤在第三度教程中,索绪尔表述得更为清楚:"符号对使用它的人类社会来说,不是自由的,而是强制的,无需同社会大众商议的:好像符号不能被其他符号所代替。"⑥

怎样看待任意性和约定性的关系呢?索绪尔实际上是从对语言的任意

---

① 罗兰·巴特《符号学原理》,广西民族出版社,1991年,第41页。
② 同上书,第42页。
③ 索绪尔《第三度普通语言学教程》,湖南教育出版社,2001年,第84页。
④ 索绪尔《普通语言学教程》,江苏教育出版社,2002年,第77页。
⑤ 索绪尔《第三度普通语言学教程》,湖南教育出版社,2001年,第84页。
⑥ 同上书,第103页。

性分析中看到了语言彻底的社会性——在用任意性切断了语言符号与外部事物和理性的"自然"联系后,社会约定就成了维系语言音义关系的根本纽带。"既然符号在它们的相互分化中和在系统的组织中,都不适应于它们外部的任何自然的要求,所以对这种或那种语言中的特别形式唯一有效的基础,是整个社会的一致意见。"① 从这里我们可以看到,索绪尔讲的社会性,不是一般意义上的社会影响,社会作用,而是社会约定,它的理论基础正是符号的任意性。索绪尔从符号系统内在关系来认识语言的社会本质,把符号性和社会性紧紧联系在一起。

这样看来,"任意性"虽然在概念上表达了一种自由选择的涵义,但这种选择的自由仅限于符号内部音义的结合方式,而且这种自由其实无所谓自由,因为在索绪尔看来它仅仅取决于神秘的瞬间。而一旦符号成立,任意性就淡出,接踵而来的是符号使用的强制性,即"社会大众无从支配,而由语言选择的符号施指又是无以替代的"②,例如"table'桌子'可能被称作 sable 或相反"③。索绪尔承认这是一个"某种程度上包含着自由中的非自由的矛盾"④。而我们更愿意说这是一个"包含着非自由中的自由的矛盾",因为对一个语言集团来说,语言的存在在根本上是一种强制性或曰决定性的存在,绝非是自由的,更不是任意的。索绪尔形象地说,这个矛盾是一个通俗意义上的"霍布森选择"。

什么是霍布森的选择?第三度教程的中译者说,16 世纪的英国有一个马车出租人叫霍布森,他要求每一位租马车的顾客必须选择距离马厩最近的那匹马,以体现选择的公平。显然,霍布森选择实际上是别无选择。索绪尔用这个典故类比他提出的任意性原则,他说:"〈人们对语言说:〉'自由地选择吧',但同时又说:'你没有选择的权利:必须选择这个或那个。'"⑤ 而在索绪尔的学生巴利和薛施霭所整理的教程中,"霍布森的选择"又替换为"强制纸牌",中译者解释说,这是"玩变戏法的人使用的障眼术,在洗牌的时候

---

① 莫罗《索绪尔〈普通语言学教程〉评注本序言》,《国外语言学》1983 年第 4 期。
② 索绪尔《普通语言学教程》,江苏教育出版社,2002 年,第 80 页。
③ 索绪尔《第三度普通语言学教程》,湖南教育出版社,2001 年,第 103 页。
④ 同上。
⑤ 同上。

另外塞进一张牌,又要求对方必须拿这张牌,这张纸牌俗称'强制纸牌'"①。

这些比喻形象地表明,语言是一种社会契约,具有相当的约定性或者说协议性。没有人能够独自创造语言或改变语言,因为任何创造和改变都必须纳入社会规约,交际必须在完全遵守协议的基础上才能进行。索绪尔用约定性(conventionality)来厘清对任意性的常识意义上的误解,但他没有想到,约定性并不必然与任意性关联。事实上,人类社会的约定基本上都是以事物的自然联系为基础的,约定是一种理性行为,但索绪尔却认定唯有语言符号的约定是非关事物自然联系,而仅仅是"协议(convention)"的约定。因此,索绪尔的"霍布森选择"的矛盾只能解释为符号约定过程中音义结合的任意性或偶然性,即任意的约定性,以区别于象似的约定性。在象似的约定性中,意义来源于自然关联;在任意的约定性中,意义来源于系统。由此我们可以说,任意性和约定性并不在一个层面上,任何符号都需要约定才能使用,任意性或象似性是约定的两种不同的类型,它们是约定性的下位范畴。

索绪尔想要表达的是,语言符号内部的施指和受指的关系是任意性的,形成符号以后符号与使用符号的社团的关系是约定性的。所以,索绪尔的符号任意性的确没有任何的"自由"涵义。音义结合的自由只存在于理论上,即在原则上任何意义都可以用任何声音来表达。但音义结合的本身并没有任何选择性,只有不可知的神秘性。一旦结合就像任何其他符号那样有赖于社会的约定。这样两种关系,任意性和约定性,当叠印表达为符号音义关系是自然的还是约定的时,"霍布森选择"的矛盾就产生了。

实际上,索绪尔的思想已经解构了西方传统的名实关系理论,古希腊的确争论过名实关系是自然的还是约定的,但古典约定论是名与实单一对应的约定,即音义结合本身的约定性;索绪尔的约定论不是音义结合本身的约定,而是整个系统的瞬间(任意)定形后的约定。意义在古典约定论中来自约定,而在索绪尔的约定论中意义在约定之前已被系统所决定。

(二) 任意性理论的历史论争

词的任意性在欧洲思想史上是一个古老的命题。波兰哲学家沙夫

---

① 索绪尔《普通语言学教程》,江苏教育出版社,2002年,第80页。

(Adam Schaff)曾认为索绪尔的语言符号任意性理论"重述了柏拉图的《克拉底鲁篇》中早已有过的那个古老的概念,即语词的声音和这些语词所表示的对象没有任何天然的联系"①,这表明任意性理论历史悠久,围绕它进行的争论也源远流长。温故而知新,我们在这里做一个简要的梳理。

1. 《创世纪》:上帝赐名 vs. 亚当命名

探究词音与事物的关系,是人类与生俱来的浓厚的兴趣。早期人类孜孜以求的一个思想问题,就是单一的事物是如何在各种语言中获得各种称谓的?即事物得名之由。在《旧约全书·创世记》中已经有这样的记载:"上帝称光为昼(jōm),称暗为夜(lájil),称空气为天(šamájim),称旱地为陆(áreṣ),称水的聚处为海(jammīm)。"②又如《创世记》说女人(iššah)是从男人(iš)身上取出来的,夏娃(Havvāh)的意思是生命(haj),即"芸芸众生之母"。这表明神的命名不是随意的,而是有深厚的理据的。古印度的梵文经典《吠陀》也有这样的探讨。在婆罗门教的信徒眼里,梵文是神的语言,无一字无来历。例如火神叫 Agni,是因为 Ag 源于表示"燃烧"的动词 ajati。"人"(aoi)和"石块"(aas)是同源词,是因为传说中人类的祖先是石块落地变成的。在《吠陀》的语汇中有许多类似的同源而形似的词语。

然而《创世记》中又有亚当命名的记载,说上帝用泥土造了飞禽走兽,带到亚当面前,看亚当叫它什么,它就被命名为什么。丹麦语言学家威廉·汤姆逊指出,在《创世记》中,文字的不同反映了教派的不同。多神教记载的《创世记》持名由神授,各具本原的观点,一神教记载的《创世记》则持名由人授,随意约定的观点。汤姆逊指出,这种文字记载上的矛盾"在别的原始民族的神话当中也很容易找到。它实际上反映了两种根本不同的理解。""从别的神话和文献中,也不难举出相当的证据,来说明这类问题对于人类的思想经常具有何等巨大的吸引力量"。"对于这些问题,我们在希腊哲学家的论战中,甚至在其后两千年的近代哲学家的论战中,都可以找出相应的例子。"这个问题之所以常讲常新,是因为它和语言研究的根本性的问题联系

---

① 沙夫《语义学引论》,商务印书馆,1979年,第204页。
② 转引自威廉·汤姆逊《十九世纪末以前的语言学史》,科学出版社,1960年,第2页。

在一起。"如果说我们一直停留在《圣经》神话中的天真观念上,那么,这不仅是因为我们这里拥有这样探索人类智慧的最古老的文献,而且还因为我们很晚才又回到那些后来对于语言学发展具有决定性影响的同样的概念上。"①任意性正是这样一个概念。

2. 古希腊:本质派 vs. 习俗派

词与物的关系,自古希腊以来就有"按本质"和"按法则"、"按协商"、"按习惯"、"按规定"之争。持前者("按本质")观点的是"名实相应论者"(Alnalogists),即事物的名称由事物的性质所决定,持后者("按法则"等)观点的是"名由人定论者"(Amomalists),即事物的名称是约定俗成的。我们可以分别称之为本质派和习俗派(这样称呼只是为了叙述的方便,实际上双方并没有正式的论战)。争论的焦点是,人们对事物和现象的真假、对错的语言判断,究竟是来自事物的本质,还是来自人类社会的规约?也就是说,语言形式和意义的关系,是本质关系还是约定关系?争论的内容我们在柏拉图(公元前427—前347)的对话录《克拉底鲁篇——论词的正确性问题》中可以窥见一斑。争论中的本质派是克拉底鲁,他认为词和事物的联系是"自然"的。争论中的习俗派是赫莫吉尼,他认为事物的名称就像奴隶的名字,我们想叫他什么就是什么。争论中的中间派是苏格拉底(他的观点实际上是柏拉图借他之口说自己的观点),他认为语言就像织布的梭子,梭子的形状是由它的功能决定的,词的形式也是由它表达的事物的属性决定的;但同一个概念,有时会有不同的称谓,形式和意义并不一一对应。坚定地站在习俗派一边的还有亚里士多德。

在这场争论中,反本质主义的观点,不是来自任意性,而是来自约定性,即在否定词与物关系的个人理性的同时,肯定了词与物关系的社会理性。在中国,稍后的战国末年哲学家荀子(约前313—前238)也持这种社会理性观点。荀子指出:"名无固宜,约之以命,约定俗成谓之宜,异于约则谓之不宜。名无固实,约之以命实,约定俗成谓之实。"(《荀子·正名》)在荀子看来,社会约定是重要的,至于所约之名与现实是否有"自然联系",他没有说。

---

① 转引自威廉·汤姆逊《十九世纪末以前的语言学史》,科学出版社,1960年,第2页。

而与柏拉图同时的春秋战国之际的哲学家墨子则认为:"名若画虎也。"(《墨子·经说上》)"画虎"显然是"名实相应"的具象表达。

3. 17世纪:洛克的任意性约定

中世纪的欧洲,本质主义的观点有强大的力量。当时的哲学研究把语言与思维和实在密切联系在一起,认为三者的内在逻辑是完全一致的。这样一来,语言形式与观念形式、事物特征相映照,语言的形式分析成为有关实在的重要信息来源。

历史进入17世纪,名实关系上的反本质主义中任意性观念渐渐凸显。17世纪下半叶英国哲学家洛克从唯物主义经验论的立场出发,把人类的经验视为获得认识的源泉,在词与物的关系上主张任意性约定论。他在《人类理解论》中说:"语言所以能标记各种观念,并非因为特殊的音节分明的声音和一些观念之间有一种自然的联络"[1],因为要是这样,全人类的语言就应该是一致的。在这里,洛克的理由并不充分,因为词与物的"自然的联络"也可以是多元的、各民族不一致的。洛克的主张关键在于他认为:"语言所以有表示作用,乃是由于人们随意赋予它们一种意义,乃是由于人们随便来把一个字当作一个观念底标记。"[2]显然,洛克说的"随意"和"随便",强调了命名的任意性,这在本质上就导致对符号的社会约定的任意性。

洛克的约定论在抽象性上是不足的,他主张的是原子论的约定,即单个词与单个观念对应的自足性。洛克明确地说:"字眼底功用就在于能明显地标记出各种观念,而且它们底固有的,直接的意义,就在于它们所标记的那些观念。……字眼底原始的或直接的意义,就在于表示利用文字的那人心中的观念——不论那些观念是怎样不完全的,疏忽的,由它们所表象(假设如此)的那些事物获得的。"[3]可见洛克主张的任意性约定并没有离开词与物的联系。这种原子主义的约定论距离索绪尔的符号体系的制约论很远,尽管两者都坚持音义关系的任意性。

---

[1] 洛克《人类理解论》,商务印书馆,1981年,第386页。
[2] 同上。
[3] 同上。

4. 18 世纪：维柯的"诗性智慧"和赫尔德的"心灵类推"

历史进入 18 世纪，本质主义发展了更为深广的内涵。其中最引人注目的是维柯和赫尔德。

(1) 维柯的"诗性智慧"

18 世纪上半叶，意大利哲学家维柯(G. Vico，1668—1744)出版的《关于民族共同性的新科学原理》①一书，首次把语言作为开启人类社会文化起源和发展的奥秘的钥匙。他认为人类认识中的"真实"，是通过人类自身的观念和语言构造出来的。人类起源和历史发展的全部奥秘深埋在语言之中。因此，在维柯研究人、社会、意识形态的新学科体系中，哲学和史学都致力于通过语言学进行考查。维柯以他对语言的文化内涵的非凡的洞察力，通过语言分析对人类的历史文化研究进行统一的重组，使它凝聚为一门展示各民族历史在不同时期都要经过的一种理想的、永恒的历史图案的新科学。语言性，因而是权威(凭证)性，成为新科学的主要特征。

语言是如何成为一门人类文化统一的新科学的基础的呢？维柯认为，人类各民族的语言都具有"诗性"的特征，反映了原始人类对周围环境的隐喻性的认知。解读各民族诗性文字，才能认识人类的实际经验。例如只有解读希腊神话诗性思维的符号系统，才能将神话转译为史实。又如古拉丁地区各族人和古希腊人分别用三万多种天神的名称表达最古时代的身体、精神、经济和政治各方面的生活需要，解读这些名称方能洞察当时的社会。

而各民族的语言又是如何具有诗性特征的呢？维柯认为，在人类尚无法认识事物的自然原因之时，人类就把自己的本性移加到那些事物上去。原始人类的诗性智慧和诗性语言，实际上是一种人化的世界。维柯发现，人类心灵自然而然地倾向于凭各种感官去在外界事物中看到心灵本身，因而各种词源所反映的都是从物体和物体的特点转运过来的表达心灵或精神方面的事物。例如拉丁语的 lex(法律)本义是"采集在一起的蔬菜"，这种集束的意义又用来指"集成一群的市民们"或"公众议事处"。当法律成为一种公众性的规约并举行公众性的仪式的时候，lex 的"法律"词义就产生了。由此

---

① 维柯《新科学》，人民文学出版社，1981 年。

维柯特别重视语言中本土文字和外来文字的区分,因为外来的字源意味着完全不同的社会和历史。

维柯用极其丰富的词源材料证明,人类从理解环境的那一刻起就展开了他的心智,对事物赋予意义,从而吸收进来;而人在不理解环境时就凭自己的心理经验来体会外在事物,凭自己的心智能力来"造出"外在事物。在这个"人凭不了解一切事物而变成了一切事物"的过程中,语言和象征符号成为一个民族看待世界的巨细无遗的完整样式,人把自己变成了整个世界。如此形成的语言,其音义的结合当然是有理据可寻的了。这理据就是隐喻。

维柯认为,以往的语言学家全都过于轻信地接受了语言的意义是约定俗成的看法。而在他看来,语言的起源是自然的,语言的意义也必然是自然的。例如拉丁语的词汇几乎都根据自然事物的特性或可感觉的效果来构词。例如"拉丁人首先根据雷吼声把天帝叫做'幼斯'(Ious),希腊人根据雷电声把天帝叫做宙斯(Zeus),东方人根据烈火燃烧声,一定曾把天帝叫做Ur(乌尔),由此派生出Urim(乌里姆;火力),希腊文ouranos(天空),拉丁动词uro(燃烧)一定都是从同一字源来的"①。这些词的音义结合的理据性体现了古代人类的诗性表达方式。维柯认为,语法学家们用现代思维的习惯看到的只是古代语言大量的词所表达的混乱不清的意思,他们不理解这些古词的诗性理据,只能认为凡是词语的意义都是约定而成。这是对原始民族诗性智慧与神话思维的无知。维柯对原始语言的"诗意"的发现,有力地论证了语言符号的象似性。

(2) 赫尔德的"心灵类推"

17世纪洛克所说的命名的任意性,在18世纪本质论者眼里成了上帝的仲裁。他们一下抓住约定论中这个要害问题,做了激烈的抨击。18世纪德国哲学家和文艺理论家赫尔德(Johann Gottfried von Herder,1744—1803)指出:

> 知性把语声铸成区分特征,语声于是成为词。这是很容易理解的。但是,并非所有的事物都会发声。那些并不发声的事物,人从哪里来的

---

① 维柯《新科学》,人民文学出版社,1981年,第208页。

本领把它们变成语声,心灵怎么才能命名它们,使其获得符号?颜色、形状与它们的命名有什么关系呢?这类名称的产生与咩咩的叫声成为羊儿名称的方式有什么不同?超人起源说的捍卫者们对此有现成的回答:"这是任意的!为什么绿色叫'绿'而不叫'蓝'?这有谁能解释,有谁能在上帝的理智中找到原因?毫无疑问,上帝喜欢这样,仅此而已!"这样一来,线索就被剪断了!所有关于语言发明艺术的哲学探索于是都成了随意杜撰的空中楼阁,每个词对于我们人类都是某种神秘的力量(qualitas occulta),某种任意的东西!也许人们有理由责怪说,我没有理解这里说的"任意"这个词。人类心灵对每一种行为都要了解它的起因,哪怕只是部分的起因,所以,认为一种语言未经任何选择,就从人脑中任意地发明了出来,这种说法对于心灵来说,不啻于肉体被死神的手抚摸所遭受的折磨。而且,一个充满感性的粗野的自然人虽然很强壮,但还很笨拙,能力不发达,他的每一个行为都有急迫的原因,他不会去做任何徒劳无益的事情。所以,一种根据肤浅空洞的任意性创造出来的语言是与他的整个善于类推的本性相背的;一种完全任意地构想出来的语言,事实上也同一切人类心灵力量的类推原则格格不入。①

赫尔德对任意性观点的驳斥堪称酣畅淋漓,他的主要依据就是人类命名是一种理性行为,语言是源于灵魂的一种基本能力。在赫尔德看来,语言和人类理性是相互塑造的。一方面,语言产生于人类的心灵映像,产生于人类心灵的生成活动(Hervorbingung)和旺盛的生命力(Fruchtbarkeit),借助理性向前发展;另一方面,就在语言迈出最初的步伐的同时,理性也凭借语言而产生新的进步。赫尔德特别反对语言形成问题上的神秘主义。他认为,假如发明语言的是天使或圣灵,那么语言的结构方式就应该是圣灵的思维方式,"可是在我们的语言里,哪里找得到天使的特征呢?不要说结构和框架,就连语言这座宫殿上的第一块基石,也显露出人类本性!"语言的形式是无法用超人类精神的逻辑去解释的。假如语言在发展中是理性在起作用,为什么不能说语言在形成时也是理性在起作用呢?"难道可以说,人类

---

① J.G.赫尔德《论语言的起源》,商务印书馆,1998年,第46—47页。

心灵就从此时此地起开始发挥作用,而在这之前毫无作为吗?既然它能发明最精微、最困难的东西,为什么不能发明出最容易的东西呢?如果它能完成这件事,那它为什么不作尝试,为什么不开始呢?实际上,在语言发明之初,哪怕仅只生成唯一的一个词,那也是理性的符号。"①

5. 19世纪:洪堡特的"心灵图像"和波铁布尼亚的"内部形式"

洛克的约定论在19世纪思想史中又有了新的支持。马克思在《资本论》中强调:"一个事物的名称和这个事物的性质是全然不同的。"②正是有了这样的认识,人类对语言的认识才从先验的逻辑决定论中突围,人类不同语言之间的差异才得到充分的肯定。而根据梅耶的解释,历史比较语言学正是基于这种任意性的事实,才深刻理解了语言之间对应规律的重大意义,建立了语言系属演化的理论和历史比较的方法。梅耶指出:

> 假如说体现在语言中的思想与表示这些思想的语音或多或少地紧密联系着的话,也就是说,如果语言符号不依赖传统,而能根据自己的实质这样或那样地引出一定的概念的话,那么,语言学家所需要的唯一的比较类型只是一个通型,语言的任何历史都没有可能存在。但在现实中语言符号是任意的:它只是根据传统而取得意义……言语符号的绝对任意性决定了比较法的使用……③

梅耶的观点只说明了语言的多样性使得语言的历史比较显示出不同寻常的意义,并不意味着历史比较语言学自觉以语言符号任意性为指导。多样性不等于任意性。多样性可能是各自可论证的多样性,也可能是各自不可论证的多样性,而历史比较语言学只要在多样性层面上就可以展开工作,无须再问是什么性质的多样性。反过来,即使语言符号是任意性的,但如果看不出语言之间结构形式上的亲缘关系,历史比较方法也不可能产生。这

---

① J.G.赫尔德《论语言的起源》,商务印书馆,1998年,第70页。
② 马克思《资本论》,人民出版社,1963年,第79页。
③ 转引自兹维金采夫《普通语言学纲要》,商务印书馆,1981年,第55页。

都说明,语言的任意性和历史比较法是不同领域的问题,两者没有必然的联系。

(1) 洪堡特:语言的精神建构

19世纪引人注目的是普通语言学的奠基人、德国语言学家洪堡特从人类按照语言传递事物的方式生活这一思想出发,把语言视为一种心灵图像,深刻地质疑了任意性观点。洪堡特的思想可以归纳为以下四点。

其一,语言的建构是一种认知的建构。洪堡特认为,"对事物的全部主观知觉都必然在语言的构造和运用上得到体现。要知道,词正是从这种知觉行为中产生的。词不是事物本身的摹印,而是事物在心灵中造成的图像的反映。任何客观的知觉都不可避免地混杂有主观成分"[①]。在洪堡特看来,语言符号的形式本质上是人对事物的认知形式,它不仅有客观的基础,而且经过了主观的条理和建构——

一方面,语言"从自然界中提取出数量不定的物质要素植入我们的心灵",另一方面,语言"也把作为一个整体呈现出来的形式赋予了这些要素"。

一方面,"大自然无比清晰地向我们展示了一个纷繁综杂、形态万千、富有一切感性特征的现象世界",另一方面,"我们则通过思考,从中发现一种与我们的精神形式相适应的规律"[②]。

拿语音来说,洪堡特认为如果人的清晰的观念形式不能以其光辉和温暖渗透进语音形式中,那么再优美的声音也不能和人的精神匹配。使声音成为语言的正是语音形式中内在的纯粹智力的部分,也就是说,人的发音在内在地把握了概念本身固有的特征之后,甚至在外在地把握了事物的物质实体的感觉之后,才形成了事物的名称。语音"并不排斥事物加于外部感觉和内部意识之上的任何其他印象,而是成为它们的载体;讲话者怎样凭个人感觉把握事物,语音也就怎样以其独特的、与事物属性相关联的性质表达一个特殊的新印象"[③]。因此,在命名中,主体和客体是结合在一起的,决不是任意的。"客体产生的影响导源于其反作用所施及的主体本身。……事实

[①] 威廉·冯·洪堡特《论人类语言结构的差异及其对人类精神发展的影响》,商务印书馆,1997年,第70页。
[②] 同上书,第71页。
[③] 同上书,第64页。

上,语言必然既属主体,又属客体,它是整个人类的财产。"①

其二,语言的建构具有广泛的主观类推性。洪堡特认为,"词会借助自身附带的意义而重新成为心灵的客观对象,从而带来一种新的特性"。所谓"新的特性",亦即语言符号的出现模铸了思维的范畴。这种模铸,在洪堡特看来,是一种主观类推,即符号的理性化构成和推演。洪堡特说:"在同一语言中,这种特性和语音特性一样,必然受到广泛的类推原则的制约;而由于在同一个民族中,影响着语言的是同一类型的主观性。"②显然,离开了一种语言中的"同一类型的主观性"来谈语言符号的音义联系,这在洪堡特看来是不可思议的。

其三,语言命名中精神力量的神秘性。索绪尔认为,语言符号的形成,"既没有思想的物化,也没有声音的灵化,只关涉到有点神秘的事实,即'思想—声音'包含着区别,语言在两个无定之物之间形成时,便制定出它的单位"③。说音义结合是"有点神秘的事实",是因为"语言事实所联结的两个领域是模糊不清而又不成定形的,而且选择什么音段来表示什么观念也完全是任意的"④。这种任意的结合并成形是神秘的,即不可解释的。然而,在洪堡特看来,神秘的不是事物之名与实的任意的联系与成形,而是事物"只对人起作用的魔法",即在命名中,"事物的外在之美脱离了其物质实存,如同只对人起作用的魔法一般附着在事物的轮廓上,而正是在这一外在的美里面,我们所发现的规律与感性材料结合了起来"。可见认识离不开事物"只对人起作用的魔法",而这"魔法"是客体与人的精神形式相适应的规律与感性材料的结合。洪堡特认为,"我们受到这种结合的影响和牵制,却无法对之做出解释。……当我们随语言而进入一个声音的世界时,我们并未弃周围的现实世界于不顾;语言结构的规律与自然界的规律相似,语言通过其结构激发人的最高级、最合乎人性的(menschlichste)力量投入活动,从而帮助了人深入认识自然界的形式特征。其实,这类形式特征本身就反映了精神

---

① 威廉·冯·洪堡特《论人类语言结构的差异及其对人类精神发展的影响》,商务印书馆,1997年,第73页。
② 同上书,第70页。
③ 索绪尔《普通语言学教程》,江苏教育出版社,2002年,第124页。
④ 同上书,第125页。

力量不可解释的发展"①。显然,在符号音义的结合中,索绪尔的任意性的神秘具有被动的涵义,人面对它无所作为;洪堡特的精神力量的神秘具有主动的意义,人面对它是积极有为的。

其四,语言的起源不在于交际的实用,而在于精神的表达。洪堡特说:"人们习惯上不是到人类自由的群体交往这一原初使命中去寻找语言的起源,却以为语言的发生主要是由于人与人需要相互提供帮助,结果是把人类置于一种假想的自然状态之中。这样的观点是极其错误的。人决不会贫困到如此地步,为了相互提供帮助,人也只需要有不分节的声音就足够了。"这就是说,交际不能解释语言的起源。否则的话,为什么可能比较接近上述"假想的自然状态"的"野蛮人"即原始部落,"他们的语言恰恰处处显示了大量超出需要、丰富多样的表达"?显然,能够解释语言起源的,是人的精神的涌动及其外化!洪堡特说:"语言从一开始就纯属人类所有,它任意地扩展开来,接触到偶然的感性知觉和内心思考的一切对象。……词并不是迫于需要和出于一定目的而萌生,而是自由自在地、自动地从胸中涌出的。"洪堡特将这种精神的涌动比方为歌唱,指出"任何荒原上的游牧人群,恐怕都有自己的歌曲,因为人作为动物的一类,乃是会唱歌的生物,所不同的是他把曲调同思想联系了起来。"②这个比方形象地说明,符号的形式(曲调)与内容(思想)是和谐共生,同气相求的。语言如果起源于工具理性,音义的任意性社会约定是最理想的建构方略;而语言如果起源于精神诉求,那么音义关系的理据性就是浑然天成的组织原则。

基于上述认识,洪堡特明确反对名实关系任意性的观点,认为词并不是在感觉中的某一事物的等价物,词的本质是人的理解,是人的语言创造活动在造词一刻的理解。这也就是为什么同一事物往往会有不同的称谓,这源自不同语境中的不同理解。例如在梵语中的"大象",既称作"饮两次水的",又称作"双齿的",还称作"用一只手做事的"。

(2) 波铁布尼亚:词的内部形式

---

① 威廉·冯·洪堡特《论人类语言结构的差异及其对人类精神发展的影响》,商务印书馆,1997年,第71—72页。
② 同上书,第70页。

俄罗斯语言学家亚历山大·阿法纳西耶夫·波铁布尼亚(1835—1891)从词的功能深刻阐述了音义结合的理据性。

一方面,词具有概括思想的功能,这种概括是由人的感觉生发的,是从形象到概念的升华。升华的结果是使词具有了理据性的"内部形式"。词的内部形式和外部形式是不一样的。如果说外部形式就是语音及其表达的内容,那么内部形式则是词义内容的深层结构和词源义。波铁布尼亚非常重视词的内部形式的作用。他认为内部形式是词义内容的进一步符号化,即抽象化的结果。它在词的音义结合中起着一种中介的作用——相对声音来说,它是内容;相对意义来说,它是形式。

另一方面,词具有发展思想的功能,表现在人能够根据词的理据性的内部形式明了词义的来由,将新的经验和观念与旧的经验和观念加以比较。例如,"牛"这个词在拉丁语和俄语中,都有"带角的"这一特征。于是,当人认识牛时,"牛"这个词已经使人以"带角的"这一视点去认知。波铁布尼亚认为,在人的认知活动中,需要把对外部事物的感觉和心灵的活动体现在词中,并使这个词和另外一些词联系起来。基于此,波铁布尼亚非常重视词的原始意义和内部形式,认为"词的原始意义和内部形式遗忘的程度,对思想不是无关的"①。我们可以说与波铁布尼亚同时代的索绪尔观察到的语言符号任意性事实,在波铁布尼亚那里充其量只是"原始意义和内部形式的遗忘"。

6. 从惠特尼的任意性原则到索绪尔的第一原则

与索绪尔的符号任意性理论具有直接渊源关系的是美国语言学家惠特尼(W. D. Whitney)的观点。索绪尔接触惠特尼的思想是在他 1876 年留学德国莱比锡大学期间听新语法学派先驱雷斯琴的课。那时雷斯琴刚将惠特尼的《语言的生命与发展》(1875 年)译成德文出版。后来他转到德国柏林大学学习期间,听研究凯尔特语和印度语的学者兹因梅尔(H. Zimmer)的课程,而兹因梅尔也刚刚翻译出版了惠特尼的名著《梵语语法》(1879 年)的德译本。显然德国留学时代惠特尼在学术上对索绪尔有重要的影响。

---

① 转引自 H. A. 康德拉绍夫《语言学说史》,武汉大学出版社,1985 年,第 108 页。

惠特尼将语言符号任意性原则提高到人的交际根本上有别于动物交际的原则,这给索绪尔很大的启示。惠特尼说:

> 世界上没有任何语言,在词和观念之间存在着内在、根本的关联。将人的交际手段与其他动物的传达方式区别开的根本差异,是在于后者是本能的,而前者是任意和约定的。只举出一种情况就足以证明这一点:对每一个对象客体而言,世界上有多少语言,就有多少名称。甚至在拟声或模仿成分最明显的情况下,如"布谷鸟"(cuckoo)这个词,除了方便之外,并无什么必然联系。如果说存在着某种必然性的话,那么也应该同样推及到其他的动物和声音,甚至所有的语言。事实上,为表达这些观念,在其他地方使用的是完全不同的名称。①

惠特尼举的"布谷鸟"一词的例子是一个明显的音义"自然联系"的例子,而且这一联系在许多语言中具有普遍性。但惠特尼认为如果不能证明所有的动物和声音都有"自然联系",那么反过来就不能说"布谷鸟"一词具有这种联系。这一武断中蕴含的体系性的原则使索绪尔产生了极大的共鸣。索绪尔认为惠特尼"极其合理地强调符号的任意性质,从而将语言学置于它真正的轴线之上"②。但是,惠特尼虽然发现了真理,却没有认清任意性对于语言的根本意义,从而将整个语言理论建立在任意性的基础上。索绪尔对任意性的思考使源远流长的名实任意性约定理论产生了革命性的突破。索绪尔认为任意性有三个重要意义。

第一,任意性决定了系统性。语言符号的任意性支配整个语言系统。索绪尔超越了传统任意性理论在命名即名实关系上做文章的局限,认定唯有断开符号施指和受指的必然联系,才能将符号的价值建立在其施指和受指与其他施指和受指的相互关系之中,此时符号的价值已经不再具有传统意义上的自足性,而具有了系统的属性,即它在相互关系和相互区别中肯定

---

① 惠特尼《语言与语言研究》,纽约,斯库波纳,1869年,第282页,转引自卢德平《索绪尔符号观再评价》,《中国青年政治学院学报》2001年第7期。
② 索绪尔《普通语言学教程》,江苏教育出版社,2002年,第85页。

自己,它在差别和对立即它的"负面性质"而非"正面性质"中规定自己,它的同一性是在关系网络中确定的。

第二,任意性决定了语言的彻底的符号性。索绪尔认为,所有的符号都程度不等地具有任意的性质,即使像哑剧这样完全自然的符号表达方式,像中国古代以三跪九磕拜见皇帝这样的仪式,作为一种表意的符号它们也是以任意性为基础的。为什么这样说呢?因为这些符号形式的使用与符号本身固有的价值无关,而与社会的约定俗成有关,即它们的使用是集体习惯的强制,而非其形式与内容自然联系的必然结果。索绪尔的逻辑是:既而符号形式的使用是以集体习惯为基础的,那么不管符号形式与其内容有多少程度的自然联系,这种自然联系都不足以使它必然成为表达意义时的不二选择。约定俗成正反映了符号形式的自然属性不足的一面,反过来又说明了符号形式任意属性的必然的一面。

第三,任意性决定了语言学在整个符号学中的典范地位。索绪尔认定符号的任意性是一个等级的序列。任意性的等级决定了符号性的等级。从图像符号(icon,如照片)、指示符号(index,如交通标志、水银柱的升降)到象征符号(symbol,如奥运会五环标志象征五大洲、红领巾象征红旗的一角),任意性的程度递次而增。到信号这类符号(如闹钟的铃声、起床的号声),任意性更强了。但所有这些,其任意性都不如语言符号,因为整个语言系统是一个差别和对立的网络,这一网络成立的首要前提是网络中单位自身的不独立性,而任意性正是取消符号自足性、独立性的理论基础。

我们可以说,任意性和系统性是语言符号互为因果、互为前提的两个基本属性。在索绪尔眼里,符号性意味着对现象的抽象整理,这一整理必然是系统性的。由于人文现象的庞杂性,符号化整理要获得系统性,必须彻底断与人文现象的关联,建立自足的关联,这就导致对符号形式和所指意义的自然联系的否定。要施行这一否定非常不容易,索绪尔作了最大的努力以与传统的或者说世俗的音义关联观念作斗争。他实际上将作为符号的基本属性的抽象性与任意性紧紧联系起来,因为符号意义的抽象就意味着对客体的剪裁和舍弃,抽象后的符号既然不是客体的复制,当然无法和客体直观等同,索绪尔就宣布符号具有了任意性。由此我们可以看出,索绪尔的任意性理论是他整个符号学说的关键一环。他在这一环上剑走偏锋,铤而走险,以任意性涵盖抽象性,从而得以在理论上构造起语言符号系统。但也正由于这一环过于强势,偏离人们的常识,所以在后世引起持久不断的质疑。建立在任意性原则基础上的结构主义符号理论,在对人文现象的解释中,也同样显示出义无反顾的强势风格。

语言符号是彻底任意性的符号,它的关系性的存在,决定了它高度的抽象性和完备的体系性。因此,在符号任意性的等级梯度上,语言符号和非语言符号是一个分水岭。基于任意性和符号性的函数变量关系,索绪尔认为:"完全任意的符号比其他符号更能实现符号手段的典范;这正是语言,这一最为复杂、最为广泛的表达系统同样又是最富特征的原因所在。"①这样一来,就确立了语言符号在符号学研究中的典范意义。索绪尔甚至认为,"符号学将不得不决定它是否应研究任意的还是其他符号;符号学的研究领域将主要是任意的符号系统,其中语言是主要的范例"②。

以上这三个重要意义,使符号任意性原则在索绪尔的思考中上升为第一原则。以往的任意性学说在索绪尔看来是"发现真理",索绪尔在前人基础上所做的工作是确定这个真理的地位。索绪尔发现了任意性理论对建立语言符号系统理论的极度重要性,这个二次发现为任意性注入了结构主义品性,赋予它革命性的力量,使它成功转型为符号系统论的理论基石。索绪尔深知这一"任意性革命"的艰巨和意义重大,因而他说"发现真理往往比确定这个真理所归属的地位要容易得多"。这并非他作为学者的自谦或自恃,而实在是由于这一转型使得任意性原则"支配着整个语言的语言学;由此得出无数推论。"尽管"这些推论不是有同样的证据就能一下子呈现出来的;要颇费一番周折才能发现它们",但"发现它们的同时也就发现了这一原则的头等重要性"③。

---

① 索绪尔《普通语言学教程》,江苏教育出版社,2002年,第76—77页。
② 索绪尔《第三度普通语言学教程》,湖南教育出版社,2001年,第83—84页。
③ 索绪尔《普通语言学教程》,江苏教育出版社,2002年,第76页。

（三）任意性原则的实证难题

1. 玫瑰香在形形色色的语言理据中

语言符号音义联系的任意性乍看起来是很明显的。在一个语言系统中，同一个词音形式常常对应着不同的意义，形成丰富的同音词、同形词现象，不同的词音形式又常常对应着相同的意义，形成丰富的同义词、近义词现象。莎士比亚的《罗密欧与朱丽叶》第二幕第二场中，朱丽叶有这样一段言辞："What's in a name? That which we call a rose; By any other name would smell as sweet."（"名字有什么意味呢？玫瑰要是换一个名字它还是香的。"）玫瑰换一个名字当然还是香的，也就是说，"玫瑰"这个词形和玫瑰花的意义不是一种必然的联系。但仔细想一下，又可以有这样的疑问：同音异义也可能是不同的意义和同一个词音有不同的联系，这些不同的联系各有其理据，而同义词严格地说又会在修辞、风格、语境上有细微的差别，这些差别对应着它们不同的词音形式，每一种对应都可能是有其理据的。玫瑰可以换一个名字，这也并不排除各个名字与玫瑰花各有其联系的理据。就像煤饼在汉语有的方言叫"蜂窝煤"，有的方言叫"藕煤"，这样叫是任意的吗？由此看来，我们还不忙对语言符号音义联系的任意性下定论。

索绪尔在论证符号任意性时用了两个很简单的例子：法语里"姐妹"这一概念与表达这一概念的词形（声音序列）没有任何内部关系；"牛"这一概念与表达这一概念的词形（声音序列）也没有任何内部关系。因为换一种语言，这两个概念的表达形式都改变了。比方"牛"这一符号受指"在国界的一边有 b-f 做符号施指，而在国界的另一边则有 o-k-s(Ochs)做符号施指"[①]。索绪尔说的"内部关系"，指的是一个概念由其内部特征与相对应的声音形式相联系。索绪尔用来论证符号任意性的这两个例子恰恰是缺乏说服力的。正如我们在上文所指出的，同一概念在不同语言的词音形式的差异，可能只是不同理据的音义联系的表现，即"姐妹"、"牛"在不同语言的不同叫法，各有其自身的理据。而这种理据，要在各语言内部的历史发展中探寻。

---

① 索绪尔《普通语言学教程》，江苏教育出版社，2002年，第76页。

我们不能用不同语言的词音差异来论证只属于同一语言系统内部的音义联系任意性。

洪堡特曾经指出,月亮在希腊语的词音是 mēn,在拉丁语的词音是 luna 和 luc-na,我们却不能说"月亮"的音义结合是任意性的,因为这两个词分别强调或突出了月亮某方面的特征。mēn 的意思是"度量之物",取义月亮衡量时间的功能;luna 的意思是"发光之物",取义月亮的澄明状况。它们各有各的理据。

许国璋在谈到这个问题时指出:"用不同的语言里的词来说明任意性,其实这是不必要的。语言学家的责任是在说明能指与所指之间有没有自然的联系。这个联系存在与否,凭一种语言即可以说明,不需要比较几种语言。"①

2. 任意性的不可知论

当我们说一个符号的形式产生于对事物的认识或命名时,这个形式"有据可查",落在实处,它在语言心理上稳定的。而当我们说一个符号的形式和意义都产生于无定形的音义的任意的结合时,这个成因就变得不可思议。索绪尔也承认"语言在两个无定形之物之间形成时,便制定出它的单位",这是一个"只关涉到有点神秘的事实"②。结构主义人类学家列维·斯特劳斯把索绪尔说的这个"神秘的事实"解释为"先于经验",他认为从先于经验的角度看语言符号是任意的。然而这个"先于经验"依然是神秘的,因为经验之外是不可认知的。它充其量只能理解为"从形而上学的角度去解释语言的最始态",许国璋把它称之为"亚当模式"③。

在《旧约全书·创世纪》中,上帝在造出了亚当后,又用土造出各种飞禽走兽,把它们带到亚当面前,看亚当叫它们什么,它们就叫什么名字。亚当便给一切飞禽走兽都起了名。许国璋认为"这可算是标准的'任意态'",它应该是指"原始初民,部落未成,语言未备,这个时候的名不可能是有关联有

---

① 许国璋《语言符号的任意性问题——语言哲学探索之一》,《外语教学与研究》1988 年第 3 期。
② 索绪尔《普通语言学教程》,江苏教育出版社,2002 年,第 124—125 页。
③ 许国璋《语言符号的任意性问题——语言哲学探索之一》,《外语教学与研究》1988 年第 3 期。

从属的名,不妨假定为独一的、偶然的、任意的命名",也就是说,"如果语言有任意性的话,那也只是限于原始时期,在此以后就不是任意的了。"但是"历史上有多长的一个时期可以算作任意命名时期,是大可怀疑的"①。然而即使如此,我们还是不能说"亚当"们在命名时是一种完全任意的行为,这等于说原始人类的命名是非智慧非理性的,这可信吗?英国语言学家奥托·叶斯帕森(Otto Jespersen,1860—1943)关于人类语言起源的一个见解很能说明这个问题:

> 由我提出并首先坚持采用的方法就是:把我们现代的语言一直追溯到历史与我们掌握的材料所容许的限度。……如果靠着这种追溯的过程,我们最终能达到这样一种发音阶段:这些发音不再被称为真正的语言,而只是某种先于语言的东西——那么问题就会解决了。因为转化是我们可以理解的;而无中生有,则是人类理智绝不能理解的。②

所谓"转化是我们可以理解的;而无中生有,则是人类理智绝不能理解的",充分表达了这样一个观点:语言的起源,必定是人类的一种感知和理智的行为。语言决不可能在一种"任意"的、不可知的状态中生发。

同样,如果人类的个体发生包含着群体发生的信息的话,以语言这个完全任意的符号系统,我们如何解释儿童语言中无处不在的语音象征现象?我们能够说儿童学会语词仅仅是靠机械记忆而非自然(象似)联系吗?

另外,我们不要忘了按索绪尔的观点,先有符号系统,才有符号自身。"亚当命名"把语言符号的产生依傍于一个个外部事物(飞禽走兽),在根本上有违于索绪尔的"神秘的事实"。据此,索绪尔对语言符号音义为什么会有任意的结合的解释,只能是不可知的。"任意性"为索绪尔奠定了符号理论的根基,然而这个根基经不起本源的追问,它实际上只是索绪尔的一个理论假设。

---

① 许国璋《语言符号的任意性问题——语言哲学探索之一》,《外语教学与研究》1988 年第 3 期。
② 转引自恩斯特·卡西尔《人论》,上海译文出版社,1985 年,第 149 页。

3. 辩拟声、感叹理据

语言符号彻底的任意性,这一观点首先会遇到两类词的"质疑",一类是拟声词,一类是感叹词。这两类词显示了清晰的音义自然联系。索绪尔在提出符号任意性观点后,必须对这两类词的"任意性"做出说明。在历史上,柏拉图曾经以巧妙的方式驳斥过语言起源于声音模仿的拟声说。在他的对话《克拉底鲁篇》中,苏格拉底佯装无知,先接受了拟声说的观点,然后以滑稽而讽刺的手法揭示拟声说的荒谬性。然而,尽管拟声说总给人一种解释性上捉襟见肘、摇摇欲坠的感觉,但它却一直流行下来。它在柏拉图时代那样离奇古怪、幼稚可笑,主要是没有形成科学的词源学研究,而随着词源学的不断发展,拟声说也就有日渐深厚的理据。正如德国哲学家恩斯特·卡西尔(Ernst Cassirer,1874—1945)所说:"反对拟声说的明显理由就在于,在分析普通言语的词语时,我们在大部分情形中根本找不到声音与对象的这种假定的相似性。不过,只要指出人类语言从一开始起就经历着变幻衰灭,那么这个困难是可以消除的。"消除的方法就是词源的探究[①]。

索绪尔力图从根本上否定拟声词的象似性,但他的否定并不具有说服力。

(1) 索绪尔对"真正的拟声词"象似性的三重否定

任何语言中都有丰富的拟声词语。这些词语或象动物的叫声,如英语中 neigh(马嘶)、meow(猫叫)、roar(狮虎叫)、moo(牛叫)。现代汉语中的"咕咕"、"咯咯",古代汉语中鸟之哑哑、鹊之叽叽、马之萧萧、兽之"喤喤呷呷"、水禽之"咬咬嘎嘎"。

或象事物事象的声音,如英语中的 swish(嗖嗖声)、splash(溅水声)、clang(铿锵声)、pingpong(乒乓)。汉语中的"沙沙"、"隆隆"、"淅淅沥沥"、"琅琅"(读书声)、"叭哒"、"扑通"、"咔嚓"、"叨叨"、"飒飒"、"滴滴嗒嗒"、"丁零当郎"、"丁东"、"哗啦啦"、"轰隆"、"咯噔"、"嗖嗖"、"咕噜"、"叽哩咕噜"、"劈里啪啦"。古代汉语中流水之溅溅、大风之"翏發"、琴瑟之"铿尔"、开门之"甸然"、击鼓之"填然"。

---

① 恩斯特·卡西尔《人论》,上海译文出版社,1985年,第145页。

索绪尔称这些词是"真正的拟声词",就像法语中瓶口流出液体的咕嘟声 glou—glou、钟表的滴答声 tic—tac。这些词的音义关系都有明显的自然联系,索绪尔承认拟声词是词,因为它们的声音"具有能唤起所代表的实际概念的东西";并且承认拟声词的声音的选择"不是任意的〈这里的确存在内部的联系〉"[①],但索绪尔又提出三点理由从本质上否定了拟声词醒目的象似性。有趣的是,这三点理由是层层让步的。

第一,从外部看,它们数量有限,不足以用它们来否定语言符号的彻底的任意性。有了这一点,其他两点本来就可以不谈了。

第二,让一步,即使数量不是任意性的关键,那么从词的内部看,它们对自然事物的描摹不是录音式的,而只是对自然事物声音的近似的模仿,而且这种模仿本身会因不断的因袭而使其象似性进一步减弱,致使声音之象丧失了原来的某些特征。索绪尔举的例子是"汪汪叫"在法语中是 ouaoua,在德语中是 wauwau,它们的形式更多是由因袭的模仿造成的,索绪尔认为这种因袭的模仿,其数量占整个拟声词的一半。

索绪尔的观点很特别,他认为只要在拟声中声音有一点走样,那词音就不再与事物的声音有任何自然联系。显然,在这样苛刻的眼光中,拟声词根本就不存在,它们和普通词完全一样。索绪尔说:"人们可能经常犯这样的错误,说看见了一件仿制品,而实际上这件仿制品根本就不存在。"[②]索绪尔的逻辑是:仿得不像,就不是仿,是"任意性"。然而词音拟声的不够、不必也不可能逼真,与词音选择的任意性,这是一回事吗?

第三,再让一步,即使模仿得不像不是任意性的关键,那么从语言系统看,一个拟声词一旦进入语言系统,它就会受到系统内部语音演变规律的制约,并因按语音规律调整而日渐丧失其与外部事物声音的象似性。例如拉丁语中 pipio(鸽子)是从拟声词派生的,但进入语言系统之后,它按语音规律演变成法语中的 pigeon(鸽子),此时"它们已经丧失了原有的某些特征,而获得没有理据的一般语言符号的特征"[③]。索绪尔的逻辑是:在语言系统的

---

① 索绪尔《第三度普通语言学教程》,湖南教育出版社,2001年,第84页。
② 同上。
③ 索绪尔《普通语言学教程》,江苏教育出版社,2002年,第78页。

制约中词音变化了,就有了任意性,任何程度的变化都必须被视为在共时状态中否定其象似性本原。

以上第二点实际上否定了第一点,第三点实际上否定了第二点,从中我们可以看到索绪尔在这个问题上思考的艰难。

(2) 音象造词:赫尔德的语汇起源论

索绪尔的拟声词范围实际上比上述列举的更大,从他举的例子看,拟声词更多是指以声象意的词。例如法语中的 pluit("雨"),象雨的声音;fouet("鞭子"),象挥鞭的声音。如果扩大到这个范围,语言中以声象意的词数量是非常大的。人类的原始的命名行为,很大程度上是一种以声象意的行为,即以对事物的音象的模拟来认知事物。为什么形成早期语言基础的独独是音象而非形象呢?赫尔德的解释是:因为相对于形象,事物的音象更能撞击人的心灵以形成观念。

赫尔德用当时自然科学研究成果(例如契舍尔顿的盲人实验)证明,"视觉的发展是一个缓慢的过程,心灵形成空间、形状和颜色的概念非常不易,而要能够清晰明确地运用这些概念,不知先要进行多少次预测和尝试。"例如羊儿,当羊和大自然无数的事象从人们的眼前掠过的时候,人能从视觉(形状、颜色)上、触觉(抚摸)上说出他对羊的感觉么? 显然不能。可是,当羊咩咩一叫,"便有一个特征从五彩缤纷的画面上,从混为一团、难以分辨的感觉中挣脱出来,深深地、明确地楔入了心灵。"于是人会说:"现在我可以再认出你了,你这咩咩叫的家伙。"就这样,"理性和语言携手迈出了谨慎的一步,大自然通过听觉向他张开怀抱"①。

赫尔德认为,人是一种善于倾听和辨查的生物,树叶的沙沙声,溪水的淙淙声,斑鸠的咕咕叫,狗的汪汪叫,风的嗖嗖声,泉的潺潺声……"所有这些令人惬意的东西,都引起他认识的兴趣;即使没有眼睛和舌头,他也迫切需要在心灵中对这些东西一一命名。于是树就叫做'沙沙',风叫做'嗖嗖',泉水叫做'淙淙',这样,他就有了一部小小的词汇,等待着发音器官给它们打上印记。"自然界的声音,在赫尔德看来,并不是简单的发声,而是"把声音深深地灌入心灵! 心灵听到了发声,马上把它抓住,于是就形成了一个有声

---

① J.G.赫尔德《论语言的起源》,商务印书馆,1998年,第39页。

的词!"①

赫尔德认为知性是人类统治自然的凭藉,知性也是语言之母。人类的符号认知采撷生动的自然界的声音,转化为统治一切的知性的区别特征。"最早的词汇是由整个世界的声音聚集而成的。每个会发声的物体都说出它的名称,人类心灵于是把物体的图像铸刻在那上面,把声音当作区分的特征。""还有什么东西比发出声音的行为更能打动人的内在心灵呢?"由于最早的命名是与事物的发音相联系的,而发音总是一种行为,人们不是把羊叫做羊,而是把一个咩咩叫的动物叫做羊,因此在早期的语言中"关于事物本身的观念尚在行为主体和行为之间摇摆不定",由此赫尔德认为早期的语言先有动词,"发声的动词是语言中最早的生命要素",名词是从动词中发展而来的②。显然,赫尔德的音象造词的观点是和人类认知的阶段性发展密切联系在一起的,所以他断言:"自然的本性决定了语言的第一个教师只能是听觉。"③

赫尔德的观点让我们想起我国先秦逻辑学家公孙龙子对名实关系的看法。他认为"物莫非物……天下无指,物无可以谓物。"(《指物篇》)"谓物"即物之命名,"谓物"的前提是物有所"指",即人对事物的特征的认识。事物的命名是和人对事物特征的认识密切联系在一起的。(只不过中国古代学者并不像赫尔德那样强调对事物声音特征的认识。)上古汉语文献事实也是如此。《易》对卦象名称的解释就采用了声训的方法:"乾,健也。""坤,顺也。""震,动也。""坎,陷也。""离,丽也。""兑,说也。"(《易·说卦》)"履,礼也。""晋者,进也。""颐者,养也。"(《易·序卦》)"夬者,决也。""咸,感也。"(《易·咸卦》)"复,反(返)也。"(《易·杂卦》)词音的相协显示了命名的缘由。又如:"政者,正也。"(《论语·颜渊》)"序者,射也。""庠者,养也。校者,教也。"(《孟子·滕文公》)"征之为言正也。"(《孟子·尽心下》)"仁者,人也,亲亲为大。义者宜也,尊贤为大。"(《礼记·中庸》)"祈,求也。"(《礼记·射义》)"富也者,福也。""尸,陈也。"(《礼记·郊特牲》)"礼也者,犹体也。"(《礼记·礼

---

① J.G.赫尔德《论语言的起源》,商务印书馆,1998年,第39页。
② 同上书,第41页。
③ 同上书,第38页。

器》)"泽者,所以择土地也。"(《礼记·射义》)"幽,幼也。""明,孟也。"(《大戴礼记·浩志》)"夏,大也。""德者,得也。"(《乐记》)从先秦文献来看,当时人们已经意识到事物的名称是有"指"之谓。后世汉末魏初刘熙的《释名》、宋代王圣美的"右文说",乃至清代学者的因声求义,都将"音近义通"作为词(字)的解释的基本原则之一。

(3) 早期汉语的以声象意

我国近代的语言学者对音象造词也持相同的观点。章炳麟说:"语言者不冯(凭)虚起,呼马而马,呼牛而牛,此必非恣意妄称也。"(《国故论衡·语言缘起说》)黄侃据此进一步申论:"凡有语义,必有语根。……言不空生,名不虚作,所谓'名自正'也。《左传》言名有五,是则制名皆必有故。语言缘起,岂漫然无所由来?无由来即无此物也。"(《文字声韵训诂笔记》)

在早期汉语词汇的以声象意中,最常见的是以模拟事物音响的方法为事物命名的。例如"火"之词音象"风火相薄"之声,"水"之词音象"急湍相激"之声,"滴"之词音象"檐溜下注"之声,"草"之词音象"履草"之声,"萧"之词音象"风吹蒿叶"之声,"栗"之词音象"果裂"之声,"本"之词音象击木之声,"竹"之词音象击竹之声,"金"之词音象击金之声,"鸡"之词音象鸡鸣之声,"牛"之词音象牛鸣之声,"豕"之词音象豕鸣之声,"羊"之词音象羊鸣之声……章太炎曾分析汉语中鸟名的"物音"依据:"何以言'鹊'?谓其音'即足'也;何以言'雀'?谓其音'错错'也;何以言'雅(鸦)'?谓其音'亚亚'也;何以言'雁'?谓其音'岸岸'也;……此皆以音为表音也。"(《语言缘起说》)古代汉语中布谷鸟的名称依其鸣叫声而有多种词音形式,例如布谷、拔谷、击谷、获谷、郭公、勃姑、步姑、结诰……而这种鸟在英语中称 cuckoo,法语中称 coucoum,德语中称 kuckkuck,西班牙语中称 cuclillo,意大利语中称 cuculi,匈牙利语中称 kakuk,日语中称 kazko,这些也都以鸟鸣为依据。

在早期汉语的以声象意中,还有以模拟动作声音的方法为动作命名的。近代学者刘师培就指出:"喜怒哀乐为人之情,惟乐无正字,喜怒哀三字之音即喜怒哀所发之音(按古音怒近武),爱恶亦然。……推之食字之音象啜羹之声(当音试),吐字之音象吐哺之声;咳字之音验以喉,呕字之音验以口,……斥驱之音象挥物使退之声,止至之音象招物使止之声;……思字之音象

敛齿度物之声,均其证也。"(刘师培《原字音篇》,转引自齐佩瑢《训诂学概论》)

(4) 早期汉语的衍声象意

一般说来,汉语中塞音声母的音节多用来模拟碰撞之声,如啪、砰、滴答;汉语中擦音声母的音节多模拟摩擦之声,如嚓、沙、嗖;后鼻音韵尾的音节多用来模拟共鸣之声,如轰、哐、通。由此类推,汉语中具有一定语音特征的音节在命名中大致上赋予所指对象一种类别义。例如:

> 圆转之音:滚、昆仑、傀儡、轱辘、流离、碌碌、累累、果、瓜……
> 冲撞之音:顶、钉、打、敲、击、碰、冲、押、拍、考、撞、逢……
> 爆裂之音:爆、判、澎湃、磅礴、蓬勃、半、片、分……
> 切磋之音:嘶、撕、切、错、磋、锯、磨、龃龉……
> 碎细之音:散、洒、碎、筛、数、瑟缩、蟋蟀……①

汉语中大量的同源词都是由衍声象意、同构类推构成的。例如:

"解"、"割"、"辜"古音相近,义也相近,同出一源。"解"由"解剖"而指向"排解"、"解释",又产生一个"懈"字;"懈"由"懈怠"而指向"休息",又产生一个"廨"字。

"二"由数目而指向成双成对之物,因而产生"耳"、"而"(颊毛),又由你我相对衍生"尔",由彼此相像衍生"如",由前后相连衍生连词"而"。与此有关,有了"耳"音,佩耳之玉也叫"珥"。

两岁之牛称"犙",三岁之牛称"犙",四岁之牛称"牭",驾三马称"骖",驾四马称"驷",八岁之马称"馴",军旅组织五人为"伍",十人为"什"。

云红曰"霞",玉红曰"瑕",马红曰"騢",虫红曰"虾",红色曰"赧"。

鸟白曰"雂",牛白曰"㸌",禽白曰"鹤",马额白曰"騅"。

土黑曰"垆",犬黑曰"玈",瞳子黑曰"眹",水黑曰"泸",鸟黑曰"鸬",玉黑曰"璷"。

---

① 参见齐佩瑢《训诂学概论》,中华书局,1984年,第52页。

"羞之为言收缩也,因其有畏惧、畏缩、戚促、倨束之情,故谓之羞;所以熟食曰饎,久熟曰酋,急迫曰遒,急行曰趥,干肉曰脩……干粮曰糗,聚敛曰逑,急促曰綵,角弓之貌曰觩,曲木曰樛,缠绕曰缪,拘执曰收。……"①

汉语中意义的取象和声音的取象有机结合在一起,使语汇世界浸润着浓郁的"观物取象"的人文精神。中国古代语言学家认定"至繁之字义"有"至简之语根",繁由简出,必归于简,语言的意义世界是一个充满理据的世界,语言的音韵系统也是一个浸润理据的系统。当然,我们也可以说,汉语词汇的繁衍是有理据的,但汉语词汇繁衍的"语根"是不可论证的。但近年来汉语学者对一百个汉语核心词进行考查,发现这一百个词或是模拟事物的音响特征,如"风"、"水"、"飞";或是用发音特征来象征语义特征,如"大"以爆破音声母和大开口度的响亮元音象征"大"的语义特征,都具有"临摹性"的特征②。这一点古代学者也有论述:"大字之声大,小字之声小,长字之声长,短字之声短。又如说酸字,口如食酸之形;说苦字,口如食苦之形;说辛字,口如食辛之形;说甘字,口如食甘之形;说碱字,口如食碱之形。故曰:以唇舌口气象之也。"(《释名》原注,转引自陈澧《东塾读书记》)

(5) 早期汉语基于音象的范畴化特征

汉语中一定的词音伴随着一定的形象色彩。例如长音宽缓不迫,因而辽远闲静;短音急促剧烈,因而烦杂激动;清音纯净明快,因而愉悦轻逸;浊音厚重阻滞,因而粗劣漫乱。汉语中带 m 声母的词音,往往给人一种朦胧的感觉,如:茫、暮、冥、渺、绵、梦、昧等。正由于汉语词音的以声象意有一种直观感悟的范畴化的特点,所以词音往往基于拟声而又超越其上,表现出模态、绘状、象征的功能。

例如《诗经》中以"参差"状不整齐之貌(《诗·周南·关雎》:"参差荇菜"),以"依依"状垂柳之貌(《诗·小雅·采薇》:"杨柳依依"),以"杲杲"状阳光明媚(《诗·卫风·伯兮》:"杲杲日出"),以"灼灼"状桃花鲜艳(《诗·周南·桃夭》:"灼灼其华"),以"瀌瀌"状大雪纷飞(《诗·小雅·角弓》:"雨雪

---

① 参见齐佩瑢《训诂学概论》,中华书局,1984 年,第 49 页。
② 参见宋金兰《训诂学新论》第八章《语音训释论》附录汉语一百核心词理据之管窥,首都师范大学出版社,2001 年,第 236—240 页。

漉漉"),以"沃若"状树叶柔润(《诗·卫风·氓》:"其叶沃若")。由"声"到"态",是词音抽象跃上一个新的高度,也是人类认知不断综合,不断丰富的一个过程。古代文论家刘勰从诗人感物的角度对这一过程作了贴切的描述:"是以诗人感物,联类不穷;流连万象之际,沉吟视听之区。写气图貌,既随物以宛转;属采附声,亦与心而徘徊。"(《文心雕龙·物色》)

在中国古代语言文字研究中,意象和音象的可论证性几乎是一种通识。"物自名也,类自召也。"(《吕氏春秋》)"凡物之名字,自与音义气理相通,天未明时,本亦无名,只有苍苍然也;何以便有此名? 盖出自然之理,音声发于其气,遂有此名此字。"(《二程遗书》卷一)"盖万物得名,各有其故。虽由约定俗成,要非适然偶会。"(黄侃《文字音韵训诂笔记》)"人声之精者为言,既为斯意,即象斯意制斯音,而人意所宣之音即为字之所本。"(刘师培《原字音篇》)这都明确否认了语言符号音义结合的任意性。

(6) 欧洲语言中的语音象征

洪堡特也曾指出德语中 st 开头的词音给人牢固、稳定的印象,例如 stehen(站立)、stätig(持久、稳定)、starr(僵硬、固定的);德语中以 w 开头的词音给人不确定、摇摆、混乱的印象,例如 wehen(吹)、wind(风)、wolke(云)、wirren(混乱)、wunsch(希望)。这说明"产生相似印象的客体用基本相同的声音指示"[①]。

1930 年,英国语言学家弗斯(J. R. Firth)搜集大量语音象征现象,提出了"phonaesthene(美学音素,又译'联觉音组')"的概念。他指出:"我们受到这样一些音组的影响,尽管它们一般认为没有什么功能,但它们所具有的提示价值在思考我们的言语习惯时不能忽视。"[②]

英语中相同语音特征的词往往有相同的语义特征。例如:

fl 表示突然发生的动作:flap(拍动),flare(闪耀),flush(冲洗),flick(轻弹)

-ash 表示猛烈撞击——bash(猛击),crash(撞毁),smash(猛撞),thrash

[①] Otto Jesperson, *Language*: *Its Nature*, *Development and Origin*, George Allen & Unwin Ltd, 1922-1954, p.396. 转引自石安石《语言符号的任意性和可论证性》,《语文研究》1989 年第 4 期。

[②] Firth, G. R. 1930. The Tongues of Men and Speech(1964). O. U. P. pp.181-194. 转引自贺川生《音义学:研究音义关系的一门学科》,《外语教学与研究》2002 年第 1 期。

(击溃)

u 发 ʌ 音的字表示模糊不清:dull(模糊),thud(发沉闷的声响),thunder(雷),dusk(黄昏、幽暗),mud(泥浆)

m 表示说不清:mumble(咕哝),murmur(小声说话),mutter(轻声细语)

sl 表示否定:slander(诽谤),slob(衣冠不整、举止粗鲁的人),sly(狡猾的)

-le 表示小、微:bubble(泡),needle(针),nibble(小口咬),pebble(小圆石),feebl(微弱的),pimple(丘疹),wiggle(扭动),tingle(刺痛),little(小),beetle(甲虫)

短元音+k 结尾表示突然发出的动作或声音:click(咔哒声),cluck(咯咯声),crack(劈啪声),flick(轻击声),tick(滴答声),whack(重击声),hack(劈),kick(踢),peck(啄),prick(一戳),nick(擦伤)

ee 表示小:wee(小),teeny(小小的),peep(吱吱叫),seed(种子),peek(一瞥)

我们在英语词汇中往往能看到特定"声象"和特定的"意象"联结的现象,即衍生象意。例如以下几组:

1) tumble(跌倒),stumble(绊倒),fumble(摸索);

2) fiddle(胡乱摆弄),twiddle(旋弄、摆弄),diddle(瞎摆弄);

3) bustle(忙乱),hustle(奔忙、催促),rustle(急忙行动),tussle(争斗、争辩),wrestle(搏斗),hassle(争论、扭打,19 世纪出现的新词,仿上述词而造);

4) jungle(丛林),jumble(杂乱的一堆、混乱),tangle(乱糟糟的一堆、混乱)。

尽管以上这些都很容易找到反证,例如叶斯帕森曾指出在许多欧洲语言中带元音 i 的词往往有小、微、弱的意思,例如英语的 little, petit, piccolo, wee, tiny,但英语中也有反例,如 big 表示大而 small 却表示小,thick 表示厚、粗而 thin 却表示薄、细[①],但这只能说明语言中以声象意作用不能绝对

---

① Otto Jespersen, *Language: Its Nature, Development and Origin*, George Allen & Unwin Ltd, 1922-1954, pp. 396-397. 转引自石安石《语言符号的任意性和可论证性》,《语文研究》1989 年第 4 期。

化,具有相对性,并不能否定特定语音的象征作用。

与弗斯同时,美国语言学家布龙菲尔德也在《语言论》中指出:"在日耳曼诸语言中,词根的变化,不管有没有词缀似的规定成分,都出现在带有形象色彩的词里,例如 flap(平打,拍击)、flip(轻打,用指头弹)、flop(重摇,重跌)。假设我们把 flap 作为这个词根的基础形式,我们就会把 flip, flop 当作派生词来描写,派生词是利用[i](较小,较轻巧)的代替和[o](较大,较呆笨)的代替所构成的。""就英语中的形象性的词来说,词根的复杂形态结构更加明显;……强烈的、形象性的含义是和这种结构有联系的。"布龙菲尔德举出具有语音象征作用的词首音有[fl-](闪动的光)、[fl-](在空中的动作)、[gl-](不动的光)、[sl-](平滑潮湿的)、[kr-](嘈杂的撞击)、[skr-](令人烦躁的撞击或声音)、[sn-](鼻子出气声)、[sn-](迅速的分开或动作)、[sn-](爬行)、[ʤ-](上下的动作)、[b-](沉闷的撞击)、[-awns](迅速的动作)、[-im](小的光或声音)、[-Amp](拙笨的)、[-ɛt](细碎的动作)等。此外,布龙菲尔德还发现在"不同词根的成分中间",有"显而易见的语音语义相似处"①。

4. 语言符号任意性的种种圆说

从以上这些语言事实和中西古今学者的论述来看,我们为索绪尔的对拟声词(含以声象意的词)的任意性的辩护捏一把汗,也为种种对任意性的圆说伤神:

(1) 关于数量的圆说

说一种语言中以声象意的词是少量的,这在汉语中绝非事实。汉语中存在大量的以声象意的词。日语也是如此。在英语等欧洲语言中,也可以找到无数的语音象征的例证。有人曾经研究了印尼语的词根的内部形式,发现绝大多数词根都有音义结合的理据性②。索绪尔提出的层层让步的三点理由,勉为其难,也捉襟见肘。而索绪尔之所以要这样义无反顾地否定拟声词语的象似性,实在是因为语言符号任意性假设对于索绪尔的整个系统

---

① 布龙菲尔德《语言论》,商务印书馆,1980年,第304—309页。
② K. M. McCure, 1983. *The Internal Structure of Indonesian Roots*. Ph. D. dissertation, University os Michigan.

学说太重要了。否定了任意性不啻釜底抽薪。

（2）关于概念的圆说

也有人认为，索绪尔说的任意性不是符号和所指对象即有形客体的关系的任意性，而是符号施指和概念的关系的任意性。汉语的"猫"的词音 mao 和猫的叫声有象似性，但和猫的概念没有象似性。我们不知道作为"客体"的猫和作为概念的猫究竟有什么本质的区别，当我们说汉语的"猫"的词音 mao 和猫的叫声有象似性的时候，我们难道不是在说抽象意义上的猫吗？我们实在不知道我们说的猫居然可能被理解为一只具体的猫。如果真是"概念"的猫和猫的叫声没有象似性的话，那么索绪尔又何苦作上述层层让步的辩解呢？只要强调他说的是"概念的猫"不就完事了？

（3）关于稳定性的圆说

还有人认为，以声象意的自然联系总是不稳定的。理由有三：首先，一方面同一语言中汉语的"布谷"又称"杜鹃"、"子规"，一方面不同语言中汉语的"乒乓"英语称 table tennis，汉语的"猫"英语称 cat，而英语拟声的 peeweet 汉语称"红嘴鸥"。其实这只说明以声象意的途径各民族语言是不同的。其次，本来拟声的词在历史发展中因为音变而失去了拟声的关系，例如：牛、马、鸭、琴。其实现在这些词音仍然具有象似性，我们更不能说听不出词音的理据了词音的自然联系就不存在了，这是把词音理据在历史音变中量的变化与词音无理据这两个完全不同性质的问题混为一谈。如果这样说的话，那么任何词音都在变化，还有什么词音不是任意性的呢？然而这样苛求象似性，任意性的问题还有意义吗？再次，以声象意因类推而形成的一组语义要素相近的词，可能是由于社会上长期使用而形成的心理联想。这一点显然是无法证明的。

（4）关于感叹词的圆说

索绪尔同样否认感叹词的理据，但由于感叹是主观之声，索绪尔无法像否定拟声词象似性那样说所拟之声不像客体之声，他承认"一个感叹词其内部包含着自然表示出来的东西，其声音和概念之间存在着联系"。于是索绪尔申诉的理由：一是，感叹词的数量有限，它在语言系统中是"边缘的"；二是，同一个感叹在不同语言中的词音是不一样的(例如"唉!"在德语中是 au!

在法语中是 aïe);同样是诅咒,不同的语言使用了不同意义的词。索绪尔认为这第二点可以否定感叹词音义之间存在着联系。我们以为这仍然是一个语言民族性的问题。词音的不一样,只表明音义的象似性联系受到文化和语言系统的制约,并不表明音义的象似性联系不存在。

其实,感叹词的音义的自然联系是不证自明的。正如卡西尔所说,感叹词作为"人类最基本的发音",虽然它并不与物理事物相关,也不是纯粹的任意的符号,但"它们并非依赖于单纯的约定俗成,而是有其更深厚的根源。它们是人类情感的无意识表露,是感叹,是突进而出的呼叫"。"人类的言语可以归溯到自然赋予一切有生命物的一种基本的本能:由于恐惧、愤怒、痛苦或欢乐而发出的狂叫。"虽然我们没有证据说感叹词所代表的情感语言和体现人类抽象思维的命题语言之间有一条直接的通道,但在感叹词这种"以前一直只是强烈情感的无意识流露和吼叫的音调",是否可能以"隐喻转移"的方式"履行一个全新的任务:它们在作为传达确定意义的符号而被使用"[①],这并不是不可以想象的。卡西尔看不出纯粹的感叹说如何能解释人类语言从感叹迈向客观化和系统化这关键的一步,但感叹词本身的充分的理据是不言而喻的,它是否有可能作为基础来证明人类语言的普遍的自然天赋,那是另一个问题。

二、任意性的两个侧面:绝对不可论证性和相对不可论证性

(一) 语言符号的相对可论证性

索绪尔在论述语言符号的任意性时,持绝对任意性的观点。但这只是符号的一个方面。索绪尔认为语言的机制还有另一个特别重要的方面,即

---

① 恩斯特·卡西尔《人论》,上海译文出版社,1985年,第147—150页。

语言符号的相对可论证性。绝对任意性是从单纯词的音义结合来说的,而相对可论证性是从内部具有句段关系的词来说的。此时,任意性问题就可以替换为不可论证性问题,即分为绝对不可论证性(绝对任意性)和相对不可论证性(相对任意性)。例如:

法语中的 vingt(二十)是绝对不可论证的,因为它不存在内部的结构关系,"无法使人联想起与这种语言中共存的要素有什么关系"①。而 dix-neuf(十九)是相对可以论证的,因为 dix(十)和 neuf(九)形成了组合关系,而它们与其他数词也存在相应的联系,如 dix-huit(十八)、vingt-neuf(二十九)。也就是说,dix-neuf 和法语中共存的要素 dix(十)和 neuf(九)有联系。索绪尔承认 dix-neuf 是可论证的,但认为这和任意性并不矛盾,因为 dix 和 neuf 本身都是任意性的,只是把它们两个组合起来构成 dix-neuf 时,才具有了可论证性,也就是说可论证性是建立在任意性的基础上的,因而这种可论证性是不彻底的,是一种相对的可论证性。

能否唤起"共存要素",这是索绪尔判断音义关系完全不可论证和相对可论证的一个尺度。索绪尔给要素下的定义是:"人们从事活动所需的量(相对于数学的概念),或者说指的是具有确定价值的要素。"②用这个标准,索绪尔认为法语中 berger(牧羊人)是绝对任意性的,vacher(牧羊人)是相对可论证的;geôle(监狱)是绝对任意性的,prison(监狱)是相对可论证的;hache(斧头)是绝对任意性的,couperet(斧头)是相对可论证的。在序数词中,Toisième(第三)、second(第二)是绝对任意性的,因为它们和其他要素没有什么关系。而 premier(第一)、Dixième(第十)、cinquième(第五)是相对可论证的。在复数中,ships(船)、birds(鸟)、flags(旗)、books(书)都是相对可论证的,因为它们既含有事物的概念,又含有复数的概念,这个复数的概念"能联想起含有复数概念的全部名词"。而 men(男人)、sheep(羊)这些词尽管概念上是复数的,但"它不能产生什么联想"③,所以是绝对任意性的。

唤起"共存要素",对于相对可论证性还不是一个充足的条件。索绪尔

---

① 索绪尔《第三度普通语言学教程》,湖南教育出版社,2001 年,第 93—94 页。
② 同上书,第 98 页。
③ 同上书,第 95 页。

认为可论证性的满足,存在着一个坐标分析的过程。索绪尔将这一过程析解为两步:"(1)分析已知辞项,从而得出横向组合关系;(2)联想一个或几个其他辞项,从而得出关联聚合关系。"① 前一步好比从"十九"的组合中析出了"十"和"九"的横向连带关系,后一步好比从"十八"、"七十"的聚合中析出了"十九"的纵向连带关系。一个具有相对可论证性的词,它的价值就是在这个坐标中肯定的。

(二) 相对可论证性和任意性的关系

索绪尔的相对可论证性理论,揭示了在语言的组合层面所显示的理据性。这种理据性会随着组合成分的增加,组合关系的复杂,而越来越充分。但有人认为承认相对不可论证性是索绪尔任意性理论的矛盾,是对任意性原则的妥协,其实不然。

1. 标与本:构成可论证性关系基础的是任意性要素

索绪尔承认的相对可论证性是指在结构上具有要素复合性质的非单纯词,这些词的理据是从它的复合成分之间的关系得到的,而复合成分本身却是不可论证的。也就是说,相对可论证性总是和任意性交织在一起的,"即便在最有利的情况下,论证性也永远不会是绝对的"②。这样,在基本的语言符号层面,索绪尔仍然坚持了任意性。

在索绪尔的《第三度教程》中,将这两种关系的"标"与"本"的轻重之分明确指了出来。索绪尔指出,在相对可论证的成分中,存在着两种关系:一种是符号内部的关系,一种是两个符号之间的关系。前者所表现的完全是听觉印象和概念之间的关系,这是"唯一应考虑的关系"。后者是由对比要素所构成的外部关系,这一关系看起来好像和内部关系没有什么共同点,但外部关系只以相关符号内部关系的方式存在,即符号内部关系是外部关系存在的基础。例如法语中 désireux(渴望的)一词可以分析出两个共存要素 désir 和 eux。其所以会这样分析,是因为从这个词可以联想到 désir(渴望)

---

① 索绪尔《普通语言学教程》,江苏教育出版社,2002 年,第 148 页。
② 同上书,第 147 页。

一词。索绪尔说:"要不是实际上涉及概念 désir 和形象 désir 两者,而另一方面涉及形象 désireux 和概念 désireux 两者,这两个词之间就不可能存在联系〈近似性〉。"也就是说,"如果想不到每个词概念和听觉印象之间的〈内部〉关系,我们绝不可能想到词与词之间的关系"①。显然,在相对可论证性成分中,论证的基础即"共存要素"是完全不可论证的,索绪尔依然以任意性为本。这就表明,任意性和可论证性之争不是一个数量之争,而是哪一种性质最终决定语言符号的性质。语言中的"共存要素"虽然少,但起着构词的基本作用,因此可以决定语言符号的任意性。

2. 分与合:可论证性的分析不能代替符号的整体性

即使是具有结构复合性质的词,其分析性在索绪尔看来只是一种技术,不是本质,因为"整个辞项的价值永远不等于各个组成部分价值的总和"②。索绪尔在教程中谈到语言的组合关系时就强调,一个词的单位虽然可以分解成两个下位单位,但这个词不是两个下位单位的简单相加,而是两个具有连带关系的要素相结合的产物,也就是说这两个要素只有通过结合后的相互作用才能获得自身的价值。没有与词缀结合的词根是毫无意义的,孤立的词缀也是不存在的。在索绪尔看来,要素与整体的关系和要素间的关系是同样重要的。"整体的价值依赖于它的组成部分,组成部分的价值又取决于它们在整体中的地位。"③

3. 明朗与模糊:可论证性的论证困难

即使是具有结构复合性质的词,一方面,虽然它的表层是可论证的,但组成它的要素依然是任意性的,所以它的可论证性是不彻底的,或者说表面的,换句话说,它依然是任意性的。另一方面,一个词的复合性质,其"自然"的程度有高低之分。"横向组合的分析越是自然,下位意义越是明显,论证性就越是完备。"例如法语中 cerisier(樱桃树)、pommier(苹果树)、poirier(梨

---

① 索绪尔《第三度普通语言学教程》,湖南教育出版社,2001 年,第 98—100 页。
② 索绪尔《普通语言学教程》,江苏教育出版社,2002 年,第 148 页。
③ 同上书,第 142 页。

树)都有-ier这个"明朗的构词要素"。但法语中cachot(地牢)一词的-ot,就很难判断其构词的性质,因为它意义模糊。法语中coutelas(大菜刀)、fatras(杂物堆)、platras(石膏残块)、canevas(帆布),这几个词的形式都有as,它是否一个固定的名词构词要素呢? 这也是难以肯定的。

也有人认为,内部结构的复合,其理据不是唯一的,例如为什么汉语中"电视"要叫"电视",而不叫"电影"? "电影"要叫"电影",而不叫"电视"? 这是没有道理的。可见尽管这两个词的内部形式是可论证的,但这种可论证性不是绝对的,一样东西叫"电视"而不叫"电影",有相当程度的任意性。又如,"草包"这种复合形式,在汉语中有"无用的人"的意思,而在英语中straw bag, straw sack却没有这种意思。汉语中的"手套",在广州方言中叫"手袜",而在德语中叫"手鞋(handschue)",同样的东西,每一种叫法都有可论证性,但多种叫法本身就说明它叫什么是任意的[①]。我们认为,可论证性不是指音义结合方式的必然性,而是指音义结合方式的自然性,必然性是唯一的,自然性是多途径的。所以无论是叫"手套"、"手袜"还是"手鞋",都是音义结合的自然性的表现,都是充足的理据性的体现。

4. 局部与整体:相对可论证性是对任意性的一种局部的修正

语言组织的可论证性是系统条理的需要。索绪尔承认任意性对于语言系统的组织是一种"荒谬的原则",因为"这一原则不加限制地使用,终将导致极度的复杂性",即语言符号的相互关系因缺乏理据性而无法进行简明而有条理的组织。然而语言系统并没有陷入这种极度复杂的局面,"我们的头脑成功地将序列原则和规律性原则介入到符号整体的某些部分之中"[②]。这也就是说,基础语言符号在按任意性的原则成形后,一旦开始组合,理性就自然介入,使得组合成为系统的条理。在这里,相对可论证性的作用在索绪尔看来正是人的理性的作用。

语言的创造和使用,是和人的思维的发展相互塑造,紧密联系的。人的语言和动物的叫声最根本的区别,就在于它是抽象思维的机制,是理性的声

---

① 参见石安石《语言符号的任意性和可论证性》,《语文研究》1989年第4期。
② 索绪尔《普通语言学教程》,江苏教育出版社,2002年,第148页。

音。因此,可论证性的作用是语言系统的支柱,是对语言符号功能的最大效率的利用。但索绪尔认为,在语言的创造中,理性起的作用再大,相对于语言符号的任意性,它仍然是局部的、有限的。"它只是对原本毫无秩序的系统的一种局部修正。"换句话说,相对可论证性只是相对任意性的一种表现,它和绝对任意性只是任意性程度的差别,不影响任意性的根本原则。所以,尽管索绪尔充分肯定语言系统中限制任意性的机制,但他仍"采取由语言本质所规定的观点"[1]。

5. 词汇化与语法化:两极间的运动

索绪尔把任意性和论证性看成语言系统矛盾运动的基本力量,这一力量决定了语言系统的共时特征和历时演变。不同语言的不同面貌,取决于这两种力量的消长。

在共时状态下,每一种语言的完全不可论证成分和相对可论证成分,以各自不同的比例和各自不同的变化消长比例混合在一起。这两种比例上的差异,在相当程度上构成各民族语言特点的差异,因此可以成为各种语言之间对比的基准,即在完全可论证性成分和相对可论证性成分的比例上形成语言的对比。例如"英语赋予不可论证成分的地位要比德语赋予不可论证成分的地位突出得多"[2]。

在历时状态下,完全不可论证成分和相对可论证成分之间的动态平衡,是每一种语言的发展的动力之一。两种力量不断地由平衡的打破走向新的平衡,在整体间平衡的大格局之下不断产生新的变量和紊乱,形成运动演化的波动。索绪尔以拉丁语向法语的演化过程为例,指出这一过程中法语的演变趋势是向不可论证性大量转变。例如拉丁语的 inimīcus(敌人、不友善)能引起共存要素 in(非、不)和 amīcus(朋友、友善)的联想,是可论证的。但演化到法语中的 ennemi(敌人),已经不会引起任何共存要素的联想,"它已恢复到〈无论如何〉作为语言符号基本条件的绝对任意性"[3]。

---

[1] 索绪尔《普通语言学教程》,江苏教育出版社,2002 年,第 148 页。
[2] 索绪尔《第三度普通语言学教程》,湖南教育出版社,2001 年,第 97 页。
[3] 同上书,第 95 页。

索绪尔说的这一转化在我看来,实际上是一种不可逆的转化,即语言的发展在整体上是一个可论证性遗忘的过程,即整体上由可论证性成分向不可论证性成分发展。而当一个符号的原始理据逐渐被遗忘的时候,我们能否说这个理据就不存在了?能否说这个符号已经是一个任意性的符号了?这是一个难以令人信服的问题。那些各民族的词源学研究的对象,既然需要研究,它们的可论证性一定是深层隐蔽的,此时能够说它们"已恢复到〈无论如何〉作为语言符号基本条件的绝对任意性"吗?

　　当然索绪尔对语言初始状态的假设是绝对的任意性。"恢复"这个词隐含着索绪尔的一个基本信念,即语言符号的本质就应该是任意性的。单纯词出现在前,要素组合的词出现在后,即可论证性是对任意性符号组合的结果。当大量组合性符号出现时,语言系统就由完全不可论证性向相对可论证性倾斜。而当可论证性被遗忘即共存要素不再清晰时,其内部形式也就不复存在,"恢复"到单纯词状态。

　　然而我们注意到,索绪尔的一个基本观点是语言符号的变化只是单个要素的变化,永远不会涉及语言系统,因此只需在系统之外进行研究。何以在研究语言的系统特征时要联系语言的完全可论证成分和相对可论证成分的演变和消长呢?对此索绪尔解释说:"我们无需关注导致语言由一种状态向另一种状态变化的因素(语音变化),而只需按照相对任意性和绝对任意性的比例来衡量语词的不同情况。"[1]也就是说,系统的时间状态可以切换成空间状态。

　　语言系统两种力量的运动,索绪尔将它换算为词汇化和语法化的运动。显然,完全不可论证的成分只能是词汇成分(单纯词和理据遗忘的组合词),可论证成分必然存在着组合而来的语法关系。一种语言的完全不可论证成分趋向优势时,这种语言必然是偏重词汇表达的语言;一种语言的相对可论证成分趋向优势时,这种语言必然是偏重语法表达的语言。换句话说,任意性问题和语言形态的简单和丰富相联系。当一种语言具有丰富的形态变化时,它的词音的可论证性就强;反之,则弱,因为词形的简单使得内部形式的论证变得不再可能。

---

[1] 索绪尔《第三度普通语言学教程》,湖南教育出版社,2001年,第96页。

但索绪尔强调一种语言的不可论证成分决不可能降低到零或最小量以下。语言系统的两种力量，或者说对立的两极，两种反向的趋向，都是系统必不可少的支柱。索绪尔比方说："词汇手段像由孤立的不同类别筑起的鸽巢，语法手段像连接在一起的一串连环，连环上的每一单位彼此相连。"①

由此，索绪尔把人类语言类型区分为对立的两极，即极端词汇型和极端语法型。前者的典型是汉语，后者的典型是原始印欧语、梵语、希腊语。有意思的是，被索绪尔视为"极端词汇型"的汉语，其单音词都有很强的可论证性，与索绪尔的假设完全相反。诚如我国清代学者陈澧所言："盖天下事物之象，人目见之，则心有意，意欲达之，则口有声。意者象乎事物而构之者也，声者象乎意而宣之者也。"（《东塾读书记》）

索绪尔形象地把语言系统中的词汇化（使用不可论证的词汇符号）和语法化（使用结构规则）比作两个极地，语言系统在两极间运动；又好似两股相向的潮流，汇聚在一起形成语言的运动。值得注意的是，索绪尔认为语言系统的发展，只是两股力量比例的变化，即语言系统是在完全不可论证性和相对可论证性之间往返过渡，互相转化，并没有一种趋向任意性或可论证性的趋向。对于这一点，俄罗斯语言学家兹维金采夫提出了不同的见解：

> 即使我们抛开关于语言符号任意性（无可论证性）那种明显站不住脚的论断，索绪尔所指出的一些前提必然会导致如下的结论：符号任意性程度的大小跟语言的语法结构发展的具体途径有直接关系。所以，语言在其发展的各个不同阶段，其语言要素可论证性程度的大小是不同的。这实际上等于建立了独特的类型学的原则。
>
> 上述结论是和另一结论紧密联系着的：即由于在语言发展过程中可能获得、也可能丧失语言符号的无可论证性（任意性），所以语言符号任意性原则本身对语言本质来说不是不可或缺的东西，而是在历史上可有可无的。
>
> 所以，索绪尔本人对任意性的程度不等的语言要素所进行的区分，

---

① 索绪尔《第三度普通语言学教程》，湖南教育出版社，2001年，第97—98页。

归根结底并不能证明整个语言的符号性质。①

总之,索绪尔并没有在任意性原则上退让,他承认的绝对可论证性和相对可论证性只是语言符号任意性的两个侧面。索绪尔在谈到这个问题时,清楚地表明了这一点。他说:"一切使某种语言成为系统〈或机体〉的东西,都需要从这样的观点来加以研究:即看作是对与概念相联系的<u>任意性的限制</u>",任意性是语言系统成立的依据,也是语言系统研究"最完备的基础","因为语言符号的根本事实是任意性"。可见,索绪尔是不认为符号的相对可论证性会削弱任意性原则的。索绪尔明确指出:"我们将不会选择存在的第一基础(即符号形式和概念自然联系的基础——引者),而选择这条根本原则,正是由于语言〈必然〉选择了它作为建构一切的基础。"②

三、任意性的两个作用:不变性和可变性

(一)任意性导致语言符号的不变性

语言符号任意性的一个基本前提是它是一种社会惯例,只在集体心理上存在,因此具有不可变更的制序。这种不可变更的制序与符号关系的不可理喻互为因果,相互塑造。因为一个符号的施指和受指既然是任意结合的,那就不存在选择哪个施指更为合理的问题;既然不存在更为合理的问题,符号施指和受指的关系就非常稳定,没有改变的必要,因此,索绪尔认为语言符号具有不变性。索绪尔从三个方面来论述这个问题。

1. 语言这种社会惯例的特殊性

作为一种社会惯例,语言与法律条例、社会礼仪、宗教形式、航海信号等

---

① 兹维金采夫《普通语言学纲要》,商务印书馆,1981年,第60—61页。
② 索绪尔《第三度普通语言学教程》,湖南教育出版社,2001年,第95页。

大多数社会惯例相比,有很大的特殊性,即大多数社会惯例的变化都比语言的变化随意。

(1) 高度的社会化——语言依附于集合性的力量

语言的这种特殊性首先是因为语言高度的社会化程度。"没有其他一种惯例无时无刻不涉及所有的个人,也没有其他一种惯例对所有人如此开放,以至每个人都参与其中,并对其施加自然的影响。"①在高度社会化这一点上,没有任何社会制度能够和语言相比。

高度的社会化,使语言的创制成为最不可能的事,因为社会大众本质上是惰性的。语言因此"首先是一个保守因素"②。

高度的社会化,使语言的世代交替也不是"像箱子的抽屉那样一层叠着一层,〈因为一世代里包含所有年龄的人。〉"③语言是社会每个人随时随地都在使用的东西。任何变化都需要全社会无意识的共同约定,这是非常不容易的。

高度的社会化,也使语言的习得不能轻而易举,"想一想,学习一门语言需要花费多大的力气,因此语言是难以改变的"④。

(2) 高度的历史传承性——语言处于时间之中

语言的这种特殊性又是因为语言高度的历史传承性。"大多数惯例可以在一定时间内被改进、纠正,被意志行为所改革,而就语言而言,情况却相反,这样的革新是不可能的,即使研究院也无法颁布法令改变我们称之为语言等惯例的发展进程。"⑤为什么会这样呢?因为任何社会都是把先前世代的语言作为近乎完善的遗产而接受的。"在任何时候,与过去的连带关系都妨碍选择的自由。我们说 homme(人)和 chien(狗),因为在我们之前的人们已经说 honme 和 chien 了。"⑥索绪尔并不否认在历史长河中语言会发生部分和细节的变化,但他断言历史因素排除了语言中任何突然的和一般的变

---

① 索绪尔《第三度普通语言学教程》,湖南教育出版社,2001 年,第 10 页。
② 索绪尔《普通语言学教程》,江苏教育出版社,2002 年,第 83 页。
③ 索绪尔《第三度普通语言学教程》,湖南教育出版社,2001 年,第 104 页。
④ 同上。
⑤ 同上书,第 10 页。
⑥ 索绪尔《普通语言学教程》,江苏教育出版社,2002 年,第 83 页。

化,"完全的革命是不可能的",而"其他从前世纪继承下来的事物,如法律,人们不是注定不想改变法律的"①。索绪尔说的"任何突然的和一般的变化"指的是语言系统主体的更迭。

显然,索绪尔在语言系统的高度社会化属性中引入了时间因素,从而大大扩展了系统社会化属性的内涵。他使我们认识到,语言不仅仅是一个社会事实,更重要的是它是一个社会化的历史事实。索绪尔说:"语言学唯一真正的对象是已经建立起来的民族语言正常有序的世界。"②而由于这个世界是历史的产物,所以它不容一切任意的改换。人们甚至"不对语言进行思考〈有意识和无意识的差别〉,不去考查对存在的语言事实的意识的程度,(或确切地说)甚至不会唤起对语言的思考,因为每一民族一般都满足于它所接受的语言"③。这就是说,使用一种语言的人,不仅已将语言系统内化在自身,成为一种集体无意识,他们对语言的任何思考本身也是语言的,而且即使他们了解自己的语言系统的构成,他们也不会对这种构成有任何的批评,每一个民族都为自己的语言而自豪。

(3) 高度的强制性传统——社会力量与时间的共振

索绪尔认为,任何一种社会惯例都需要在"强制的传统"和"社会的自由行动"之间平衡。而在语言这种社会制序中,"强制的传统"具有完全的支配性,它完全排斥任何人为的突变。语言这种强制性传统的形成,是它依附于集合性力量和处于时间之中这两个因素共同作用的结果。相对来说,社会集合性力量尚未从根本上限制语言变化的自由,而当社会集合性力量在时间中发生作用时,它才变得异常强大起来。这时候,语言变化才受到了真正的限制。

语言的不自由是任何社会发展的必然要求,因为社会不能有一刻离开历史传承的语言。"语言在〈任何时候〉都和过去捆绑在一起,这就限制了它的自由,假如语言不是社会的,它就不会是这样了。然而,我们必须要考虑时间,必须考虑语言的世代传递。"④所以其他的社会惯例人们都可能有修改

---

① 索绪尔《第三度普通语言学教程》,湖南教育出版社,2001 年,第 104 页。
② 索绪尔《普通语言学教程》,江苏教育出版社,2002 年,第 81 页。
③ 索绪尔《第三度普通语言学教程》,湖南教育出版社,2001 年,第 104 页。
④ 同上书,第 106 页。

的意愿,甚至有加以革命的企图,但语言却是不可自由更改的。改变一个词或一种语式,不要说个人无能为力,"即使是大众也不能做任何改变,它紧紧依附于属于它的语言"①。

2. 语言符号的任意性否决了任何变化的基础

从表面上看,语言符号的任意性意味着音义的结合是没有依据的,因而是可以改变的。但仔细考虑我们就会发现,正因为语言符号音义的结合是没有依据的,任何对它的改变就失去了理由。因为既然都是没有依据的,那么一种任意性的结合就不会比另一种任意性结合"高明"或"必要"。

索绪尔说,改变一件事,总是从这件事的理据开始的。例如一夫多妻制能否改变为一夫一妻制,这种改变的需要是基于这种婚姻制度的合理性的。同样,一个象征性的符号,它与事物的联系是它的存在的合理性依据,因此它的象征形式也是可以讨论和加以改变的。只要两种形式存在可以比较的基础,人们就自然会公开讨论改换的理由。然而这种讨论不可能发生在语言身上。"大众的意识即便超过现实水平,他们也不可能去对它进行讨论。"②因为"对一个任意的符号来说,不存在讨论的规范,只有语法学家和逻辑学家才可以更改"③。(事实上语法学家和逻辑学家对此也无能为力。在巴利和薛施霭所编的教程中,索绪尔认为专家的介入只是使人们能够对语言的变化有所了解,"但是,经验表明,迄今为止,这种性质的介入尚未取得成功"④。)语言符号的任意性使得它"天生"不具备变化的理据,一切改变的尝试都无从谈起。于是,"符号任意性本身使语言避开一切旨在使语言发生变化(即:使语言更为'合理'——引者)的尝试"⑤。

索绪尔认为,语言符号的任意性即"使选择获得自由的任意的惯例",和语言发展的历史传承性即"使选择得以固定的时间",这是两个二律背反的因素。这两个因素之间具有这样一种联系:一方面,"正是因为符号是任意

---

① 索绪尔《第三度普通语言学教程》,湖南教育出版社,2001年,第103页。
② 索绪尔《普通语言学教程》,江苏教育出版社,2002年,第82页。
③ 索绪尔《第三度普通语言学教程》,湖南教育出版社,2001年,第105页。
④ 索绪尔《普通语言学教程》,江苏教育出版社,2002年,第82页。
⑤ 同上。

的,所以它只认识传统的规律",另一方面,"还因为它是建立在传统基础之上,所以它可能是任意的"①。由此,索绪尔把这个二律背反即语言符号自由和不自由的关系解释为社会力量与时间的辩证关系。

索绪尔所说的语言变化,主要是指语言中既有的词和语法结构的代换,而不是指语言发展中新的词汇和语法结构的产生。也就是说,语言的发展中基本的词汇和语法是稳定的。这种稳定性我们一般归之为语言的社会性和历史性,而索绪尔不仅强调了语言的社会性与其他社会制度的社会性的根本差别,强调了社会性与历史性的共同作用,更揭示了语言稳定性的符号学因素——语言符号的任意性即音义结合的不可论证。这些论述都是非常精彩的。

3. 语言符号的系统性使语言变化负荷沉重

从世俗的量的意义上说,语言庞大的符号体系有着无以计数的符号,这是任何符号系统都望尘莫及的。符号成分的数量的多寡在索绪尔看来是一个不容忽视的问题。索绪尔认为,一种符号系统如果数量少的话,它的变化的可能性就大。比如文字系统常常只有二十到四十个符号,于是"一种书写系统被另一种书写系统所代替是可能的"。(当然汉字不在其内,索绪尔用"文字系统"习惯上指的是拼音文字,他认为汉字不仅仅是一种书写系统,而且是一种语言系统。我们从数量上看也是如此。)由此反观语言,就可知巨大的数量为语言系统的更迭设置了不可逾越的障碍。"假定一种语言可以只有40个符号所构成,那么,这种语言可能完全被改变就不是不可想象的了。"②

从深层质的意义上看,语言符号的任意性只是语言系统属性的一个方面,在进入符号的组合层面时,语言系统又具有相对可论证性。语言系统的任意性和相对可论证性交织在一起,使得系统中的任何问题都异常复杂起来。简单的完全不可论证的符号和概念的契约关系,在引入了可论证的合理性因素以后,就不再是单一的、自洽的关系,而成了相互关联、牵一发而动

---

① 索绪尔《普通语言学教程》,江苏教育出版社,2002年,第83页。
② 索绪尔《第三度普通语言学教程》,湖南教育出版社,2001年,第105页。

全身的关系。此时,对既有符号的任何激进的变革,都意味着要付出巨大的代价。由此,索绪尔从语言符号的系统性即与系统性密切联系的符号的任意性,更深一层次揭示了语言符号的不变性。

除了索绪尔提出的三点论述外,意大利语言学家莫罗在他的《普通语言学教程》评注本中又提出了第四点。

4. 任意性稳定了语言系统声音和意义的变异

语言符号的施指和受指需要声音和意义将它们表现出来,而在具体语境中,声音和意义的表现形式是极其丰富的,它们"可以大幅度地摆动,而且事实上也是在大幅度地摆动(我们还记得'战争,我告诉你们,战争!'这句话所表达的多种意义和声音)"。这样大的振荡,需要一个能够不使声音和意义在振荡中发生歧义或误解的稳定的基础,而符号的声音和意义的任何有理据的结合都不足以承受来自方方面面的使声音和意义变异的影响,只有具备任意性关系的施指和受指才能承受这种振荡,因为它们的结合毫无理据,它们就"免疫"于各种变异的"理由",如磐石般稳固。换句话说,符号的任意性表明施指和受指的结合足以最大限度地代表声音和意义在各种语境中的全部变化。变化再大施指和受指所处的系统的限制没有变。所以,莫罗说:"语言的任意性既是语言系统变化的条件和系数,也是语言系统稳定的条件和系数。"①

(二) 任意性导致语言符号的可变性

语言符号的任意性使音义结合得不到理据的支持,这又使得这种结合非常自由。在理论上,人们可以为一个受指指定任一施指,唯一的限制是社会的约定俗成。这是使语言符号具有可变性的一个原因。当然,这种任意改变的可能性在现实中并不存在,任何变化都不可能是任意的。而真正使语言符号发生变化的是时间。

语言符号在时间中的变化,从符号的可论证性的观点看,是符号理据的变化,即随着社会的发展符号原有的理据过时了,符号选择了更合理的理

---

① 莫罗《索绪尔〈普通语言学教程〉评注本序言》,《国外语言学》1983 年第 4 期。

据;而从符号的任意性的观点看,是任意性为符号的新形式提供了改换的可能。后者正是索绪尔的理解。索绪尔认为时间不能限制任意性,因为时间会使一切事物发生变化;同时时间又对任意性起限制的作用,因为时间意味着历史传承的稳定性。

时间的限制性导致了语言符号的连续性即不变性。索绪尔指出:"起初,对于语言这个规约有无讨论时间因素的余地,我们还不清楚。诚然,人们可以认为,一种语言理论上是独立于时间的〈作为逻辑和心理的东西〉。时间的力量,不断地限制我们可能称作任意性〈自由选择〉的力量。我们为什么说人、狗? 因为在我们以前人们就说人、狗,其理由就在于时间因素,时间既不对任意性起限制作用,同时又起限制作用,这样说不会混淆时间问题和任意性问题的联系,这两者彼此相互对立。〈概括起来说,〉构成语言的符号的非自由性,具有历史的解释,或者它是语言中时间因素的表现,因为符号的这种非自由性以语言中时间因素的连续性为基础,〈以世代符号的连续性为基础。〉"[①]

时间的限制性又导致语言符号的非连续性即可变性。谁都会看到语言在经过几个世纪的传递后发生了"符号变化"。这显然是因为语言在发展中受到社会历史文化的影响。社会的变化促使语言符号发生变化。索绪尔承认时间的限制性的这一种表现与上一种表现发生了矛盾。时间的连续性不允许语言符号音义关系的自由变化,又引起语言符号音义关系不同程度的转移,这个后来被称为"索绪尔矛盾"的矛盾,索绪尔是从三个方面来论述的。

1. 语言的可变性从存在上保证了语言的不变性

索绪尔认为,语言变化的根本原因是语言系统要随社会发展而发展,适应社会发展的需要是语言系统生命之源。语言变化的这一动因从符号系统本身来说就是系统要不断延续。如果不能延续,系统就不能存在,那么语言系统的不变性也就失去了意义。所以,语言的可变性只是语言系统为自身的存在(不变性)而做出的对时间的顺应和调整。时间以及随时间而来的语

---

① 索绪尔《第三度普通语言学教程》,湖南教育出版社,2001年,第106—107页。

言变化,是语言系统自我维系的基本条件。时间保证了语言的不变的延续性,时间本身又导致了语言的变化。假如离开了时间,离开了延续性的要求,假如语言符号"不再继续存在,假如每隔十年就有完全由新的符号构成的新语言建立起来,符号的不变性的概念就会被废弃"①。

索绪尔认为"从某种意义上来说,人们可以同时谈论符号的不可变性和可变性"②。但这两种属性涵义是不同的。不变性是从语言与使用者的关系上看,使用者无法人为改换已经社会约定俗成并世代延续的符号音义结合关系。可变性是从语言系统自身来看,它和任何在时间中延续的事物一样,会发生或快或慢的变化。为什么将两个涵义不同的术语并置、对立起来呢?

索绪尔以因果关系来解释这一点,指出"这两个事物密切相连;很清楚,两者最终会有相同的原因。"这共同的推因就是"联系时间"③。当置于时间之外的时候,语言符号是任意性的,因而是自由的;当联系时间的时候,语言符号既是不自由即不可变化的,又是变化即某种程度上可以变化的。索绪尔的解释深刻阐明了语言不变性和可变性的辩证统一的关系。

教程的编者以主客体关系来解释这一点,指出:"德·索绪尔将两种矛盾的性质赋予语言,要将其指责为不合逻辑或荒谬的,那可就错了。他只是想通过这两个引人注目的术语的对立来强调这样一个真理:语言发生改变而说话主体却不能对它加以改变。我们也可以说,语言是不可侵犯的,但不是经久不变的。"④教程编者的解释强调了语言系统作为社会制序的自治性。

2. 在语言的可变性中符号主体是不变的

说语言不变是说语言不会发生体系的振荡,说语言可变是说语言变化中主体是稳定的。"每一变革中,那些占主导地位的,正是那些过去存在的优秀部分得以保持下来。"⑤由于优秀的、占主导地位的"古老资料"保存了下来,所以语言的变化只是相对的,它对传统的违背只是一种"相对的不忠

---

① 索绪尔《第三度普通语言学教程》,湖南教育出版社,2001年,第107页。
② 索绪尔《普通语言学教程》,江苏教育出版社,2002年,第83页。
③ 索绪尔《第三度普通语言学教程》,湖南教育出版社,2001年,第107页。
④ 索绪尔《普通语言学教程》,江苏教育出版社,2002年,第83页注脚。
⑤ 索绪尔《第三度普通语言学教程》,湖南教育出版社,2001年,第107页。

实"。这一切都因为语言变化的基本原则是保证语言的连续性。

3. 语言可变性的实质是符号施指和受指关系的转移

索绪尔思考的时代是一个强盛的历史比较语言学语境。在这种语境下,"语言变化"的概念很容易被归结为单独起作用的语音的变化或语义的变化。新语法学派对语音演变规律性的关注即假定了语音演变的自主性。索绪尔认为这是一种"糟糕的"误解。按照传统的观点——

古典拉丁语的 necare(杀死)演变为法语的 noyer(溺死),发生变化的分别是词音和词义;

高卢拉丁语(4 世纪或 5 世纪)的 necare(溺死)演变为法语的 noyer(溺死),发生变化的是词音;

古代德语的 dritteil(三分之一)演变为现代德语的 Drittel,发生变化的不仅是语音形式,而且是语法形式,即它不再含有 Teil(部分)的概念,而成了一个单独的词语;

……

索绪尔认为这类区分"徒劳无益"。无论语音和语义怎样改变,它实质上都是一种关系的转移。"〈我们无需弄清这些差别,就能从整体上注意到,〉原来是概念和符号的关系发生了转变。"[①]换句话说,符号的"声音物质和观念之间出现了另外的对应"[②]。当史前的古英语中 fôt("脚"的单数形式)延续为现代英语的 fôt,而 fôti("脚"的复数形式)却演变为 fêt 时,尽管不仅语音变化了,而且"联系这两个词的机制"都发生变化了,但其实质依然是概念和符号的关系发生了转变。

索绪尔的语言变化观不再是传统意义上音义分离的变化,他提出了全新的音义关系变化的观点,这使得符号变化不再是"原子主义"的,而是"关系网络"的。单纯的声音或意义的变化牵动的只是个别因素的更替,它是一种表面现象,更深层的机制是符号关系的转移,是整个系统的变化。语言系统中任何变化都不是自足的,任何变化都引起系统内部关系的调整,在这

---

① 索绪尔《第三度普通语言学教程》,湖南教育出版社,2001 年,第 107 页。
② 索绪尔《普通语言学教程》,江苏教育出版社,2002 年,第 83 页。

里,索绪尔的结构主义方法论给我们留下深刻的印象。

4. 语言可变性根源于语言的任意性

语言变化是符号施指和受指关系的变化。变化的动力既有外部的原因,也有内部的原因。

从外部看,变化的动力是时间,也就是在语言随社会的发展中社会因素对语言的影响。而语言之所以"对抵制造成能指和所指成分整体关系不断改变的变化因素的影响显得无能为力"[1],根源就在于符号音义结合的任意性,这使语言根本无力抵抗促使音义关系发生转移的社会影响。

从内部看,变化的动力就是符号关系的任意性。索绪尔指出:"符号的任意性从理论上带动了在声音物质和观念之间建立任何关系的自由度。"这个自由度使得符号的施指和受指虽然结合在符号中,却"以绝无仅有的程度保持着各自固有的活力",即按照各自的规律发生变化,于是"语言在所有能触及到声音或意义的因素影响下改变着,或者更确切地说,发展着"[2]。意大利语言学家莫罗在他的《普通语言学教程》评注本序言中对索绪尔的这一思想有一段精彩的评价:

> 能指、所指及其在语言系统中的组织既然不受把它们和逻辑现实或自然现实等联结在一起的严格的联系所制约,因此语言承受着最深刻的、最不可预测的、最缺乏"逻辑性"的、最不"自然"的变化。这样的结果是,传统极不相同的语言也可以汇集在一起,或者具有同一传统的语言也可以分成很不相同的方言。语言的面前没有别的限制,它们只有下述唯一真正称得上是普遍的限制(当然,所谓普遍是指全人类而言),就是人的感觉和意识器官以及人的发音和听觉器官结构的限制:在这些限制内部,把无穷无尽的不同声音和意义再组合成能指和所指的可能性,也是无穷无尽的。[3]

---

[1] 索绪尔《第三度普通语言学教程》,湖南教育出版社,2001年,第109页。
[2] 索绪尔《普通语言学教程》,江苏教育出版社,2002年,第85页。
[3] 莫罗《索绪尔〈普通语言学教程〉评注本序言》,《国外语言学》1983年第4期。

这就是说,任意性意味着音义结合不受任何限制,可能性是无限的。为什么"传统极不相同的语言也可以汇集在一起,或者具有同一传统的语言也可以分成很不相同的方言"? 是因为音义结合的任意性为社会对语言的影响提供了结合方式的无限可能性。索绪尔说:"语言在所有能触及到声音或意义的因素影响下改变着,或者更确切地说,发展着。"这个"所有能触及到声音或意义的因素"就是社会因素。

由此可见,语言可变性根源于符号音义结合的任意性。至于为什么社会发展要对语言符号音义结合的关系作这样的改变,索绪尔并没有说明,事实上也无法说明,因为一切都是任意的选择。而符号的声音和意义变化的"活力"为什么是来自其结合的任意性而不是来自社会因素,索绪尔更没有说明。其实任意性对于符号的可变性来说只是一个消极的因素,或者说一种变化的可能,社会的影响才是一种积极因素,它决定了变化的理由。而社会的影响对于符号而言必然是一种理性的干预,否则我们不能解释为什么大多数符号的音义关系是不变的,而少数符号的音义关系发生了变化。

有人也许会说,语言的变化是自身系统发展的内部调整。但我们很难想象,没有社会的干预,语言系统自身哪来的发展活力? 如果说系统由平衡到紊乱再到新的平衡是系统自身的发展活力,那么系统的这种发展活力本质上正说明语言是一个能对变化着的周围环境自动做出有目的的反应的适应系统。索绪尔的学生梅耶早就指出,从语言是社会性机制这一点来看,唯一可以用来解释语言变化的变量就是社会的变化。现代社会语言学正是把社会结构看成语言变化(变异)的动力的。功能语言学也认为语言系统的任何变化都是由功能决定的,这个功能就是语言在人类社会生活中所执行的功能。

任意性并不能清楚地说明语言的变化。在任意性原则之下,索绪尔说语言变化"是不可避免的;没有任何一种语言能够幸免。一段时间以后,我们总是能够指认明显的转移"[①]。这给人一种语言变化神秘而不可知的感觉。索绪尔认为,任何符号系统哪怕它创制的时候再理性,它一旦形成和使用,都会渐渐失去理性,开始拥有它自己的"符号的生命力",并按照自己的

---

① 索绪尔《普通语言学教程》,江苏教育出版社,2002年,第85页。

规律传播,它再也回不到理性的从前了。这就表明,索绪尔把符号的发展视为一个趋向任意性的过程,把发展和可论证性的丧失画了等号,把"符号的生命力"和"不可论证性"画了等号。为什么发展就意味着理性的丧失?为什么发展的规律"与审慎地创制出来的规律(即理性的规律——引者)毫无共同之处"①?索绪尔并没有说。

任意性没有清楚地解释语言的变化,索绪尔本人也意识到这一点。他自问:"变化的必然性是以什么为基础的呢?人们也许会责备我们对这一点解释得不像不变性原则那样清楚:那是因为我们还没有区分改变的不同因素;只有考虑多种多样的因素才能了解它们在什么程度上是必然的。"②索绪尔实际上承认以任意性解释语言可变性是不充分的,语言变化还有其他"多种多样的因素"。

相反,如果我们以可论证性的观点看待语言发展中音义结合关系的变化,我们就能清楚说明为什么社会发展选择了新的音义结合关系。

意大利语言学家莫罗显然不会同意我们的看法,他对任意性和语言变化的关系提出一个别具一格的论证逻辑:语言的任意性决定了语言彻底的社会性。因为"既然符号在它们的相互分化中和在系统的组织中,都不适应于它们外部的任何自然的要求,所以对这种或那种语言中的特别形式唯一有效的基础,是整个社会的一致意见"。在索绪尔之前,人们对任意性的理解,是符号"能指"的任意性,即任意性体现在社会为与"事物"相吻合的"所指"组织"能指"时的作用。这种"能指"的任意性,假定了"所指"的世界是一个"预先构成的事实",是"作为一种先于规约存在的现实而强加于规约"。而索绪尔的任意性,既是"能指"的任意性,又是"所指"的任意性。"把意义组织成所指,其任意性并不比把发音组织成能指差些,社会一致的意见就是一切。"这是因为,语言的一切制序都是为社会共有而产生的。索绪尔对语言彻底的社会性的认识,四十多年后维特根斯坦才有同样的认识。在这个意义上,莫罗认为索绪尔在第二期课程中说的一句话无比深刻:"建立符号系统是为了集体,正如建造航船是为了大海。"被任意性锻造的社会性,它同

---

① 索绪尔《普通语言学教程》,江苏教育出版社,2002年,第86页。
② 同上书,第86页。

任意性一样既是稳定的因素,又是变化的因素。"正因为语言具有社会性,所以使它得以免受个人或各种狭小集团的摆布。另一方面,也正是因为语言具有社会性,所以当对已经存在的区别的要求减少,或相反,对新的区别的要求产生时,语言就会发生变化。"①莫罗的意思实际上是:语言彻底的任意性决定了语言彻底的社会性,这种社会性既使语言免疫于个人的语言变化,又使语言在变化成为集体性的要求时成为可能。那么,一种变化在"彻底的任意性决定的彻底的社会性"面前,根据什么来判断它已经成为一种集体性的要求呢?莫罗的回答是"不可预知",而这又是任意性决定的。莫罗说:

  语言的任意性和社会性,加上具体单位的对立关系和组合关系的复杂性,使得在时间长河中区别的出现和消失绝对无法预测。变化波及区别,而且以千变万化的方式对系统起反作用。从一种语言状态过渡到另一种语言状态并不符合任何普遍的合理性。在对这些语言变化进行描写时,语言学会面临一些偶然现象;这些现象在时间上和空间上都受到限制,它们产生于跟某一阶段语言系统的均衡有关的内部和外部的各种不同事件在系统中相遇时的结果中,这种结果是无法预测的。②

  莫罗所说的语言变化,实际上指的是语言系统自身不断由紊乱走向新的平衡的结构性变化,用萨丕尔的话来说,就是语言"沿流"的发展变化。在这种语言内部规律制约的变化中,个人变化的确是微不足道的,但系统发展是有"方向"的。正如萨丕尔所说:"个人变异本身只是偶然的现象,就像海水的波浪,一来一去,无目的地动荡。语言的沿流是有方向的。或者说,只有按一定方向流动的个人变异才体现或带动语言的沿流,正像海湾里只有某些波浪的移动才勾画出潮流的轮廓。语言的沿流正是由说话人无意识地选择的那些向某一方向堆积起来的个人变异构成的。"在这一点上,萨丕尔

---

① 莫罗《索绪尔〈普通语言学教程〉评注本序言》,《国外语言学》1983年第4期。
② 同上。

并不同意"任意性"的观点。他特别指出:"我们只是觉得我们的语言几乎是一个固定的系统,而注定要发生的轻微变化向任何方向移动都可以。这种感觉是错的。正是因为不能预先知道变化的详情,所以最终的方向一致才能给人深刻的印象。"①

而莫罗并没有说到的另一种语言变化即现实社会对语言的影响,同样,如果我们以可论证性的观点看待语言发展中音义结合关系的变化,我们就能清楚说明为什么社会发展选择了新的音义结合关系。由此看来,经过莫罗的解释,任意性还是无法清楚地说明语言变化的原因。

索绪尔的符号不变性和可变性理论,用极其辩证的观点揭示了语言系统发展中稳定性和演化性的对立统一,指出语言作为一个动态系统,其内部各种关系的演化,是在符号任意性的基本原则下,社会力量与历史力量共同作用的结果。以任意性为核心,语言符号凸显其社会性、系统性、不变性、可变性。我们可以说,索绪尔用任意性这把"舵",驾驭了整个符号系统之舟;用任意性这把钥匙,开启了整个符号系统运作之门;用任意性这块奠基石,建构起整座"普通语言学"宫殿。任意性在索绪尔的思想体系中,不仅具有本体论的意义,而且具有方法论的意义;不仅具有共时系统的核心力量,而且具有历时系统的核心力量。它的重要性,在索绪尔之后的现代语言理论中尤其是结构主义语言理论中,是怎么强调也不过分的。

四、任意性理论的世纪之辩

(一) 任意性理论的深远影响

语言符号音义结合关系的任意性理论,在 20 世纪得到众多语言学者的重视。

索绪尔的弟子梅耶总结 19 世纪开始盛行的历史比较法时说:"只是因为

---

① 萨丕尔《语言论》,商务印书馆,1985 年,第 138—139 页。

语言符号具有这种完全任意的性质,所以才能有现在所要研究的这种历史比较方法。"①尽管梅耶这一观点被认为"是在他的老师索绪尔的直接影响下提出的,他并没有给历史比较法的实践方面增添任何新的内容"②,但它的提出说明人们已经开始像索绪尔那样把任意性作为一个语言研究的基本原则,来思考具有普遍性的理论问题。

美国描写语言学的先驱萨丕尔在1921年的《语言论》中几乎与索绪尔同时提出了语言符号的任意性问题。他说:"语言并没有,也不可能(在大脑中)有一定的位置,因为语言是一种特别的符号关系,一方面是一切可能的意识成分,又一方面是位于听觉、运动和其他大脑和神经线路上的某些特定成分;从心理上说,这关系是一种任意关系。"③而拟声词在他看来只是"人类幻想的飞翔"(flights of the human fancy)。

美国描写语言学派后期代表人物霍凯特列举人类信息传递的十三条特征,其中第八条就是任意性。并把它解释为非象似性④。他说:"人类语言在其语义的约定方面几乎是完全任意的。例外是拟声或局部拟声形式的模糊的拟象痕迹,我们知道,即使在这些形式里也有不小的任意成分。"⑤

英国语言学家莱昂斯(J. Lyons)从十六个语言基本属性中,抽出他认为特别重要的四种,即任意性(arbitrariness)、两层性(duality)、能产性(productivity)、离散性(discreteness),其中任意性位居榜首。

生成语言学创始人乔姆斯基所代表的形式语言学流派把索绪尔的任意性学说发挥至极致,认为语言是独立于感知、经验、运动、记忆、注意、社会背景、文化知识、交际需要等其他认知能力之外的一种任意的、自治的形式系统,语言的施指和受指之间毫无联系可言。形式必须独立进行研究。语言的自治使得任何外部的感知和经验都不可能影响它。

俄罗斯也有一些语言学者肯定语言符号的任意性原则。他们认为,"每一具体语言的音组仅仅固定地跟某个事物或现象联系着。但这种固定联系

---

① 梅耶《历史语言学中的比较方法》,科学出版社,1957年,第2页。
② 兹维金采夫《普通语言学纲要》,商务印书馆,1981年,第55页。
③ 萨丕尔《语言论》,商务印书馆,2002年,第9页。
④ Hockett, D. R. 1966, The origin of language. *Scientific American* 203:pp. 88-96.
⑤ 霍凯特《现代语言学教程》下册,北京大学出版社,1987年,第309页。

并不是事物和现象的本质和特征的反映。""集体正是通过这个语音外壳(而不是通过其'形象')来调整每个个人意识中语言单位的意义的形成过程,把集体的经验和这个社会无数先辈的经验传递给个人。""语言体系中的一切都是约定俗成的。语言要素的这一普遍的约定性正是因为它们具备某种性质的一定价值的直接结果。……语言这任何一个新的构成都要受到某一具体语言体系中语言要素之间那些有规律的关系的严格制约。"①

当代哲学研究对索绪尔的语言符号任意性原则作进一步阐发,认为任意性不仅仅是一个符号性的本体论问题,更是人类文化的本体论问题。语言是人与世界联系的根本纽带,语言构成人与外部现实之间的一个中间世界,各民族文化究其实质是一种语言的世界观。语言的系统,模铸一个语言社团认识世界的范畴(概念)和关系。语言符号的任意性,揭示了各民族文化差异的根源,即一种语言对一个社团面对的现实环境所做的特殊的切割和整合,这种切割和整合从语言决定论来说就带有很强的任意性(先不谈在起源意义上语言与文化是相互塑造的,也不谈语言对现实的切割并不完全是任意的,而是相对地受制于现实),即各民族的概念和范畴,都是各民族语言对现实任意划分的结果。正如索绪尔说的:"从心理方面来看,离开了词语的表达,我们的思想仅仅只是模糊不清的无定形之物。哲学家和语言学家历来一致认为,若不借助符号,我们便不能够清楚而稳定地区分两种观念。就思想本身而言,它像是模糊的一团,其中没有必然的界限。没有预先确定的观念,而在语言出现之前,一切都是不明晰的。"正是语言,将"一系列毗连的细分部分"即符号序列同时"描画在模糊观念的无限定平面之上"和"同样不确定的声音平面之上",于是"本质混沌的思想在分解后势必变得明确起来"②。可以看出,当代哲学研究是把任意性定义为自由性和与普遍唯理主义相对的多样性来阐发其文化深意的。这样的定义和索绪尔的定义有一个共同的基点,即语言给出存在。

---

① 转引自兹维金采夫《普通语言学纲要》,商务印书馆,1981年,第52—53页。
② 索绪尔《普通语言学教程》,江苏教育出版社,2002年,第124页。

(二) 对任意性理论的否定

语言符号任意性的理论在索绪尔之后也受到众多语言学者的质疑。

1. 雅柯布森：索绪尔的任意性基本原理是幻想

在索绪尔的时代，19世纪80年代，波兰语言学家克鲁舍夫斯基(Mikolaj Kruszewski)区别了语言发展过程中两个基本因素，一是相似性关系(similarity)，一是相邻性关系(contiguity)。承继索绪尔结构主义思想的布拉格学派的代表人物之一雅柯布森，明确认为克鲁舍夫斯基这一理论比索绪尔的任意性理论更为圆满。他指出：

第一，施指和受指的关系，与其说是索绪尔所认为的任意性关系，不如说是克鲁舍夫斯基所说的相邻关系，即一种习惯性的、后天学到的关系。"这种相邻性关系对于一个语言社团的所有成员具有强制性。"

第二，与相邻性关系同样重要的是相似性关系。在词的派生领域和词族领域，"同根词之间的相似性至关重要，不可能谈论任意性"。语言符号的相似性原则在其中起着决定性的作用。

第三，在研究词素变体中音位变体的学科词素音位学(morphophonology)，"如果我们承认存在一些模式，存在一些词根音位分布和选择的结构类型，存在派生和变位的前缀、后缀类型，那么相似结构的问题也是首要的问题"。

第四，在词的语音象征方面，相似性更是一个根本性的原则。雅柯布森认为尽管对语音象征一直有种种怀疑，但这个问题依然是语言研究的一个重要而迷人的问题。他在1979年曾有专著《语言的语音形式》讨论语音的象征意义。他认为"在意象(image)和表示(indication)方面所涉及的语言符号基础的所有问题，或者如符号理论的先驱皮尔士说的那样，图像(iconic)或者标志(indexical)问题，都牵扯到相似性原则"。

雅柯布森明确指出："50年的岁月已经把我们与(索绪尔)这位日内瓦大师的讲课分离开来。就语言理论和语言学整体而论，这半个世纪确实是重大变化的半个世纪。索绪尔闻名于世的遗产哪些方面需要进行广泛的修改,在他弟子编辑的版本中哪些教诲今天仍然有效,对于这些问题,我认为我们富有成果的讨论传达了很明确的概念。"这个概念就是作为索绪尔《教程》的两个基本原则之一的任意性原则,其"术语'任意'是极不恰当的选择"①。"索绪尔的两条'基本原理'——符号的任意性和能指的线性——都已经被证明是幻想。"②

2. 列维-布留尔:原始语言词音与事物"互渗"

与索绪尔同时代且同样深受法国社会学家涂尔干影响的法国人类学家列维-布留尔,从原始人类的原始思维角度提出语言的"心象-概念"形式。他认为原始人所操语言的特征是和他们的思维特征相符合的。这个特征就是"作为一种画面的仅仅容许有限的概括和初步的抽象的心象-概念"③。他指出:"一切都以'心象-概念'的形式呈现出来,亦即以某种画出了最细微特点的画面呈现出来,——这不仅在整个生物界的自然种方面是如此,而且在一切客体、不论什么客体方面,在由语言所表现的一切运动或动作、一切状态或性质方面也是如此。"④原始语言的这个特点使得词具有神秘的性质和力量,人们在使用词时小心翼翼。"词的使用对原始人来说不是无关紧要的;词的发音这个事实本身,如同图画的画出或手势的做出一样,可以确立或破坏非常重要而又可怕的互渗。"⑤"互渗"指的是原始思维中把现象既看作它自身,又解释为别的任何东西,事物之间具有神秘的联系,相互渗透。具有这样的"心象-概念"特征的语词,其音义的结合必然不可能是任意的,因为词被视为客体的一种属性,就像客体的其他物理属性一样。在这个意义上,索绪尔所说的语言符号的任意性是不存在的,或者说,索绪尔所说的符号的任意性本质上是可论证性的遮蔽或"遗忘"。

---

① 罗曼·雅柯布森《语言的符号和系统——重评索绪尔理论》,《雅柯布森文集》,湖南教育出版社,2001年,第77—78页。
② 同上书,第88页。
③ 列维-布留尔《原始思维》,商务印书馆,1981年,第168页。
④ 同上书,第165页。
⑤ 同上书,第170页。

3. 卡西尔:语言创造的基础理据和理据的多样化

1944 年,德国哲学家恩斯特·卡西尔(Ernst Cassirer,1874—1945)在他晚年最后一本用英文撰写的简述他的煌煌三卷本巨著《符号形式的哲学》基本思想的书《人论·人类文化哲学导引》中,指出:"符号与其对象之间的联系一定是自然的联系而不是约定的联系。没有这样一种自然联系,人类语言的任何词语都不可能履行它的职务,而会成为难以理解的。"卡西尔认为这不是源于一种语言理论的问题,而是源于一种一般的知识理论的问题。卡西尔充分肯定词源学的研究。他指出:"我们不能使自己满足于语言的现存状态。如果我们想要发现把语词及其对象联结起来的纽带,我们就必须追溯到语词的起源。我们必须从衍生词追溯到根词,必须去发现词根,发现每个词的真正的和最初的形式。根据这个原理,词源学不仅成了语言学的中心,而且也成了语言哲学的基石。"只要词源学的理论体系没有被驳倒,那么"关于在词与物之间有着自然联系的理论在哲学上似乎就是正当而可辩护的。"①

索绪尔符号任意性的原则力图消解人对世界的符号化认知中视点的差异,将民族语言的多样性问题转换成任意性问题。而视点的差异在卡西尔看来正是符号化认知的一个本质属性。词的命名不是一种消极的反映活动,而是一种积极的"分离"活动,即"在命名活动中,我们从多种多样的、零散的感觉材料中择取出了某些固定的知觉中心"。不同民族的"知觉中心"表现为民族语言在认知上的"热情和偏见",它作为一种"建设性的智慧努力的结果",强调事物一方面的特点,以求"以偏概全",但它决不打算成为事物的本质,"不打算给我们以一事物的本来面貌"。词的功能"并不在于详尽无遗地指称一个具体情景,而仅仅在于选择和详述某一方面"。卡西尔的论述深刻表明:语言创造的基础——人对世界的符号化认知,不仅是依理据即"依附于对特殊事实或特殊活动的领悟"②进行的,而且是理据多元化的。

---

① 恩斯特·卡西尔《人论》,上海译文出版社,1985 年,第 144—146 页。
② 同上书,第 172 页。

4. 布达哥夫:任意性原则是纯粹的虚构

1954年,俄罗斯语言学家布达哥夫指出:"我们认为,'语言符号'一般只限于在其低级形式(音、部分词素)中才是不可论证的,但在其高级形式(词)中,'语言符号'总是趋向于可论证性的。"[1]我们知道符号任意性问题的重要意义在于它发生在语言的基本单位词的身上,否定了词的任意性,任意性问题就毫无意义了。布达哥夫正是认为"语言符号不能是任意的,这是因为语言符号仅仅存在于'符号—意义—事物(现象)'这个系列之中"。也就是说,符号与事物、符号与符号、符号与人相互关联,相互制约,决无任意的可能。

布达哥夫充分肯定词的理据。在他看来,词的建构必然是有根据的,这个根据就是词表达概念的方式,也就是词的原始意义与原始形式联系的方式。布达哥夫把这种原初的音义结合方式称为"内部形式",它或由词音(词的字面形式)表现出来,或由词源(词的历史分析)表现出来。如果一个词的音义结合看上去是任意的,那是因为语言的发展在它的内部形式之上作了"意义上和语音上的层层重叠",使音义结合的理据复杂起来。词源分析最终可以揭示其内部形式。布达哥夫认为:"语言符号的可理解性,也使一切自然(民族的)语言有别于各种各样的为满足某些单纯技术要求而建立的人工代码。"[2]基于这样的立场,布达哥夫称索绪尔的任意性原则是一种纯粹的虚构。

对布达哥夫这一观点,有一种意见认为,词的原始理据在历史发展中的丧失,那是绝对性的任意性符号如何形成的问题,是一个历时的问题,而在共时系统中,遗忘或丧失了原始理据的词只能是任意性的。它和历史上的它,分属于同一语言先后两个不同的共时系统。这种辩解的逻辑十分奇怪。首先,在一个语言共时系统中,词形的可论证的程度(容易、有点难、很难、完全不可恢复论证性)是无法清晰判断的,凭什么来断定一个词的理据已经完全遗忘?其次,在语言的历史发展中,词形理据的遗忘是一个缓慢的过程,遗忘并不等于不存在,这是性质不同的两个问题。把索绪尔所说的语言符

---

[1] 转引自兹维金采夫《普通语言学纲要》,商务印书馆,1981年,第61页。
[2] 布达哥夫《符号—意义—事物(现象)》,《国外语言学》1981年第1期。

号音义结合的任意性替换成语言符号音义结合可论证性的遗忘,这就偷换了概念。索绪尔认为词的概念和声音都是在任意性结合的瞬间形成的,这和词的理据的遗忘是风马牛不相及的。以共时系统中的遗忘来否定词的可论证性,这使任意性原则成了一个非常肤浅且蛮横的问题。就像我们判断一个人,能说他今天和昨天换了一个人吗?判断一个产品,能说它前天是优质的,昨天是优质的,用到今天坏了就是劣质的吗?肯定一个单位,固然离不开它所处的逻辑系统,但离开一个单位的历史,在一个逻辑系统中我们是无法真正了解这个单位的。判断一个语言符号的性质,我们同时需要历史坐标、逻辑坐标、语境坐标。

5. 沙夫:语言指号的透义性和社会历史性

1960 年,波兰哲学家沙夫(Adam Schaff)认为,语言是一种"指号(sign)",而非"符号(symbol)"。"符号"是一种象征物,它"以一种较为容易被心灵了解和便于记忆的形式,把抽象的概念呈现在人们的面前,从而使人们对于抽象的概念感到更为亲切"[①]。例如十字架是基督教的符号,新月是伊斯兰教的符号,白色是纯洁的符号,红色是爱情的符号。而"指号"是在交际中向人传达某种信息的媒介,指号中存在着交际中人们的相互关系。指号分为自然指号和人工指号。前者与人类有目的的活动无关,只是人类从它了解了有关某事物的信息,例如水结了冰是气温下降的指号,月晕是气温下降的指号。后者是人类有意识的创造,如放射红色信号弹是开始进攻的指号。在人工指号中,语言具有特殊的性质——透义性,即它的物质形式消遁于意义的无形之中,与意义浑然一体。"语言指号以外的所有指号,都是以反射的光发亮的,它们以某种方式替代了语词指号,因而每当人们解释它们的时候,它们总是被翻译成一种语词的语言"[②],也就是说,对任何指号的理解都建立在运用语言指号的思维上,都受到语词的语言所特有的意义的"浸染"。由于语言和思维同时产生并密切联系,人们在理解中根本不意识到语言的物质性质。

---

① 沙夫《语义学引论》,商务印书馆,1979 年,第 188 页。
② 同上书,第 173 页。

沙夫所言的词的透义性,指出了语言符号相对于任何其他符号的特殊性——音义整体性。沙夫指出:

> 语言指号中的声音和意义的联系是一种独特的联系,这个看法是和下面这个关于语词指号的另一种看法有联系的:语词指号不就是那种以某种独立的"意义"作为它的伙伴的声音,而是那个由声音和意义组成的不可分的整体,即一个有所意谓的物质对象(传音的振动)。这是对于语词指号——作为声音和意义的统一性的一种独特的联系和作为具有"透"义性的一种独特的指号——的唯一的自圆其说的解释。这种"透义性"能够出现,当且仅当我们不再把语词指号的物质的、物理的形状看作独立的东西,不再把这种形状看作是和那种同样地独立的意义以某种方式相结合的东西。语词指号所特有的"透"义性出现的时候,正是当我们完全停止知觉到指号的物质形状(正常交际过程中发生障碍的情形除外)而只意识到指号的语义方面的时候。①

正是基于语词指号声音和意义有机统一性或曰"透义性"的立场,沙夫坚决反对索绪尔认为语言符号声音和意义之间的联系是任意性的观点。他认为索绪尔的观点没有注意和理解语言和语词指号的社会历史属性,直接导致部分新实证主义者关于约定论的奇谈怪论。索绪尔的看法"只是在具有形式化头脑的逻辑学家中间有一些信徒","这种看法不仅总是为马克思主义者所反对,而且也总是为不论是代表什么派别的语言学者所反对。"沙夫赞成鲁宾斯坦的《普通心理学原理》一书的观点,指出鲁宾斯坦从语言指号的发生学和历史的分析出发,"批评了那种认为语言指号有任意约定性的看法。并且证明了语词指号是有它的独立于我们的'社会'生活,有它的独立于我们的约定的历史,而且它是和我们的认识的客观性有联系的。"②

从语言指号的透义性出发,沙夫认为正是由于这一特定的性质,语词指号才能够脱离具体、个别、感性的认识,将事物和事件归属到某个类别,进而

---

① 沙夫《语义学引论》,商务印书馆,1979年,第205页。
② 同上书,第204页。

达到其他类型的指号所无法企及的最高的抽象和精确的水平。"由于声音和意义的统一性和由于语词指号的'透义性',语词指号就具有了特殊的抽象性质。"①沙夫对语言指号透义性的高度评价,从根本上解构了索绪尔的语言符号施指和受指任意性结合的原则。

6. 韩礼德:语音系统本质上是理解经验的方式

系统功能语法代表人物韩礼德(Halliday)将语言系统分成语义、词汇语法、音系(语符)三个层次。其中语义和词汇语法两个层次是意义和形式的关系,它们的结合是自然的、非任意性的。至于词汇语法和音系的关系,韩礼德曾经认为是任意性的,但后来他发现,语法和语音的关系既是自然的,又是约定的,它比语法和语义的关系复杂得多。在 1999 年他和 Marthiessen 合著的《通过意义解释经验》一书中,他指出:

首先,在表达"人际内容"即交际环境的时候,语法和韵律即音高的上下起伏具有一致性。

其次,在表达"语篇内容"的时候,语法和语音的变化(如语音曲线中主要音高的变化)、序列的变化(如句中各成分与句子首位之间的空间距离产生信息的突出梯度)具有一致性。

其三,在表达概念内容的时候,语法和语义的关系一般是约定的,但也存在着类比的关系,即"语音的组织方式与词汇语法的组织方式之间颇为相似(因而与语义组织方式之间的关系也颇为相似)"②。

其四,在语言系统中,语音空间和语义空间具有模型上的一致性。"我们发现,系统能用来解释语音空间——主要是元音空间;这为语义空间提供了一个模型。"

其五,在语言结构上,语音中叠映着节律结构单位和音位结构单位。"语音既是由多个切分成分链(如被解释为音节复合体的节奏单位)构成的,又是由多个切分成分的组合体(如被解释为音位组合体的音节)构成的。"

---

① 沙夫《语义学引论》,商务印书馆,1979 年,第 210 页。
② 韩礼德《通过意义解释经验》,转引自朱永生《论语言符号的任意性与象似性》,《外语教学与研究》2002 年第 1 期。下同。

韩礼德认为,语音和语法的自然联系是因为语音系统本质上是理解经验的方式。虽然语音表达本身是抽象的,但语音的抽象体现的却是人体的变化即发音系统的参数变化。我们可以说语音系统是对人体变化过程所做的分类,反过来也可以说语音系统体现的是在理解经验时人体变化的过程。这就是说,"意义是通过与经验自身组织方式相似的组织方式得到体现的"。因此,在本质上,意义的语音形式表达和意义的聋哑人手势语的空间形式表达是一致的,都采用了与意义的组织方式相似的方式,只不过聋哑人手势语的空间形式更为直观,这种空间形式在表达时又必然与交际对象共同形成理解的环境,从而增强了意义表达的象似性。

7. 认知科学:语言结构和身体、文化与物质同构

20世纪50年代,认知心理学和乔姆斯基语言自治理论的出现,被认为是第一代认知科学诞生的标志。这一代研究者强调独立于感知能力和身体运动的先验的推理,推崇"推理自治"。这和索绪尔的任意性原则之下的纯关系网络是一致的。然而到20世纪70年代,第二代认知科学提出身体和心智不可分离、心智的本质来自身体经验的观点。莱可夫(G. Lakoff)等人指出,语言决不是自治的。语言的建构是为了表达意义而非独立于意义,为了与交际策略相协而非独立于交际,为了与文化深层次通约而非独立于文化,为了顺应感知动觉系统而非独立于身体[1]。蓝盖克(R. W. Langacker)也认为,语言是在人类对客观世界的体验和认知的基础上产生的,它在本质上是象征性的。任何语言单位都是由音位单位和语义单位结合起来的象征单位[2]。这一点,甚至连乔姆斯基也不能不认可。他在1980年出版的《规则与表现》一书中承认,在人们实际说的语言中,除了包含语言能力之外,还包含其他多方面的能力,例如概念系统,它和经验的感知、经验的范畴化和符号化,都有密切的联系,并且和知识与信仰有密切联系[3]。第二代认知科学将

---

[1] 参见 G. Lakoff, & M. Johnson, 1999, *Philosophy in the Flesh — The Embodied Mind and its Challenge to Western Thought*. New York: Basic Books.
[2] 参见 R. W. Langacker, 1987, *Foundations of Cognitive Grammar*, vol. I: Theoretical Prerequisites. Stanford, California: Stanford University Press.
[3] N. Chomsky, 1980. *Rules and Representations*. Oxford: Blackwell.

其理论大厦建立在对任意性原则的彻底否定上,由此揭示出语言结构和人的身体经验、文化经验、物质基础的深刻的相关性。从这里我们也可以看出,对任意性原则的态度,是语言研究本体论和方法论的具有根本意义的分水岭。

(三) 对任意性理论的维护

在两种对语言符号任意性理论极端对立的观点之间,一直有着种种对任意性理论的圆说。最典型的是俄罗斯语言学者中这样一种意见:"无可论证性(约定性)原则适宜于……简单的、不可分解的或者相当孤立的、溶为一体的成语性单位。至于在复杂的结构中起作用的则已经是可论证性的原则了。当然,它是跟第一个原则同时起作用的,因为复杂的结构中包括简单的单位。"[①]这种意见的含义是:承认词汇在语言系统中大量的可论证性现象,但这些现象都是在系统中基于要素之间的关系而发生的,而形成论证性关系的基本要素,还是任意性的。这就决定了词汇系统的可论证性是建立在任意性基础上的。国内学者不少学者也认同这个观点。

1. 要素任意性

这种意见认为,象似性有两方面的含义:一是符号与客体的象似,一是新符号与已有符号的象似。前一种是复制性的象似,在语言符号中不占主要地位。后一种是系统关联的象似,大部分词语都有这种象似性。这种象似性并不否定语言符号的任意性,因为"语言符号可以有理据性,但理据本身也是任意的"[②]。或者说,"语言中新的音义结合体与固有的音义结合体之间的历史联系可以论证,并不是音义之间的自然联系的可以论证"[③]。从这些论述可以看出,具有任意性的符号在语言中只是少数,对这些符号的新的理据性的组合构成了词语的大多数。而由于大多数词语的组合要素是少数任意性的要素,所以大多数词语的理据性不能否认语言符号基本的任意性。

---

① 转引自兹维金采夫《普通语言学纲要》,商务印书馆,1981年,第61页。
② 王德春《论语言单位的任意性和理据性》,《外国语》2001年第1期。
③ 石安石《语言符号的任意性和可论证性》,《语文研究》1989年第4期。

持这种意见的人有一个矛盾的观点:在谈论少数任意性符号的时候,认为如果对这种任意性符号做理据性的解释,"甚至追求与语言形式与思维规律、与文化内容的象似,这种做法只能损害语言的社会功能,使语言失去用有限数量的符号及其组合表达千差万别、丰富多彩的客观世界的可能性";而在谈论多数理据性符号的时候,认为词的理据性"通过个别特征想象该事物的整体,这比用一个与现有语言单位毫无联系的声音来命名,显然更有利于交际","遵循理据性规律对发挥语言交际功能十分重要"[①]。两相对比,我们可以看出所谓"损害语言的社会功能"云云,只表达了一种对任意性的信仰。其实,语言符号的象似性是一种客观存在,在语言发展中,象似性理据的遗忘使得对词源或原始理据的考查成为必要,如果把词源的研究视为"夸大象似性"、"牵强附会",我们看到的只是一种维护空泛的任意性原则的努力,而不是科学的态度。同样,承认大多数语言符号具有理据性十分重要,而又不顾词源研究的大量成果,坚持这些词的理据本身是任意的,我们看到的仍是一种维护空泛的任意性原则的努力,而非科学的态度。上述观点的矛盾,究其实质就是理论维护与事实的矛盾。

2. 本质任意性

有人说,任意性不是指选择的任意性,而是指选择结果的任意性,即词音和它所表达的概念无论如何没有本质的联系,例如 qiuying(蚯蚓)和那种"生活在土壤中能使土壤疏松的圆而长的环节动物"没有本质的联系。由这个词音,并不能了解这种动物的实质。这实际上又转换了任意性的概念。任意性,索绪尔的衡量尺度是不可论证性,而非不具本质属性。当我们说一个符号具有可论证性的时候,我们实际上指的是它的词形因受到与事物象似性的牵制而具有了某种相应的构造。如果任意性是指非本质联系的话,索绪尔又何必用同一个概念在不同语言的不同表达形式来论证音义结合的任意性呢?他只要径直说法语的"姐妹"一词无论如何与姐妹的概念都没有本质联系就可以了。马克思确曾说过:"物的名称对于物的本性来说完全是

---

① 王德春《论语言单位的任意性和理据性》,《外国语》2001 年第 1 期。

外在的,即使我知道一个人的名字叫雅格布,我对他还是一点不了解。"① 显然,马克思说的不是物的名称的不可论证性问题,而是物的名称不反映物的本质的问题。这和索绪尔的"不可论证性"是不一样的。

(四)任意性与可论证性的并重

在对任意性原则的讨论中,相当多的研究者采取了折中的方法,不再像索绪尔那样把任意性视为语言系统的第一原则,而是将任意性和可论证性并列起来,相同对待。

就在索绪尔提出语言符号任意性理论不久,丹麦语言学家叶斯帕森(J. O. H. Jespersen)在他 1922 年出版的《语言:它的性质、发展和起源》一书中详尽地讨论了语言中的语音象征现象。他认为语音象征是语言运用和演化中的客观存在。它不仅是语言起源时的创造力量,而且在语言的发展中持续发挥着使词的音义相适应的作用。他承认语音象征中符号化的因素,但他认为这是由于人类的发音器官无法充分地模仿事物和动作的声音,以致在语音表现上显得"意外",同时"意外"也来自不同民族选择的不同的语音表现。符号化的因素并不能否认具有语音象征意义的词的音义结合具有相关性。

叶斯帕森认为:"语法学家必须始终牢记形式和意义,因为在语言的生命中语音和语义、形式和功能是不能分割的。讨论一方面而忽视另一方面,从而完全忽略语音和语义经常的相互作用,这对语言科学已造成了损害。"② 这显然是针对索绪尔语言符号任意性原则而提出的。叶斯帕森主张符号性和象似性并重。

1962 年,俄罗斯语言学家兹维金采夫在其《普通语言学纲要》中也持多元化看待语言属性的观点。他肯定了对索绪尔任意性理论的各种质疑,并进一步指出:"语言除了有物理的、心理的、社会的等各个方面之外,无疑还具有符号性的一面。不过,具有这一方面并不能变语言为纯粹的符号体系,也决不能把语言只看作是符号体系,从而得出逻辑上的一切结论。""如同不

---

① 马克思《资本论》,人民出版社,1963 年,第 79 页。
② 转引自任绍曾《叶斯帕森语法理论体系研析》,《外语教学与研究》2000 年第 6 期。

能把语言仅仅看作是物理现象、心理现象或社会现象一样,也不应该把它仅仅看作是符号性质的现象。语言是多重性的,具有多方面的特征,无论把语言归并到哪一个方面(尽管这在个别情况以及带有一定说明的条件下是允许的),都不可避免地要歪曲语言的真实面貌。"①

美国语言学家鲍林杰(D. Bolinger)在其《语言要略》中指出:"语言是任意的又是非任意的。"他认为在语言的原始阶段,语音和语义具有自然联系。一切语言成分的起因都不是完全任意的。只不过在后来的发展中,一些成分的任意性扩大了,一些成分的任意性缩小了。基于"联觉音组"这类现象,鲍林杰认为"我们最起码也会在声音和意义之间建立部分的联系"②。

国内也有学者认为,语言符号任意性和可论证性都是普遍存在的事实,它们都不是绝对的语言属性,而是从不同的角度提出的语言属性,各有各的内容和范围,并行不悖。同时,在具体的词语中,可论证性又总是与任意性相互交织在一起,即论证总不会是绝对的和唯一的③。

(五) 对任意性理论的修正与阐释

在对任意性原则的讨论中,还有一些学者,尤其是其他人文科学研究者,不拘于任意性和可论证性之分,从新的角度、新的范畴,对任意性理论作了修正或新的阐发。

1. 巴利的内部联想和外部联想

1940 年,索绪尔的学生巴利(Ch. Bally)在他的《语言符号的动因》一文中提出一个新的理想的原则:可论证的符号(即具有内部句段关系的符号)是内部关系具有约定性的符号,它是以一定的、内在必需的联想为基础的;不可论证的符号是外部形式具有约定性的符号,它是以外部随意的联想为基础的(如感叹词、拟声构词法、声音的象征性、表情重音)。这样一来,索绪尔的符号任意性问题被修正为符号内部关系的构造性联想和符号外部关系

---

① 转引自兹维金采夫《普通语言学纲要》,商务印书馆,1981 年,第 69 页。
② 鲍林杰《语言要略》,外语教学与研究出版社,1993 年,第 335—341 页。
③ 参见石安石《语言符号的任意性和可论证性》,《语文研究》1989 年第 4 期。

的随意联想的问题。巴利认为符号的生命存在于这两极之间①。这实际上已经放弃了索绪尔的任意性"第一原则"。

2. 本维尼斯特的"系统制约"

1939年,法国语言学家本维尼斯特(E. Benveniste)在他发表在哥本哈根语言学小组(语符学派)的刊物《语言学学刊》第一卷的《语言符号的性质》一文中指出:从共时的观点看一个语言社团使用的语言符号,根本没有索绪尔所设想的那种任意性。符号对外部世界而言是任意的,但在语言系统内部符号却必然要受到系统的制约。因为概念和语音形式在人的智力活动中是不可分的,它们紧密联系在一起,共同执行符号的功能。本维尼斯特强调,概念在语音形式的基础上形成,而语音形式如果不与某一概念联系,也不可能被理智所接受。它们生而为一体。"奶酪"这个词,在法语中说fromage,在英语中说cheese,这根本不是任意的事情,而是不得不这样做的事情。语言的变化是符号的整体与外部世界的关系发生变化,而不是符号的施指和受指关系(互相位移)的变化②。

3. 许国璋的"人为制约"

许国璋认为,任意性要否定的语言与事物的"自然联系"本来就是不存在的。语言的音义的"自然联系"指的是像音乐、绘画、雕刻、舞蹈之类艺术作品那样对事物的声音和形象的模拟。这种肖似的模拟,语言是难以企及的。"要找出语言的能指和所指之间的自然的联系,除非利用手势、图画、口技不可,而后者是复杂的也是不易流通的介质,不具备有效传递信息的条件。"③由此可以认定,语言从一开始就没有打算走与事物肖似的创造之路。"当初民选择声音符号——可分离的、清晰的声音——去传递信息的时候,这一选择本身已经否定了语言和事物的'自然结合'或'自然联系'了。"

---

① Ch. Bally: Sur la motivation des signes linguistique(Bull. de la Soc. De Linguist. De Paris. 1940. XLI. I. pp. 75-88)。转引自兹维金采夫《普通语言学纲要》,商务印书馆,1981年,第34页。
② E. Benveniste: Nature du signe linguistique(Acta linguist. Ⅰ. 1939. pp. 23-29),转引自兹维金采夫《普通语言学纲要》,商务印书馆,1981年,第33页。
③ 许国璋《语言符号的任意性问题——语言哲学探索之一》,《外语教学与研究》1988年第3期。

但是,任意性要否定的语言与事物的"人为联系"是客观存在的。非肖似性并不导致任意性,"既然'自然联系'不存在,当然只有'人为的联系',人为的联系即是受语言和社会双重制约的联系,是理性的联系,不是任意的联系"。语言符号的施指和受指是在语言系统和社会的理性制约下结合起来的。

但在语言与事物的人为联系之前,存在着暂时的任意性。

从群体发生来说,原始初民对事物的命名是偶然的,不可能有关联和从属。这时的语言的音义结合存在着暂时的任意性。一旦语言社团形成,再造的新词即受到社会的制约和理性的制约,不再是任意的,而是立意的(motivated)。在这个意义上,"历史上有多长的一个时期可以算作任意命名时期,是大可怀疑的。"

从个体发生来说,一个学习母语或外语的人,开始总是对音义结合的任意性"感之甚切",因为他不了解词的音义结合的合理性。但这"只是心理适应过程中的一种暂时现象",随着学习的进步,"词的关联性、所属性和信息性已经构成学习者经验的一部分,它存在于人的认知系统和运动神经之中,成为他的智慧和理性的一个点,不再是任意的或别的什么"。在这个意义上,任意性不是语言结构的一个基本原则,而仅仅是一种临时的可以改变的现象。

4. 卡勒的概念世界多样性

任意性和象似性、约定性的关系中,已经涉及了命名主义的问题。当现代文学批评和现代哲学把任意性原则和生活世界的多样性、语言世界样式的多样性联系在一起的时候,任意性原则和索绪尔极力反对的"在一些人看来,语言归根结底是一份品名表,即一个与同样多的事物相对应的术语表"[①]的命名主义的对立立即显现了出来。

索绪尔力图从符号施指的角度,用一个概念在不同的语言中有不同的称谓,来论证语言符号音义结合本质上的任意性。这一角度和命名主义的对立在于索绪尔认为无论是符号之名还是符号之实,都只在系统的对立中

---

① 索绪尔《普通语言学教程》,江苏教育出版社,2002年,第73页。

存在。音义在这种对立中的统一本身是没有相似性的理据的,它们各自具有的只是和其他符号的施指或受指的差别,它们分别只受所在施指系统和受指系统中关系的制衡,与外部事物无涉。

而当代人文科学研究更倾向于从符号受指即概念的角度,用各语言社团中概念世界的多样性(这种多样性毫无疑问是和语言符号施指系统紧密结合在一起的),来论证语言符号音义结合本质上的任意性。这一角度和命名主义的对立在于命名主义的概念是固定的,(索绪尔也说:命名主义"假定有预制的概念先于词语而存在"[①]。)而任意性原则的概念是随社会、历史,尤其是文化的不同而变化的。不同文化中的概念不仅是不同的概念,更是不同的概念系统。

我们可以说当代人文科学研究所说的任意性原则,并非索绪尔任意性原则的本意,而是对索绪尔任意性原则之深意的创造性的阐释。它从另一片新天地为任意性原则注入了与人文科学研究贯通的生命与活力。正如美国现代文艺批评家 J. 卡勒(Jonathan Culler)所说:"一切语言都以任意符号作为基本成分,然后以各种各样的方式把这些符号结合起来。但这并不能改变语言的基本性质及其组成成分的性质。符号是任意的,因为在施指和所指之间没有内在的联系。人们通常这样解释索绪尔的原则。但是如果这样解释的话,他的原则就完全成了一个传统观念,一种显而易见的语言事实。这种狭窄的解释会使这条原则失去应有的重大影响。……符号的任意性不限于施指和所指之间的任意联系。我们必须进一步探究。"[②]

我们前面说过,在古典约定论中,名与实是单一的对应,这样一来,语言就是一个名称的集合体,一张词目表。这样一张词目表暗含着一种预设,即符号对应的实体或概念是固定的,变化的只是名称,语言学要观察的是如何称谓一个概念。而卡勒提出一个很有意思的疑问:如果语言仅仅是表达普遍概念的名称集,那么学习一种新语言,或把一种语言翻译成另一种语言,就不过是个名称转换的问题,应该很容易。可事实真是这样吗?人们在学习或翻译中很快会发现,概念不是固定的,它在不同的语言系统(包括地域

[①] 索绪尔《普通语言学教程》,江苏教育出版社,2002年,第73页。
[②] J. 卡勒《索绪尔》,中国社会科学出版社,1989年,第21—22页。

方言、社会方言,甚至个人方言)之间是游移不定的。学习和翻译一种外语的困难恰恰就在这里。这就牵涉到概念系统的语言性或者说语义系统的多样性问题。我们来看卡勒举的英语和法语、俄语概念不对应的例子:

法语的 aimer(喜欢、爱慕)不能直接译成英语,而须在 to like(喜欢)和 to love(爱)之间选择;

法语的 démarrer(离开)这一概念包含了英语的 moving off(移开)和 accelerating(加速)论证概念;

英语的 to know(知道)这一概念包含了法语的 connaître(懂得)和 savoir(知道)两个概念;

英语的 wicked(邪恶的)或 pet(宠物)这两个概念,在法语中没有真正的对应词;

英语的 river(河)和 stream(溪)在概念上的对立,是宽和窄、长和短的对立,法语中 fleuve(河)和 rivière(河)在概念上的对立,是入海和不入海的对立。

"淡蓝"和"深蓝",在英语中是一种颜色的两个层次,而在俄语中则是两个不同的主色调。

这就表明,"每种语言都以不同的方式表达或组织世界。各种语言不是简单地给已经存在着的范畴命名,它们都创造自己的范畴"[1]。其实,创造范畴的又岂止是一种语言,在任何一种语言的内部,不同的地域方言、社会方言、个人方言都在创造自己的概念范畴。不同地域和阶层的人交际中的误区正发生在概念的"任意性"组织上。卡勒说:"概念的划分方式不是天然的、必然的或者必须的,而在绝大成分上是任意的。"就拿"流水"这一概念来说,任何语言都可能从大小、流速、曲直、流向、深度、可航性等方面来表达,"语言不仅可以任意选用施指,而且可以任意划分概念连续体。"[2]

不仅如此,如果概念是独立于语言符号的、固定的,那么在语言的历史发展中,概念是不会变化的,然而我们却在语言发展中看到大量的概念变化、转移的现象。所谓词义的引申、扩大、缩小、转移,实质上都是这样的现象,因为如沙夫所言:"作为认识过程的那种思想过程的发生,不但是借助于

---

[1] J. 卡勒《索绪尔》,中国社会科学出版社,1989 年,第 22—23 页。
[2] 同上书,第 26 页。

语言的工具(语词指号),而且还是和语言过程有机统一的。人们完全可以把'思想'和'经验到语言过程'这两个表达式互相替换应用,因为,在这两种情况下,我们指的都是同一个思维过程,唯一的区别只在于着重的方面不同而已。没有什么单独的思想过程和单独的语言经验的过程,而只有思想和语言经验的同质的过程。"①概念和意义是同一个认识过程,它们的内容是同一的。卡勒举的例子很能说明这一点:

英语的 cattle 原来泛指"财产",后来限指"有四个蹄子的财产",现在指"牛";

英语的 thing,其希腊语词源指"讨论",现在指"东西";

英语的 treacle,其希腊语词源指"与野生动物有关的",现在指"糖浆";

英语的 silly 用来形容一个人,原来意思是"快乐的、有福气的、虔诚的",后来(16世纪初)变成"天真的、无能的","无助的、值得可怜的",现在则成了"简单的、愚蠢的、糊涂的",在口语中则直接指"愚蠢的人"。

我们能够说 cattle 和 silly 在不同的历史时期表达不同的概念吗?显然,是概念本身在发生变化,这种不稳定只能用施指和受指结合的任意性来解释,即某个施指表达某个概念并没有必然的原因,概念可以有各种不同的内涵和性质,而不必具有某种基本的核心意义。

卡勒认为,任意性的这一层含义,"《教程》一书没有充分反映出来"。而不了解这一点,"就无法了解符号的任意性的全部奥妙",即:"意义不是简单地给一组独立存在的概念命名。意义在它自己选择的施指与所指之间建立起任意的关系。各种语言不但各有一套不同的施指,以不同的方式发音和划分声音连续体,而且还有不同的所指。每种语言都以特有的、'任意的'方式把世界分成不同的概念和范畴。"②这表明,概念和索绪尔说的符号施指一样,不是由某种本质决定的,而是由划分的系统决定的;不是某种实体的存在,而是关系的存在,差别的存在。"假如我要向某人解释 stream 的意义,我就必须告诉他 stream 与 river 的差别,stream 和 rivulet(小河)的差别等

---

① 沙夫《语义学引论》,商务印书馆,1979年,第283页。
② J.卡勒《索绪尔》,中国社会科学出版社,1989年,第25页。

等。"①这就像教一个外国人掌握英语的"棕色"这个词,如果只给他棕色的东西看,他掌握不了这种颜色;只有教他区别棕色和红色、棕色和褐色、棕色和黄色等,让他掌握了棕色和其他颜色的关系,他才真正掌握了这种颜色。此时我们也会明白颜色的概念不是某种根本性质决定的,而是词汇关系决定的。它不是独立事物的产物,而是由差别构成的系统的产物。它不能从正面去肯定,而只能从反面去肯定,即它不是别的颜色。每一种语言都对世界的"光谱"作了任意的划分,形成不同的概念世界、受指世界。每一种语言的施指和受指,都分别是这样一个任意划分的连续体。卡勒从人类文化概念世界的多样性来证明索绪尔的观点:语言单位是纯关系的、抽象的单位,单位的确定与它的物质表现无关。

卡勒对任意性的阐释力图探寻人类文化多样性的根源,这种根源洪堡特等欧洲语言人文主义学者将它归结于神秘的民族精神,而卡勒归结于神秘的语言任意性系统。索绪尔提出任意性原则的本意并不是要探寻人类文化多样性的本质,而是要探究人类语言的统一性。当我们的视点像索绪尔那样停留在施指和受指关系任意性时,我们只知道要离开语言的物质表现、语言的环境,甚至人对事物的认知,来分析语言的符号关系,它表现为语法结构;而当我们的视点像卡勒这样转移到符号受指即概念划分的任意性时,我们对人类文化的多样性根源有了深刻的理解,它表现为语义结构。索绪尔把任意性定义为符号施指的纯一性(当索绪尔说符号时,他往往指的是符号的施指),卡勒把任意性定义为符号受指系统即概念世界的多样性。他们只有一个共同点,即强调符号的关系性存在,否认符号的实体性存在。而事实上,符号的存在,既是关系性的即与其他符号相关而存在,也是实体性的即与现实和情境相关而存在。

(六)重建被索绪尔割舍的语言形式与内容的关系

从人类对词与物关系的整个探究历史来说,索绪尔的任意性理论只是其中的一个重要的阶段。索绪尔对词与物关系的彻底的符号化态度,对符号本身的彻底的关系化态度,使得词与物约定论的思想发展到一个极致,引

---

① J.卡勒《索绪尔》,中国社会科学出版社,1989年,第26—27页。

起了深远的影响。这种极端化的倾向,虽然曾主宰语言研究,使形式主义、结构主义盛行一时,但它同时也深刻暴露了自身的弊端,反过来促进了词与物本质论思想的发展。尤其在20世纪80年代以后,结构主义语言学经过大半个世纪的演进趋于成熟,它的弊病引起了越来越多、越来越深广的反思,语言符号的可论证性或曰象似性,又重新受到了众多研究者的重视。如果说,20世纪早期的符号象似性研究关注的是符号和所指事物的象似性的话,20世纪末的符号象似性研究走出了早期的"物理肖似性"的浅层象似,而将重点置于符号形式与人的观念结构的"心理肖似性"上,研究语言形式与其认知范畴和认知模型的一致性。

符号可论证性的研究,首先要重建被索绪尔割舍的语言形式与意义、语言形式与外部世界的关系。从索绪尔的语言体系来看,他对语言符号体系中的每一对范畴都做了不同程度的取舍:

首先是取符号系统本身,而忽视与符号相关的外部物质、社会、文化世界;

其次是取符号系统中言语活动,而忽视其他具有很强象似性的符号系统;

其三是取言语活动中的语言,而忽视具有现实语境特征的言语;

其四是取语言中的共时现象,而忽视具有本原意义的历时现象;

其五是取共时现象中的组合现象,而忽视具有相对独立意义的聚合现象;

其六是取符号在系统中的关系价值,而忽视在根本上决定符号关系的符号的意义;

其七是取符号的施指,以形式分析为研究目的,而忽视同样具有分析价值的符号的受指。

以上所述索绪尔之"取",在索绪尔自身趋向抽象性和客观性的学术宗旨下,是非常合理的。学术研究需要一定的抽象,但索绪尔在其抽象中省略得太多了,且被忽视的部分在我们看来恰恰是有本质意义的东西。语言研究要深入揭示人类各民族语言的结构和意义,就必须重建被索绪尔分隔的语言的形式与内容的关系,重新认识语言符号对于意义和外部世界的可论证的属性。

事实上，在新出版的索绪尔《普通语言学札记》和他的第三度讲授的《普通语言学教程》笔记中，索绪尔都没有像在巴利、薛施霭整理的《普通语言学教程》中那样对上述各对范畴作绝对的分割。在这些书中，索绪尔的取舍，更像是一种方便研究的工作假定，以避免将不同范畴的现象混同，而非语言科学的基本原则。作为一种工作假定，符号的任意性原则使得研究聚焦于系统和关系网络对符号的制约，这是可以理解的。但是在这种假定下操作的时候，我们无时无刻不能忘记这样做只是一种语言分析的技术，它帮助我们从某一角度接近语言的本质，但它决不是本质之"道"，它是"器"。语言本质上不是那种被层层分割和抽象后剩下的纯一、静止、封闭、透明的符号，而是一个与认知和社会文化环境密不可分的象征符号，它具有人类其他文化样式无可比拟的丰富性、开放性和多样性。

在围绕索绪尔的任意性原则所做的讨论中，象似性的研究都限于单个符号音义结合的方式。然而，皮尔士早就指出，每一种语言的句法规则也同样具有象似性。当代语言学的象似性研究已经将视野扩大到语音、语形、语用、语体，其中语形层面更分为短语、句子、篇章的法则。人们发现在语言符号的组合领域，存在着广泛的语言结构对认知结构进行临摹的现象。形象地说，索绪尔坚守的语言符号施指和受指关系的任意性，在符号层层组合的巨大的理据性空宇中，只是一个孤岛。

然而，索绪尔的符号任意性理论依然有其不可替代的重要意义。索绪尔以任意性原则为基础，为现代语言学展开了一个共时平面的关系网络，帮助语言科学尤其是结构主义语言学建立起一个同质性的操作平台，在这个平台上，也只有在这个平台上才能从事语言符号的系统制约、关系价值、差别对立、分布环境的研究。正如布龙菲尔德所说："《普通语言学教程》的价值体现在对一些基本原则明晰而严谨的阐述上。作者所论及的大多数问题由来已久，在不同的场合也零零碎碎地为人们所谈到，但对这些问题的系统化则要归功于索绪尔本人。"[①]而任意性原则正是这一系统化的奠基石。任意性原则使我们看到，语言符号除了具有传统的词与物联系的认识价值外，

---

① L. Bloomfield, 1924. Review of Saussure. *Modern Language Journal*, 8:317. 转引自熊兵《美国结构主义语言学再认识》，《外语教学与研究》2005 年第 1 期。

还具有由符号间的关系构成的系统中的价值。这种"形式"的价值与"实体"的价值是完全不同的,尽管它们都是语言符号的重要价值。我们只要不把任意性原则看作语言科学的不可动摇的真理,而将它视为语言科学多视域研究中重要的一翼,那么我们还是能够从它吸收许多现代语言学的素养,形式分析的方法,并由衷欣赏它在本体论上的精彩设定与架构的。在经验的层面,我们可以说任意性理论是左支右绌,它一旦站稳,留给我们的只是理论上的空洞。但我们不妨把任意性原则看作以高深的符号学知识构建起来的理论模型,它的正确性不待经验的证实(当然它自己不要去"强制"甚至歪曲事实),而由内在逻辑的简单性和统一性来保证。我们更相信正如经验是物理效用的惟一判据,但是创造的原理却存在于数学之中,索绪尔对任意性原则的符号学思辨,作为一种纯粹理性思辨,显示了人类对世界统一性的永恒的追求与信仰。在这个意义上,我们可以说索绪尔更是一位哲学家。

每一位语言学者,如果没有任何语言学教义(很遗憾,任意性原则在半个多世纪中已经成为一种教义)的影响,在他进入人类语言之林的时候,都会深深迷恋语言和方言的丰富性,为语言的多样性和异质性而惊叹。此刻,正如恩斯特·卡西尔所言:"语言学家对此感到欣喜,他投身于人类言语的海洋之中而不希望探测它的真正深度。"[1]而索绪尔却用哲学家的观察,试图在人类文化的多样性中整理出整齐划一的深层统一性来。为了达到这个目标,他启动了符号学的抽象机制。正如莱布尼兹曾经强调的:没有一种普遍的文字,就没有普遍的科学。而作为这个普遍科学基础的文字,就是一种统一的符号系统。索绪尔把语言学纳入符号学的框架,并以其无可比拟的任意性成为符号学研究的典范,其意义正在于探究人类语言的深层统一性。然而,符号任意性理论暴露出来的诸多矛盾,又表明:符号学的统一即使在索绪尔的艰难思考中实现,它还是要面对语言事实的多样性和异质性。

卡西尔深刻分析过人类文化研究的这一困境。他指出,建立普遍科学的任务即使在哲学、符号逻辑学中完成了,"人类文化哲学将仍然不得不面临同样的问题:在分析人类文化时,我们必须接受具有具体形态及其多样性和歧异性的事实。语言哲学在这里所面临的,是在每一种符号形式的研究

---

[1] 恩斯特·卡西尔《人论》,上海译文出版社,1985年,第165页。

中都出现的同一困境。所有这些形式的最高的,确实也是唯一的任务,就是要把人们统一起来。但是这些形式如果不同时把人们加以分开和分离,就不能造成这种统一"。对于语言来说,"没有言语就不可能有人们的共同体。然而,对这种共同体来说,又再没有比言语的多样性更重大的障碍了"①。

索绪尔看到了语言多样性对于建立统一性的"重大的障碍",在一个语言共同体中,大大小小的地域方言、社会方言、个人方言伴随着变化多端的语境,让任何划一的原则都难畅通无阻。此时,唯一的出路在索绪尔看来就是屏蔽与语言符号联系的各种外部因素,驱除因这些外部因素而形成的语言变异,任意性原则成了索绪尔提纯语言的唯一的选择,成为进入语言深层统一性的唯一通道。

然而,这种在学术上是一种假设性的方法,在其发展中却形成了对语言事实价值等级的判断,即真正的语言学只研究任意性的符号,或者说真正的语言学只将语言符号视为任意性的符号来研究。就像人文事实的多样性在神话和宗教中遭到拒斥,其必然性遭到否定,它被"归之于人的错误和罪过"而非"人的本性和万物的本性",在索绪尔开启的现代语言学看来,真正"表达了万物的本性与本质的语言",只能是任意性原则下的语言。

然而,语言学的统一性能够建立在任意性原则的基础上吗?20世纪语言学发展的历史已经做出了否定的回答。历史的否定,并不是否定建立深层统一性的目的,而是否定将这种统一性建立在"形式"上的方法。这种形式的统一太天真了!因为形式仅仅是一种手段,要使人类语言统一在实现其功能的形式各异的手段上,这让统一性本身变成无可解的问题。诚如卡西尔告诉我们的:"语言的真正统一性(如果有这种统一性的话),不可能是一种实体的统一性,而必须更确切地被定义为一种功能的统一性。这样的统一性并不以任何质料的或形式的同一性为前提。两种不同的语言,无论在它们的语音系统,还是在它们的词类系统方面可能都代表着两种相反的极端,这并不妨碍它们在语言共同体的生活中履行同样的职务。这里重要的问题,不是手段的差异性,而是它们在目的上的一致性。"人类语言的深层统一性存在于各民族语言在社会生活中履行的职能。从这里出发,我们就

---

① 恩斯特·卡西尔《人论》,上海译文出版社,1985年,第166页。

会发现,各民族语言在实现其社会文化功能的过程中展示了无穷无尽的创造力,人类语言的差异性正是其深层统一性的深刻表现,它充分显示了人类语言在功能构造上的巨大形式张力。在这个意义上,我们才明白,语言的"功"(work)即它实现的构造不是最重要的,语言的"能"(energy)即它的创造力才至关重要。人类对语言的深层统一性的好奇和追求,不是要舍本逐末在形式上追求它的纯粹性,而是要纲举目张在功能上追求它的完善性。就像卡西尔说的:"要计量这种能,我们就必须研究语言过程本身,而不是简单地分析它的结果、产物和最终效果。"[①]这也许就是索绪尔的语言符号任意性原则给我们的最深刻的启示。也只有在这个时候,我们才能真正理解索绪尔对人类纯粹理性的信仰,就像爱因斯坦对和谐宇宙的信仰——

"宇宙中最不可理解之处就是宇宙可以理解。"

[①] 恩斯特·卡西尔《人论》,上海译文出版社,1985年,第167页。

参考文献

埃米尔·本维尼斯特《半个世纪以后的索绪尔》,北京大学外国语学院语言学研究所编《语言学研究》第三辑,高等教育出版社,2004年。

爱德华·萨丕尔《语言论》,商务印书馆,2002年。

安托尼·阿尔诺、克洛德·朗斯洛《普遍唯理语法》,湖南教育出版社,2001年。

白解红《性别语言文化与语用研究》,湖南教育出版社,2000年。

葆朴《梵语、禅德语、阿尔明尼亚语、希腊语、拉丁语、立陶宛语、古斯拉夫语、峨特语和德语的比较语法》,《语言学译丛》1960年第2期。

葆朴《与希腊语、拉丁语、波斯语和日耳曼语的动词变位比较中研究梵语动词变位系统》(绪言)(1816年),《语言学译丛》1960年第2期。

鲍林杰《语言要略》,外语教学与研究出版社,1993年。

本维尼斯特《半个世纪以后的索绪尔》,《语言学研究》2004年第3期。

布达哥夫《符号—意义—事物(现象)》,《国外语言学》1981年第1期。

布龙菲尔德《语言论》,商务印书馆,1980年。

曹务堂《试论美国黑人英语的语言特征》,《外语教学》1991年第3期。

岑麒祥《索绪尔〈普通语言学教程〉前言》,商务印书馆,1980年。

岑麒祥《瑞士著名语言学家索绪尔和他的名著〈普通语言学教程〉》,《国外语言学》1980年第1期。

岑麒祥《语言学史概要》,北京大学出版社,1988年。

陈嘉映《语言哲学》,北京大学出版社,2003年。

陈望道《文法简论》,上海教育出版社,1979年。

D. 鲍林格《语言学各主要流派简述》,《语言学译丛》第一辑,中国社会科学出版社,1979年。

恩格斯《反杜林论》,《马克思恩格斯全集》第20卷,人民出版社,1960年。

恩斯特·卡西尔《人论》,上海译文出版社,1985年。

E. Sapir：The Status of Linguistics, *Language*, Vol. 5, No. 4. 1929.

房德里耶斯《语言》,商务印书馆,1992年。

付志明《语境——语义的确定》,北京大学外国语学院语言学研究所编《语言学研究》第一辑,高等教育出版社,2002年。

Gao Yihong, (ed.) *Collected Essays of Shen Xiaolong on Chinese Cultural Linguistics*,东北师范大学出版社,1997年。

H. A. 康德拉绍夫《语言学说史》,武汉大学出版社,1985年。

贺川生《音义学:研究音义关系的一门学科》,《外语教学与研究》2002年第1期。

胡明扬主编《西方语言学名著选读》,中国人民大学出版社,1988年。

霍凯特《现代语言学教程》,北京大学出版社,1987年。

杰弗里·N·利奇《语义学》,上海外语教育出版社,1987年。

J. G. 赫尔德《论语言的起源》,商务印书馆,1998年。

J. L. 奥斯汀《论言有所为》,《语言学译丛》第一辑,中国社会科学出版社,1984年。

J. 卡勒《索绪尔》,中国社会科学出版社,1989年。

柯杜霍夫《普通语言学》,外语教学与研究出版社,1987年。

拉·绍尔《从文艺复兴时期到19世纪末的语言学说史概览》,威廉·汤姆逊《十九世纪末以前的语言学史·附录》,科学出版社,1960年。

拉波夫《在社会环境里研究语言》,《语言学译丛》第一辑,中国社会科学出版社,1979年。

L. H. 罗宾斯《普通语言学概论》,上海译文出版社,1986年。

李振麟、董达武《关于语言和"言语"的若干问题》,《学术月刊》1961年第1期。

列维-布留尔《原始思维》,商务印书馆,1981年。

刘耀武《索绪尔研究二题》,《理论语言学与应用语言学论丛》第一辑。

L. R. 帕默尔《语言学概论》,商务印书馆,1983 年。

卢德平《皮尔士符号学说再评价》,《北方论丛》2002 年第 4 期。

卢德平《索绪尔符号观再评价》,《中国青年政治学院学报》2001 年第 7 期。

罗兰·巴特《符号学原理》,广西民族出版社,1991 年。

罗曼·雅可布森《雅可布森文集》,湖南教育出版社,2001 年。

洛克《人类理解论》,商务印书馆,1981 年。

马克思《资本论》,人民出版社,1963 年。

梅耶《历史语言学中的比较方法》,科学出版社,1957 年。

莫罗《索绪尔〈普通语言学教程〉评注本序言》,《国外语言学》1983 年第 4 期。

Oswald Ducrot, Tzvetan Todorov(1972), *Encyclopedic Dictionary of the Sciences of Language*, Translated by Catherine Porter(1979), The Johns Hopkins University Press, Baltimore and London.

裴特生《十九世纪欧洲语言学史》,商务印书馆,1958 年。

裴文《索绪尔:本真状态及其张力》,商务印书馆,2003 年。

戚雨村《索绪尔研究的新发现》,《外国语》1995 年第 6 期。

齐佩瑢《训诂学概论》,中华书局,1984 年。

任绍曾《叶斯柏森语言观研析》,《外语教学与研究》2004 年第 4 期。

任绍曾《叶斯帕森语法理论体系研析》,《外语教学与研究》2000 年第 6 期。

R. H. 罗宾斯《语言学简史》,安徽教育出版社,1987 年。

沙夫《语义学引论》,商务印书馆,1979 年。

申小龙《中国句型文化》,东北师范大学出版社,1988 年。

申小龙《中国语言的结构与人文精神——申小龙论文集》,光明日报出版社,1988 年。

申小龙《人文精神,还是科学主义?——20 世纪中国语言学思辨录》,学林出版社,1989 年。

申小龙《汉语人文精神论》,辽宁教育出版社,1990年。

申小龙《语文的阐释——中国语文传统的现代意义》,辽宁教育出版社,1990年。

申小龙《中国文化语言学》,吉林教育出版社,1990年。

申小龙、张汝伦主编《文化的语言视界——中国文化语言学论集》,上海三联书店,1991年。

申小龙《语言的文化阐释》,知识出版社,1992年。

申小龙《文化语言学》,江西教育出版社,1993年。

申小龙《汉字人文精神论》,江西教育出版社,1995年。

申小龙《当代中国语法学》,广东教育出版社,1996年。

申小龙《文化语言学论纲》,广西教育出版社,1996年。

申小龙《中华文化通志·语言文字学志》,上海人民出版社,1998年。

申小龙《语言与文化的现代思考》,河南人民出版社,2000年。

申小龙《汉语语法学——一种文化的结构分析》,江苏教育出版社,2001年。

申小龙《汉语与中国文化》,复旦大学出版社,2003年。

申小龙主编《语言学纲要》,复旦大学出版社,2003年。

沈炯《运行中的语言》,《语言科学》2003年第3期。

石安石《语言符号的任意性和可论证性》,《语文研究》1989年第4期。

宋金兰《训诂学新论》,首都师范大学出版社,2001年。

索绪尔《第三度普通语言学教程》,湖南教育出版社,2001年。

索绪尔《普通语言学教程》,江苏教育出版社,2002年。

索绪尔《普通语言学教程》,商务印书馆,1980年。

特伦斯·霍克斯《结构主义与符号学》,上海译文出版社,1987年。

涂尔干《社会学方法论》,商务印书馆,1930年。

屠友祥《索绪尔第三次普通语言学教程》中译本绪言,上海人民出版社,2002年。

V.布龙达尔《结构语言学》,《国外语言学论文选译》,语文出版社,1992年。

王德春《论语言单位的任意性和理据性》,《外国语》2001 年第 1 期。

威廉·汤姆逊《十九世纪末以前的语言学史》,科学出版社,1960 年。

威廉·冯·洪堡特《洪堡特语言哲学文集》,湖南教育出版社,2001 年。

威廉·冯·洪堡特《论人类语言结构的差异及其对人类精神发展的影响》,商务印书馆,1997 年。

威廉·汤姆逊《十九世纪末以前的语言学史》,科学出版社,1960 年。

维柯《新科学》,人民文学出版社,1981 年。

W. P. 莱曼《描写语言学引论》,上海外语教育出版社,1985 年。

武波《重读加德纳——英国语言学史札记》,《外语教学与研究》2001 年第 4 期。

信德麟《索绪尔〈普通语言学札记〉(俄文本)评介》,《国外语言学》1993 年第 4 期。

熊兵《美国结构主义语言学再认识》,《外语教学与研究》2005 年第 1 期。

徐志民《欧美语言学简史》,学林出版社,1990 年。

徐志民《索绪尔研究的新阶段》,《语文现代化》1983 年第 2 期。

许国璋《关于索绪尔的两本书》,《国外语言学》1983 年第 1 期。

许国璋《论语法》,《外语教学与研究》1986 年第 1 期。

许国璋《许国璋论语言》,外语教育与研究出版社,1991 年。

许国璋《语言符号的任意性问题——语言哲学探索之一》,《外语教学与研究》1988 年第 3 期。

雅各布·格里木《论语言的起源》,《语言学译丛》1960 年第 2 期。

雅柯布森《20 世纪欧美语言学:趋向和沿革》,《国外语言学》1985 年第 3 期。

亚里士多德《范畴篇·解释篇》,商务印书馆,1959 年。

杨炳钧《整合语言学概观》,《外语教学与研究》2004 年第 2 期。

姚小平《洪堡特——人文研究和语言研究》,外语教学与研究出版社,1995 年。

姚小平《施莱歇尔语言理论重评》,《现代外语》1994 年第 1 期。

姚小平《研读索绪尔》,《外语教学与研究》2003 年第 5 期。

伊·克拉姆斯基《音位学概论》,上海译文出版社,1993年。

张世禄《张世禄语言学论文集》,学林出版社,1985年。

赵世开主编《国外语言学概述》,北京语言学院出版社,1990年。

朱永生《论语言符号的任意性与象似性》,《外语教学与研究》2002年第1期。

兹维庚(金)采夫《语言学中的美学唯心主义》,《语言学论文选译》第七辑,中华书局,1958年。

兹维金采夫《普通语言学纲要》,商务印书馆,1981年。

初版后记

"《普通语言学教程》精读"是复旦大学中文系本科生原典精读系列的第一批课程之一。在语言学的原典中,除了中国古代《说文解字》这样真正纲举目张的经典之作,要在浩如烟海的西方语言学理论著作中选取一本,非索绪尔的《普通语言学教程》莫属。因为对现代语言学来说,它同样是一本纲举目张之作。发端于欧洲的现代语言学的一系列重要成果,甚至当时远在北美的描写语言学的成果,都得益于这本著作。而在今天,语言学领域任何本体论和方法论之争,都可以溯源于《普通语言学教程》的基本假设。

《普通语言学教程》虽然署名为索绪尔著,但它其实是索绪尔的学生对老师思想的一个整理,于是,存在着两个索绪尔,一个是本真的索绪尔,一个是《教程》的索绪尔。自上个世纪 50 年代以来,对两者的甄别已随索绪尔研究资料的不断发现而有了很大进展,国内近年也出版了索绪尔的第三次普通语言学教程,以求对索绪尔的更真实的还原。"还原"对我们的精读课自然是非常必要的,但从某种意义上说,我们要读的索绪尔是对现代语言学产生巨大影响的索绪尔,即作为结构主义语言学基本原则的"索绪尔"。这个"索绪尔",在更大程度上,是《教程》中的索绪尔——一个被学生在索氏符号学理论上进行了极端化阐释的索绪尔。作为一门中文系本科生的课程,我们更关心的是如何认识和理解对中国现代语言学有至深影响的结构主义语言理论,如何在中国语言的基础上展开对西方语言理论的学术反思。因此,我们仍然以《教程》的索绪尔作为精读的对象。

《普通语言学教程》中译本有二十多万字,但作为现代语言学纲领的内容只占其中的一半。这一方面也是因为索绪尔当年因病而无法将课程的另一半重要内容——言语的语言学讲授下去。然而就是这一半的内容，其内涵也已异常丰富。要想在一个学期三十多课时的教学中精读这些内容，几乎是不可能的任务。单是两三页的《语言学史一瞥》，就够一、二年级的本科生消化和思考好几周。为此我们这本精读教材选择了对理解索绪尔思想至关重要的《教程》前几章的内容作深入阐述。我们深信把握了这些内容，一个大一、大二的学生就基本理解了现代语言学的结构主义。在这个基础上，对《教程》后面的内容，学生已完全有能力读下去。

本书的内容，是我三年的教学中在课堂上讲授的内容。在本书出版后，这些内容的课堂讲授必然大大简约，而学生们也不必再每次在我的讲台上放上一排 MP3，录音后回去辛辛苦苦地整理，这无疑将大大释放教学的空间，使学生和教师有更多更深入的交流和探讨。根据我的教学体会，精读课的灵魂是教师和学生的充分的对话，大学生们在这一对话中奇思异想，博览群书，兴味盎然，最终受益无穷，这是一个精神、人格、学术的成长过程，对我们教师也是一样。在撰写这本教材的过程中，我每每有冲动要把此时正在听我这门课的复旦中文系 03 级的同学们精彩的课堂讨论和课后笔记附在每一讲之后，我认为只有附上这些内容才完整展现了这门精读课的丰富的内涵和深刻的意义——中国文化研究最年轻的一代与欧洲大师的对话！也只有从这些学生的发言中，读者才能真切体会这门精读课教学的基本精神。非常可惜，限于本书的篇幅和整个原典精读教材系列的统一格式，无法直接在本书中做到这一点，让每个新同学都分享同龄人的智慧和领悟，明白应该怎样去探索，但相关的内容我们会在与这个教材系列配套的一本教师谈原典精读课教学方法的书中尽可能详尽地介绍。

按照这套教材的统一格式，我们在每一讲前附录《教程》一书的相关内容，以方便学生的阅读。需要说明的是，《普通语言学教程》的中译本有两种。一种是高名凯 1963 年根据原书法文第三版译出，由岑麒祥参考 1933 年的俄译本和 1960 年的英译本校订，叶蜚声再根据原文和英、俄、日译本校订，商务印书馆于 1980 年出版。这个译本经南京大学法语教授程曾厚提出上百条意见，于后来再版时又作了修改。高名凯译本的特点是有较多的译注对《教程》的内容进行阐发和梳理。另一种是裴文 2001 年根据原书法文第五版即最后版本译出,译本参考了原书前四个版本和高名凯的中译本。裴文译本的特点是所据版本新,且吸收了前人方光焘等的中文选译本和高名凯全译本的成果,语言较为晓畅。江苏教育出版社2002年出版。我们选择了裴文的新译本,同时建议学生参考高名凯的译本。另外,高名凯的译本流行甚广,容易看到;裴文的译本如果出版社不重印就难以找到,所以在本书各讲中直接附录裴文的译文也有其需要。

此外,湖南教育出版社2001年出版了张绍杰翻译的1993年出版的《索绪尔第三度讲授普通语言学教程》法英对照本,上海人民出版社2002年出版了屠友祥根据同一版本翻译的《索绪尔第三次普通语言学教程》。由于这个法英对照本只据索绪尔第三次课程的笔记编辑,因此它基本保留了索绪尔讲课内容的原貌,观点上与原法文版《普通语言学教程》也有一些值得注意的不同。但这个版本结构上较为松散和零乱,不适合用作精读课教材,但我们鼓励学生在阅读《普通语言学教程》时将索绪尔的第三次教程作为重要的参考。

本书的校对工作承研究生高明协助,特向她致谢!

一位曾经在课堂上和我激烈争论的03级学生,在课程结束时说:"我觉得老师的课堂是真正的大学课堂,跟我想象中的一样,比想象中的还宽容还惊喜。"——"真正的大学课堂",我想这就是《普通语言学教程》精读课教学的不倦的追求!我要感谢复旦中文系01、02、03级的同学在我的两门精读课(还有一门是萨丕尔《语言论》精读)上和我一起进行的令人难忘的教学探险,并把他们对我说的让我深深感动的话"老师你要加油!"再还给他们——

同学们加油!

申小龙
2005年4月5日于复旦大学

图书在版编目(CIP)数据

《普通语言学教程》精读/申小龙著.—2版.—上海:复旦大学出版社,2016.8(2021.10重印)
(汉语言文学原典精读系列)
ISBN 978-7-309-12373-9

Ⅰ.普… Ⅱ.申… Ⅲ.普通语言学-研究 Ⅳ.H0

中国版本图书馆 CIP 数据核字(2016)第 141093 号

《普通语言学教程》精读
申小龙 著
责任编辑/宋文涛

复旦大学出版社有限公司出版发行
上海市国权路 579 号 邮编:200433
网址:fupnet@fudanpress.com http://www.fudanpress.com
门市零售:86-21-65102580   团体订购:86-21-65104505
出版部电话:86-21-65642845
常熟市华顺印刷有限公司

开本 787×1092 1/16 印张 22.5 字数 317 千
2021 年 10 月第 2 版第 2 次印刷

ISBN 978-7-309-12373-9/H·2640
定价:45.00 元

如有印装质量问题,请向复旦大学出版社有限公司出版部调换。
版权所有　　侵权必究